近代日本の中国学

その光と影

朱琳・渡辺健哉〈編著〉

勉誠社

もくじ◉近代日本の中国学――その光と影

[序文]

近代日本の中国学——その光と影

朱　琳

言うまでもなく日本にとって中国は昔から大きな存在であり、重要な「他者」である。とりわけ近代になって日本と中国は分かちがたい関係にあるため、中国を研究することは鏡を見るように自らを照らす大切な参照軸を観察することでもある。

古くから漢文で書かれた中国の書物に慣れ親しんだ日本人は、明治に入ってからは伝統的な「漢学」を打破し中国という対象を相対化した上で、西欧のアジア研究に対するライバル意識を燃やしつつ、近代的学問体系や科学的・実証的な研究方法を積極的に受容した。それによって、中国史料の内容や正確性を精査した上で相当緻密な研究を行ったため、日本の中国研究（「中国学」）ないしアジア研究（「東洋学」）はたちまち世界的水準にまで達した。

振り返ってみると、近代日本の中国研究には二つの重要な「転換」がある。すなわち、①前近代の「漢学」から近代以降の「支那学」への転換、②ヨーロッパの「シノロジー」（Sinology）から日本の「支那学」への転換、である。それと同時に、時局の変遷と学問の発展とは、時には大変奇妙な関係にあり、近代日本における中国研究の発展は、日清戦争・日露戦争・日中戦争などにともなう日本の勢力拡張・国威発揚とその歩みをともにしていた。その意味で、第二次世界大戦後、日本の中国研究のあり方が、主に学問と政治との二つの面から批判的に検証されてきたこともうなずけよう。

終戦直後から起こった中国研究に対する批判は、六〇年代初め頃に一つのピークを迎えた。歴史分野での議論の焦点は二つある。一つは、戦前のアジア研究と、戦後に再建されたアカデミズムにおけるアジア研究との間における連続と断絶の問題である。いま一つは、実証的な学問における政治に対する独立性の問題である。その中にはさらに、①日本の対外拡張との「共犯」関係、学問が「政策の学」になったこと、いわゆる「学問の政治化」への反省、②実証にこだわったがための学問と現実との乖離、学問の「純粋」性・普遍性・中立性・非政治性とはいかにあるべきか、いわゆる「学問のための学問」に対する批判的検証、という二つの論点が含まれる。この間の微妙な関係をしっかりと見据えてはじめて「近代日本の中国学」を立体的に捉えることが可能になるであろう。

全体的に見れば、五〇年代前半までの議論の多くは、革命運動が勝利を収めた新中国への礼讃と憧憬、過去の日本の大陸政策に対する批判と糾弾に集中し、戦前を克服することが要求された。その後、安保闘争やA・F資金問題（アメリカのアジア財団（The Asia Foundation）・フォード財団（Ford Foundation）から提供された現代中国研究の資金を東洋文庫が受け入れるべきかどうかの問題）など時局の影響もあり、五〇年代後半から六〇年代にかけて学界の論調に変化が生じた。その結果として強調されたのは、戦前の批判的継承を前提とした、「脱政治化」の「実証史学」に潜む危険性への警戒と、研究者の主体的社会責任である。現実から目をそらした精緻な考証史学は、一見したところ時勢に超然として政治との癒着がないようであるが、その実は「現実と研究との分離」は「両者の機械的結合」と同じであり、そこから「研究自体への反省は生れない」（旗田巍「日本における東洋史学の伝統」『歴史学研究』第二七〇号、一九六二年十一月）とされた。また、「理論を排除した手堅い実証的学風」は評価されるが、「政治とは離れた姿勢で学術研究をしていると本人は思っていても、学術研究の中立性を自己過信するときには、たちまち政治の波間に足をすくわれてしまう」（小倉芳彦「東洋史学の戦後的課題」『現代の眼』第十一巻第十号、一九七〇年十月）という指摘もある。

この点で注目すべきは、津田左右吉と内藤湖南の文化観を比較した増淵龍夫（一九一六～一九八三）の論考であろう。増淵からみれば、津田は「国民史的観点」から日本人の実生活への中国文化の影響を否定し、日本文化の独自性を強調して、中国蔑視の立場に立った。津田の問題関心の根源は「近代主義」および日本の西洋化にある。一方、内藤は「個々の民族を超えた「文化」史的観点」から中国文化を高く評価し、中国の現在と未来を歴史的・内在的に把握しようとした。その意味で、津田の中国文化批判は「一面的な外在的批判」に終わったのに対し、内藤の文化論は「内在的な歴史理解」に基づくものだったと増淵は評価している。ただし、「やがて日本の中国侵略の進行とともに高まってくる中国の民衆の民族主義的抵抗を、湖南は正しく理解できず、その抵抗のもつ歴史的必然性を軽視することになる」と、内藤の矛盾についても指摘している。結論として、「中国の人々の主体的な民族意識」を正しく捉えることができなかったことが、津田と内藤の共通点であると増淵は見るのである（増淵龍夫「日本の近代史学史における中国と日本（Ⅰ）（Ⅱ）」『歴史家の同時代史的考察について』岩波書店、一九八三年。初出は『思想』第四六四号・第四六八号、一九六三年二月・六月）。

増淵は東京大学の「東洋学」にも京都大学の「東洋学」にも属さず、ドイツ中世経済史から中国古代史に転向した異色の経歴の持ち主である。しかし、こうした経歴こそが、歴史事象を冷徹に分析する外部的視角と、内部に立ち入って鋭く批判し得る立場を増淵に与えたのかもしれない。その意味でおそらく増淵は、仮に津田・内藤と同じ時代に生きて海の向こうの中国を考察したとしても、袖手傍観の津田とも役に入りすぎた内藤とも決定的に異なる立場をとったであろう。

言うまでもなく戦後の中国研究にも問題がないわけではない。例えば、「内面的理解」について、現代の学者から次のような指摘がある。

中国の愛国主義に自己同一化するというだけでは、そこに内在する権威性をそのまま受け入れることになってしまう。そのような批判的理性の欠如は、今度は戦後日本の中国史研究から学ぶべき教訓ではないか。外部の者による「内面的理解」が果たして可能かと問うことをやめて、外側からの冷静な視点が大切だと積極的にいうこともできる。

（吉澤誠一郎『愛国主義の創成――ナショナリズムから近代中国をみる』岩波書店、二〇〇三年、二一九頁）

では、対象国の中国に対して歴史家が同時代史的考察を行う際に、政治現象に対する冷静な分析と歴史に対する内在的な理解は果たして両立できるのか、また、もしできるならいかに両立させるのだろうか。これは戦後の中国研究の先達たちが提示し、そして依然として完全に実現できていない目標である。我々もこの方向に向かって模索しつつある。

本書は「近代日本の中国学の光と影」というテーマで行った三回の国際シンポジウム（二〇二〇〜二〇二二年度）を基礎に各分野の最新の研究成果を集めた論集である。「光」と「影」には明・暗、表・裏、善・悪のように対立する語感がある一方で、相互依存の面もある。「光」は輝きがありよく強調され見えやすい部分にあたるが、「光」とコントラストとなり、「光」を際立たせる「影」の部分にも注目すべきであろう。さらに、デッサンの基礎とされる光と陰影であるが、陰影にもカゲ（影）という暗い部分（物体が光を遮ったときにできるその物体の形をした部分。shadow）のほか、カゲ（陰）という薄暗い部分（光線が直接当たらないためにできる周囲よりも暗い部分。shade）も存在し、いわゆる中間領域でグレーゾーン的な存在も忘れてはいけない。歴史の領域において、戦前にスポットライトを浴びていたものが戦後になって批判の的になり、あるいは戦前にはあまり目を向けられなかった地味な研究が戦後になって急に脚光を浴びるようになった事象もあるため、時代の変化によって「光」と「影」は転換し得るものである。この意味で「近代日本の中国学」における「光」と「影」はもう少し複雑な様相を呈している。本書は「近代日本の中国学」のこのような諸相を人物評伝の形で多面的に描写しようとする試みである。

本書の具体的な構成は、「総論」のほかに【I 「東洋史」と「支那学」の確立】、【II 中国研究に新風を吹き込む】、【Ⅲ　日中書画交流】、【Ⅳ　アジア踏査】、【Ⅴ　ジャーナリストの目に映った中国】の五つのユニットと計二十三本の論考からなり、それぞれの論考が一～三名の関連人物を取り上げている。各ユニットにおける論考は、取り上げる人物の生年順に並べている。「総論」では、近代日本の中国学の系譜を在野とアカデミズムの両面から俯瞰する。第Ⅰ部では、「東洋史」と「支那学」の成立初期の代表的な人物を取り上げ、それぞれの思想が次第に緊張していく時局の中でどのような変化を遂げたかを検証する。第Ⅱ部では、「支那学」第二世代の人物に焦点を当て、同時代の中国の新文化運動との連動などにも目を配りつつ、第一世代から第二世代にかけて歴史や文学の研究がどのように発展を遂げたのかについて検討する。第Ⅲ部では、日中の書画交流に焦点を当て、美術の分野における関連人物と中国とのかかわりを考察する。第Ⅳ部では、アジア踏査を実現した仏教者・考古学者などの中国認識を分析する。第Ⅴ部では、在野の立場ながら、同時代の動向に最も敏感なジャーナリストの目に映った中国像を解析する。

編者の問題関心の偏りに加え、紙幅の関係上、本書で取り上げられなかった各分野の人物が多数存在するはずである。例えば、東西交渉史の藤田豊八や中国語学の倉石武四郎などもぜひ取り入れようと思っていたが、諸事情により残念ながら実現に至らなかった。

本書の読み方としては、冒頭から順を追って読んでもよいが、あるユニットや特定の人物が登場する論考など、関心のあるところから読んでもよい。しかし、全体を読み通すと、各論考によって浮かび上がるそれぞれ個性的な人物像は決して孤立した存在ではなく、同僚・師弟・同門・親友・ライバルといった多彩な人間関係が交錯するその面白さに一瞬口元が緩むこともあろう。異なる時代背景・経験を持つ人物が様々な問題に直面した際にどう対処したのか、人間の生き方、人生の幅の広さ、時代や思想のウェーブをタイムトラベルのような感覚で知ることもできる。どの人物も「時代の子」であり、個々の人物を通じて歴史を垣間見られるところに評伝が人々の関心を引き続ける理由がある。本書を通じて登場する人物たちが織りなす時代を振り返り、そのことで現在の我々の立ち位置を再確認し、今後の指針を模索していくことができれば、編者としても望外の喜びである。

かつて中国の出版社に勤務し編集者として本を作った経験があるため、編集担当の苦労を知ったつもりではあるが、このたびは原稿枚数の超過や出版日程の遅延などで勉誠社の吉田祐輔社長・編集部長および武内可夏子様に多大なご迷惑をおかけしたことをお詫び申し上げるとともにご厚意とご寛容に深謝する。そして、いちいちお名前をあげないが、ご多忙中ご寄稿いただいた諸先生方、共同編集者の誘いに応じていただいた渡辺健哉先生、国際シンポジウムの参加者の皆様をはじめ関係者の方々に賜りましたご理解とご協力に心より感謝申し上げる。

二〇二四年深秋の仙台にて

［総論］

「中国知」と「シナ通」

山室信一

近代日本の中国認識は、どこに問題があり、それはいかに自覚されて、どう是正することが試みられたのか。こうした一連の疑問に答えようとすれば、そもそも中国に関する情報供給者は誰であり、その情報は、いかなる対象の分析によって得られたものなのかを明らかにしていく必要がある。本稿では、「シナ通」に焦点を当てて、そこで提示された学知・政略知・制度知・生活知・報道知・調査知が担った機能から「中国知」の布置状況と意義を探る。

はじめに

近代日本における「中国学の光と影」を検討するにあたって、まず確認しておかなければならないことは、自明とも見なされている「中国学」とはそもそも誰のどのような知的営為を指すか、という問題である。さらに重ねて検討を要するのは、その知的営為における「光と影」を判別する基準となるのは、その目的・方法・体系性などの内部的構成によるのか、あるいはそれが社会的に果たした機能とその目的・結果などの外部的帰結によって判断するのか、という問題である。

その問いは、過去の「中国学」の功罪を問うということに主眼があるというよりも、日々に変転する日中関係をいかに理解していくべきなのか、それをいかにして社会的に共有していくことができるのか、という極めて現在的でアクチュアルな課題に答えるための前提ともなる。

そう考えることが妥当であるとすれば、「中国学」を単に

やまむろ・しんいち――京都大学名誉教授。専門は法政思想連鎖史。主な著書に『アジアの思想史脈――空間思想学の試み』・『アジアびとの風姿――環地方学の試み』（共に人文書院、二〇一七年）、『モダン語の世界へ――流行語で探る近現代』（岩波新書、二〇二一年）などがある。

アカデミックな専門研究に限定せず、中国に関する言説とイメージの総体としての情報である「中国知」（以下、カッコ省く）が社会的に流通し通念化していく循環過程の中で捉え直す視点が必要となるはずである。

もちろん、中国知として概括するとしても、中国に関するいかなる情報に需要があり、誰が一体どのような目的を持って中国知の供給者になったのか、それを産み出した国際情勢とメディア環境とはいかなるものであったのか、などについて併せて考える必要がある。

本稿は、不特定多数の読者に向けて中国情報を平明な文章で発信したことによって、中国事情通＝「支那通」とみなされた人々がもたらした中国知にどのような種別と多層性があったのか、そこで何が問題視されたのかについて素描を試みるものである。

一、「支那」と「シナ通」　そして中国知の対象区分

中国知が日本人の中国認識や中国像の形成においていかなる影響を与えたのかを考えるにあたっては、日常的に入手しやすいメディアを通して中国知を発信し続けたことによって「支那通」と呼ばれた人々の言動に着目する必要がある。しかしながら、今や「支那通」という用語自体が使われることは稀であり、そもそも一体だれが、どの時期に「支那通」と呼ばれて影響力を持ったのかさえ意識されなくなっている。

もちろん、漠然としたイメージでは、大学や研究機関などで中国研究を専攻する人以外の通俗的な中国事情通を指すと考えられているが、実際はアカデミックな研究者も含めて「支那通」と呼ばれていて明確な仕分け基準はなかった。

例えば、「京大支那学の泰斗」と称される内藤湖南は『明教新誌』『亜細亜』『大阪朝日新聞』などの新聞記者を経て京都帝国大学教授となった履歴もあって「支那通」と呼ばれることが多かった。また、内藤が『台湾日報』記者として台湾に滞在していたこともあって「台湾通」と呼ばれていた時期もある。他方、後藤朝太郎は一〇〇冊以上の中国事情に関する通俗的著作を刊行して米田祐太郎（よねだゆうたろう）・田中貢太郎と共に「支那通三太郎」と呼ばれたが、『文字の研究』（成美堂、一九一〇年）などの専門書も出し、拓殖大学教授も務めた。同様に、北京連合通信社などを設立したジャーナリストで支那風物研究会を主宰して会報『支那風物』を、その後は支那満蒙研究会から『支那と満蒙』『江漢雑誌』などを発行し続けた中野江漢（こうかん）は「土俗学」を専攻する「支那通」として有名だったが、北京師範大学特別教授に就いたこともある。

このような事情に鑑みるとき、その人が何の職業に就いたかを基準に学究か「支那通」か、を弁別するよりも、逆に中国のいかなる側面に関する情報を供給したのかに着目して検討することが必要なように思われる。そこで本稿では、中国知を対象ジャンルに即して「学知」「政略知」「制度知」「生活知」「報道知」「調査知」（以下、カッコ省く）に区分けし、それらが多層的に組み合わさって近代日本の中国認識が構成されたという仮説に立って考えてみたい。

ただ、現時点において「支那通」という歴史的存在を解明するにあたっては、「支那」という表記の問題を避けることはできない。それは一九四六年六月に外務省総務局長が各省次官宛てに出した通達「支那の呼称を避けることに関する件」に係わる。通達では「今後は理屈は抜きにして、先方の嫌がる文字を使わぬやうにしたい」、「要するに支那の文字を使はなければよいのです」。「唯歴史的地理的または学術的の叙述の場合は必しも右に拠り得ない」とした上で、それを新聞・雑誌各社にも要請したことで「支那」という表記が忌避されるようになったという経緯がある。そして、「戦後は「支那」の表記を避けて多く「シナ」と書く」（『広辞苑』）、「侮蔑を含意するとして一般に使用を避ける傾向がある。「シナ」とも書く」（『新明解国語辞典』）という状況に至っている。

さらに、その波及効果でもあると推測されるが、戦前の人名録や新聞雑誌記事などで「支那通」と記されていた人も、現在では中国研究者・中国語学者・中国評論家・中国専門家などの肩書きに替えられている。それだけでなく「支那通」について立項した国語辞典も歴史辞典も見つけられない。

他方、中国の辞典類では「支那」とは「近代日本の侵略者の中国に対する蔑称」とされ、その関係もあってか「支那通」もそのままは立項されずに「↓中国通」とした上で「中国の情況について熟知し研究している外国人」などと一般化して説明されることが多く、日本の「支那通」に限定されていないようである。

こうした歴史的経緯と現状に鑑みれば、「支那」を中国やシナと置き換えるのが至当であろう。一九三四年に中国文学研究会を組織し、「支那か中国か」の表記問題に拘り続けた竹内好が「侮辱が問題となるのは、主観の意図においてではなく、受け取り手の反応においてなのだ。しかも、その反応を認定することは、きわめて困難だ」（『中国を知るために』勁草書房、一九六七年。一二一頁）として「支那」という用字を避けるべきだと判断したことに本稿も従いたい。

しかしながら、「支那」という漢字を使わないことと、「支那通」という存在を無かったかのように扱うこととは全く別次元の問題である。加えて、「支那通」を中国通と書き替えることによって隠されてしまう歴史認識の機微に関しても留意する必要がある。「支那」と中国そしてシナという表記に関する問題には、少なくともその時空間を対象として中国知を論じるにあたって常に意識しておくべき思想課題が潜んでいるのではないか。

何よりも「支那」か「中国」かという呼称は単に用語選択の問題ではなく、竹内好が指摘したように、「大げさにいうと、この問題には日本と中国の近代史の全部の重みがかかっている。「中国を知る」ことの意味、イメージを変革することの意味、その全部がかかっている」(「支那と中国」『中国を知るために』第九号、一九六四年八月)ことを肝に銘じておく必要がある。本稿で、「支那通」を取り上げるのも、まさに「中国を知る」ということの意味、「イメージを変革する」ということの意味を、危うさを含むことを強く自戒しながら考えてみたいからである。

以上のことを踏まえて、本稿では歴史史料としての意義に鑑み、引用文中で「支那通」をそのまま転記する以外は「シナ通」と表記し、以下ではカッコも省く。

二、シナ通とはいかなる存在だったのか

さて、これまでシナ通という用語を定義せずに使ってきたが、自称・他称・尊称・蔑称さまざまに呼ばれた人々は一体どのような存在でいかなる機能を果たしたのであろうか。

まず明治以後、シナ通にあたる人がいかに呼ばれたかを通観しておくと、その果たした役割を窺い知ることができる。そこでは「通弁上り・通詞上り」「支那字引」「支那ゴロ」「支那浪人」「支那通」「支那屋」「支那評論家・支那時論家」などと変遷していく。その語感には英語でChina Hands, China watcher, Sinologistなどと変わった状況との異同もある。

要するに、当初のシナ通は日中間の通商に従事したり、日中間の紛争・戦争などで通訳をしたりする語学に着眼点があったが、次の段階では中国に渡って政治・経済・軍事・教育などに従事し、関連情報を収集して解説・伝達できる事情通を指して呼ぶようになっていく。

そうした変化が起こるのは、日中関係の推移が反映している。そのためシナ通がどのような言動をしたことによって中国知の層を作っていったのかを検討するためには活動時期の違いという時間軸と、いかなる分野において事情通と見なされたのかという専門性や分析方法の違いによる区分という専

攻軸との双方から検討していく必要がある。こうした時間軸と専攻軸の交錯した点にシナ通を配置すれば、中国知の布置概況が少しは整理されるであろう。

時間軸としては、①明治維新から日清戦争まで、②日清戦争から清末新政改革まで、③辛亥革命前後、④対華二十一カ条要求から盧溝橋事件まで、⑤盧溝橋事件から敗戦まで、と分けるのが常識的判断であろう。何がその時に当って、最も問題視されたのか、それを知る指標となるのが際物とも言われた時事トピックを扱ったシナ通でもあった。むろん、問題状況の激変にも拘わらず変わらない中国観を持ち続けたシナ通も多く、旧態依然たる中国認識に拘泥するのもシナ通の特徴の一つと見なされていた。

「支那通と称して実は支那不通」「支那通の支那知らず」「似而非支那通」「支那通破産時代」などと揶揄する記事が転換期ごとに現れたのもシナ通に関する報道の通例でもあった。

しかしながら、このようにシナ通に関する風説などを取り上げる報道記事や論考が多かったにも拘わらず、「支那通」が国語辞書類で取り上げられることは稀だった。「支那通」に関連する項目としては「支那破落戸」があり「久しく支那に浮浪し、支那の俗情などに通ぜる品性の劣等なる人」などと説明されていた。これを「支那浪人」の説明である「支那に放浪して、或いは経済事業に関係し、或いは政治社会に出入りし、一定の職業なく、志士を以て自ら任ずる人」と比べてみれば、シナゴロや「支那浪人」が次第にシナ通と呼ばれるようになっていく時代相が窺われる。

こうした「支那浪人」とシナ通への視線に関連して、是非とも考慮しておかなければならないのはそれでは中国でどのように見られていたか、という問題である。シナ通についての中国での評説は多岐にわたるが、ここでは日本人との交流も多く「日本通の第一人者」と目されていた周作人の論説を取り上げておきたい。周作人は外務省の資金援助を受けて発行されていた中国語新聞『順天時報』が日中間の対立を煽ることに対して批判の矢を放っていたが、執筆を担当していた在中国のシナ通に関連して、次のように批判していた。

> 中国にやって来る日本人の多くは浪人と支那通である。彼らはまるで中国がわかっていない。僅かに旧社会の上っ面を観察し、漢詩の応酬だの、中国流の挨拶だの、麻雀や芸者買いだのをおぼえたばかりで、すっかり中国を知った気になっているが、何のことはない、中国の悪習に染まり、いたずらによからぬ中国人の頭数を殖やしたようなものだ。また別の種類の人間は、中国を日本の領土と心得ている。

（「日本と中国」『談虎集』一九二五年。木山英雄訳『日本文化を語る』筑摩書房、一九七三年）

三、シナ通の政略知・制度知

このようにシナ通に対する評価は日本国内でも中国でも批判的な見方が少なくなかった。ただ、その評価は活動した時期や分野によって当然に異なっており一様ではなかった。

先にも簡単に触れたように、シナ通が中国知の担い手として認知されていく変化は、何を課題として中国で活動する必要があるのかという「支那問題」「対支問題」と密接に関連していた。すなわち、日清戦争から日露戦争までは日本の大陸政策の前提として、軍事情報の収集や兵要地誌作成などのための調査・諜報活動にあたった陸軍参謀部の「軍事探偵」や外交官のシナ通の活動に主眼が置かれており、中国語話者による調査知が重用された。

また、その大陸政策においては「日清連衡論」や「支那保全論」などを唱導する東亜同文会の近衛篤麿・長岡護美・田鍋安之助・柏原文太郎などの政論、そして中国支部の主任であった中西正樹（北京）・宗方小太郎（漢口）・井手三郎（上海）・中島真雄（福州）・高橋謙（広東）などのシナ通の政略知が注目された。中西たちは「支那浪人」とも呼ばれたが、各地でそれぞれ中国語や日本語の新聞の発行にも携わって政論操作をおこなう報道知の担い手でもあった。併せて留意すべきは、東亜同文会が教育機関として根津一を院長に設立した東亜同文書院が踏査による大旅行を卒業課題としたことによって、シナ通を輩出する一大拠点となったことである。

この時期には、清朝による新政改革や新軍建設も進められていたため、岡田朝太郎・巌谷孫蔵・松岡義正・志田鉀太郎・小河滋次郎など多数の法学者が法制顧問や法政学堂教習などとして招聘されたし、青木宣純・坂西利八郎・町野武馬・松井石根などの軍人が軍事顧問や軍事学堂教習として各地の軍閥への介入を進めていった。こうした中国の法制・旧慣や軍制・兵力などについての政略知や制度知に通暁した人がシナ通とみなされ、日本への中国情報発信者として機能していくことになった。北洋法政学堂の教習として李大釗などを教えて後に『支那革命小史』を著した吉野作造、同じ学堂の教習で中国の領事裁判権撤廃のために『支那国際法論』を著した今井嘉幸も中国事情を日本人に伝えたシナ通と言えるだろう。

このように日清戦争以後、一方で清朝改革とそれに反対する革命運動とをそれぞれの立場で支援するシナ通と、他方で中国での経済活動などを有利に進めるための情報を提供するシナ通とが中国知をもたらすことになり、混乱した「謎の国」という中国像が生まれてくる。加えて、辛亥革命とその後の袁世凱の帝制運動と反袁運動、さらには軍閥割拠などの動向などに適切な対処ができなかったことに対して、シナ通がもたらす中国知への懐疑と批判が強まることとなった。

山路愛山の「憫(あわれ)むべき支那研究」(『支那論』民友社、一九一六年)は、清末以後の日本人の中国認識と外交政策が誤り続けたとして「日本人民として支那の現状を研究する必要を高唱」すべく書かれたものである。愛山によれば「日本には支那通と云うものが沢山居る」。だが、「彼等の支那に関係する智識が断片的であって全体として徹底した理会(ママ)の無い」だけでなく、「日本に支那問題を売物にする政治屋が多い」。それは日本人の「思想の根底に横たわって居る偏狭の感情」に基因しており、こうした中国知の貧困さを打破するために今こそ「支那に対する研究的精神を挑発し、我々の欠乏を感じて居る正当の智識に達する」ことが必須の課題であると訴えたのである。

しかしながら、愛山が中国を真に理解するための鍵として提示した中国認識は、「中国人は広い意味で日本人の同胞である」「中国人(漢民族)には国家の価値が分からず、国民という観念がない」「中国人は個人主義的で拝金主義である」「中央集権的国制は機能しない」といった愛山が批判したはずのシナ通が唱えてきた言説と同軌のものにとどまっていた。

愛山の議論は日本の国民国家形成を文明化の成功例とみなす文明史論に拠ってなされたものだったが、辛亥革命に身を投じた北一輝の批判は日本の中国知の問題点を情報収集の現場から発したものだった。北は辛亥革命前後の日本に対中政策判断の基準となる政略知を与えたのが外務官僚と軍人とシナ通であったとして、その問題点を挙げる。北によれば、外務官僚による情勢分析は机上観察で実態を知ろうともせず、軍人は軍事的専門知識でしか発想できず革命分析の主眼となるべき中国人の思想的覚醒と経済的原因を全く認識できなかったという。そして「所謂支那通なるものの多くは其の交遊せる領袖等の為めに臣事的吹聴を努(つと)むるものに非ずんば、十年前の亡国的観察を革命されつつある支那に推論せんとする論理的錯誤をさへ反省せざる程の疎雑なる旧思想家」(『支那革命外史』緒言、一九一五年。『北一輝著作集』第二巻、みすず書房、一九五九年)に過ぎず、中国の動態を分析する論理性の欠片もなかったと弾劾したのである。

四、「科学的」中国研究と生活知

北一輝が批判していたような外務省や軍部の政略知の欠陥

は、その後、山東出兵から始まる中国進攻において更に肥大化していくことになる。そして、陸軍シナ通の一人で盧溝橋事件では武力一撃論を唱えた武藤章が東京裁判法廷で供述したように「支那民衆の間には、民族意識がさかんであった。したがって日支事変は支那の対日民族戦争の感があった。…いままでの日本の支那通の支那観では駄目であった。事変を（ママ）長期化すればするほど、その解決は困難となった」（河野恒吉「陸軍支那通の独善禍」『国史の最黒点』時事通信社、一九六三年）という窮境に陥ることになったのである。

日本のシナ通が中国の民族意識の勃興を捉えきれなかったことに日中戦争における根本的問題があったという反省は、戦後繰り返されてきた。確かに、シナ通の多くが中国における排日・抗日運動の高揚を無知な中国民衆の「暴戻なる抵抗」であるとして、政府の唱える「暴支膺懲論」に同調した。加えて、中国人は国家意識がなく愛国心もない利己主義者であり、中国は近代的な国家とは言えないとする「中国非国家論」は政略知というだけではなく、矢野仁一や稲葉岩吉などが学知として喧伝してもいたのである。

しかしながら、シナ通と呼ばれる人の誰もがそうした実態から乖離した中国人論や非国家論に同調した訳ではなかった。橘樸（たちばなしらき）は一九〇六年に中国に渡って以来、『遼東新報』『済南日報』『青島新報』『京津日日新聞』などで健筆を揮い、一九一七年からは『支那研究資料』を刊行するなど中国人の日常生活を観察することを重視していた。それゆえにシナ通の中国認識の方法そのものが孕む致命的欠陥を克服する必要性を切言して止まなかった。

橘は中国知のあるべき方向性を宣明した論稿「支那を識（し）るの途（みち）」（『月刊支那研究』第一巻一号、一九二四年十二月）において「支那智識の豊富な所有者を俗に支那通と呼びならはし、世人は一面に之（これ）を重宝がり、他面に之を軽侮して居るのであるが、支那通の軽侮を受ける理由は彼等の経済的及び道徳的欠陥を別とし、其（そ）の表芸たる支那智識の内容の非科学的な為であって、即ち所謂身から出た錆であって決して彼等を軽侮する所の世人の罪では無さそうである」として、シナ通の中国知が信用されない事態を率直に認めるとともに、中国知における科学性の決定的な欠落を克服すべきことを切言した。橘がシナ通の中国知を非科学的と断じたのは、その予測が悉く外れてきたというだけでなく、「支那智識そのものが凡て断片的であって其の間に何等の統一又は連絡なく、必要に応じて兎の糞の様にポロリポロリと間に合せ的に出て来るに過ぎない」という体系性と一貫性の欠如にあった。

しかし、ここで橘が科学的な中国知として想定しているのは、当時の日本で普及し始めたマルクス主義的な唯物史観に基づく社会科学的分析だけを指しているのではない。そうした外来の研究枠組みを当てはめるのではなく、自らの足で資料を集め、中国人の生活感覚に即した解釈を帰納的に体系化することを指していた。その研究対象として、中国社会における道教の宗教的機能とその社会的基盤を歴史的に解明する必要性を訴える。そこでの主要な論点の一つは、日本では中国を儒教国と考えて道教を宗教とも言えない低級な祭祀・俗信と理解しているが、その国民的誤信を煽っているのが学知による経典解釈であって、それこそ生活実態を無視した非科学的な中国知にすぎない。にもかかわらず、それが学知として尊信されているために「儒教国でありながら中国人には道徳的情操が全く欠乏している」といった倒錯した中国認識が日本では蔓延している。

　このような生活実態を無視した中国知を改めていくことこそ本来はシナ通に課せられた責務であり、中国人の生活感情や生活実態に即した体系的分析が今こそ必要だというのが橘の見解であった。そして、中国人の社会生活に着目すれば独特の発達を遂げてきた地域自治にこそ民主主義の可能性があるはずだとして、合作社などの勤労者民主主義運動に賛同していくことになる。日本のシナ通の多くが中国人には集権的な国家観念が欠如していると強調したのに対し、日中比較を科学的におこなうのがシナ通の責務と考える橘の視点から見れば日本人には地域自治を基盤とする分権的な社会観念が欠落していることになる。

　日中社会を比較的視点から見ていく意義を重視した橘は、科学的方法に基づいた中国人自身による中国研究の成果を積極的に吸収する必要性を訴えた。具体的には北京大学を中心とする歌謡収集や中国心理学会の活動、そして胡適・王国維などの中国学としての「国学」、政治学の陳啓修（『資本論』の最初の中国語訳者）、社会学の余天体、経済学の馬寅初などの中国研究に注目していた。しかしながら、世界のアカデミズムが中国人による科学的研究に注目している現状を日本人は直視しようとさえしない。そこには中国研究さえ日本が中国よりも先進的だという偏見が潜んでいる。「日本人は一般に支那に対して先進者であると云う事を無反省に自惚れて居る」のは「根底から誤って居る」。にも拘わらず、その誤った根底の上に立ち上げられている日本の中国知は幻視にすぎないのではないか、とその危うさを指摘し続けたのがシナ通としての橘であった。中国人の研究成果を重視していた橘はまた、当時「土俗学」と呼ばれてアカデミックな研究者からは軽視されていた研究分野にも着目し、中野江漢が公刊していた『支那風物』などに資料的価値を見出していた。

このように橘は生活現場で収集した資料を進展している中国研究の成果の中で生かすことを「科学的方法」として模索していった。そこで探究された対象と方法論によって得られた中国知は、外務省や軍部のシナ通などが追求した政略知や制度知、そして大学や研究機関を拠点とした学知に対して、生活知と名付けることができるであろう。

そして、この橘の提言から四十年ほどを経て、竹内好は雑誌『中国』を刊行するに当たって自らの中国での留学体験を顧みつつ、中国人の生活が分からなければ中国文学は分からないとして生活への理解が不可欠だと呼びかけた。そこで竹内が重視した「生活とは要するに、衣食住行であろう。衣なら衣、食なら食、どの門からはいってもかまわないが、行き着く先は、あくまで民衆の平均の生活でなくてはならない。特殊を誇張する過去の「支那通」の病弊におち入ってはならない。特殊は普遍あっての特殊なのである」(「代用品「開講の辞」」『中国』第二号、一九六三年三月)と説いた。確かに、シナ通の多くは中国の特異性を殊更に強調することによって読者の好奇心を煽った。読者もまた「奇異なる中国」を求めた。ただ、シナ通の誰もが特殊性だけを誇張し、日常生活を無視していたわけではなかったことは叙上のとおりである。

そして、橘樸や中野江漢などの生活知への着目は、孤絶したものでもなかった。交通手段やメディア環境の変化によって中国についての情報が入りやすくなった一九二〇年代以降、中国という時空間に異国情緒を感じる人が増え「支那趣味」に関連したシナ通への需要も高まっていく。芥川龍之介・佐藤春夫・谷崎潤一郎・池田桃川・村松梢風・井東憲などによる旅行記や小説、辻聴花や波多野乾一などの中国劇についての著作、後藤朝太郎・井上紅梅などの風物・民俗に関する著作などが次々と刊行されて多くの読者を得るようになり、チャイナ・ドレスの流行など上海モダンに関する情報は同時性をもって伝えられた(こうした中国知は「趣味知」とも言えるが、生活文化に関連するという意味で生活知の一部とみたい)。

しかし、山東出兵以後、国民革命や北伐などの進展によって日中間に緊張が高まると再び外務省や軍部などのもたらす情報への需要が高まり、大陸進出の唱導者がシナ通として称揚されるようになる。その風潮を受けて『日本及日本人』には一九三一年五月から三三年九月まで十三回連載で小村寿太郎はじめ二十八名の「支那通列伝」が掲載された。そこでは「一般に支那通と云うは、支那に旅行し、支那言語文章に通じ、何らかの事業職務に従事し、支那百般の事情に通ずる人物を尊称するものにして、決して軽侮の意なきは勿論なり」

（天邊光「支那通列伝」『日本及日本人』一九三一年五月十五日号）

と記されていた。

まさにこの連載の時期に、満洲国建国や華北分離工作などによって日中関係は対立の局面に入り、シナ通のもたらす情報は国策推進に沿った政略知が主流となっていくのである。

五、シナ通の報道知と調査知

以上、見てきたようにシナ通が日本にもたらした中国知が、中国への政治的・経済的・軍事的進出を下支えする側面があったことは否定できない。しかしながら、日本人の中国認識の一面性とシナ通の偏見を厳しく批判したのもまた橘樸などのシナ通であり、ゾルゲ事件で知られる尾崎秀実（ほつみ）もまた朝日新聞社上海特派員などを務めた「新聞界有数の支那通」でありながらシナ通への鋭い批判者であった。

尾崎は満洲事変から日中戦争へと推転していく中で日本人の状況判断が誤り続けた原因として「我々の先輩である多くの所謂支那通の人々、日本に居るよりも更に何倍も長く支那に居たというような人々がこれを試みた場合に於ても必ずしもそれは成功したとは云い得なかった」（『現代支那論』岩波書店、一九三九年。以下同じ）ことを事実として認めていた。長期にわたって中国に滞在し、現場で取材して記事にすることが、必ずしも客観的で正確な事実報道を保証しないのである。

尾崎が誰を意識していたか不明だが、シナ通と呼ばれた人を最も多く輩出したのは報道界であり、金子雪斎・長野朗（あきら）・西本省三・波多博・波多野乾一・村田孜郎（しろう）・宇治田正義・大西斎（いつき）・吉岡文六・田中香苗・武内文彬（あやよし）・太田宇之助・岩村三千夫・長岡克暁（かつあき）・平川清風・澤村幸夫・日森虎雄・金崎賢（すぐる）・菊池貞二・田原天南や仏教者で『支那時事』などの雑誌を刊行した水野梅暁など枚挙に暇ない。こうしたシナ通による日常的な報道知こそ日本人の中国認識に深甚たる影響を与えたはずだが、尾崎はなぜ誤ったと見るのか。

その原因はジャーナリズムの通性でもあるが、読者を意識して「却って本質的ならざる、しかも一見頗（すこぶ）る興味があり、或いは注目を惹く種類の事実に目を注ぎ、そこに心を傾注する」偏頗性にあると尾崎は考える。ジャーナリズムの業務的宿病とでもいうべき読者の興味に応えることと、読者を正確な認識に導くということ、この相反することもある二つの要請をいかに両立させるのか。その問いに対し、尾崎は中国を「正当に理解するためには局部的ではなく全体的に把握することと、動きつつあるままで捉えることが必要であろうと思われる。科学的であることは必要である」と答える。しかしながら、報道知が扇動的で虚偽を含む情報としてのデマゴギーでなく、「科学的」な実証と論拠に基づくものでなければならないというのは日中戦争の渦中にあっては至難な課題であった。

そもそも「科学的である」ために何が不可欠なのか。この問いに関して尾崎は「実験は顕微鏡的にとどまってはならず、また屍体解剖的であってはならない。生体解剖的であることが何より必要である。一見長き仮死の状態を続けるかに見える支那にも実は活力が保存されていて、しかも新しい運動法則がこれに作用しているのである」として眼前の中国を底辺から動かしている運動法則を発見することを生体解剖的な科学的探究と見なした。これを裏返せば、シナ通だけでなく日本の中国知が総体として「顕微鏡的で屍体解剖的」であって現実の中国認識を法則的に把握できない構成となっていることへの反省となる。

尾崎が言う「運動法則」とはマルクス主義的発展志向を含むものであったが、報道知には現在の実情解説とともに、今後の展望を示す予測解説が不可欠だという認識の表明でもあった。しかし、その要請に応えられない報道知には致命的難点があると尾崎は考え、昭和研究会に加わって「運動法則」に基づいた政略知を提言する方途に賭けたのである。

こうした報道知の問題点を省みたうえで尾崎はどのような代替案を考えたのか。尾崎が具体的に挙げるのは、中国社会における「半封建制・半植民地性・複雑性・停滞性」などの厳しい歴史的制約の中で中国社会が現実にどのように変動しているのかを解明することであった。こうした中国社会の制約についての指摘は、シナ通の多くが中国の後進性を強調するための常套句として挙げたものでもあった。しかし、尾崎の場合には満鉄調査部の中国農村調査・抗戦力調査などを参照した上で、マルクス主義的社会科学認識の鍵概念とみていたことに違いがある。同じ論点を摘示したとしても、それを社会問題解決の糸口として使うのか、中国社会を侮蔑するために使うのか、では当然に異なってくる。ちなみに、中国における社会史論戦で「半封建・半植民地性」の見地から論陣を張り、社会改造への突破口とした経済学者は京都帝国大学経済学部で河上肇に師事した王学文であった。王は東亜同文書院内に設けられた中国共産主義青年団の支部で中西功（つとむ）などの学生に中国共産党に関する講義もしていたが、尾崎秀実とも連携して共産主義運動を進めていた。

このように日中両国では一九二〇年代以降、マルクス主義的方法を科学的とみて中国社会分析に応用しようとする傾向が顕著となってくるが、日本では一九二九年に民間学術団体としてプロレタリア科学研究所が設立された。そこに付置された支那問題研究会（三一年、中国問題研究会に改称）からは『支那問題講話』『支那大革命』『ソヴィエート支那の成長』（一九三〇年）などが公刊され、マルクス主義の視点から藤枝丈夫・中山耕太郎（岩村三千夫の筆名）・藤野啓次などが中国共産党の革命運動に関して労働者に向けた解説書を執筆していた。中国問題研究会には東亜同文書院を中退した中西功も参加したが逮捕され、釈放後に尾崎秀実の紹介で満鉄本社総務部資料課に配属された。その後、中西は満鉄上海事務所に移って「支那抗戦力調査」に従事したが、一九四二年にゾルゲ事件関連で逮捕されると獄中で戦後『中国共産党史』などとして刊行される原稿を執筆している。

プロレタリア科学研究所には東亜同文書院卒の尾崎庄太郎も参加して、雑誌『プロレタリア科学』の中国関係論文の編集を担当していた。しかし、一九三二年に逮捕され、三五年の出獄後には中国に渡り、三七年からは船越寿雄（後にゾルゲ事件に連座して獄死）が天津に設立した支那問題研究所で中国の社会経済構造研究に従事している。そして、三九年に満鉄北支経済調査所に入った頃、中江丑吉の知遇を得ている。その中江と親交があったのが尾崎秀実や鈴江言一や伊藤武雄などであり、伊藤は満鉄上海事務所所長として中西功・尾崎庄太郎らによる中国農村総合調査などをリードしていく。

満鉄調査部には情報収集・分析を実証的に行う必要性もあって堀江邑一や石堂清倫などマルクス主義に拠って科学的中国分析を志向する調査部員が少なくなかったが、「満鉄マルクス主義」といわれるような学派的セクトの実態があったわけではなく、調査テーマも個々人の専門分野に委ねられていた。こうした分科的調査の寄せ集め方式を非科学的と考えて共同調査を提唱した一人に伊藤武雄がいた。伊藤は一九二九年十一月、『北京満鉄月報』を『満鉄支那月誌』として改刊するに際し、「支那研究を科学的綜合へ」という巻頭論文を掲げ、「“Sinology”なる非科学的名詞によって混合称せられて居る現状」から脱却する必要性を訴えた。伊藤は欧米・ソ連などの中国研究や研究機関をサーベイした上で、中国社会の分析は現代世界経済の解明に直結するに至っているとして、今こそ「各分科科学による総合的支那研究機関の組織」を設けて「「学的宝庫支那」の開拓」を進めるべきだと宣言したのである。そして、「支那学術団体との連絡」を重視して陳翰笙などの原稿を載せていった。

伊藤が構想した「科学的綜合」研究は、満鉄調査部の拡充に対応して実現し、中西功をリーダーとする「支那抗戦力調査」などが実施された。満鉄上海事務所の調査員は少数だったが、中西は尾崎秀実（当時、満鉄嘱託）や尾崎庄太郎などの協力を得、さらに東亜同文書院卒業生のネットワークを通じて中国各地のデータを収集して膨大な報告書を作成した。その調査結果は抗日戦争の長期化が中国社会の変革と国民意識の統合を促して抗戦力を高めていると指摘するなど、日本の勝利を確信したい軍部が期待した結論とは異なるものであった。中西らは戦争継続が不利であり、早急な政治的解決が必要であることを訴えて一部の軍人の賛同も得たが、毛沢東の「持久戦論」に影響を受けた立論ではないかとの嫌疑を招くことにもなった。

そもそも満鉄調査部は満鉄が植民地経営の業績をあげるための調査結果を出すことを職務とした部局であり、その調査が「科学的研究」であるか否かは問題にされていなかった。また、日本国民に正確な情報を提供することも要請されてはいなかった。そのため国策に支障を来すような総合調査は忌避され、中西や尾崎らはゾルゲ事件で、伊藤や石堂らは満鉄調査部事件で逮捕されたことによってその調査活動は事実上終わった。伊藤が企図した日中共同研究による総合的な調査知としての中国知が結実すれば、中国社会の世界史的位相を解明する鍵になりえたかもしれない。しかし、満鉄が植民地経営のための国策会社である限り、国策推進に支障があると判断されればその調査活動は存続できなかったのである。

おわりに

こうして変転をたどったシナ通は、戦時下にあって自分が知った中国についての情報を自由に発することのできないまま、国策に沿った政略知を喧伝することを強いられた。シナ通が「ついに国を滅ぼした」という批判が戦後になって噴出したが、戦地である中国で取材したシナ通が見たまま思ったままの記事を発信できるはずもなかった。

一時期、読売新聞社北平（北京）支局長であった村上知行（ともゆき）は「新聞のトップに載る大記事の九分九厘までが根も葉もない嘘であるといふことは日本的な大問題です。」「鎖に繋がれた手」で書くことを強いられ、「本当（の事）は書くことを禁ぜられる。これで何が書けますか？」として職を辞している。若い特派員は「俺達の記者としての出発点は嘘に始まった」と嘆き憤ったという。

村上知行は尾崎秀実とも交流があり、「支那」という呼称を意識的に避けて「中国」と記す特異なシナ通として知られていたが、「私が日常最も心しているものは、北平の民衆である。彼等の生活であり、習慣であり、思想であり、感情である。…特に中流以下、下層社会の民衆こそ、私にとっては驚異的な魅力なのだ」（『北平』東亜公司、一九三四年）と吐露したように、一貫して中国民衆の生活・文化を活写した生活知に通暁したシナ通であった。村上が遺した中国民俗に関する著作十四冊は、原色絵画などを収載した浩瀚な永尾龍造の『支那民俗誌』や辻聴花や池田桃川などが庶民の日常光景を描いた探訪記などとともに、今や失われた中国生活世界の時空間を探る重要な手がかりとなる。

この他、本稿では触れ得なかったが、シナ通の中にはエキスパートとしての専門分野にとどまらない関心をもって中国文化や自然・風物などに関する著作などを遺した人が多い。杭州領事などを務めた米内山庸夫（よないやまつねお）の『雲南四川踏査記』『蒙古草原』などの著作や陶片・瓦・窯道具類コレクションと陶磁器研究などもシナ通による中国知の遺産といえる。また、これまで研究が進まなかった女性のシナ通についても注目する必要がある。満州国で論陣を張った望月百合子などの他、上海で中国語女性雑誌『女聲』を刊行した小説家の田村俊子、農村婦人問題を提起し北京在住時代に『婦女新聞』などに中国女性の状況を寄稿した丸岡秀子、そして男女共学論を実現すべく夫清水安三とともに崇貞学園を運営し『支那之友』を刊行した小泉郁子（戦後、安三と共に桜美林学園を創設）など、その活動分野は多岐にわたる。

このような個人の中の多層性とともに、シナ通の交友関係には中国人を含めて多彩な繋がりがあった。そうしたネットワークの実態を解明していくことは今後の課題となる。何よりもシナ通の人材的供給源であった東亜同文書院と満鉄調査部、新聞・通信社の特派員・嘱託のシステムの解明とその相互交流関係などについても明らかにしていく必要がある。

シナ通とは何だったのか。そして、各々に強烈な個性の存在感を漂わせる無慮数一〇〇名にも及ぶシナ通というピースをいかに学知としての蓄積を背景にして組み合わせれば、「中国知」というパノラマは一つの全体像を成すのか――その問いに答えるための道は、未だ遼遠である。

［総論］

近代日本の中国学の系譜

小野寺史郎

おのでら・しろう――京都大学大学院人間・環境学研究科准教授。専門は中国近現代史。主な著書に『中国ナショナリズム――民族と愛国の近現代史』（中央公論新社、二〇一七年）、『戦後日本の中国観――アジアと近代をめぐる葛藤』（中央公論新社、二〇二一年）、『近代中国の国家主義と軍国民主義』（晃洋書房、二〇二三年）などがある。

明治以来、近代アカデミズムの成立と拡大の中で中国学も展開されていった。社会全体が欧化に向かう中、中国学者たちはあるいは儒教を日本の固有道徳と位置づけ、あるいは独自の学知の創造を謳うことで研究の必要性を主張した。また漢学に一つの起源を持つ東洋史学や「支那学」は近代以前を主な対象としたが、そのこともまたそのアカデミズムにおける位置づけや社会との関係に影響を及ぼした。

はじめに

明治から戦前にかけてのアカデミズムにおける中国学の歴史についてはすでに数多くの文章が書かれている。また個々の研究者の生涯や学問については本書の各論にも詳しい。そのため本稿は先行する諸研究に依拠しつつ、与えられた紙幅の中で、戦前日本の人文学的な中国研究全体の展開過程を概観することを目的とする。なお、日本の中国研究は漢字圏の他地域、さらには東部ユーラシア全域に関する研究と人的、組織的に重複する部分があるため、本稿はそれらにも適宜言及する。

一、アカデミズムの成立と漢学

一八七七年に成立した東京大学は法学部、理学部、文学部、医学部の四学部を置いた。文学部は第一科（史学哲学及政治学科）と第二科（和漢文学科）からなった。和漢文学科の設置は、「目今ノ勢斯文幾ント寥々晨星ノ如ク今之ヲ大学ノ科目中ニ置カサレハ到底永久維持スヘカラザルノミナラズ自ラ日本学士ト称スル者ノ唯リ英文ニノミ通ジテ国文ニ茫乎タルアラバ真ニ文運ノ精英ヲ収ム可カラ」ず、という法理文三学部総理加藤弘之の主張による。(1)「斯文」は儒教の異称だが、明治の知識人たちがそれを中国由来のものというより「英文」と両立すべき「国文」と位置づけていたことがわかる。和漢文学科の講師は、中村正直（敬宇、一八三二～一八九一）、信夫粲（恕軒、一八三五～一九一〇）、三島毅（中洲、一八三一～一九一九。一八七七年に二松学舎を創設）、島田重礼（篁村、一八三八～一八九八）ら旧幕府・藩出身の漢学者たちが務めた。

同様の主旨で一八八〇年に組織されたのが斯文学会である。岡本監輔らが組織した民間団体の思斉会に岩倉具視が政府援助を加えてできたもので、儒教に関する一般向けの講義や、会誌『斯文学会講義筆記』（一八八一～一八八六年）、『斯文一斑』（一八八一年）、『斯文学会報告書』（一八八一～一八八四年）などの発行を行った。講師のほとんどは東大教授だった。(2)

一八七九年には侍講の元田永孚が教学大旨を草し、孔子の「仁義忠孝」に基づく道徳教育を主張していた。これに基づいて一八八〇年に公布された改正教育令は、小学校に修身科を設けるなど、学制（一八七二年）以来の啓蒙重視から、政府による統制、儒教的な徳育重視へと教育方針を転換したものとされる。この時期の漢学への再注目はこうした流れの一環とも位置づけられる。(3)

いずれにせよ日本の近代アカデミズムの中には成立当初から中国学が含まれていた。しかしそこでまず問題とされたのは儒教に代表される古典の教養であったことから、以後も近代以降の中国はアカデミズムの対象となりにくい状況が続いた。この点は、アカデミズムの「漢学者」と専ら実務に関わる「支那通」の乖離を生んだとして、戦後に批判を受けることとなる。

また、漢学の衰退に対する嘆きがこの後も繰り返し発せられていることからうかがえるように、結局のところ明治以来の日本社会の主流は欧化だった。日清戦争をはさんで、西洋化、文明化した日本と遅れた中国という「中国停滞論」が支配的になっていくこの時代に、敢えて漢学や中国研究に向かった人間は本質的に非主流派だった。彼らが「洋学と漢学（あるいは儒教道徳）の両立」を枕詞のように掲げざるを得なかった所以である。

東京大学文学部は一八八一年に第一科（哲学科）、第二科（政治学及理財学科）、第三科（和漢文学科）の三科制に改組された（史学科は廃止）。翌一八八二年に哲学科に「東洋哲学」科目が開講され、ドイツ哲学の導入で知られる井上哲次郎

（一八五六〜一九四四。第一科卒）や、島田重礼らが担当した。
一八八二年には文学部附属の古典講習科も設置された（〜一八八八年）。外国語履修の負担を省いた速成課程で、国書課と漢書課からなった。出身者には市村瓚次郎、林泰輔、岡田正之、瀧川亀太郎（資言）、児島献吉郎、長尾槇太郎（雨山）、西村時彦（天囚）らがおり、東洋学会を組織し、会誌『東洋学会雑誌』（一八八六〜一八九〇年）を発行した。井上哲次郎らによって漢学の近代化を目指した授業が行われたという評価がある一方、同科出身者が旧制高校や高等師範に勤めるようになると、さらに新しい学問を求める下の世代から不満の声が上がったという指摘もある。ただいずれにせよ同科は財政上の理由などから短期間で廃止された。

一八八六年には東京大学が帝国大学に、文学部が文科大学に改組され、文科大学は哲学科、和文学科、漢文学科、博言学科という構成となった（政治学及理財学科は法科大学へ）。漢文学科は島田重礼と、竹添進一郎（井井、一八四二〜一九一七）、重野安繹（一八二七〜一九一〇）らが担当した。翌一八八七年に史学科、英文学科、独逸文学科を増設。一八八九年には国史学科新設に伴って和文学科を国文科、漢文学科を漢学科に改称し、漢学科主任は島田重礼が担当した（一八九〇年に仏蘭西文学科を新設して計九学科に）。さらに一八九三年に学科制と表裏関係になる講座制を布くと、漢学支那語学第一〜三講座を島田重礼、竹添進一郎、張滋昉が担当することとなった(4)。なお、この間の一八九〇年には元田永孚、井上毅らの起草になる「教育ニ関スル勅語」が発布されている。

同時期の私学では、井上円了（一八五八〜一九一九。文科大学哲学科卒）が一八八七年に哲学館（現・東洋大学）を創設している。井上は一八九〇年に哲学研究会（会長加藤弘之。一八九四年に東洋哲学会と改称）を組織して会誌『東洋哲学』（一八九四〜一九二六年）を刊行したが、同会の松本文三郎、遠藤隆吉、桑木厳翼らは西洋哲学をモデルに「東洋哲学」の方法論と体系の確立を試みたと評される(5)。

二、アカデミズムの確立と東洋史学、「支那学」

一八九七年、京都帝国大学の設立に伴い、従来の帝国大学が東京帝国大学に改称する。重要なのはこの頃から独自の領域としての「東洋史学」の形成が始まったことで、同じ一八九七年に東京帝国大学文科大学漢学科に「支那歴史」科目が設けられ、第一高等学校教授の那珂通世（一八五一〜一九〇八）が担当した。文科大学は一九〇四年に哲学科、史学科、文学科の三学科制に構成を改め、この時に漢学が学科名から消えた。東大の成立時に漢学は文学部のほぼ一半を占めたものの、その後のアカデミズムの体系化の中で相対的な位置づけを低下させ、個々の学問分野へと改編されていったとも言える。一九〇五年には漢学支那語学講座も支那哲学支那史学支那文学講座に改組され、第一～三講座を星野恒（一八三九～一九一七）、市村瓚次郎（一八六四～一九四七）、そしてヨーロッパ留学から帰国した白鳥庫吉（一八六五～一九四二。文科大学史学科卒）が担当することになった。一九〇九年には清から帰国した服部宇之吉（一八六七～一九三九。文科大学哲学科卒。岳父は島田重礼）が、学習院と兼任だった白鳥の後任として着任した。また一九一〇年の制度変更で哲史文三学科の下に計十九の専修学科を置いた際、それまでの支那史学講座は東洋史学講座に改称された。こうした経緯から、西洋哲学に対する東洋哲学というような場合と違って、東洋史学には日本が含まれない。

白鳥は日露戦争後の一九〇八年に自身を主任、学生の箭内亙、松井等、稲葉岩吉（君山）、和田清、池内宏、津田左右吉、瀬野馬熊らを研究員とする南満洲鉄道株式会社歴史調査室を設立した（～一九一五年）。また同じ一九〇八年には桂太郎の主宰する東洋協会に調査部を設け、翌年から『東洋協会調査部学術報告』を刊行している（現・東洋文庫『東洋学報』）。白鳥はヨーロッパの東洋学（Oriental studies）から強い影響を受け、「塞外史」や東西交渉史を重視した。白鳥はさらに儒教が聖人とした堯、舜、禹の実在を実証史学の手法で否定し、漢学系の林泰輔と論争になった。これらは後述する東洋史学と支那哲学、支那文学の距離という問題につながる。また前述の歴史調査室は満鉄総裁後藤新平の「歴史的慣習の調査と云ふものが、植民政策に非常に必要である」(6)という個人的な関心からできたものだったが、これは白鳥の調査が日本の植民政策と無縁ではなかったことを示す一方、それが政府や満鉄の組織的な援助を得られなかったことも意味している。実際に同調査室は比較的短期間で廃止された(7)。

高等教育制度の整備と並行して、各種の学会の組織も進んだ。歴史学の分野では一八八九年に史学会が成立し（会長重野安繹）、会誌『史学会雑誌』を刊行している（現・『史学雑誌』）。また、中国研究に関わる東京帝大関係者らが組織した団体に東亜学術研究会がある（評議員長星野恒）。国民道徳とそこにおける中国伝統思想の重要性を強調する点はそれまでの漢学団体と同じだったが、会名に東亜学術というような言葉を掲げた点は、この時期の多少の変化を示したものと言えるかもしれない（会誌も当初の『漢学』（一九一〇～一九一一年）から『東亜研究』（一九一一～一九一八年）に改題）。

なお、よく知られるように講座としての東洋史学の創設については、新設の京都帝国大学が東京帝国大学に先駆けていた。京都帝国大学は一九〇六年に文科大学（哲学科）を新設し、狩野直喜（君山、一八六八～一九四七。東京帝国大学文科大学漢学科卒。孫に直禎）が支那語学支那文学講座を担当した。一九〇七年には史学科が開設され（一九〇八年に文学科が正式開講され三学科制に）、東洋史学講座に内藤虎次郎（湖南、一八六六～一九三四）が、また支那哲学史講座に高瀬武次郎（一八六九～一九五〇。東京帝国大学文科大学漢学科卒）が着任した。

さらに一九〇八年に支那語学支那文学講座に鈴木虎雄（豹軒、一八七八～一九六三。東京帝国大学文科大学漢学科卒）が、一九〇九年に東洋史学講座に桑原隲蔵（一八七一～一九三一。東京帝国大学文科大学漢学科卒。子に武夫）が着任する。講師は富岡謙蔵（一八七三～一九一八。金石学。父は鉄斎）や羽田亨（一八八二～一九五五。東京帝国大学文科大学史学科卒。中央アジア史。京大十二代総長。子に明、孫に正）が担当した。さらに一九一二年に矢野仁一（一八七二～一九七〇。東京帝国大学文科大学史学科卒）が着任、翌年には今西龍（一八七五～一九三二。東京帝国大学文科大学史学科卒。朝鮮史）が講師を担当するなど、研究の分野も広がった。矢野は戦前にアカデミズムの中で中国近代史を扱った数少ない研究者である。上記三講座以外でも、中国に関わる研究者として地理学の小川琢治（一八七〇～一九四一。子に貝塚茂樹、湯川秀樹、小川環樹）、考古学の浜田耕作（青陵、一八八一～一九三八。京大十一代総長）、天文学の新城新蔵（一八七三～一九三八。京大八代総長）らがいた。

一般に京都帝国大学の中国学者の学問的特徴として、これら歴史学、哲学、文学などを総合するヨーロッパのシノロジー（Sinology）に近い発想が挙げられる。そのため彼らは自らの学問を既存の漢学と区別して「支那学」と呼び、一九〇七年には講座横断的な支那学会を設けている。また、前述のように東大東洋史の白鳥が「塞外史」を重視したのに対し、内藤や桑原はいわゆるチャイナ・プロパー（漢人居住地域）研究の重要性もあらためて強調した。辛亥革命に際して日本に亡命してきた董康、羅振玉、王国維らとの学問的交流でも知られる。ただ、狩野と内藤が清朝考証学を評価したのに対し、桑原は西洋の方法論を志向したといった差異も指摘されている(8)。

三、第一次世界大戦後の日本と漢学、支那学、東洋学

一九一〇年代後半、東京帝国大学の中国研究に若干の変化が生じた。一つは世代交代で、一九一七年に支那哲学支那史

学支那文学第一講座の星野恒が死去したのに伴い、宇野哲人（一八七五～一九七四。子に精一）と塩谷温（一八七八～一九六二。戯曲小説研究。父は時敏（青山））が後任となった。いずれも中国やドイツへの留学を経験し、新たな方法論や分野を開拓したと評される。

もう一つは制度上のもので、一九一八年に前述の支那哲学支那文学講座（宇野、塩谷、服部）から東洋史第一、第二講座（市村、白鳥）が正式に分離、新設された。なお、一九一九年の帝国大学令の改訂で文科大学は文学部に改称された（同時に哲史文の三学科制が廃されて一九学科が独立して存在する形になった）。

一方、京都帝大のこの時期の特徴的な学術活動としては支那学社（前述の支那学会とは別の組織）と会誌『支那学』（一九二〇～一九四七年）が挙げられる。小島祐馬（一八八一～一九六六。中国思想史）、本田成之（一八八二～一九四五。中国哲学史）、青木正児（一八八七～一九六四。中国文学）らが組織したもので、中国の社会や大衆文化に着目し、同時代の新文化運動などについても積極的に紹介した点にその新しさがあった。青木らは旧来の漢学ではなく最初からアカデミズムとしての中国研究の中で育った世代であり、近代日本の中国学の第二世代とされる。

この他、三菱合資会社の岩崎久弥が購入したロンドン・タイムズ北京特派員モリソンの蔵書を基礎として、一九二四年に東京に東洋文庫を設立している。初代研究部長には白鳥庫吉が就任し、池内宏、加藤繁、津田左右吉、羽田亨、原田淑人が研究員となった。

このように新しい中国研究が模索された一方で、この時期にはいわゆる大正デモクラシーや第一次世界大戦後の自由主義、社会主義の広がりへの対抗策として、ふたたび儒教や漢学の重要性が主張されるという事態も生じていた。

たとえば活動が停滞していた斯文学会が、一九一八年に東亜学術研究会などの団体と合流して斯文会に改組された。同会は第一次世界大戦期に流行した、物質的な西洋文明に精神的な東洋文明を対置する発想の下、「大に儒道を振起し以て教育勅語の聖旨を宣揚せんことを期する」[9] ことを目的に掲げた。

また帝国議会で「漢学ハ古来我カ邦ノ文化ニ貢献シ国民思想ノ涵養ニ資益セシ所大ナルモノアリ而シテ今後亦之ニ待ツ所少シトセス」[10] とする「漢学振興ニ関スル建議」が一九二一年から三年続けて決議され、これに基づいて一九二三年に大東文化協会および大東文化学院（現・大東文化大学。初代総長平沼騏一郎、二代総長井上哲次郎）が設立されている。[11]

四、アカデミズムの拡大とアジア研究

明治の末から昭和の初めにかけては高等教育制度の拡充が図られた。一九〇七年に東北帝国大学が、一九一一年に九州帝国大学が、一九一八年に北海道帝国大学が、一九二四年に京城帝国大学（初代総長服部宇之吉）が、一九二八年に台北帝国大学が設立された。

一九一八年には高等学校令が改訂され、一九一九から一九二三年にかけて、既存の一高から八高（東京、仙台、京都、金沢、熊本、岡山、鹿児島、名古屋）に加えて高等学校十六校が新設された。また同じ一九一八年の大学令によって、慶應義塾、早稲田、明治、法政、中央、日本、国学院、同志社が正式に専門学校から大学に改組された。

中国研究との関係では、東北帝国大学法文学部には一九二三年以降、京都帝国大学から武内義雄、青木正児、岡崎文夫、曾我部静雄らが着任し、九州帝国大学法文学部には一九二六年以降、東京帝国大学から楠本正継、目加田誠、重松俊章、日野開三郎、松枝茂夫らが着任している。なお北海道帝国大学には文系学部は置かれていない。

京城帝国大学法文学部では一九二六年以降、藤塚鄰、大谷勝真、鳥山喜一、児島献吉郎、玉井是博、辛島驍（岳父は塩谷温、子に昇）、加藤常賢、本多龍成、阿部吉雄、松田寿男、西順蔵らが支那哲学、支那語学支那文学、東洋史学を担当した。また朝鮮史講座に今西龍、小田省吾、藤田亮策、末松保和らが、朝鮮語学朝鮮文学講座に高橋亨、小倉進平、河野六郎らが着任した（いずれも東京帝大卒。加藤は後に広島文理科大学（現・広島大学）に転出）。台北帝国大学文政学部（学部長藤田豊八）でも、久保得二（天随）、今村完道、桑田六郎（岳父は宇野哲人、兄に芳蔵）、後藤俊瑞、青山公亮、神田喜一郎（子に信夫）らが東洋哲学、東洋文学、東洋史学を担当した（神田は京都帝大、他は東京帝大卒。台湾では植民政策の都合から「支那」や「中国」という言葉の使用が避けられた）。教員、学生の多くの部分は日本人が占めた。京城帝大の朝鮮研究が伝統学問の否定と近代科学の優位性の証明を眼目とし、台北帝大で台湾史ではなく「南洋史」が重視されたといった植民地の帝国大学における東洋学の特質についても指摘がある。(12)

以上の他、朝鮮史の稲葉岩吉（建国大学）、『大漢和辞典』で知られる諸橋轍次（東京文理科大学（現・筑波大学））、欧米の東洋学を積極的に紹介した石田幹之助（東洋文庫）や石浜純太郎（泊園書院（現・関西大学））、比較文化史的な研究を行った後藤末雄（慶應義塾大学文学部、フランス文学）や津田左右吉（早稲田大学文学部）、考古学の原田淑人（東京帝大文学部）、

建築学の伊東忠太や関野貞（ともに東京帝大工学部）、仏教史の松本文三郎（京都帝大文学部）や常盤大定（東京帝大文学部）などがこの時期の著名な研究者として挙げられる[13]。

大学入学者が増加したことで、学生や若手研究者による研究会の組織も相継いだ。中国に関するものとしては、一九二七年に京都帝国大学で発足した東洋史談話会がある。同会は一九三五年に東洋史研究会となり、会誌『東洋史研究』を発行した。「東洋史学の整理と清掃と。それが本誌の使命である。整理と清掃とのため吾々は常に最も善き努力と最も公正良心的な態度とを以て、東洋史学に於ける論著の批判、乃至紹介に主とした立場をおかうといふものである」[14]と、専ら学問的な批評を標榜した。一九三二年には東京帝大出身の有志によって歴史学研究会が組織されているが（翌年に会誌『歴史学研究』を創刊）、その初期の活動を担ったのが、既存の研究に不満を抱き、マルクス主義から影響を受けた東洋史学科関係者だったことも指摘されている[15]。

一方、前述の斯文会の『斯文』（一九一九年〜）とは別に一九二八年には東京帝大支那哲文学生会が『支那哲文雑誌』（〜一九三二年）を創刊している。同会の後継は漢学会で、この時期には既に古めかしさも感じられたであろう漢学という語が復活している。これは、明治時代に東京帝大に存在した同名の漢学会の再建という位置づけだったためとされる[16]。支那哲学科と支那文学科が一九三二年に合併して支那哲学支那文学科になったことも関係しているかもしれない（同時に印度哲学科と梵文学科が合併して印度哲学梵文学科になったため文学部の学科数は全一七になった）。会誌『漢学会雑誌』（一九三三〜一九四四年）発刊の辞で評議員の小柳司気太は次のように主張している。

昔日の漢学科は、今分れて支那哲学支那文学東洋史学の三科となれるが、此中につき東洋史学は、全然独立して殆んど声息相通ぜざるに反し、支哲と支文とは、相依存して其の研究室も同一である。……されば自分は支哲及び支文の専攻学者も、此点を顧慮せられ、左国史漢は勿論、正史及び編年の大宗たる資治通鑑までの通読講究は望ましいことである。又之と同時に余計なことながら、東洋史学の専攻者に対しては、唯だ塞外の研究に止まらずして、支那本土の文化研究にも精進する、換言すれば正史を経緯としたる著述に着眼せられんことを望む。

東京帝国大学における東洋史学と支那哲学、支那文学の方向性の相違については前述したが、白鳥庫吉以来、ヨーロッパの東洋学の影響下に「塞外の研究」を重視する東洋史学に対する反感が率直に表明されている。また、同じ文章で小柳は次のようにも述べている。

> 帝国教育の全権を握る文部省の要路に、一人の漢学者あるか、曰くなし、文政審議会に一人の漢学者あるか、曰くなし、国定教科書編纂委員会に一人の漢学者あるか、曰くなし、……否寧ろ漢字と漢文とは、排斥せらるゝやの疑なきに非ず。[17]

日本社会の大勢が欧化に向かう中で、国民の教化というい わば実践的目的をもって漢学の必要性を訴えるという方針を選択し、かつそこに望んだような地位を得られなかった不満を表明したものと言えるだろうか。

なお、この時期の中国学と政治との関係の例として東方文化事業が挙げられる。一九二五年、二十一か条要求や五四運動以来悪化した日中関係の緩和を目指して、北京に義和団賠償金を資金とする東方文化事業総委員会が設立された。日中共同の学術研究が提案され、日本側委員として服部宇之吉、狩野直喜らが参加した。北京に置かれた人文科学研究所で企画されたのが『続修四庫全書提要』の編纂である。しかし一九二八年に日本が山東出兵を行い済南事件が起こると、中国側委員が全員辞任し、事業は頓挫しかけた。そのため翌一九二九年に方針を転換して日本国内に研究機関として東方文化学院を設置することとなり（初代院長服部宇之吉、二代院長瀧精一）、東京研究所および京都研究所を設立。会誌として『東方学報（東京）』（一九三一～一九四四年）、『東方学報（京都）』（一九三一年～）を刊行した。近代以来日中の学術交流は絶えることがなかったが、それは一方で日本の中国侵略の問題と常に緊張関係にもあった。

五、戦中から戦後への連続

東京帝国大学では一九二五年に東洋史学科の白鳥庫吉、市村瓚次郎が定年で退職したが、後任の箭内亙（一八七五～一九二六。モンゴル史）が死去、藤田豊八（剣峰、一八六九～一九二九。東西交渉史）も新設の台北帝国大学に転出した。このため助教授に昇進したばかりの加藤繁（一八八〇～一九四六。中国経済史）と和田清（一八九〇～一九六三。北アジア史）が東洋史学科の担当となり、世代交代が大きく進んだ。一九四一年に加藤が定年になると、一九四四年以降は山本達郎（一九一〇～二〇〇一。東南アジア史）が担当となった。

支那哲学支那文学講座も、一九二八年に服部宇之吉が定年になった後、前述の小柳司気太（一八七〇～一九四〇）を経て、高田真治（一八九三～一九七五。子に淳）が後任となった。宇野哲人と塩谷温も一九三六年、一九三九年に相継いで定年退職し、塩谷の後任は倉石武四郎が京大と兼任した。

この他、東京帝国大学は一九四一年に東洋文化研究所を設立した。翌年に各学部から所属したのは桑田芳蔵（心理学）、仁井田陞（中国法制史学）、宇野円空（宗教学）、山本達郎、橋本秀一（経済学）、川野重任（農業経済学）、飯塚浩二（経済地理学）、植田捷雄（中国外交史学）らで、他に丸山真男（東洋政治思想史学）、北山富久二郎（経済学）、荒木光太郎（経済学）、宮沢俊義（憲法学）らが兼任した。また助手に鈴木中正（東洋史学）、鈴木忠和（経済学）、坂野正高（中国外交史学）、築島謙三（心理学）らがいた。

　京都帝国大学でも世代交代は進んだ。一九二六から一九三二年にかけて内藤湖南、狩野直喜、高瀬武次郎、桑原隲蔵、矢野仁一が相次いで定年退職し、羽田亨、小島祐馬、那波利貞（一八九〇～一九七〇。唐代社会文化史）、倉石武四郎（一八九七～一九七五。中国語学、中国文学）、宮崎市定（一九〇一～一九九五）らが後任となった。

　一九三八年には鈴木虎雄が定年となり、青木正児が東北帝国大学から戻って後任となった（東北帝大の後任は小川環樹）。また浜田耕作が死去し、羽田亨が後任の京都帝大総長となったが、この時に起きた帝国大学総長任命権問題に文学部長小島祐馬が尽力したことが知られる。一九四〇年には東洋史学講座に田村実造（一九〇四～一九九九。北アジア史）が着任した。一九四一年に小島が定年退職すると、翌年に後任として重沢俊郎（一九〇六～一九九〇。中国哲学史）が着任した。彼らが戦後初期の中国研究を牽引する世代となる。

　前述の東方文化学院京都研究所は一九三八年に東方文化研究所に改組された（現・京都大学人文科学研究所東方学研究部）。吉川幸次郎（哲文、子に忠夫）、内藤乾吉（歴史、父は湖南）、塚本善隆（宗教）、水野清一（考古・美術）、能田忠亮（天文・暦算）、森鹿三（歴史地理）が研究室主任となった。

　満洲事変と日中戦争の勃発によって、同時代中国の情報に対する社会の需要も高まった。ただ主にその調査に当たったのは、本稿で触れなかった満鉄調査部や東亜同文書院、その他高等教育機関でも社会科学部門の関係者だった。企画院傘下の東亜研究所が東方文化学院に委嘱して行った「異民族の支那統治事例」研究プロジェクト（一九三八～一九四一年）[18]や、『大東亜史概説』の編纂事業などが知られるものの、この時期にも、個々人としてはともかく、近代以前を対象とする中国学者たちが組織的に国家の政策に関わった（関われた）事例は相対的には多くない。

　一方で、中国に対する社会の関心が高まったこの時期に、魯迅を中心とする同時代の中国文学を日本に紹介したことで知られるのが中国文学研究会である。東京帝国大学文学部支那文学科卒業の竹内好（一九一〇〜一九七七）、岡崎俊夫（一九〇九〜一九五九）、武田泰淳（一九一二〜一九七六）らが一九三四年に組織したもので、会員には増田渉、松枝茂夫、実藤恵秀、千田九一、飯塚朗、小野忍、斎藤秋男らがいた。会誌『中国文学月報』（後に『中国文学』と改題。一九三五〜一九四三年）を発行し、また周作人、郭沫若、郁達夫ら、来日した中国の著名作家や中国人留学生たちとも交流を持った(19)。

歴史や思想の分野でも、近代中国を対象とする研究は徐々に現れ始めていた。及川恒忠（慶應義塾大学法学部）の近代中国法制・経済研究、植田捷雄（東京帝国大学東洋文化研究所）の租界研究などがその代表である。これらは戦後に本格的に開始される近現代中国研究にもつながっていくこととなる。

おわりに

明治以来、高等教育制度の拡大に伴って、アカデミズムにおける中国学も展開されていった。ただ、自国である日本研究や、「進んだ欧米に学ぶ」ための西洋研究に比して、とりわけ中国停滞論が支配的な中で、中国を研究する意義は必ずしも自明ではあり得なかった。儒教の道徳的意義を叫ぶ者もあり、東洋の再評価による西洋への対抗を謳う者もあり、植民政策における重要性を主張する者もあり、またヨーロッパに匹敵する学知の確立を掲げる者もあった。

儒教を日本の固有道徳と位置づける場合、扱うのは主に古典文献で、現実の中国はそもそも研究対象とならなかった。孟子の易姓革命説の否定、同時代の中国への低い評価から、服部や宇野によって、孔子の真の教えは日本で開花したといった主張すらなされた。とは言え社会全体から見た場合、彼らが実際にいかほどの影響力を持てたのかは疑問である。

一方で西洋の方法論を導入した東洋哲学や東洋史学の構築に向かった場合も、中国停滞論を前提とするならば、研究の関心は自ずと近代以前に向かうことになり、また西洋と日本に対する中国の特異性を強調する桑原や、本稿では触れられなかったが一九三〇年代のアジア的発展様式論争のような議論に帰結しがちだった。

これらと異なる見方を持つには、何らかの形で同時代の中国に関心を注ぎ、その変化を捉える視点が必要だった。その点では新文化運動に着目した青木や竹内など、文学の分野が一歩先んじていたように見える。

しかし、戦後に中国共産党政権が成立し、大陸との往来が途絶えたことで、日本の研究者たちが戦前の中国認識を客観的に検証し直すことは難しくなった。アカデミズムの中国研究においては戦後も人的・組織的に大きな断絶がなかったこともあって（本稿で触れた中国学者のうち戦後に公職追放となったのは高田真治や既に退職していた高瀬武次郎、矢野仁一などごく少数）、戦前からの枠組を引き継ぐか、逆に大きく否定するか、それ以外の選択肢を取ることは非常に困難だった。近代日本の中国学の見直しに際しては、そこに至るまでの長い過程についてもまた慎重に検討を積む必要があると考える。

注

（1）東京帝国大学編『東京帝国大学五十年史』（東京帝国大学、一九三二年）上冊六八六―六八七頁、水野博太「東京開成学校及び草創期の東京大学における漢学の位置と展開」（『東京大学文書館紀要』第三六号、二〇一八年三月）。
（2）陳瑋芬「「斯文学会」の形成と展開――明治期の漢学に関する一考察」（『中国哲学論集』第二一号、一九九五年十二月）。
（3）戸川芳郎「漢学シナ学の沿革とその問題点――近代アカデミズムの成立と中国研究の〝系譜〟（二）」（『理想』第三九七号、一九六六年六月）、坂出祥伸「中国哲学研究の回顧と展望――通史を中心として」（坂出祥伸『東西シノロジー事情』東方書店、一九九四年）。
（4）倉石武四郎講義ノート整理刊行会編『本邦における支那学の発達――倉石武四郎講義』（汲古書院、二〇〇七年）七一―七九頁。
（5）前掲坂出「中国哲学研究の回顧と展望」。
（6）鶴見祐輔編著『後藤新平』第二巻（後藤新平伯伝記編纂会、一九三七年）八六八頁。
（7）中見立夫「日本的「東洋学」の形成と構図」（岸本美緒責任編集『岩波講座「帝国」日本の学知三　東洋学の磁場』岩波書店、二〇〇六年）。
（8）前掲中見「日本的「東洋学」の形成と構図」。
（9）「財団法人斯文会趣意書」（『斯文』第一編第一号、一九一九年二月）。
（10）「漢学振興ニ関スル建議」、衆議院議長奥繁三郎→内閣総理大臣原敬、一九二一年三月二六日、ＪＡＣＡＲ（アジア歴史資料センター）Ref. A14080202600、議院回付建議書類原議（四）（国立公文書館）。
（11）前掲坂出「中国哲学研究の回顧と展望」。
（12）前掲中見「日本的「東洋学」の形成と構図」。
（13）前掲倉石武四郎講義ノート整理刊行会編『本邦における支那学の発達』九三―九九頁。
（14）今西〔春秋〕「編輯後記」（『東洋史研究』第一巻第二号、一九三五年一二月）。
（15）小嶋茂稔「戦前東洋史学の展開と歴史学研究会の創立者群像」（歴史学研究会編、加藤陽子責任編集『「戦前歴史学」のアリーナ――歴史家たちの一九三〇年代』東京大学出版会、二〇二三年）。
（16）「支那哲文雑誌・漢学会雑誌・東京支那学会報・東京支那学報総目録」（『東京支那学報』第一三号、一九六七年六月）。
（17）小柳司気太「同」（『漢学会雑誌』第一巻第一号、一九三三年六月）。
（18）東亜研究所第三部支那政治班編『異民族の支那統治概説』（東亜研究所、一九四三年）。
（19）飯倉照平「竹内好と武田泰淳」（竹内好、橋川文三編『近代日本と中国』下、朝日新聞社、一九七四年）。

I 「東洋史」と「支那学」の確立

那珂通世と桑原隲蔵――その中国史像を中心に

黄 東蘭

こう・とうらん――愛知県立大学教授。専門は近代日中関係史。主な著書に『近代中国の地方自治と明治』(汲古書院、二〇〇五年)、論文に「支那史から東洋史へ――那珂通世における華夷的叙述の転回」(『アジア教育史研究』第三一巻、二〇二二年)、「内藤湖南の中国研究における「内在的理解」について」(陶徳民編『内藤湖南研究の最前線』、関西大学出版部、二〇二三年)などがある。

本稿では、那珂通世と桑原隲蔵の中国史像を手がかりに、その歴史理解の方法について考察した。那珂の中国史像は日清戦争期を境に「漢人の史」から漢、鮮卑、蒙古など東洋諸民族の盛衰消長を中心とする「東洋史」のなかの中国史へと変化した。一方、桑原の中国史像は那珂の「東洋史」の構想に基づいた「東洋史のなかの中国史」から中国南北差異論・南優北劣論へと変化した。桑原は最晩年に儒教が唱導する孝道に普遍的価値を見出し、那珂の時代においてはまだ表面化していなかった近代の日本、およびその模範であった西洋社会が抱える問題の解決に役立てようとした。

はじめに

那珂通世(一八五一~一九〇八年)と桑原隲蔵(一八七〇~一九三一年)は白鳥庫吉とともに東洋史学という学問を確立した人物として歴史に名を残している。那珂は中等歴史教育の「東洋史」科目の提唱者、名著『支那通史』の著者、日本におけるモンゴル史研究の開拓者として知られ、その教え子の桑原は『中等東洋史』や『蒲寿庚の事蹟』など数々の名著を著した東西交渉史の大家として知られる。

那珂と桑原については、友人や門下生による伝記などで多く語られ、教育史、史学史の観点からの研究もなされてきた[1]。しかし、彼らが生涯主な研究対象とした中国の歴史をどのように捉えていたかはともすれば見過ごされがちである。また、那珂と桑原の学問は明治期に形成された日本独特の「支那史」、「東洋史」、「支那学」のいずれの学問領域にもあてはめることは難しい。後述するように、『支那通史』（一八八八～一八九〇年、原文は漢文、以下『通史』と略す）が漢文化中心の「漢人の史」であったのに対して、晩年出版した教科書『那珂東洋小史』（一九〇三年、以下『小史』と略す）は「東洋諸人種（民族）」の勢力消長を主旋律とする。そして、桑原はしばしば「自分がやっていることは東洋史であって、シナ学とは違うものだ」と明言しているが(2)、晩年は日本の支那学研究の「欠陥」を補うものとして「支那の孝道」と題する長大な論文を発表し(3)、中国法制史の研究を精力的に行った。本稿では、那珂と桑原の中国史像を手がかりに彼らの学問的営為と歴史理解の方法について検討し、併せてその学問的性格についても考えたい。

むろん、ここで言う「中国史像」は現在の中国の地理範囲に対応するものではない。周知のように、中国古代の文献に現れる「中国」（およびその同義語である「中夏」、「中華」）は「夷狄」の対語で、主として漢人が居住する中原地域を指す地理的概念であると同時に、天下の中央、文化の栄えた地という文化的概念でもある。日本では、明治から敗戦まで、こうした古典的な意味での「中国」はほぼ死語となった。代わ

図1　那珂通世の肖像（故那珂博士功績記念会編『那珂通世遺書』大日本図書、1915年）

図2　1907年清国留学出発前の桑原隲蔵　右は当時四歳の息子武夫（宮崎市定ほか編『桑原隲蔵全集』第2巻、岩波書店、1968年）

りに「支那」、「支那国」の呼称が使用され、中国の歴史も一般に「支那史」と称された。

　那珂の「中国史像」が対象とする地理範囲は『支那通史』の「大清帝国」であった。桑原の場合、東洋史教科書の教師用参考書『東洋史教授資料』（一九一四年）に「中国といふ語の起源及び意義」という項目を設けて、次のように説明している。すなわち、「中国」は元来「支那国」古代の王畿を中心とする王化の及ぼす天下を指すが、実際には「漢族の次第に膨張すると共に、中国という名称も亦膨張し、支那本部（主に漢人が居住する清朝十八の省――引用者）を指し、又支那全体をも指すに至れり」(4)、という。ここで言う「支那国」や「支那全体」は同書が刊行された中華民国時代の中国の地理範囲に対応する。つまり、那珂と桑原はいずれも彼らが生きた時代の中国を念頭におきながら中国の歴史像を描いていたのである。

一、二人の出会い

　那珂通世は盛岡藩士の家に生まれ、幼少期から藩校作人館の教授をつとめる養父那珂通高（なかみちたか）に儒学の手ほどきを受け、十六歳の若さで藩校の句読師となった。戊辰戦争の際、通高は藩命を受けて薩摩・長州軍との戦いに参加し、敗れた後「朝敵」となり幽閉された。賊軍の子弟となった通世も屈辱と貧困のどん底に陥った。養父が釈放されると、通世は慶応義塾の変則科（速成科）に入塾して英語を学び、福沢諭吉の世話で巴城学舎で英語を教えた後千葉師範学校、千葉中学校、東京女子師範学校などいくつかの学校で教諭や校長をつとめた後、第一高等中学校教授兼高等師範学校教授となった。千葉中学校校長時代の学生のなかに白鳥庫吉がいた(5)。

　那珂を一躍有名にしたのは、彼が二十代後半から発表した「上古年代考」（原文は漢文、『洋々社』三八号、一八七八年）など日本上古の年代に関する一連の論文であった。那珂は朝鮮、中国の資料に基づいて『日本書紀』の記載に基づく神武紀元が実際より六〇〇年以上も引き延ばされていることを論証して、論争を巻き起こした。一八八八年から九〇年にかけて刊行した『支那通史』は未完であったにもかかわらず、後世に「我が国支那史研究の金字塔」と高く評価された(6)。この書は後に中国で翻刻され、中国史の教科書として使用された。那珂の最大の功績は一八九四年に文部大臣井上毅が主導する教育改革において、中等歴史教育の「支那史」科目の廃止と「東洋史」科目の設置を提言したことである。これをきっかけに、中等歴史教育における日本史・東洋史・西洋史の三区分法が確立した。一八九六年、那珂は帝国大学（一八九七年に「東京帝国大学」と改称）文科大学（文学部）漢学科の講師に嘱託され、桑原隲蔵がその教え子の一人であった。

桑原は福井県の和紙業者の家に生まれ、京都府立中学校、第三高等中学校を経て一八九三年に帝国大学漢学科に入学した。当時の漢学科には島田重礼（しまだちょうれい）、重野安繹（しげのやすつぐ）、根本通明（ねもとみちあき）ら著名な漢学者がいたが、中国史（「支那歴史」）を専門とする教員がいなかったため、『支那通史』で名声を高めた那珂が講師に嘱託された。桑原が学士号を取得して大学院に進学したのは那珂が東大に出講した最初の年であった。那珂との出会いは桑原の学問やその後の人生に大きな影響を与えた。一八九八年、桑原は那珂の校閲のもとで『中等東洋史』（全二冊）を出版した。那珂の「東洋史」の枠組みに従って書かれた同書は、後にいく度の改編・重版を経て『中等教育　東洋史教科書』として世に広く流布した。その後、桑原は第三高等学校教授、東京高等師範学校教授を歴任し、二年間の清国留学を経て一九〇九年に京都帝国大学文科大学教授となり、東洋史学第二講座を定年まで担任した。第一講座を担任したのは内藤湖南であった。

那珂と桑原は性格の異なる師弟であった。那珂は家事世事に無頓着で、相手を殴って失職するような気性の激しさがあった。一方、桑原は几帳面な性格で、中学時代から大学卒業まで毎日の起床・就寝の時刻と出納、試験成績などを日記に記して父親に提出していた。酒や煙草と縁がなく、規則正しい生活を送っていたのも深夜まで勉強する那珂と対照的であった。しかし、学問において、ともに漢学出身の二人には共通点が多かった。那珂は『四庫全書総目提要』（四庫全書の文献解題）の内容をすべて暗記し、それまでで唯一、二三〇〇巻にのぼる浩瀚な『文献通考』、『通典』などの「九通」を通読した日本人であった。(7) 桑原は『資治通鑑』を三回も通読し、二十四史については、重要な箇所をカードに書き留めていた。それが生涯発表した一〇〇を超える学術論文を裏付ける主要な史料となった。

二人の学問の共通点は何よりも厳密な考証であった。桑原によれば、那珂は読書において、事実の異同や文字の相違まできわめて精細に注意し、必ず他の書物と比較して一々異同を書き記した。(8) このような学問の方法は江戸後期に町人の間で広がった和漢文献の考証、さらには清朝考証学に遡る。梁啓超（りょうけいちょう）はかつて清人の学風を十か条にまとめた。たとえば、「およそ一つの解釈をおこなうには、必ず証拠による。証拠なくして憶測するというのは、断固として排斥するところである」、「一つの証拠によって定説とはしない」、「同類の事項をならべて比較研究し、その法則をもとめることをもっともよろこぶ」、「素朴、簡潔なる文体を貴び、「言葉に枝葉ある」ことをもっともきらう」[9]、などがある。実学を重んじる清朝考証学が日本に伝来すると、町人の間で考証学が発達し、後の明治考証史学の基礎となった。若い頃に江戸に出て考証学を学んだ薩摩出身の漢学者で史学会初代会長の重野安繹は、東西の学問を比較して、空理空論を排する清朝考証学と日本の和漢学者の文献考証は西洋の学問に通ずるものであり、「支那は二百年前、日本は百年前、西洋は五十年前」と遅速はあるものの、「学問は遂に考証に帰す」[10]、と指摘している。

桑原の学問は自他ともに認める西洋流であり、「歴史は科学なり」が彼の口癖であった。桑原は英独仏語に堪能で、大学在学中に史学科の坪井九馬三とランケ史学を日本にもたらしたドイツ人講師L・リースの講義を聴講した[11]。桑原の論文は精緻な考証を行ったうえで「至極簡潔」に出来上がった論文の模範とされ、本文と注釈を分け、時には注釈の分量が本文を上回るその論文の書き方はヨーロッパの学問、とりわけドイツの学者からの影響とされた[12]。桑原は「清朝考証学はまだまだ甘かった」と言っていた。しかし、高弟の宮崎市定からみれば、あくまでも史料を尊重するその学問的態度は清朝考証学における実事求是の精神と共通するものであった[13]。ランケ史学が伝来する以前に、重野安繹や久米邦武、そして那珂自身もその実践者の一人であった考証史学がすでに高い水準に達していた明治前期の学問的状況を踏まえると、那珂と桑原が江戸後期の文献考証、とりわけ清朝考証学から影響を受けたことは否定できないだろう[14]。

二、那珂通世の中国史像——「文」から「武」へ

那珂は一八九〇年に『支那通史』第四巻の南宋部分を完成させた後、元代関係の史料に不確かな部分が多いことから、清・洪鈞の『元史訳文証補』の校注（一九〇二年）や『元朝秘史』の翻訳に取り組んだ（『成吉思汗実録』、一九〇七年）。その間、「東洋史」科目の設立を提案し、その枠組みも構想した。以下では、『支那通史』と後に那珂自身が出版した東洋史教科書『那珂東洋小史』の中国史像を比較し、両者の相違の意味について考える。

『通史』は当時流行していた欧米万国史教科書の章節体や時期区分を用いた新しい体裁の中国史教科書で、生徒に「我が隣邦開化の大勢」を知らしめるのが執筆の目的であった[15]。那珂は中国史を上世（上古～周）、中世（秦～宋）、近世（元明清）の三期に区分し、中国史上の王朝交替や中原王朝と周辺諸政権との関係、経済や学術、宗教などの制度文物につい

て詳細に記述している。全体的に、『通史』は「中華」の文化的な優越性を前提とする「漢人の史」である。匈奴や蒙古など周辺諸民族については、たとえば「諸胡皆城郭常処無く、畜牧射猟を以つて業と為す。壮を貴び老を賤しみ、礼儀を知らず。父死すれば、其の後母を妻とし、兄弟死すれば、亦其の妻を取る」[16]と、漢人の倫理規範に基づく中国正史の「華夷の別」の観点から叙述している。モンゴル軍については、「過ぐる所残滅せざる無く、人民の屠戮、其の幾百万なるを知らず。金帛子女獣畜、皆席巻して去る」と批判し、モンゴル軍に滅ぼされた南宋については、その外交上の失策が亡国を招いたと指摘する一方で、宋の歴代皇帝の仁政を讃え、宋が滅んだ後多くの忠臣義士が殉死したことを記している。[17]こうした記述に「文を尊び、武を蔑む」という儒家の徳治主義が通底する。

　これに対して、那珂の東洋史教科書『那珂東洋小史』は中国を中心とする東アジアの歴史を上古、中古、近古、近世の四つの時期に分け、上古から近古までは中国王朝の盛衰交替に重点をおきつつ、周辺諸地域、諸民族の歴史をも記述し、近世部分はアジアにおけるヨーロッパ勢力の拡大の過程として描いている。『小史』では「東洋」諸民族間の対立や抗争に関する「関係史」が多くの分量を占め、匈奴は秦漢帝国を震撼させた強い国として登場し、モンゴルについては、チンギス・ハンやフビライ、バトゥなどの武功が讃えられている。一方、「宋は本文治を尚べる国にして、武功に至つては観るべき者なし」、明の太祖朱元璋は「天性残忍にして猜忌多」き者、永楽帝が南海諸国への出使を宦官の鄭和に命じたのは「実に明朝の恥辱」であると、[18]『通史』にはみられない、漢人が中心となる王朝に対する否定的な記述が散見される。

　総じていえば、中国の制度や文化に重点をおく文明史的特徴を有する『通史』と異なって、「東洋史」としての『小史』は主として日本史を除いた東アジアの政治史であった。[19]那珂の「東洋史」は基本的に彼が「東洋史」科目の設置に関する提案と同時に提起した東洋史の教授方針と年次別の教授要項に基づいている。そこでは、従来の支那史がもっぱら中国王朝の興亡を対象とするのに対して、東洋史は「支那種、突厥種、女真種、蒙古種等ノ盛衰消長」にも説き及ぼすべし、[20]と述べられている。中国王朝と周辺諸地域、諸民族との「関係史」こそ「東洋史」の最大の特徴である。『通史』にも中国王朝と周辺との関係を記す内容が多く含まれるが、それは中国正史の体裁にならって中原の王朝交替に関する記述の後に設けられる「外国事略」において、突厥、蒙古、朝鮮半島、日本など周辺諸地域の歴史や風俗を記述している。これに対して、「関係史」においては、漢、突厥、女真、蒙古などの諸民族は同列に並べられており、そこで重要視されているのは東洋諸民族の盛衰消長、すなわち力関係の変化であった。前述の桑原『中等東洋史』は那珂の「東洋史」構想を教科書の形で具体化した最初の本格的な教科書であった。

東洋諸民族の盛衰消長を重点とする『小史』の歴史叙述は、那珂が「東洋史」科目を提唱した直後の一八九五〜九六年に大日本教育会で行った「東洋地理歴史講義」（全十回）のなかに早くも見られる。日清戦争終盤の一八九五年一月に行われた第一回「講義」の冒頭で、那珂は、日本が戦争終結後の大陸経営にあたって中国の言語や地理に通ずる人材を必要とするという実用的な観点から東洋史の必要性を強調する。[21] 中国史を扱う「支那の沿革」（第五回〜第七回）では、中国史上の王朝交替を軸として、漢、匈奴、鮮卑、女真、蒙古など北方の諸民族が南下して「中原に鹿を追う」歴史が語られており、その背後にあるのは、力ある者は天下を取るという「力の原理」であった。那珂は唐の太宗李世民（りせいみん）の高麗侵攻に失敗したことに触れ、太宗は奉天で清国の軍隊との闘いを指揮した「我が大将たち」に比べて「余程弱かった」と述べ、将来もし日本が中国を支配することになったら、日本はインドを支配するイギリス人、シベリアや中央アジアを支配するロシア人を「模範とすべき」であると述べている。[22]

このように、那珂の歴史叙述の主旋律は『通史』における「漢人の史」から『小史』の漢人を含む東洋諸民族の対立、抗争へと変化した。これにともなって、中国史は漢文化を中心とする文明史から歴史知識に重点をおく政治史へと変化し、その歴史意識も人倫礼楽や制度文物、および儒家の道徳史観に基づく中国の伝統的華夷観念から「武を尊ぶ」、すなわち「力」を重んじる西洋近代のパワーポリティックスに代わった。筆者はこれを「華夷的叙述の転回」と称する。[23] 中国と周辺諸民族、諸地域との「関係史」の重視は歴史教育の「東洋史」科目にとどまらず、那珂自身や白鳥、桑原、藤田豊八らが明治後期から昭和前期にかけて開拓した満蒙史、東西交渉史などのアカデミズム東洋史学の大きな特色でもあった。

三、桑原隲蔵の中国史像――「文」の発見

桑原の中国史像も二つの異なる様相を呈する。一つは若いころに出版した教科書『中等東洋史』における「東洋史のなかの中国史」であり、もう一つは四十を過ぎてから発表した中国南北地域差に関する諸論文にみられる「南優北劣論」である。

『中等東洋史』の特徴は東洋諸民族の勢力の強弱に基づく

時代区分にある。桑原は東洋史を上古期（「漢族膨張時代」）、中古期（「漢族優勢時代」）、近古期（「蒙古族最盛時代」）と近世期（「欧人東漸時代」）の四つの時期に分けている。上古期から近古期までは中国史上の王朝交替を軸とする漢人と匈奴や蒙古など周辺諸民族との間の勢力消長を中心に、近世期については、ヨーロッパ人のアジア「侵略」から日清戦争後の「三国干渉」までの歴史的推移を「関係史」として記述している。中国の文化については、後の時代に大きな影響を与えた周代の制度、日本や朝鮮に関係の多い唐代の制度、および同時代の清の制度をやや詳細に述べるにとどまる。これに対して、モンゴルなど北方の諸民族については、テムジンが蒙古のハーンになってから孫のフビライが南宋を滅ぼすまでの「僅か七十年の間に於て、蒙古は実に空前絶後の一大帝国を建設せり」と、モンゴル帝国の急速な領土拡大の過程やチャガタイなど四ハン国の位置と国都の所在地、モンゴル帝国の出現によるユーラシア大陸の交通や商業の発展などについて詳細に記述している[24]。

ところが、桑原が中年から晩年にかけて発表した中国南北地域間の相違に関する三つの論文において[25]、前述のような「関係史」としての中国史像は一変する。そこで提起された論点は主に次の二つである。第一に漢族の南遷がもたらす南方の発展である。それによれば、長らく漢族の本拠地であった「北支那」は文武両面において「南支那」を凌駕していた[26]。しかし、四世紀初頭に匈奴が西晋を滅ぼす「永嘉の乱」以降晋室が南遷し、後に宋が金に敗れて南遷した後、江南や福建地方の開発が進み、中国の政治、経済、文化の中心は南方に移動した。第二はいわゆる「文野の別」に基づく「南優北劣論」である。桑原は北方諸民族の侵入によって「文物の萎微する」北中国と「漢族の天子による支配」が続いた南中国とを対比させ、「過去千六百年に亘って、北支那に於ける野蛮なる夷狄の侵入、南支那に於ける優秀なる漢族の移住、この二つの事実が、南北盛衰の原因を解釈すべき、尤も重要なる鍵鑰と思ふ[27]」と中国史の大勢を捉えている。

中国の南北地域差については、すでに清朝考証学の祖顧炎武や清末の反満知識人劉光漢、日本では岡倉天心や内藤湖南などによって論じられていた。顧炎武は南北の差を「天運が循環し、地脈が移動した」結果として捉え、劉光漢はその原因を北方民族の侵入と南北における水利の便否に帰した。桑原は顧炎武の見解を退け、劉光漢が挙げた「北狄の侵入」と「漢族の南下」による「文野の別」こそ南北盛衰の主因であったとする。桑原の南優北劣論は一見して漢人を「内」、北方諸民族を「外」とする中国正史の華夷観念を踏襲した見解に見える。しかし、彼は夥しい数の資料を列挙して、科挙合格者の人数や文運、人口と物力、農作物の収穫量などの側面から南北間の地域差を学問的に論証し、中国史全体において晋室の南渡がもたらす南方の発展が「文化史的、民族史的な意義」を有することを強調する。たとえば、「物力」については、『書経』禹貢篇から上古時代に北の農作物の収穫量が南を遥かに超えていたが、隋唐以降は南方が米穀の本産地となり、諸王朝が大運河経由で輸送される南方の米穀に頼らなければ国都を維持することができなかったことを論証し、「上古より中古、中古より近代と、時代を経るままに、南支那はすべての点に於て、北支那を凌駕し」、「支那の歴史は一面から観ると、漢族の文化の南進の歴史ともいえる」[28]、と結論づけた。

ここで想起されるのは内藤湖南が『新支那論』（一九二四年）で提起した「東洋文化中心移動説」である。内藤は清朝の学者趙翼（ちょうよく）の「地気論」に拠りつつ、東洋文化の中心は漢代までは黄河流域にあり、三国以降は次第に南方に移り、近代以降は広東省が全盛になり、明治以降は日本に移りつつある、とする。さらに、内藤は五胡十六国や遼、金、元を建てた鮮卑や契丹、女真などの北方の諸民族を「新しい若々しい民族」とし、彼らがすでに「国家として一生を終えて瀕死した」漢人を若返らせたのと同様に、日本も「支那民族」の生命を延ばす大きな使命を有する[29]、と述べている。両者を比較すると、中国における日本の国益の増大を理論的に立証しようとする内藤の議論は、顧炎武以来清朝の学者が論じてきた中国南北地域差の問題に学問的に決着を付けようとする桑原の立場とは対照的である。両者のもっとも大きな相違は北方諸民族の扱いにある。内藤が日本の中国支配を視野に入れつつ、中原の地に政権を建てた北方諸民族の「武」を高く評価するのに対し、桑原はむしろ江南の地に逃げた漢族から「文」の力を発見した。奇しくも「支那学者」内藤の議論に那珂「東洋史」の「力の論理」が貫かれており、「文化」に目を向けたのは自他ともに「東洋史家」と認める桑原であった。

しかし、桑原は決して現実の日中関係に無関心ではなかった。山東問題に発端する一九一九年五月四日の北京での学生抗議運動が全国主要都市の日貨ボイコット運動に発展したことに対して、桑原は「直を以て怨みに報い、徳を以て徳に報いん」（『論語・憲問篇』）という孔子の言葉を引用して、日本は外交上中国に譲歩すべきではないと主張した[30]。ただし、桑原の関心は日中間の外交問題や日本の国益の拡大といった現実の問題にとどまるものではなかった。最晩年の孝道研究や中国法制史の研究にみるように、桑原は漢文化にある「価値」を見出していた。

一九二八年、桑原は東大漢学科の先輩で、京大の同僚でもある狩野直喜の還暦論文集に「支那の孝道殊に法律上より観たる支那の孝道」と題する八十頁を超える長大な論文を寄せた。その論旨はきわめて明快である。すなわち、孔子が大成した儒教の本質は家族主義にあり、その中心は孝悌の思想である。かつてヴォルテールやライプニッツらヨーロッパの思想家たちを憧憬させた「儒教の内容と価値」は今も変わっておらず、孝道の振興は日本や中国など東洋の国々に限らず、西洋にも通用し、西洋文化の種々の弊害をいく分緩和することができる[31]、という。

桑原は一九一九年五月四日の北京での抗議活動が起きた翌月に「支那人の食人肉の風習」と題する短文を発表し、食人肉を中国人の国民性の一面を表す「蛮風」として批判したことがある[32]。しかし、「支那の孝道」において桑原は、雍正帝が「割股行孝」の禁止令を発したにもかかわらずそれが徹底されなかったことについて、割股の動機は孝情に基づいており、孝道を尊重する「(地方官憲の)衷情を諒とせなければならぬ[33]」、と一定の理解を示している。

桑原の孝道研究について、宮崎市定は、師がここまで情熱をかけたのは「中国人以上に中国文化の真髄を汲もうとし」たからである、と述べている[34]。しかし、桑原はなぜ自己撞着してまで孝道を高く評価したのであろうか。それは、彼が当時日本で「親殺し」の事件が多く発生したことに世の教育家や政治家、社会評論家があまり注意を払わなかったことを憂慮し、孝道を発揮することによって日本社会が抱える家族倫理の問題を解決しようとしたからである。一九二九年、「支那の孝道」が発表された翌年、桑原は京大の夏期講習会で「支那の古代法律」と題する連続講義を行った。彼は唐律、明律、清律における「十悪」の一つとされる「不孝」に対する処罰の内容を詳細に講じた。そして、「個人主義」と「家族主義」の観点から西洋と日本とを対比させ、日本は「君父一体、忠孝一本」の国柄であるが、明治以降孝道が年々衰微し、親殺しの事件が多く発生するなかで、ぜひ孝道を維持しなければならない[35]、と主張している。桑原はこの講演の直後に喀血し、ついに病床から離れられなかった[36]。

「家族主義」の問題は、欧化政策の推進とそれに対する抵抗を背景に、明治三十年代以降しばしば議論されていた。井上哲次郎や浮田和民ら多くの論客が論戦に加わり、「家族主義か個人主義か」をめぐる対立が先鋭化していた。そこでの議論は社会救済事業における家族の役割から近代国家のための家族制度の改編まで多岐にわたる[37]。こうした議論とは全く別の文脈で、桑原は中国古来の孝道を古き良き東洋の道徳として高く評価した。そして、孝道を維持することによって近代以降日本社会に生ずるさまざまなひずみを端的に表す「親殺し」が頻発する事態に歯止めをかけ、秩序を取り戻そうとしたのである。

おわりに

宮崎市定は晩年、支那史と東洋史の相違について次のように述べている。すなわち、支那史がもっぱら中国王朝の沿革を記述するのに対し、東洋史は「東洋が含む全民族」の歴史の解明を目的とする学問であり、「東洋に居住する各民族は全く平等な立場におかれ、その間に差別を設けてはならない」。東洋史という学問を定着させたのは桑原の『中等東洋史』であった[38]、という。

宮崎の言葉はほぼそのまま那珂通世の前後二つの中国史像に当てはまる。すなわち、「漢人の史」としての『支那通史』と、漢、鮮卑、蒙古など東洋諸民族の「関係史」に力点をおき、その盛衰消長を描いた『那珂東洋小史』に見られる二つの歴史像である。明治維新後「賊軍」の子弟となった那珂は英語を学んだのをきっかけに人生の転機を迎え、漢学の知識と素養をもとに学問で身を立てた。那珂は日清戦争前後、日本と中国の国力が逆転したのを目の当たりにして、アジア大陸に勢力を膨張しつつある帝国日本が必要とする「東洋史」を構想した。そこでかつて普遍的原理とされた華夷観念は西洋流のパワーポリティックスに取って代わられた。その意味で、那珂こそ明治東洋史の生みの親であった。

一方、桑原は大学卒業からわずか二年で師である那珂の東洋史構想に沿って『中等東洋史』を出版した。中原を舞台とする漢、鮮卑、蒙古など東洋諸民族の「関係史」においては、宮崎の言うとおり、東洋諸民族は「全く平等な立場におかれ」ていた。「張騫(ちょうけん)の遠征」や『蒲寿庚の事蹟』など東西交渉史関連の数々の学問的業績も、基本的にこの「関係史」の延長線上にあった。しかし、中国南北差異論・南優北劣論や孝道研究、および清朝考証学に通ずるその学問的方法に見られるように、漢学科出身の桑原は生涯漢学の世界から離れなかった。桑原は最晩年に、遥か古に形成された孝道を「支那の生命であり、又その国粋である」と高く評価し、中国文化を愛好するか否かという次元を超えて、儒教が唱導する孝道に期待し、那珂の時代においてはまだ表面化していなかった近代以降の日本、およびその模範であった西洋社会が抱える問題の解決に役立てようとした。その孝道研究には「和魂の在り方を憂えた先生の悲痛な心情が吐露されている」[39]、と述べる三田村泰助は桑原の真意を汲んでいたのかも知れない。桑原の眼に映った中国の歴史は固定不変であった。彼はかつて藤原惺窩など近世の儒学者らがそうであったように、儒教を中心とする中国文化にある種の普遍的価値を見出したのであろう。

注

(1) 中等教育の「東洋史」科目の創立に関してはいくつかの研究がある。那珂、桑原の両者を扱った論文として、小嶋茂稔「「東洋史」の二人の創始者——那珂通世と桑原隲蔵」(陶徳民・吾妻重二・永田知之編『中国学の近代的展開と日中交渉』勉誠社、二〇二三年)がある。那珂については、奈須恵子「那珂通世『東洋地理歴史講義』における『東洋歴史』構想」(『教職研究』(立教大学教職課程)第一六号、二〇〇六年四月)、拙稿「支那史から東洋史へ——那珂通世における華夷的叙述の転回」(『アジア教育史研究』第三一巻、二〇二二年三月)がある。桑原については、小倉芳彦「『桑原隲蔵全集』から学ぶこと」(『アジア経済』第九巻第一二号、一九六八年)、吉澤誠一郎「東洋史学の形成と中国——桑原隲蔵の場合」(岸本美緒編『岩波講座「帝国」日本の学知』第三巻、『東洋学の磁場』岩波書店、二〇〇六年)などがある。

(2) 宮崎市定「『中国の孝道』(桑原隲蔵著)解説」(『宮崎市定全集』第二四巻、『随筆』下、岩波書店、一九九四年、初出は一九七七年)六二四頁。「シナ学」は一般に「支那学」と表記され、伝統的な漢学を継承しながら明治期に新たに形成された中国を対象とする学問である(戦後は「中国学」と称される)。なお、狩野直喜と内藤湖南が京都で提唱した「支那学」は戦前日本の中国研究の水準を代表するものとして広く知られる。

(3) 「支那の孝道殊に法律上より観たる支那の孝道」(『桑原隲蔵全集』第三巻、岩波書店、一九六八年)九頁。

(4) 『東洋史教授資料』(『桑原隲蔵全集』第四巻、初出は一九一四年)三三九頁。

(5) 那珂の生い立ちについては、三宅米吉「文学博士那珂通世君伝」(故那珂博士功績記念会編『那珂通世遺書』大日本図書、一九一五年)、村上正二「小伝　那珂通世——草創期の東洋史学」(『史学』第六〇巻第二～三号、一九九一年)、田中正美「那珂通世」(江上波夫編『東洋学の系譜』大修館書店、一九九二年)、窪寺紘一『東洋学事始——那珂通世とその時代』(平凡社、二〇〇九年)を参照。

(6) 青木富太郎『東洋学の成立とその発展』(蛍雪書院、一九四〇年)一四八頁。

(7) 「那珂先生を憶ふ」(『桑原隲蔵全集』第二巻、初出は一九〇八年)五六一頁。

(8) 同右、五六八頁。

(9) 『清代学術概論』(梁啓超『飲冰室合集』八、飲冰室専集之三十、中華書局、一九八九年、初出は一九二〇年)三四―三五頁。訳文は小野和子訳注『清代学術概論——中国のルネッサンス』(東洋文庫二四五、平凡社、一九七四年)一三六―一三七頁による。

(10) 重野安繹「学問は遂に考証に帰す」(薩摩史研究会編『重野安繹史学論文集』上巻、雄山閣、一九三八年、初出は一八九〇年)四三頁。ちなみに、那珂の養父通高は若い頃脱藩して江戸に遊学し、儒者東条一堂の瑶池塾に入って考証学を学んだ。

窪寺紘一『東洋学事始――那珂通世とその時代』(平凡社、二〇〇九年)二八頁。
(11) 宮崎市定・吉川幸次郎ほか「座談会　桑原隲蔵」(吉川幸次郎編『東洋学の創始者たち』講談社、一九七六年)二三二頁。
(12) 羽田亨「桑原隲蔵『東西文明史論叢』序」(『桑原隲蔵全集』第二巻)。
(13) 宮崎市定「桑原史学の立場」(『桑原隲蔵全集』別冊、月報六)。
(14) 林健太郎はランケの伝記の中で、ランケ史学と近代日本の歴史学との関係性について次のように指摘している。すなわち、徳川時代に発達していた考証学はヨーロッパの批判的文献学と共通のものを持っていたため、リースがもたらした歴史学の方法は別段に新奇なものではなかった。リースの功績は従来の考証を近代的なアカデミズムとして体系化したことにあった、という。林健太郎「近代歴史学の父レオポルド・フォン・ランケ」(『林健太郎著作集』第一巻、山川出版社、一九九三年)三一五頁。
(15) 『支那通史』(巻一)六丁。和田清訳『支那通史』(上冊、岩波書店、一九三八年)三二頁による。以下、同書からの引用は和田清訳による。
(16) 和田清訳『支那通史』(上冊)一〇九―一一〇頁。この記述は『史記・匈奴列伝』の関連記述に基づいている。
(17) 和田清訳『支那通史』(下冊、一九四一年)一一四頁、一二〇―一二一頁。
(18) 『那珂東洋小史』(大日本図書、一九〇三年)一四六頁、一八四―一八八頁、一九五頁、二一〇―二一四頁。
(19) 日本史の関連記述がほとんど含まれていないのは、「東洋史」、「西洋史」のほかに「国史」という科目があったからである。
(20) 「尋常中学校歴史科ノ要旨」(『大日本教育会雑誌』第一五七号、一八九四年十一月一日)五二頁。
(21) 「東洋地理歴史講義」第一回(一八九五年一月十三日、『大日本教育会雑誌』第一六二号)二五―二七頁。
(22) 「東洋地理歴史講義」第五回、第六回、第九回。
(23) 詳細については前出拙稿「支那史から東洋史へ――那珂通世における華夷的叙述の転回」を参照されたい。なお、本節の内容は同稿から一部抜粋している。
(24) 桑原隲蔵『中等東洋史』(大日本図書、一八九八年)八七―一〇二頁。
(25) 「晋室の南渡と南方の開発」(一九一四年)、「歴史上見たる南支那の開発」(一九一九年)(いずれも『桑原隲蔵全集』第一巻所収)と「歴史上より観たる南北支那」(一九二五年)(『桑原隲蔵全集』第二巻所収)。これら三つの論文は、一八九三年に中国を旅行した岡倉天心の「支那南北ノ区別」(『岡倉天心全集』第三巻、平凡社、一九七九年)における中国南北論を学問的に発展させた研究として捉えられてきた。鶴間和幸「天心の中国認識――「支那南北の区別」をめぐって」(『茨城大学五浦美術文化研究所報』第九号、一九八二年)、村田雄二郎「岡倉天心の中国南北異同論」(『東京大学大学院総合文化研究科地域文化研究専攻紀要』第二一号、二〇一七年)を参照。
(26) 桑原の言う「北支那」は主として民国期の直隷、山西、山東、河南、陝西、甘粛の諸省に対応する地域を指し、「南支那」とは主として江蘇省南部、湖南、江西、浙江、福建、広東、広西など「江南の地」を指す。「晋室の南渡と南方の開発」(『桑原隲蔵全集』第一巻)一三七頁。
(27) 「歴史上より観たる南北支那」(『桑原隲蔵全集』第二巻)

二六頁。
(28)「歴史上より観たる南北支那」(『桑原隲蔵全集』第二巻)二三―二四頁。
(29)『新支那論』(『内藤湖南全集』第五巻、筑摩書房、一九七二年)五〇九―五一三頁。
(30)「対支政策管見」(『桑原隲蔵全集』第一巻)五五―六三頁。
(31)「支那の孝道殊に法律上より観たる支那の孝道」(『桑原隲蔵全集』第三巻)九―九二頁。
(32)「支那人の食人肉の風習」(『桑原隲蔵全集』第一巻、初出は一九一九年)四五八頁。
(33)「支那の孝道殊に法律上より観たる支那の孝道」(『桑原隲蔵全集』第三巻)六一―六二頁。
(34)前掲注2『宮崎市定全集』(第二四巻)六二五頁。
(35)「支那古代の法律」(『桑原隲蔵全集』第三巻)二二六頁。
(36)砺波護「桑原隲蔵」(江上波夫編『東洋学の系譜』大修館書店、一九九二年)一三九頁。
(37)当時の論争については、阪井裕一郎「家族主義という自画像の形成とその意味――明治・大正期における知識人の言説から」(『家族研究年報』第三八号、二〇一三年)を参照。
(38)『宮崎市定全集二　東洋史』自跋(岩波書店、一九九二年)三三九―三四一頁。
(39)三田村泰助「桑原先生の学風」(『桑原隲蔵全集』第三巻、月報三)七頁。

【I 「東洋史」と「支那学」の確立】

白鳥庫吉と内藤湖南——同時代人としての共通点

吉澤誠一郎

よしざわ・せいいちろう——東京大学大学院人文社会系研究科教授。専門は中国近代史。主な著書に『天津の近代——清末都市における政治文化と社会統合』（名古屋大学出版会、二〇〇二年）、『清朝と近代世界——一九世紀』（岩波書店、二〇一〇年）、『愛国とボイコット——近代中国の地域的文脈と対日関係』（名古屋大学出版会、二〇二一年）などがある。

白鳥庫吉と内藤湖南は、東洋史学の草創期を代表する学者である。この二人の学風はだいぶ異なるとは言えるだろうが、しかし、幕末に生まれて明治・大正・昭和と同じ時代に生き、東洋史学という同じ学問に取り組んだ二人には、共通点もまた多く見いだせる。対立や相違の側面を強調してきたこれまでの見方を再考してみたい。

はじめに

白鳥庫吉と内藤湖南は、それぞれ東京大学と京都大学の東洋史学の創始者の一人と見なされている。そして、たとえば邪馬台国をめぐる論争などで、白鳥と内藤が意見を異にしていたことから、「東京学派」と「京都学派」という枠組みを用いて、この二人を対比的に理解しようとする見方が広まっているように思われる。

当然ながら、白鳥と内藤との間には個性としての学風の相違がある。また関心の対象としても、たとえば内藤の場合は書画についての評論が多くみられるように審美的な方面に造詣が深かったのに対し、白鳥にはほとんど芸術に関わる所論はない。経歴の上での違いは周知の通りである。白鳥が現在の千葉県の農家に生まれたのに対し、内藤は南部藩の儒者の家の出身である。白鳥は帝国大学を卒業して学習院に奉職してから東京帝国大学教授になったことから、アカデミズムの内で生涯の多くを過ごしたが、秋田師範を出た内藤は長くジャーナリズムのなかで自己研鑽を積んだ後に京都帝国大学教授となった。

図1　白鳥庫吉（池内宏編『白鳥博士還暦記念 東洋史論叢』岩波書店、1925年）

しかし、二人の年齢は極めて近い。いずれも幕末の慶応年間に誕生した。白鳥は一八六五年、内藤は一八六六年の生まれである。その意味では、同時代の雰囲気のなかで精神形成し、共通した学界の関心のなかで研究を進めたという視点をもつこともまた大切であろう[1]。

そこで、この両者の研究活動の関わりに注目し、改めて彼らの共通点と相違点について考えてみたい[2]。なお、引用は読みやすく仮名遣いを改め、句読点を付すなど工夫を加えた。二人の全集からの引用典拠は本文中に掲げ、円数字が巻数、その後に該当頁を示す[3]。

一、白鳥と内藤の交流

まず、白鳥と内藤の間の個人的な接触について、知り得ることを確認しておきたい。

図2　内藤湖南（『内藤湖南全集』第8巻、筑摩書房、1969年）

二人の対面として早い事例は、一九〇七年一月二日、京都での歓談であろう。この時、同席した富岡謙三も含め三者が、おそらく記念のために絵葉書に署名したものがあり、「明治四十年一月二日夜、桃華庵に会して東洋学の振興を談ず」と記されている。桃華は富岡謙三の号である。また、内藤が東洋史学者の稲葉岩吉あてに送った一月八日づけの年賀状にも「京都にて、二日の夜、偶然白鳥君と会し、これも面白く談じ申候」とある（内藤全集⑭四二八頁）。

また、同じ年の夏には、大阪朝日新聞社が企画した叡山講演会のために白鳥が関西に来た折にも、内藤や富岡と面会したようである。白鳥は八月八日・九日・十日に「韓史概説」と題する講演を比叡山で行なった[4]。内藤から富岡にあてた葉書に「白鳥博士、今日午前講演すみ次第下山、当地乗込とのはがきあり。又盛んに談じましょうかネ」「白鳥博士（ここは韓国語で記されている―引用者注）今日来着、多分明日御尋可申上候。明後十二日朝、同じく瓢亭の粥をすするべく約束致し候」と記されている（内藤全集⑭四三五頁）。瓢亭とは京都南禅寺の門外にある老舗料理屋である。

ここからは、内藤の京都帝国大学講師着任（一九〇七年）の前後から、白鳥と内藤が研究について語り合っていたことが分かるだろう。「白鳥博士」がハングルで記されているのは、内藤のユーモアを示すとともに、彼らが話題としたのが、たとえば韓国にも関係する論点であったことを示唆している。

右に名前を挙げた稲葉岩吉は、その後、一九〇八年に発足した満鉄の歴史調査部（主任は白鳥庫吉）における満洲歴史地理の研究に加わった。内藤から稲葉にあてた書簡からは、ときに内藤は稲葉を通じて白鳥に連絡を取っていたことがわかる。たとえば、一九〇八年二月十九日づけの稲葉あて書簡のなかで、内藤は稲葉に伝言して白鳥に頼み事をしている。関東州の五万分の一地図を見たいので「満鉄の手にて」陸軍より借り出してほしいというのである（内藤全集⑭四四〇―四四一頁）。

しかし、白鳥と内藤との間で、行き違いが生じたこともあった。一九一〇年四月頃の事である。誤解の正確な内容はわからないが[5]、内藤は稲葉にあてた書簡では「〔前略〕白鳥博士がかようの事を信じられ候ようにては、小生は全く同氏を見違い居候と申外無之候。小生は従来、陰に陽に白鳥君の為め都合よきようにと希う外他事なかしりこと、貴兄の知らるる如くに候」（内藤全集⑭四六九頁）と述べている。ただし、この言葉は、この誤解が生じる以前には、内藤は白鳥を信頼していたことを示していると読むこともできるだろう。

そして、このような対立は一時的なものに過ぎなかったのかもしれない。一九一三年八月、白鳥庫吉は九州での調査を経て朝鮮を訪れた（白鳥全集⑩一九八―二一五頁）。九月十一日づけ稲葉あて書簡のなかで、内藤は「白鳥博士の帰信を待こがれ居候処、今朝ようよう来着。七・八名の同志にて心ばかりの歓迎会を開き、いろいろ朝鮮ばなしを伺い候」と述べている。白鳥の話のうち、神功皇后による朝鮮出兵の地点は慶州の迎日湾ではなくて加羅であろうとの説に対し内藤は賛成するが[6]、『漢書』地理志にみえる「列水」とは現在の大同江のことだという説には反対だという（内藤全集⑭五〇二頁）。

このように、白鳥と内藤の間には、一定の個人的な交流があった。ときには、内藤は白鳥の話を聞くのを待ち焦がれるほどであった。内藤は白鳥の所説に全面的に賛成するわけではなく、常に批判的な観点を持っていたが、これは学術的な交流である以上は当然のことである。二人は共通した関心を持ちつつ議論し、切磋琢磨する関係にあったと言えるだろう。

確かに、内藤は時に辛辣に東京帝国大学の学問を批評していることがある。やはり稲葉あて書簡では、『史学雑誌』に掲載された鳥居竜蔵の講演に誤りが多いとして、「それを感心してかく史学雑誌も愚の極に候」と述べたり、『東京朝日新聞』に掲載された京都の研究会に関する報道に悪口が多いとして「我東京大学などふりまわすはドレ丈ひまがあるかしれぬが、ばかばかしさが通り過て寧ろあわれに候」と結んでいる（内藤全集⑭四六八頁）。白鳥が提起した有名な説についても「白鳥博士は堯舜禹を天地人にて釈かれ候由、ああいう事は京都にては、はやり不申候」（内藤全集⑭四六四頁）と手厳しい。

これも東京の学術動向に対して強い関心を持ちつつ、それに対抗して京都で高水準の学問を築き上げようとする内藤の意気を示す言葉と理解しておくのが妥当と思われる。

二、中国の古伝説

ここからは白鳥と内藤がともに関心を持っていたテーマについて、二人の所説の特徴を対比させつつ、考えてみることにしたい。

まず、右に少し言及した堯・舜・禹についての理解について注目する。一九〇九年、白鳥が「支那古伝説の研究」を発表して、『尚書』などに見える堯・舜・禹は、実在の人物ではなく、それぞれ天・人・地を表現したものであると指摘したこと、そして、そして同時代の林泰輔が、白鳥の説を「堯舜禹抹殺論」として批判したことは、よく知られている。

しかし、白鳥によれば、これらが実在の人物でなくても、儒教の理想が揺らぐことは無い。「堯の至公至明なりしこと、舜の孝順篤敬なりしこと、禹の勤勉力行なりしこと、これ即ち古の支那人が其の王者に望める所にして、実に儒教の理想たり」（白鳥全集⑧三九〇頁）。

白鳥は、古伝説の意義を次のように説明していた。

> 国民あれば必ず之に伴う所の理想あり。而して其の国民の理想とする所のものは、主として此の古伝説の中に包含せらる。故に一国民の歴史を研究して、其の精神に論及せんと欲せば、必ずや其の国民に固有なる伝説を討究して、之に妥当の解釈を与えざるを得ず。
>
> （白鳥全集⑧三八二頁）

すなわち、古伝説の研究は、「其の国民の理想」を解明するための作業に他ならないという。

白鳥は右の論文を『東洋時報』の一九〇九年八月号に発表したのだが、内藤が稲葉あての書簡で「白鳥博士は堯舜禹を天地人にて釈かれ候由」と記したのは同年七月十日のことであった。とすれば、内藤の発言は、白鳥の論文を読んだうえでの所感ではないだろう。

白鳥は、まず東洋協会講演会で堯・舜・禹が実在する人物でないことを講演し（白鳥全集⑧三九三頁）、それにもとづいて東洋協会の月刊誌『東洋時報』に当該論文を掲載したと考えられるから、内藤は白鳥の口頭報告の概略を聞き知って、書簡で「ああいう事は京都にては、はやり不申候」と感想を述べていることになる。内藤は、白鳥の講演内容に対しても強い関心を寄せていたと考えてよいだろう。しかし、内藤が白鳥の堯・舜・禹の解釈に対して示した不満の真意については、あまりよくわからない。

白鳥の方法の特徴としては、「堯舜禹三王の伝説の作者は、太古より彼等の間に存在したる天地人三才説の思想を眼中に置きて此伝説を構成せしものなるべく、従て是等堯舜禹の三伝説は、継続的（サクセッシーヴ）のものにはあらずして、並立的（コーエキジステント）のものたるべきなり」（白鳥全集⑧三八七頁）と述べている点が注目に値する。すなわち、堯→舜→禹という継続的な（successive）時代順なのではなく、同時に成立した並立的な（coexistent）伝説なのだということである。伝説の作者が一定の時点で、堯・舜・禹の話をまとめて作成したという見方である。

このような方法については、もしかすると白鳥が欧米の神話学の方法などから着想を得ている可能性もある。伝説は過去の史実をそのまま記録したものでないが、それを作成した人々や伝承した人々の世界観を示しているという彼の理解は、私にとって納得しやすい。ただ、古代において「国民の理想」というものを想定するのが妥当か否かという点についてはあまり賛成できない。近代の「国民」観念を古代に短絡させていると思われるからである。

それよりもいっそう私が不満に感じるのは、堯・舜・禹について最も詳しい記述を残している『尚書』の成立についての学説史を、白鳥はほぼ無視しているように思われる点である。

『尚書』には、そもそも今文（きんぶん）と古文（こぶん）という二種のテキストがあり、そのうち特に古文は漢代以降に「発見」されたことから、経文の真正性について疑問が示されることがあった。清代の経学研究の成果によれば、『尚書』のうち、たとえば舜から禹への禅譲を記す大禹謨（だいうぼ）篇（古文尚書の一篇）などは偽作であることがわかっている。(7) このような経学史の常識的な事柄について、白鳥はほとんど言及していない。今日まで伝わる『尚書』の各篇の成立には、複雑な経緯があるとすれば、白鳥の言うように堯・舜・禹の伝説はある作者がある時点に創作した並立的なものだとすることができるかどうか、大いに疑問となる。

内藤が白鳥説のこの問題点について私と同様の疑問を持ったかはわからないが、少なくとも内藤は、清代までの経学史をきちんと踏まえた議論をしているとは言える。とくに清末は古文と今文の論争が激しい時代であり、なかでも康有為の『新学偽経考』は大胆かつ強引な論旨で今文学派の主張を展開した。内藤はこれらの諸説をおおむね把握していたとみられるが、それは単に彼が幼時から漢学に親しんでいたからという点だけからは説明できまい。むしろ、十八世紀から十九世紀にかけての中国における学説の展開を内藤が追っていたということが注目に値する。

たとえば、内藤が一九二一年に発表した「尚書編次考」を見てみよう。まず、この論考の特徴は、清代の学者の主張をよく踏まえていることにある。章学誠・閻若璩・劉逢禄・宋翔鳳・魏源への言及がある。内藤は自分なりの考察を進めるなかで、先秦の文献に見える過去についての記述が相互に異なっていることに注目し、「〔前略〕これは畢竟其時の思想が根本となって、其思想の発展によって事実が曲げられ、其間に漸次事実が変化されていったものである」（内藤全集⑦一二頁）[8] と述べている。そして、儒家が『尚書』のテキストを、自派の正当化や政権への追従という意図で改変・追加していったことを指摘した。

このように『尚書』のテキストが時代の変遷とともに変化・増加してきたとすれば、そこに見える堯・舜・禹の説話が天・人・地を表現するために一定の時点で意図的に創作されたと考えるのは困難となる。内藤は白鳥による先行研究については右に示したように知っていたはずだが、この論文で言及してはいない。しかし結果としては白鳥の天地人の説を根本から批判するものとなっていたと言えるだろう。

さて、白鳥の学説は、早くから中国の碩学である章炳麟による罵倒を受けていた。「白鳥庫吉は、自分では歴史を知っていると言うが、堯・舜・禹は天・地・人に基づくと考えるなど、特にでたらめで、話にならない」[9] というのである。実は白鳥だけでなく、当時の日本の学者の多数が章炳麟による批判の対象となっていた。この文章を内藤は、一九一一年に行なった講演で紹介したが、槍玉に挙がった人物の名は伏せている。内藤による章炳麟の紹介のなかで、「堯舜禹の三号が天地人に当るなどという大間違いをいって居る」というのが白鳥を指す（内藤全集⑥四九頁）[10]。

章炳麟は、白鳥説が特に気に入らなかったようで、一九二二年の講演においても、次のように述べている。

『尚書』禹貢篇には、偉大なる禹が治水を行ない、八年で完成したとあります。日本のある博士は、「後世にごく小さい運河を掘るのにも、数十年または数百年を経てようやく完成したのに、禹はそれほどの大洪水を治めるのに、どうしてそれほど速やかにできたのか」と言いました。それゆえ、彼もまた禹貢篇の記述は一種の奇跡譚だと疑っているのです。でも私の考えでは、禹の治水とは工事を監督したに過ぎず、当然ながら部分ごとに分業があったのです。もし自分で出かけていかなければならないとしたら、〔広大な領域を〕一巡りするのも不可能で、ましてや工事など無理でしょう[11]。

ここで批判されているのは、白鳥の「禹如何に勤めたりと雖も、一人の功克く十三年にして之を治むるを得んや」(白鳥全集⑧三八五頁)という懐疑的態度であろう。

この講演で章炳麟は、『尚書』禹貢篇の記述を一種の奇跡譚とみなす白鳥の観点を退けているが、それならば、章炳麟にとって内藤による『尚書』研究は肯定できるのだろうか。

直接にそれを示す史料は見当たらないが、もし章炳麟が「尚書編次考」を読んでいたとしたら、ほぼ間違いなく強い反撥を示しただろうと想定できる。章炳麟は清末の古文学派を代表する学者であるが、内藤は常州今文学派の劉逢禄や宋翔鳳、そしてその流れを汲む魏源に依拠して、『尚書』の成立過程について批判的な考察を進めているからである。ましてや、戦国時代以降の儒家たちが自己都合でテキストを改変・追加していったという内藤の主張は、『尚書』に記述されている禹の事績を文字通りに読みとろうとする章炳麟の姿勢と相いれないと思われる[12]。

こうしてみると、確かに白鳥と内藤とでは、『尚書』にみられる堯・舜・禹の記述を分析する方法に大きな相違があるものの、二人ともそれらの記述を批判的に考察しようとしていた点では共通していたと言って良い。古い文献をどのように歴史研究に利用していくべきかという問いを白鳥と内藤は共有していたが、その手法や回答は異なっていたのである。その後、中国でも顧頡剛らによる疑古学が大きな成果を挙げていくことになる[13]。

三、女真についての考究

白鳥は満鉄の歴史調査部で満洲歴史地理についての研究を進めており、また内藤は清朝史を重要な研究領域としていた。二人の問題関心の背景には、日露戦争後の日本の大陸進出の動きがあったことは言うまでもない[14]。

内藤は一九〇七年六月十二日づけ富岡謙三あての葉書に次

図3　1907年8月比叡山の内藤湖南。向かって右が内藤、中央は芝生佐市郎工兵少佐、左は末広重雄法学博士（小池信美編『叡山講演集』大阪朝日新聞社、1907年）

のように記している。

名古屋より度量衡説統参り、翻閲候処、中に満文を引用しあり。文字も略推読が出来、甚だ妙に御座候。蝦夷草紙の中にもチャンケ（章京）という官名が出で居候。近藤・間宮を研究する前に最上は決して疎忽には出来まじくと今更ながら感じ候訳也。（内藤全集⑭四三一頁）

『度量衡説統』と『蝦夷草紙』はともに、徳川時代後期の蝦夷探査で知られる最上徳内の著作である。最上は、やはり北方の探検で知られた近藤重蔵や間宮林蔵と比べても劣らないほどに重要な業績を残していて、満洲語も引用しているというのが、内藤の指摘である。簡潔な通信文ながら、この時期における内藤の満洲への関心を示している。

すでに白鳥庫吉が比叡山で講演したことに触れたが、実は内藤湖南も同じ叡山講演会を一足早く一九〇七年八月三日・四日・五日に担当している。演題は「日本満洲交通略説」であった（内藤全集⑧一九四―二四七頁）[15]。内藤が講演の準備のために史料を集めていたことが書簡からわかる。

まず、一九〇七年の稲葉岩吉あての年賀状には「金碑は来示にて都統郎君碑なること判明致候。これは西安にありて金石萃編にも載てあれど、実物の摺物は珍しく候間、当分租借を許され度、文字は女真大字（即ち契丹字―原注）に御座候」（内藤全集⑭四二八頁）とある。すなわち、西安の乾陵にある金の時代の碑文「大金皇弟都統経略郎君行記」の拓本を、内藤が稲葉から借りていることになる。この拓本は、女真文字の実例として、比叡山の講演会でも披露されたらしい（内藤全集⑧二二七頁）。

さらに内藤は七月二十三日には富岡あての葉書で、「吾妻鏡の女真字は第幾巻なりしか、御教示を煩し候」（内藤全集⑭四三四頁）と質問している。これは『吾妻鏡』に見える記事のことで、一二二三年に「高麗人」の乗った船が越後に流れ着いたという。鎌倉に運ばれた彼らの持ち物のなかには、帯に付けられた金属の札があった。その札に四文字が記されていたが、誰も読めなかった。(16)

内藤は、「日本満洲交通略説」のなかで、『吾妻鏡』のこの条を引き、「此の字は高麗の字ではなくして、女真の字であります」（内藤全集⑧二二四頁）と述べている。そのうえで、来たのは高麗人ではなく女真人の船だった可能性を指摘している。(17) 周知の通り、このころ女真人の金はモンゴルのチンギス・カンの攻撃をたびたび受けて、危機に直面していた。

これより先の平安時代に起こった刀伊の来襲事件についても、内藤は考察を進めていた。これは、一〇一九年に大規模な海賊が対馬や九州北部を襲撃し、当時、大宰府を指揮していた藤原隆家らがこれを撃退したという事件である。今日では海賊の正体は女真人だとわかっている。内藤は、七月二十四日の富岡あての葉書で、次のように得意満面である。

図4　『吾妻鏡』にみえる女真文字。内藤湖南の講演記録による（小池信美編『叡山講演集』大阪朝日新聞社、一九〇七年、六四〇頁）

> 藤原隆家が打攘いたる刀伊の賊というものの刀伊の意義始めて分明、独りホクホクものに御座候。되即ち（Toi）は韓語の夷狄に御座候。蛮夷戎狄いずれもこの訓に候。あまりのうれしさにこのホクホクを御分配申上候。〔中略〕勿論この発見は訓蒙字会の賜に御座候。
>
> （内藤全集⑭四三四頁）

すなわち、『訓蒙字会』という辞書を用いることで刀伊という名称は夷狄を指す韓国語に由来していることがわかったというのである。(18)

このような内藤の学問的関心は、この前年にあたる一九〇六年に奉天や間島の方面を訪問したことによって刺激されているのかもしれない。しかし、右に述べた事柄は、必ずしも内藤の独自の論点や方法による研究とは限らない。

白鳥庫吉は、早くも一八九八年、「契丹女真西夏文字考」を発表している（白鳥全集⑤四五—六六頁）。このなかで白鳥は、『吾妻鏡』の「高麗人」の漂着者の持ち物にあったとされた謎の四文字について検討を加え、それが女真文字であろうとの見通しを示した。また、白鳥は「大金皇弟都統経略郎君行記」の女真文字に対しても、既に考察を加えている。内藤は何も言っていないが、実は白鳥の先行研究を意識しながら、一九〇七年の講演に向けて自分なりの考察を深めていったと考えるのが自然であろう。

なお、刀伊の語源については、内藤の指摘を踏まえて、一九〇八年に白鳥も論じている。白鳥は、「国史の刀伊が韓語のトイたることは内藤氏も既に之を説けり」（白鳥全集⑤一三九頁）と指摘したうえで、更に議論を進めていった。

この事例からは、白鳥と内藤が非常に近い問題関心を持ち、また相互の研究成果を念頭に置きながら、意欲的に探究を進めていたことがよくわかるだろう。

結びにかえて

白鳥と内藤との論戦としては、邪馬台国をめぐる研究がよく知られている。しかし、これもまた、九州説と畿内説という対抗図式のみで理解してしまうのは適切ではない。

管見の限り、内藤が邪馬台国について言及した最初の事例は、一九〇九年三月十三日の稲葉あての書簡で「小生の卑弥呼神功旧説引戻し論」（内藤全集⑭四六〇頁）と言っているものである。『日本書紀』は神功皇后の個所に『三国志』魏書の卑弥呼についての史料を引用しているから、神功皇后を卑弥呼とみなすのが『日本書紀』編者の見解である。これは卑弥呼についての最古の学説であるが、本居宣長など徳川時代の学者はこの説を否定し、邪馬台国が九州にあったとする主張を行なった。この書簡の時点での内藤の見解については不明だが、少なくとも改めて『日本書紀』の記述と卑弥呼を関連づけようとしていたと推定できる。

他方で白鳥も卑弥呼について関心を持ち、一九一〇年二月二十一日に日本学会（東亜協会の部会）で講演を行ない（白鳥全集①四頁）[19]、その内容を増補して『東亜之光』の六月号と七月号に「倭女王卑弥呼考」を発表した。内藤は「卑弥呼考」を『藝文』の六月号と七月号に掲載している（内藤全集⑦二四七―二八三頁）。内藤は七月号の部分において白鳥説に批判を加えており、おそらく白鳥の論文（少なくともその前半）を参照していたものと考えられる。

このように両者はほぼ並行して邪馬台国について研究を進め、特に白鳥は九州説、内藤は畿内説という大きく異なる結論を得たことになる。このような並行現象は偶然の所産かもしれない。とはいえ、古代の日本について、新しい東洋史学という学問の視点から論じてみたいという願望が、この二人に共通していたと言ってよいだろう。

二人の邪馬台国研究は、『三国志』の関連記述の分析を基礎としていたが、その過程では、当時の学者が好んで用いていた歴史地理学的な考察や発音の類似に基づく地名・人名の比定という手法が駆使されている。もちろん、たとえば内藤のほうには漢籍版本による文字の異同という観点がある点などを考慮すれば、二人の方法が同一であるということはできないが、やはり考察を進める手法の共通点は多い。

邪馬台国論争に示されるように、白鳥と内藤は学者として異なった見解を持っていたことは、いうまでもない。しかし、同時代に生き、ともに草創期の東洋史学の研究を担ったことから、少なくとも学者としての関心は大きく重なっていたし、またおそらく互いの仕事を意識する中で研究の対象や手法に共通する点が生じていった可能性も高い。

作家の松本清張（まつもとせいちょう）は、白鳥と内藤の邪馬台国論争があって以降「京都大学の学者は畿内説、東京大学の学者は九州説を唱えているのは興味深い。まるで「統制」が行なわれているかのような錯覚さえ起こさせる」[20]と述べた。もしこのような「統制」があったとすれば、または、過度に学派の相違を強調する傾向が生じたとしたら、それは白鳥や内藤の本意を外れて、後世の学者が自己の立場や利益のために行なったことかもしれない。松本清張はアカデミズムに屈折した批判精神を持っていたと思われるが、その指摘は鋭利である。

注

(1) 今日、内藤湖南の業績として広く知られるのは、「唐宋変革論」に代表される時代区分論であろう。しかし、この論点が広く知られるようになったのは、内藤の死後に講義録が刊行され、さらに戦後中国史学の論争のなかで注目を受けた結果であることは、小嶋茂稔「戦前期東洋史学における湖南学説の受容をめぐって」（黒川みどり・山田智編『内藤湖南とアジア認識――日本近代思想史からみる』勉誠出版、二〇一三年）が指摘している。本稿の問題関心から言えば、このような経緯も一因となって、今日では白鳥と内藤の研究の対象・手法が相違する側面の印象が強まっていると考えられる。

(2) 白鳥については二篇の小文を書いたことがある。議論の都合上、本稿と多少の重複があることを諒解されたい。「白鳥庫吉の東洋史学――史学史的考察として」（渡邉義浩編『中国史学の方法論』汲古書院、二〇一七年）。「白鳥庫吉と東洋史学の始源」（吉見俊哉・森本祥子編『東大という思想――群像としての近代知』東京大学出版会、二〇二〇年）。

(3) 『白鳥庫吉全集』（岩波書店、一九六九～一九七一年）。『内藤湖南全集』（筑摩書房、一九六九～一九七六年）。

(4) 『東京朝日新聞』一九〇七年八月十日朝刊第二面。講演記録は、小池信美編『叡山講演集』（大阪朝日新聞社、一九〇七年）所収。

(5) おそらく内藤湖南を満鉄の歴史調査部に加えるか否かという件について、白鳥庫吉および岡松参太郎（京都帝大教授・満鉄理事）と内藤との間で意思疎通の行き違いがあったようである(内藤全集⑭四七一頁)。

(6) 今日では、神功皇后による朝鮮出兵に関する『日本書紀』の記述の信憑性は、白鳥や内藤の時代よりもはるかに低く見積もるのが通例であろう。

(7) 大禹謨篇をめぐる経学史については、B・A・エルマン(馬淵昌也ほか訳)『哲学から文献学へ——後期帝政中国における社会と知の変動』(知泉書館、二〇一四年)、三九—七七頁が要領を得た説明を行なっている。

(8) 「尚書編次考」は「尚書稽疑」と改題のうえ『研幾小録』(一九二八年)に収録された。ここでは『研幾小録』に拠る内藤全集から引用した。

(9) 「与羅振玉書」(徐復点校『章太炎全集 太炎文録初編』上海人民出版社、二〇一四年)、一七五頁。

(10) 内藤が読んだのは、この頃、章炳麟が出していた雑誌『学林』第一冊(一九一一年)、八五—八七頁に掲載された章絳「与農科大学教習羅振玉書」であろう。

(11) 「国学十講」(章念馳編訂『章太炎全集 演講集(上)』上海人民出版社、二〇一五年)、三〇四頁。

(12) 内藤湖南と章太炎の比較論としては、林少陽「試論内藤湖南与章太炎」(陶徳民編著『国際シンポジウム論文集 内藤湖南研究の最前線』関西大学出版部、二〇二三年)が、本稿とは異なる点に注目しつつ、多くの重要な指摘を行なっている。

(13) 顧頡剛に対する白鳥や内藤の影響の有無については、論争的な問題である。竹元規人「顧頡剛の疑古学説と同時代日本の諸説との比較」(『九州中国学会報』五二号、二〇一四年)参照。竹元は、ここまでで論じた白鳥や内藤の論文についても詳細に分析している。

(14) 名和悦子『内藤湖南の国境領土論再考——二〇世紀初頭の清韓国境問題「間島問題」を通して』(汲古書院、二〇一二年)。井上直樹『帝国日本と「満鮮史」——大陸政策と朝鮮・満州認識』(塙書房、二〇一三年)。

(15) 『東京朝日新聞』一九〇七年八月四日朝刊第二面。その講演記録は、小池編、前掲書所収。後に内藤の『東洋文化史研究』(一九三六年)にも収録された。

(16) 『吾妻鏡』貞応三年二月二十二日条。ここでは国史大系本によったが、白鳥や内藤は当時見ることのできた刊本を用いたのであろう(写本については何も言っていない)。

(17) この札と同様のものがソ連時代に沿海州の遺跡で発見され、金朝の発給した牌子であることがわかってきた。川崎保『日本と古代東北アジアの文化——地域社会における受容と変容』(雄山閣、二〇一八年)、二四〇—二七七頁。

(18) この事件については、村井章介『日本中世の異文化接触』(東京大学出版会、二〇一三年)、三五一—三七四頁、関幸彦『刀伊の入寇——平安時代、最大の対外危機』(中央公論新社、二〇二一年)参照。

(19) これらの団体については、杉山亮「東亜協会について——一九〇六〜一九二九年」(『法学会雑誌』六〇巻一号、二〇一九年)参照。

(20) 『松本清張全集㉝古代史疑・古代探求』(文藝春秋、一九七四年)、二二三頁。

服部宇之吉と狩野直喜――「支那学」の光と影

水野博太

みずの・ひろた――東京大学附属図書館特任研究員。専門は日本思想史・中国思想史。主な論文に「井上哲次郎における「日本哲学」の存在証明とその失敗」（『日本思想史学』五二号、二〇二〇年）、「井上哲次郎の東洋哲学と服部宇之吉の儒教倫理」（牧角悦子・町泉寿郎編『講座近代日本と漢学第四巻　漢学と学芸』戎光祥出版、二〇二〇年）などがある。

東京帝国大学と京都帝国大学。戦前日本の高等教育・学術研究を代表した両校において、それぞれ「支那学」（とりわけ「支那哲学」）を担った中核的存在であった服部宇之吉と狩野直喜は、「近代日本の中国学」の「光と影」を最も色濃く背負っている人物であるとも言える。両者の学風を生い立ちから追いかけつつ、その差異と共通点について考える。

はじめに

東京と京都は、これまで「近代日本の中国学」が語られる際、それぞれ「影」と「光」に描き分けられてきた。すなわち、戦争へ向かう日本を儒教イデオロギーで輔翼した「影」の東京と、政治とは一線を画し純粋な学術研究を守った「光」の京都という対比である。そして東京帝国大学教授・服部宇之吉（はっとりうのきち）は「影」の、京都帝国大学教授・狩野直喜（かのなおき）は「光」の象徴であった。日中戦争の勃発に際して「国民精神ノ作興ニ努メ以テ政府当局ノ支援ヲ怠ラサルヤウ」務めると宣言した斯文会[1]、その副会長を晩年まで務めた服部は「官学アカデミズムと護教的教学体制の維持拡張」に汲々としたとされるのに対し[2]、狩野は東方文化学院の京都研究所長として「軍部の圧力」を跳ね除け、「学問を政治上外交上の手段に使ふことから護り抜かうといふ気魄に満ち満ちた」存在として描かれる[3]。もっとも近年では、狩野さえ「近代国家主義天皇制イデオロギーに自発的に迎合した」のであり、全く瑕疵がないのではないとする指摘もある。[4] その指摘の主旨は、恐らく正しい。あの戦争がもたらした破滅と惨禍を「影」の最も濃い部分とするならば、日本の「支那学者」たちの中に、その「影」から全く無縁であった者がどれほどいただろうか。

服部と狩野について、従来のように「天皇制イデオロギー」との距離に応じて「光」と「影」に描き分けることも、あるいはそもそも「光」など無かったのだと言ってみることもできるだろうが、本稿では、服部と狩野を比較しつつ、彼らが「近代日本の中国学」の中にどのように位置付けられるのかを示すことで、「近代日本の中国学の光と影」の一斑を著者なりに描いてみたい。

図1　大正14年（1925）、駐北京日本公使館内の「北京籠城戦死者之碑」の前にて（左が服部、右が狩野）。（服部宇之吉『北京籠城日記』1926年、扉絵より）

一、両名の生い立ち

服部は慶応三年（一八六七）、狩野は明治元年（一八六八）の生まれである。「維新革命」は一八六八年を挟む「長い革命」であったという指摘を一旦脇に置き、[5] 明治元年を近代日本の一応の出発点とするならば、服部と狩野は近代日本と共に生まれ、歳を重ね、そして服部は昭和十四年（一九三九）、狩野は昭和二十二年（一九四七）と、近代日本を締め括る戦争の前後に、それぞれの生涯を終えた。

この世代の特徴は、明治初期、江戸の遺風残る中で幼少期を過ごしつつ、近代学制の中で新知識を身につけたことにある。すなわち服部も狩野も、近代学制のルートに乗る前に、私塾で漢学を研鑽している。背景には、明治初期は漢学の学習需要がなお旺盛であったこと、また当時は官立学校の整備が不十分で、私塾がその間隙を埋めたという事情がある。

服部は二本松の生まれだが、生後間もなく母を失い、戊辰戦争で父をも失った。自身も薩兵の追討から逃れて馬草に身を隠した際、目を負傷し片目の視力をほぼ失ったという。ただ、その後は六本木の二本松藩邸に職を得た叔父を追って上京し、幼少期から東京・麻布で育った。小学校入学前から近隣の漢学塾で四書の素読を受け、小学校卒業後は共立学校を経て大学予備門（服部在学中に第一高等中学校となる）に、ついで帝国大学哲学科へ進んだ。哲学科出身ではあるが、後述の島田重礼の影響を受け、途中から漢学を専門とした。近世的な漢学私塾と近代学制・近代学知が、キャリアの中で同居している。

狩野も、共立学校・第一高等中学校・帝国大学という学歴を持ち、その意味では服部の後輩である。しかし麻布育ちの服部とは異なり、狩野は十六歳までを熊本で過ごした。十一歳で同心学舎、後の済々黌に入学するが、十歳前後に旧藩主の面前で経書の講義をしたと小島祐馬が伝えるように(6)、既に漢学の修練を相当積んでいたのだろう。同校は「各自所有の論語、孟子、外史、十八史略等の類を持参し、読書、作文、算術を教授」する私塾から始まったという(7)。漢学者が経営し、漢学を基本に補助科目も教え、あるいは漢文訓読体で書かれた翻訳書の講述も行う私塾は全国に見られ、服部が通った私塾も同様であった。

済々黌卒業後、狩野は同郷の先輩を頼り上京したが、苦学したようで、帝国大学漢学科に入学したのは明治二十五年（一八九二）、二十四歳の時であった。狩野と一年しか生まれの違わない服部は、この時すでに帝大を卒業し、結婚を済ませ、文部省勤務を経て、京都の第三高等中学校教授を務めていた。

二、島田重礼と服部宇之吉の学風

服部が娶ったのは、帝大の恩師・島田重礼の娘（繁子）である。島田は、海保漁村に学び、昌平坂学問所に入って助教まで務めた漢学者で、維新後は下谷で私塾経営の傍ら帝国大学教授として漢学を教えた。「本邦の経学研究に清代考証学を本格的に導入した最初の学者」で「清代樸学の方法を学科指導の基礎にすえた」と評されるように(8)、海保の、また海保の師である太田錦城の学風を継ぎ、いわゆる清朝考証学を尊んだ。

明治三十一年（一八九八）に島田が急逝すると、それまで高等師範学校教授や文部大臣秘書官などを歴任していた服部は、島田の跡を継ぐべく、明治三十二年（一八九九）三月に三十一歳で東京帝国大学文科大学講師に着任、翌々月には助教授となり、清国およびドイツへ留学の命を受け、同年九月に日本を発った(9)。

初期の服部には、老子、列子、墨子、荀子など諸子百家を考証的に取り扱った作品があり、そこに島田および清朝考証学の影響を多少は見出し得るが[10]、清国留学以降は儒教への関心が前面に押し出された。孔子尊崇の実態を清国で実見したことが背景にあろう。特に辛亥革命後、儒教を西洋におけるキリスト教のように宗教化・国教化しようとした康有為の「孔教運動」が起こってからは、服部はその不当性を論証しようと「孔子教」論を展開した。これは簡単に言えば、孔子は、孔子以前の儒教（原始儒教）を脱宗教化し、人為を重視する倫理的な教え（孔子教）として再構築したとするもので、康有為の試みを論敵としてこそ生まれた議論である[11]。

この他、服部は「礼」に強い関心を示した。東京帝大の講義ではしばしば三礼（周礼・儀礼・礼記）を用い、また晩年には『儀礼』鄭玄注を更に補足した「儀礼鄭注補正」を、目加田誠・阿部吉雄と共に作成した。服部が礼に関心を寄せた背景には、礼を理解してこそ中国の本質を理解できるのだという、次のような信念があった。

礼記ハ先秦ヨリ漢初ニ及ブ間ノ材料ヲ取リシモノナルガ、一世態人情ノ写実トシテ今猶ホ古ノ如クナルモノアリ、一部ノ礼記支那ヲ解スルニ多大ノ資料ヲ供給ス。此書ヲ措キテ支那ヲ論ズル者ハ、終ニ其正鵠ヲ得ザルモノ多キヲ自覚センノミ[12]。

「小説の主髄は人情世態を写すにあり」とした坪内逍遥を思わせるが[13]、服部は、中国古典に描かれる「礼」を、今なお「支那」の基礎を形作るものと捉えた。別の著作では次のようにも述べている。

［……］礼は時代と共に変化し、又南方の風が北方に及び、北方の風が南に及ぶといふ様なこともあるが、大体に於ては往古の礼が今日迄風俗として存して居る部分が少くない。儀礼や礼記に見ゆる種々の細かい礼儀作法を見ると今日其儘支那に行はれて居るものも少くない。支那の今日の風俗習慣等を研究するには、儀礼、礼記等を参考とせねば意味が解らぬものが尠くないのである[14]。

礼の研究に現れた考証的な学風は、島田のそれを継ぐものと言えなくもないが、しかし島田の学風を、すなわち江戸後期から続く、考証を重んずる漢学の学風をより濃厚に継承したのは、狩野の方であった。

三、狩野直喜と島田重礼

狩野にとっても、島田は帝大の恩師であった。狩野は明治二十八年（一八九五）、二十七歳で帝大漢学科を卒業して大学院に入った。当時の大学院は形式的なもので、実質的には博士論文執筆のための肩書きである。当然収入はない。この間、仙台の第二高等学校から漢文教員としての誘いがあったようだが、島田はそれを断ってしまったという。大正三年（一九一四）、島田の十七回忌に際して狩野は次のように回想している。

> 喜既に大学を畢業するも尚ほ都下に留まる。稟性多病にして又薬餌の資に苦しむ。親朋交勧むるに地方官学の講席を以てす。喜心動き、就かんと欲して之を決し、一日造謁す。先師乃ち喜を座に引き、経史を講説すること娓娓として倦まず、殆んど語他事に及ぶこと能はず。既にして曰く、「某県汝を漢文教員に補せんと欲し吾が推挙を嘱む。吾謂へらく、汝方に鋭意向学するに、僻邑書に乏しく、又師友寡なく、汝の宜しく就くべきの地に非ず。吾已に之を辞謝す。汝其れ益奮励し、以て大成を期せ。貧賤は問ふ所に非ざるなり」と。喜憮然として且つ喜び且つ媿づ。喜ぶは先師の喜を愛することの深きを喜ぶなり。媿づるは立志の堅からず、俄かに安飽を求むるを媿づるなり。是れ従り復た出都の計を為さず。(15)
>
> （原文は漢文、句読と訓読は引用者による）

帝大卒業後も生活は苦しい。狩野は「地方官学講席」すなわち二高教授の話を受けようと決意し島田を訪ねた所、今は学問を深める時で「僻邑」に行くべきではないから二高の話は断っておいた、「貧賤は問ふ所に非ざるなり」と言われ、狩野は師の愛に感じ入り、かつ己を恥じたという。吉川幸次郎は、この頃の狩野を「卒業後しばらくの不遇は、却って一そうの博渉と沈潜の時期であった」と評する。(16)

服部は島田から娘を貰い、東京帝大のポストを受け継いだ。狩野は島田から、この類の恩は何も受けていない。純然たる学恩のみである（京都帝大の話が舞い込むのは島田の死後であった）。にもかかわらずと言うべきか、だからこそと言うべきか、狩野は服部に劣らず島田を尊敬し、かつ服部よりも濃厚に島田の学風を継承・発展させた。

その後の明治三十三年（一九〇〇）、狩野は新設なった京都帝国大学の教員候補として清国留学に赴き、北京で服部と合流したのも束の間、義和団事件に巻き込まれることになるのだが、その詳細は割愛する。(17)

四、「通儒」狩野

服部と比較した際の狩野の学風の第一の特徴は、関心の広さにある。服部の関心は、初期においては主として諸子学、留学後は儒教倫理や礼に転じたが、大きくはその域を出ない。一方で狩野は、小島祐馬の表現を借りれば「通儒」であった。

狩野の生前の単著は少ない。服部が生前に数多くの単著を刊行したのに対し[18]、狩野のそれは『支那学文藪（ぶんそう）』と『読書纂余』の二冊の論文集のみであった。しかしそれら所収の論文を見ても、また死後に刊行された講義録を見ても、狩野の関心は、古代から清朝まで、経学から戯曲・小説までと、中国伝統学術のほぼ全般に及んでおり、かつ日本漢学の蓄積や西洋シノロジーの成果を見逃さない。一方で、服部の書籍の多くは儒教について、もしくは儒教的視点から「支那」を解説しようとしたものであった。東京帝大の講義では諸子学を扱った形跡もあるが、儒教や礼に関するものを含め、残念ながら服部の講義の詳細は残っていない[19]。

狩野の講義は残った。時には弟子たちのノートから、時には自筆原稿から講義が復元され、狩野の死後に出版された。おそらく最も著名なのは、孔子以前から清朝まで満遍なく取り扱った『中国哲学史』だが、他にも『両漢学術考』『魏晋学術考』『支那文学史　上古より六朝まで』『論語孟子研究』『清朝の制度と文学』『支那小説戯曲史』『春秋研究』（出版年順）と、京都帝大での講義録が計八冊出版された。いかに講義とはいえ、一人で哲学（経学）と文学の双方を、しかも通史的にカバーする知識と視野の広さは、当時においても群を抜いていたであろう。前近代の東アジアにおいて、一人の読書人が経学を修め、かつ詩を読み作るのは当然のことであったが、近代学制の整備と共に学問の専門分化の一途を辿った日本において、狩野が京都帝大で教鞭を執り始めた明治末期、既にそのような態度は過去のものであった。吉川幸次郎は次のように述べる。

哲学科と文学科と、中国に関する二つの講義を同時に担当したのは〔……〕中国の文明の形態として、文学と哲学とは明確に排他的な存在でなく、密接に連関しつつ存在し発展したとするのが、著者〔狩野〕の認識であり、明治以後の学問の形態としては、それらを二つの講義に分かつことが必要でありまた可能であるけれども、双方の講義は同一人によって行なわれるのを理想とするという主張であり、主張を実践する能力をもつ人物としての実践であった[20]。

「中国の文明」が有する総合性・相互連関性について、狩野自身は、大正十三年（一九二四）に第三高等学校で行なった講演で、近代における「支那学」すなわち「シノロジー」でも依然として「古典」が重要であることを説いた上で、次のように述べている。

〔……〕諸子の考を労したき事は、一体支那の学問起源が古典にあると同時に、それが今日の如く分科して居らぬ。それで今日我輩が支那学の内の或物、例へば支那哲学文学歴史芸術乃至天文地理を研究するにつき、一事丈を研究すれば分るといふものにあらず。支那の文学を知らんとするには、思想を知る事が必要であり、芸術（絵画彫刻）を理解するには文学を知る事が必要であるといふ如く、此れ等の学問も個々独立せず、支那製といふ印をもつて互ひにからみあつて居る。それで今日我輩が此れ等の問題を捉へて研究するには、第一古典の内より己の要するものを取り出して、現今の科学的方法を以て、之れを研究せざるべからず。それには古典の学問が尤も必要となる訳であり、是れ此の学に従事するものの宜しく知らざるべからざる所なり。[21]

「支那学」の根本は古典にあり、それを「分科」にとらわれず総合的に、かつ「現今の科学的方法を以て」探究することが重要である。狩野自身が、この理念の体現者であった。

五、狩野の学風と「支那学」

狩野の学風は、たとえば次のような記述からも推し量ることができる。『両漢学術考』において、前漢の文学に比べて後漢のそれが進歩したとは必ずしも言えない、と述べる箇所である。

〔……〕経学若しくは学問と、文学とは、性質が違ふ。前者は学問である以上、前人が或程度まで研究したるものを、後人が之れを引継ぎて、之れを進め、疏より細、顕より微といふ風に、段々に進むものなれば、後になればなる程よくなる訳なり。即ち経学に就いて之れを言ふに、古来より幾多の盛衰はあつても、清朝より優りし時代はなかるべし。是れ経学が後世になればなる程進歩し往く証拠なり。然るに文学はかかる訳のものでない。[22]

これは文学について述べた箇所だが、経学についての認識も述べられている。すなわち、経学は「学問」であるから、基本的には時代と共に「疏より細、顕より微」へと進歩し、その最盛期は清朝であるという。無論狩野は、清儒の学説を全て無批判に受け入れる訳ではなく、漢唐・宋明・日本（とりわけ仁斎と徂徠）・西洋までを広く見渡して検討し、理があると思えば受け入れた上で最終的な自説を展開するのだが、やはりその検討の中核部分には、『皇清経解』をひとつの中心とした、清朝考証学の成果があった。

「支那学」とは何か、それが何を以て「確立」したと見るかは、実は容易には答え難い問いだが、考証を中核とする中国古典文献研究を、西洋近代学知と無矛盾に（それゆえ近代学制を通じてそれを身に付けた人材が）、それが要求する「学問」としての水準を満たしつつ（その意味で「科学的」に）行うことが近代「支那学」の重要な要件であるとすれば、近代学制を通じて西洋近代学知を身に付けた上で漢学に従事した服部や狩野は、その第一世代であったと言える。

しかしながら、服部や狩野が昌平黌出身の島田重礼から影響を受けているように、緻密な文献考証を中心とする近代日本の「支那学」の伏線は、既に江戸後期から張られていた。昌平黌における島田の中心的な師は塩谷宕陰であったが、宕陰とほぼ同時期に昌平黌御儒者を務めた安井息軒は、清朝で刊行されてから間もない『皇清経解』を入手し、「自説に偏することなく、「十三経注疏」による漢唐の注疏と「皇清経解」による清の学者の説を有機的に取捨選択して再編成する」学問を展開した[23]。博捜、緻密な考証、批判的精神を基礎とするこの方法は、本質的には狩野を含む後世の「支那学者」たちのそれと変わらない。あるいは「「原典批判」を行なうにあたっての日本儒者の文献学的・目録学的水準は、世界的にもトップクラスであった」と、江戸後期の儒学研究のある側面は、儒教を批判的研究対象としつつも体制教学として保持せざるを得ないという事情を抱えていた中国に優るとも劣らぬ域に達していたという指摘もある[24]。清朝の成果を吸収した江戸考証学の伝統をとりわけ濃厚に継承した狩野が、「支那学」の代表人物とみなされてきた所以であろう。

六、「支那学」が切り離したもの

近代日本の「支那学」は、高水準の文献考証を重視した一方で、いくつかの要素を切り離してきた。ひとつは、東西比較・世界哲学化の方向性である。「支那学」は、あくまで考証の対象を漢籍に限定し、東西比較には極めて禁欲的であった。中国思想と西洋哲学を比較する試みは、明治初期から少なからず行われてきたが、狩野直喜は講義の中でそれを次のように戒めている。

茲に注意すべきは［……］中国の哲学思想は西洋若しくは印度のそれとは根本的に相違するので、一言半句の相類似するものありとて直に之を比較結合するときは大なる誤謬を来すといふことである。例せば、易では数を言ふので之をピタゴラスの哲学に比較し、子思の中庸を以てアリストテレースの中道と比較し、若しくは老子の学説はヘーゲルに似たりとか［……］といつた類である。此の如き比較論は、力を用ふること少きわりあひに、世俗の耳を傾けしめ、賞讃を博するものなれど、能く注意せざるときは軽佻なる学風に陥るものである[25]。

このような東西比較哲学の顕著な例は、井上哲次郎であった[26]。また井上ほど顕著ではないものの、服部にも、ある時期まで同様の傾向が見られた[27]。そもそも東西哲学の比較・融合は、日本では明治前期に積極的に試みられた潮流であったが、学問の深化・専門化と共に、次第に時代遅れの態度とみなされていった。漢籍の考証を中核とする「支那学」も、当然ながらそれに背を向けた。ただし、当時の全世界の中国古典研究が必ずしもそうだった訳ではない。中国における近代的「中国哲学」研究は、明治日本の「支那哲学」研究に少なからぬ影響を受けつつ成立したが、胡適や馮友蘭などの中国人による中国哲学研究、すなわち自国の思想資源の新たな形での探究は、伝統経学や日本の「支那学」が見せたような東西比較への禁欲的態度からは自由であったし、西洋の中国研究・シノロジーも同様であった。日本の「支那哲学」および「支那学」は、それが本質的に外国研究であったためか、その探究対象が漢籍の外に出ることは稀であった。

「支那学」が切り離したもうひとつの領域は「支那」、厳密に言えば現代「支那」である。無論、服部や狩野が現代「支那」を知らなかった訳ではない。両者とも北京で義和団事件を経験し、服部はさらに京師大学堂の正教習として北京に六年半、狩野は文部省留学生として上海に一年半滞在した。また服部には清朝の行政制度をまとめた『清国通考』があり、狩野も帰朝後、京都帝大文科大学が設立されるまでの間、台湾総督府・臨時台湾旧慣調査会の一環として法科大学の織田萬を手伝い『清国行政法』の編集に貢献した。義和団事件の賠償金を元に行われた対支文化事業（東方文化事業）では、服部・狩野の両名は委員として中華民国側委員との折衝に当たっている。さらに狩野については、辛亥革命に際して日本に亡命した羅振玉と王国維を京都に受け入れ、学術交流も行った。

一方で、服部や狩野を含む多くの「支那学者」たちは、現代「支那」に積極的に関与し、その生き生きとした、時に奇抜に見える文化や風習を紹介し、刻一刻と変化する情勢を伝えようとする「支那通」たちとの間には、自然と一線を画した。「支那通」に厳密な定義は無いが、中国滞在経験が長く、最新の政治動向に明るく現地人脈も豊富な軍人・外交官・ジャーナリスト等がそう呼ばれることがあった。彼らは必ずしも漢学や「支那学」を本格的に修めた訳ではなかったが、果敢に「支那」の中に入り込み、現地人脈を形成し、最新動向を伝え、時に政治を動かした。一方で「支那学者」たちは、「支那」の本質は古典によってこそ理解できると主張した。前述の通り、服部は「礼」を無視した「支那」理解は「正鵠ヲ得ザルモノ」が多いと述べ、また狩野も「実利を目標とする中国研究、また中国の些細な部分への知識を売り物にする支那通を、軽蔑した」という。[28]

七、晩年の服部と狩野

服部と狩野の上述のような姿勢は、日本が中国への干渉と侵略を強めていった際の両者の態度にも反映されているように思われる。服部と狩野は、多くの知識人同様、日本の対中政策を素朴に肯定した。第二次近衛声明、いわゆる「東亜新秩序」声明の発表から二ヶ月後の昭和十四年（一九三九）一月、服部は東京中央放送局の対外ラジオ放送を通じ、「隣邦の人士」たる「支那民族」に向けて「東亜新秩序の樹立」という「大業達成に参加協同すべき」であることを呼びかけている。[29]狩野は、本稿冒頭に紹介した「軍部の圧力」への対抗などのエピソードもある一方で、紀元二六〇〇年（一九四〇）に際して発した「所感」では、東亜新秩序建設・大東亜共栄圏等の国策を「欧米諸国から侵略され或は又殖民地同様にされた民族を我国が指導して立派な独立国となるやう助力をいたし各其所を得せしむる」ものとして肯定する。[30]

服部・狩野をはじめとする「支那学者」たちは、「支那」の本質と精粋は古典にあると考えればこそ、古典世界との訣別を試みた辛亥革命後の「若き支那（ヤングチャイナ）」に、さほど興味関心を持たなかったように思われる。実際、京師大学堂正教習として清国の教育行政に関与した服部は、ある時期まで、清朝の最新動向について述べることも多かったが、辛亥革命の直後にその混乱状況をひとしきり紹介してからは、現代中国について述べた論考がほぼ無くなっている。狩野も現代中国を論じることは、とりわけ革命後は稀であった。小島祐馬はそのことを「先生の最も好まれる支那は清朝でありまして、ヤング・チャイナはお嫌ひでした」と回想する。[31]古典文献の考証を中核に据えた「支那学」と表裏一体の関係にあると言える、極言すれば現代「支那」への無関心が、両名あるいはひろく「支那学者」たちが戦時期に「支那」に対して取った態度に繋がっているのではないだろうか。

おわりに

服部と狩野の生い立ちから説き始め、その違いを検討しつつ、彼らがどのように「支那学者」であったかを論じてきた。近代日本の「支那学」は、清朝の成果を吸収して江戸後期に花開いた考証学を基礎としており、その意味で、前近代からの連続性の中で生まれたものであった。そして、以下は著者独自の考えであるが、それは世界的に見ても高水準の中国古典文献研究という近代日本の中国学の「光」の面を輝かせつつ、実はそれと表裏一体を成すように、近代日本の「影」の面を演出したのではないか。だとすれば、近代日本の中国学の「光」と「影」は、「長い革命」と同様に、やはり一八六八年の前後で区切って考える訳にはいかないのだろう。

注

(1)『斯文』一九巻八号(一九三七年)の冒頭見開き部分。
(2) 戸川芳郎「漢学シナ学の沿革とその問題点」(『理想』三九七号、一九六六年)一一頁。
(3) 小島祐馬「狩野先生の学風」(『東方学報　京都』一七冊、一九四九年)一六五頁。
(4) 胡珍子「狩野直喜の君主政治観:儒教解釈と天皇崇拝」(廖欽彬・高木智見編『近代日本の中国学』台北:国立台湾大学出版中心、二〇一八年)一三一頁。
(5) 苅部直『「維新革命」への道「文明」を求めた十九世紀日本』(新潮社、二〇一七年)七〇頁。
(6) 小島祐馬「通儒としての狩野先生」(『東光』五巻、一九四八年)七―八頁。
(7) 鹿島浩『熊本県立中学済々黌創立三十周年記念多士』(熊本県立中学済々黌、一九一二年)四頁。
(8) 東京大学百年史編集委員会『東京大学百年史　部局史一』(東京大学、一九八六年)五〇八頁。
(9) 中島隆博は、服部がドイツ留学の際に「フィロロジー(文献学)と比較言語学」を専門とする「アウグスト・コンラディのもとで学んだ」ことを述べ、「近代日本の中国学はフィロロジーに大きく傾斜していくが、それは十九世紀の中心的な学問であったのである」と指摘し、それを服部の「国際性」と関連づける(中島隆博『日本の近代思想を読みなおす1　哲学』東京大学出版会、二〇二三年、七三頁)。ただ本文で後述するように、「日本の中国学」は近代以前から既に「フィロロジー」に傾斜しており、かつその傾向は近代において、服部よりも、むしろ狩野において顕著であった。また服部の学風から窺えるように、西洋への接近は、むしろ「日本の中国学」が持つ文献学・考証学への傾斜を相対化する方向に機能した。
(10) 詳細は、水野博太「一九世紀末における漢学と「支那哲学」――服部宇之吉の学問的可能性と清国留学への道程」(『思想史研究』二一号、二〇一五年)を参照。
(11) 服部宇之吉の「孔子教」論を本格的に検討した早い時期の研究には、陳瑋芬「服部宇之吉の「孔子教」論――その「儒教非宗教」説・「易姓革命」説・及び「王道立国」説を中心に」(『季刊日本思想史』五九号、二〇〇一年)がある。
(12) 服部宇之吉編『漢文大系 礼記鄭注』(冨山房、一九一三年)一〇―一一頁。
(13) 坪内逍遥『小説神髄』(岩波書店、二〇一〇年)二一三頁。
(14) 服部宇之吉『支那の国民性と思想』(京文社、一九二六年)一五五頁。
(15) 狩野直喜「記先師篁村先生遺訓」(『君山文』巻五、私版、一九五九年)二葉裏―三葉表。
(16) 吉川幸次郎「解説」(狩野直喜『支那文学史　上古より六朝まで』みすず書房、一九七〇年)四六四頁。
(17) 義和団事件前後の、特に服部の動向については、大山梓編『北京籠城 北京籠城日記』(平凡社、一九六五年)および陳捷「服部宇之吉『北馬録』解題・翻刻」(『東洋文化研究所紀要』一八二冊、二〇二三年)を参照。
(18) 服部の著作目録は「服部先生追悼録」(『漢学会雑誌』七巻三号、一九三九年)を参照。

(19) 服部の東京帝国大学における講義目録は、服部先生古稀祝賀記念論文集刊行会編『服部先生古稀記念論文集』（冨山房、一九三六年）を参照。

(20) 吉川幸次郎「解説」（狩野直喜『支那文学史　上古より六朝まで』みすず書房、一九七〇年）四六一―四六二頁。

(21) 狩野直喜『支那学文藪』（みすず書房、一九七三年）四三三―四三四頁。

(22) 狩野直喜『両漢学術考』（筑摩書房、一九六四年）二〇〇頁。

(23) 高橋智「安井家の蔵書について――安井文庫研究之二」（『斯道文庫論集』三五輯、二〇〇〇年）二一一頁。

(24) 竹村英二『江戸後期儒者のフィロロギー――原典批判の諸相とその国際比較』（思文閣出版、二〇一六年）三一頁。

(25) 狩野直喜『中国哲学史』（岩波書店、一九五三年）二四頁。

(26) 例えば以下のような、井上哲次郎による明治前期の帝国大学における講義の記録を参照。水野博太「「高嶺三吉遺稿」中の井上哲次郎「東洋哲学史」講義」（『東京大学文書館紀要』三六号、二〇一八年）三浦節夫「「井上哲次郎口述　東洋哲学史」の翻刻　井上円了の東京大学文学部二年生の聴講ノート」（『井上円了センター年報』二七号、二〇一九年）

(27) たとえば帝大卒業直後に執筆した『老子』の解説ではフィヒテやヘーゲルなどを援用しており（服部宇之吉「老子」『支那文学』五号、一八九一年、二一頁）、またドイツ留学中に記した*Konfucius*においても、トマス・ヒル・グリーンやヘルバルトなどの援用がやや見られる。*Konfucius*については、水野博太「明治後期における服部宇之吉の儒教理解について――*Konfucius*に見える「孔子教」論の萌芽」（『中国哲学研究』二九号、二〇一七年）を参照。

(28) 吉川幸次郎「解説」（狩野直喜『支那文藪』みすず書房、一九七三年）五〇三頁。
一方で、代表的「支那通」の一人である後藤朝太郎は、このような見方を「我国の人の支那に対する観察は漢学の影響の為に古き儒教本位の支那と云ふものを重く見て居る」と批判し、「支那の根柢的の知識」は「実際社会」の研究によってこそ得られると主張した（後藤朝太郎『支那文化の解剖』大阪屋号書店、一九二一年、二七四―二七六頁）。後藤を含む支那通については、相田洋『シナに魅せられた人々　シナ通列伝』（研文出版、二〇一四年）を参照。

(29) 服部宇之吉「隣邦の人士に告ぐ「国民精神の根本に復れ」」（『斯文』二一巻三号、一九三九年）五頁。

(30) 狩野直喜「所感」（『懐徳』臨時増刊号、一九四一年）五頁。

(31) 小島祐馬「狩野先生の学風」（『東方学報　京都』一七冊、一九四九年）一六〇頁。

矢野仁一——大亜細亜協会副会頭に就いた中国史家

久保 亨

くぼ・とおる——東洋文庫研究員。専門は中国近現代史。主な著書に『戦間期中国〈自立への模索〉——関税通貨政策と経済発展』（東京大学出版会、一九九九年）、『社会主義への挑戦 中国近現代史④』（岩波書店、二〇一一年）、『20世紀中国経済史論』（汲古書院、二〇二〇年）などがある。

辺彊外交史を専攻した矢野仁一は、清朝以前の帝国時代と対比し、国民国家のあるべき姿を基準に中華民国を裁断するとともに、日本主導の国際秩序を提唱した大亜細亜協会副会頭に就いた。ただし戦時中、同じ基準によって国民党政権下の発展を冷静に評価する眼も持ちあわせ、戦後は市井で中華人民共和国への関心を抱き続けた。

はじめに

戦前日本で群を抜いて多くの読者を得た中国史家の一人が矢野仁一である。京都帝国大学で中国近代史を講じた矢野は、『現代支那研究』（一九二三年）、『近代支那論』（一九二三年）、『近代支那史』（一九二六年）、『現代支那概論——動く支那』（一九三六年）、『現代支那概論——動かざる支那』（同年）などを次々に著した。そして一九三六年から四二年まで、東京帝国大学の村川堅固（西洋史）とともに、日本主導下の国際秩序形成を提唱した大亜細亜協会の副会頭もつとめる。そのため、戦後は戦争協力者として公職を追われ、隠遁生活を送った(1)。本稿は、すでに別稿(2)でとりあげた矢野の経歴とその中華民国論を簡潔に整理したうえで、協会副会頭時代の矢野に関する検討を進める。

今、われわれにとって大切な点は、矢野の学識それ自体の内容を適確に把握するとともに、それがなぜ侵略戦争に関わる団体に身を置く状況につながったかを、考えておくことであろう。問題はそれほど単純なものではない。

図1　矢野仁一（撮影年代不明。在職中と思われ50歳代（1920年代半ば～1930年代初め）か）（京都大学大学文書館所蔵）

一、矢野の略歴と「お国のため」の学問

山形県米沢に生まれた矢野仁一（一八七二～一九七〇）は、東京帝国大学[3]に学び、東洋近世史、とくに辺疆外交史を専攻する研究者として出発、清末の北京で外国人教習として七年間を過ごした後、一九一二～三二年、京都帝国大学の助教授、教授を歴任した。矢野は外交評論誌『外交時報』の常連執筆者であり、『大阪朝日新聞』や雑誌『太陽』などにも多くの評論を発表するとともに、それらを編纂して刊行している。その一方、『支那近代外国関係研究』、『近世支那外交史』などに示されるとおり、矢野は外交史研究者としての確かな基礎を持っていた学者であり、ジャーナリストから出発し独自の中国史研究を展開した内藤湖南とは異なる意味において、非常に重要な存在であった。

その時論的な文章の中で、矢野は中華民国の民族主義的主張に反論して日本が推し進めた利権拡張的な政策を擁護し、世の毀誉褒貶も激しい人物であった。九・一八事変の後、矢野が「満洲国」成立の歴史的根拠を主張した際は、傅斯年、顧頡剛など中国の研究者のみまらず日本国内の歴史家からも厳しい批判を浴びた[4]。戦後、矢野は戦争協力者だったとされ、岡山県倉敷に隠棲して世人の前から姿を消した。ただし矢野自身は、一九六六年に九十四歳で『中国人民革命史論』を著し共産党政権を歴史的に評価する見解を発表し、九十八歳でなくなる直前には文化大革命における毛沢東らの政策を批判する文章を発表して彼を知る人々を驚かせた。

矢野は学術的な研究と時論的な主張とを画然と区別せず、むしろ緊密に関係づけて位置づけ、事物の本質の解明をめざす学術研究とともに、国策に直接貢献する時論も相応に重視する立場をとっていた。一九三六年にほぼ同時に刊行された二冊の本の関係を、矢野は自ら次のように説明している。「本書〔『現代支那概論――動く支那』〕は主として支那問題の変動的、発展的、時局的なるものに就いて観察し論究したるものであるから、主として其の本質的なるものに就いて観察し論究したる本書の姉妹篇『現代支那概論――動かざる支那』

とは正に対蹠的なるもので、相助け相合して私の現代支那に対する最近の見解を示すものである」[5]。

国策への貢献を重視する立場は、彼が東洋近世史の研究を志した原点でもあった。矢野は回想する。「〔なぜ東洋近世史を専攻したか、はじめは哲学だった、という説明に続けて〕どうも哲学では人生問題は解決出来ない。又人生問題というものはそれ程切実な問題ではないのではないか。……そこで文科の中で一番国のお役に立つことは何かと考えてみた。何しろ当時は日清戦争前の事でしたからね。自然天下国家の事を考えていた。私の歌集、『曠原』について新村（出）さんが感想を書いてくれたが、その中で矢野君は国士だと云っている。大学生の時は丁度その国士の気持だった。それで東洋の近世史をやることに決めた」[6]。その想いは晩年まで変わらなかったようであり、京大の最後の教え子の一人であった藤枝晃は、一九六五年に九十歳を超えた矢野に面会した折、「それら〔藤枝の先輩たちの研究〕はみんな学問のための学問だ。……われわれの時代には、学問はまずお国のためのものでなければならなかった。そこが違う。」といわれ、返答に窮した経験を書いている[7]。

二、国民国家論を基準とした中華民国批判

矢野の中国認識の特徴は、伝統中国を近代国民国家とは異なる前近代の帝国とみなす一方、眼前の中華民国については、あるべき近代国民国家の条件を満たしていないと辛辣に批判する観点である。一九二〇年代初めに書いた「支那無国境論」、「支那は国に非る論」など一連の論稿を通じ、矢野は、中国には国家意識を明瞭にする政治や文化が育っておらず、国民教育も普及していない、という事実を根拠に、繰り返し中華民国は国家ではないと断じた[8]。ただし、後述するように、日中戦争勃発以降、この認識は微妙に変化する。

矢野は、中国の伝統的な政治制度や文化が、きわめて高い水準に達していることを十分に評価した上で、それらが前近代の帝国的な秩序の下において生み出されたものであって、近代国民国家には適合しないことを問題にする。中国が国家とはいえない「証拠」として、矢野は以下の六つを挙げた。「1)政治、制度、文化などが、国家を超越した余りに高尚な理想的なものであること。2)此等の、国家を超越した余りに高尚な理想的な政治、制度、文化に執着すること。3)文化が読書人の文化で一般人民に及ばず、実際生活に干渉しないこと。4)国家として是非必要な国民教育と云ふものが起こらな

かったこと。5)頗る高遠な理想を持つ超国家的な試験制度で、卑近な実用的なものでなかったこと。6)社会主義、共産主義の学説も、毫も危険性を伴はない様になって居ること。[9]」

興味深いことに、六つの「証拠」のうち、1)、2)、3)、5)の四つまでが前近代中国の政治や文化の在り方に関するものであった。そして、それらが「国家を超越した余りに高尚な理想的な政治、制度、文化」であったため、近代国民国家を実際に運用し支えていく力を持ち得なかったことを批判するのである。4)の国民教育の立ち遅れにしても、3)の読書人に限定されていた前近代の文化の在り方がもたらした結果として指摘されることなので、結局、6)の社会主義、共産主義の影響に関する論及を除き、矢野の主張は、前近代中国の政治や文化の在り方に対する評価に集約される。矢野は、そうした前近代の遺産こそ、中国が近代国民国家へ発展することを妨げている主たる要因だと喝破した。

国民革命が高揚した一九二七年、矢野は中国人の法意識を取りあげ、前近代の考え方が民国期になっても変わっていないと批判した。「法律条約に対する支那人の考へは帝政時代と共和制時代と……余り違ったところはないやうである。……礼教を維持する為め、または道徳を維持する為め必要であるならば、其の法律の条文といふものは必ずしも之を守らなくともよい、之を無視してもよいといふのが支那人の考へである[10]」。「法律以上のものを重んじないといふことは共和政になってからのことであるが、法律を軽んずるといふことは、私は帝政時代の考へが続いてをるものと思ふのである……法律を執行する為めに必要にして且つ重要なる警察官吏は非常に卑まれてをる。良民は兵隊にならないのであるが、警察官吏にもならない」。法律軽視の傾向は、中華民国の対外関係にも表れていると、矢野は次のように続けた。「支那が関税会議を待たずして、また条約の改正手続に依らずして、二分五厘の関税付加税を徴収するといふやうな態度も、帝政時代と同じやうな態度ではないか。漢口や九江の英吉利租界の不法占領によって非常に成功したやうに考へる心理も帝政時代と同じやうな心理ではないか」。

以上に見てきたとおり、前近代の帝政とは異なる近代国民国家を建設しようとする精神こそ、当時の中国に最も欠けていたものであり、そうした精神の確立こそ中華民国の最大の課題でなければならない、というのが、矢野の基本的な観点であった。

三、西洋史家坂口昂の国家論の影響

自らの中華民国論を明確にしていく上で、矢野は同じ京都帝大で西洋史を教えていた坂口昂（一八七二〜一九二八）の帝国論、国家論を参照した。坂口は、帝国大学西洋史学科で古代ギリシャ・ローマの政治文化史を専攻し、一九〇七年、京都帝国大学助教授となり、独仏留学を経て一九一二年に教授に昇任している。矢野はいう。「坂口博士は東洋の古典帝国たる支那が、最近時まで、他の独立国家を認めない世界帝国其のまゝの、世界帝国として終始してきた間に、偶然にも、それと同時に出来て、同様に他の独立国家を認めない世界帝国であった西洋の古典国、羅馬の故地からは、幾多の現代的独立国家が分化派生して、東洋に殺到し、……支那の門戸を敲き、其の齎し来れる国家理想を以て、世界帝国の理想に打撃を与え、……未曾有の一大波瀾を湧起しつゝあることを、極めて感傷的な筆致を以て描出されて居る」[11]。中国史研究者たる矢野は、そこから先を問うた。すなわち「支那の世界帝国の組織を改めて現代的国家の組織とすると云ふ様なことは、果たして出来ることであらうか」という問いである。そこで矢野は、清末の新政は、失敗に終わったとはいえ、清朝なりの近代国民国家をめざす試みであったとする一方、当時の中華民国には近代国民国家となるべき感情的、思想的な基礎が欠けている、と改めて論難を加えるのであった。「中華民国は、清朝が国家組織改変の大業に失敗して滅亡した結果、外に仕方がなく、已むことを得ず五族共和と云ふ意味を付会して、妥協した政治の形式、或は政治の状態と言ふべきもので、固より世界帝国でもなく、又其の理想もなく、さうかと言って現代的国家と名くべきものでもなく、又現代的国家となるべき感情的、思想的の予備或は基礎も認められない」。

こうした議論の根底には西欧近代の理念を価値判断の基準とする進歩史観が存在した。最晩年、矢野は教え子たちに率直な感慨を吐露している。「私は一つの歴史観を持っていた。それは、歴史学の目的は人間の進歩の限りなき道程に於て、今自分がどういう進歩の段階に立っているかを過去の歴史の光りにてらして明かにする、それに私たちの努力を加えてそれを後世に受けつぐ。これが歴史の役割でかくして人類の限りなき進歩は可能になる。それで私は近世史を選んだ」[12]。草創期の東大西洋史学科で学んだ矢野は、ルドヴィッヒ・リースの「ヨーロッパ近世史」、坪井九馬三（西洋史）の「ヨーロッパ最近世史」、「中央アジア歴史地理」、「歴史研究法」、和田垣謙三（経済学）の「世界経済史」、那珂通世（日本史）の「支那史籍解題」（一高時代に「支那通史」）、田中義成（日本史）らの恩師の名と講義内容を挙げている[13]。

ルドヴィッヒ・リース（Ludwig Riess、一八六一〜一九二八、「ルートヴィッヒ」とも表記）は、ベルリン大学に学んだドイツの歴史学者。一八八七年から一九〇二年まで日本に滞在し、東京帝国大学、陸軍大学などで歴史学を教え、L・ランケが築いたヨーロッパ実証史学の学風を日本に伝えた。また坪井九馬三（くめぞう、一八五九～一九三六）は東大卒業後、一八八六年、同大学の講師となり、西洋史学、史学理論を講じた。『史学研究法』（一九〇三年）は、史料に基づく歴史研究の重要性と史料批判の方法を詳説し、歴史理論に説き及んでいる。[14]慶應義塾で学び第一高等学校、東京高等師範学校の教授を歴任した那珂通世（一八五一～一九〇八）は、一八九六年から東京帝国大学文科大学の講師も兼任した。那珂は日本・朝鮮・中国の歴史に関する研究を発表する一方、古代から宋代までの中国史を漢文で略述した『支那通史』（一八八八～一八九〇年）をはじめ、多くの東洋史概説書もまとめている。[15]

戦争協力者として公職追放になった矢野の思想の根底には、戦時日本の神がかった軍国主義思想とは異質のものが流れていた。むろん西欧近代の理念を価値判断の基準とする立場は、近代西欧諸国の実際の行為を全て合理化するものではない。例えばイギリスの十九世紀の対華政策に対しては、中国への批判を伴いつつ、厳しく断罪している。

「例へば鴉片戦争であるが、…鴉片を支那に強売し、……没収されたからといって、其の賠償を求むる為め兵力を用ひたといふことは、英吉利として弁解の余地がない罪悪である。……支那は少しも悪くないかといふに決してさうではない。人民も官吏も相率ゐて鴉片禁止の法律を守らぬといふことは、何といっても支那の大欠点である」。[16]

四、基礎としての対外関係史研究

矢野の中国認識の基礎は、外交史、辺疆史に関わる深い学識にある。彼は清朝の対外関係と辺疆における領域支配の実態を考察する作業を通じ、伝統中国に対する認識を深化させた。矢野自身、時論的な文章を集めた書物の序文で、「考察の基礎とした歴史上の事実」の正確さを自負している。[17]矢野の卒業論文のテーマは「露清関係、殊にネルチンスク条約」であったし、専門的な学術書のほとんどは、対外関係史ないしは辺境史にかかわるものであった。その最初のまとまった成果である『近代蒙古史研究』[18]を著した三年後には、中国語史料と外国語史料の相違を手がかりに「種々の誤解、論争、紛擾、衝突等の根本的原因」を解明すると宣言した大部の『支那近代外国関係研究――ポルトガルを中心とせる明清外交貿易』[19]を刊行している。そうした実証的研究に基づいてまとめられたのが二冊の中国外交史通史であり、[20]十五年間を費やし、長崎における中国との貿易関係を全面的に解明した『長崎市史——通交貿易編　東洋諸国部』であった[21]。

そして「中国には国境がなく、その結果として国家も亦ない」とする「支那無国境論」が、初期の時論集『近代支那論』の冒頭に掲げられ、それを受け「支那は国に非る論」が展開されていること、「支那無国境論」の姉妹編ともいうべき「満蒙蔵は支那本来の領土に非る論」が、やはり同書に収録されていることから知られるように、辺疆の実態認識は、矢野の中国認識の出発点と見なしうるものでもあった。では、なぜ中国には国境がない、といったのか。矢野は、理論上と実態上の二つの根拠を挙げる。前者は、中華世界が全てだと見なす中華帝国意識を問題にするものであり、すでに触れた。後者の実態上の理由は、古代から近代に到るまで、中国の勢威を「実力相応の所に於て抑止し、或は遮断する様な実際の力のある国、或は国の基となるべき社会が起らず、是と接触すべき機会が無かった」ことに求められている。西洋諸国との交渉につれ、中国は初めて国境が持つことになったが、外国の力はそこにまで及んでいても、中国の力はそこにまで及んでいないため、その国境はまだ「仮の国境に過ぎない」というのが矢野の理解である。そうした中国の実際の力が及んでいない辺疆として名を挙げられるのが、西蔵であり、蒙古であり、満洲であった。中国の実際の力がそうしたところまで及ぶようになれば、中国も初めて「真の国境」を有することになり、近代的国家の完成も望み得るようになる、と矢野は続けている[22]。

チベット、モンゴル、満洲などの辺疆地方は中国が実際に支配している部分と、実際に支配していない部分との境界にある地方であって、中国の統治は、今日の法治国家のように「緻密な政治でない」ため、二つの部分の間に大きな違いはなく、中国が盛んになれば中国に属するようにいい、中国が衰退すれば中国に属さないというような「極めて流動的な地方」だというのが矢野の理解であった。「蒙古のみならず、満洲でも、回部でも、西蔵でも、実は支那の領土となったのではなく、支那とは清朝を通じて君位合一の関係にあったに過ぎない」[23]。チベット、モンゴルと中国との関係は、「清朝を介しての間接な関係」であって、清朝が既に滅びてしまった以上、中国の実力を維持できるか否かは疑問、とまで矢野は記した。チベットがイギリスの保護国化し、外モンゴルがロシアの保護国化したのが、その何よりの証拠だというわけである。また満洲は、元来、中国が満洲人に取られてしまった地方であったが、中国もまた満洲人に取られ、満洲の君主を戴いて中国の君主とすることになったから、同じ君主の領土だというので満洲を中国の領土であると錯覚するに到ったのだとする。

対外関係の歴史的な経緯を踏まえ、古くから主に漢族が居住し、漢族主体の政治支配が確立していた地域を、実態がある本来の中国とみなすのが矢野の基本的な立脚点であった。その本来の中国よりも広大な地域を中華民国の領土だとする主張に対し、矢野は「国境がなく、国家としての実態もない」と批判を展開したのである。

五、七年間の北京在住体験

そして、矢野の中華民国認識のもう一つの重要な基礎になったのが、三十代前半から四十歳を迎えるまで、清末民初の七年間に及ぶ北京在住体験であった。それはたんに清朝の俸禄によって暮らし、清朝ないし満洲族の統治システムにある種の評価や親近感を持ったというだけではない。清末民初の政治変動を実見し、それが中国の現実を直視する基礎になったという意味でも、矢野にとって、またとない貴重な体験になった。

北京体験については、矢野自身、回顧談の中で生き生きと語っている。清末新政の学制改革の中で発足した進士館が、矢野の勤務先であった。進士館は進士に対する再教育機関であり、矢野は外国人教習として「近世政治史」、「政治地理」などを日本語で講義した。通訳に当たったのは、当時外務部主事兼進士館助教習の曹汝霖（一八七七〜一九六六、一九〇〇〜一九〇五年日本留学、中華民国政府で交通総長）、外務部主事の范源濂（一八七六〜一九二七、字は静生、一八九九〜一九〇四年に日本留学、中華民国政府で教育総長）、法部主事の江庸（一八七七〜一九六〇、一九〇一〜一九〇六年に日本留学、中華民国政府で司法部次長）ら、当時、日本留学から帰国したばかりの優秀な若者たちである。毎日、馬に乗って通勤した矢野は、折を見ては東交民巷の公使館街や市内の廟宇仏閣などを見て回った。北京滞在中、矢野は陸軍の本庄繁や松井石根との親交を深め、後に政界で活躍する広田弘毅や松岡洋右らとも知り合った(24)。

ただし同時代の観察者としての矢野の議論を追っていくと、そこには、いくつかの限界も見出さざるを得ない。その一つは、政治的社会的現実に対する繊細な注意力の不足である。段祺瑞ら清末民初の軍人が共和制支持に傾いていた思想動向に無頓着であったこと(25)、辛亥革命勃発の際、北京在住の他の日本人とともに清朝救援の建白書を本国に送ったほどであったこと(26)、国民革命前夜の広東を訪れながら国民党幹部の廖仲愷から直接親しく話を聞く機会を逸したこと(27)、など、いくつもの例を挙げることができよう。

むろん同時代にあって、時代の新たな変化の方向性を把握し、そのような基準から重要な動きや人物に対する理解を深めるのは、けっして容易なことではない。このあたりの事情は、宮崎市定が「先生は心から楽しんで研究に従事され、塵世の名利を度外視され、ひたすら御自身の好む所に従って勉学一途に精進[28]」し、「〔実社会の〕機微に関する実際問題となると、到底内藤先生の敵ではなかった[29]」としていることにも符合するように思われる。後者は、一九三〇年代に満洲を旅行し開拓移民事業の関係者らと意気投合した話を京都で披露し、「どこからも金などもらって活動しているのではないことは確かだ」とした矢野に対し、内藤が「ようし、そんならいったい、彼等は日常生活費をどうしているのか聞こうじゃないか」と鋭く斬りこんだというエピソードである。ジャーナリスト出身の内藤の面目躍如という面とともに、宮崎が評するように、「そこにまた〔矢野〕先生の無類のよさがあった」というほかない。

六、戦時下の中国認識の変化と二つの著作

大亜細亜協会は、汎アジア主義の研究と宣伝をめざす思想文化団体を標榜し、一九三三年三月一日に発足した[30]。会頭には陸軍大将松井石根が就き、会員約二〇〇〇人の四割近くが軍人、約一割が学界関係者であった。一九四二年、他の団体とともに大日本興亜同盟に吸収されている。矢野は北京時代に知り合った松井との機縁で参加し、一九三六年の第一回総会で副会頭に就くとともに機関誌にも寄稿した。

但し協会年報の記載によれば、矢野は一九三六年五月に京阪で開かれた同協会の懇談会には参加したとはいえ、同年の第一回総会にも一九三九年の第二回総会にも出席していない。二人の副会頭の内の一人であった西洋史の村川堅固東大教授が協会機関誌『大亜細亜主義』に二十七本の評論類を寄稿したのに対し、矢野の寄稿は七本にとどまった。矢野自身、戦後の回想で、一度は協会への参加自体も断ったほどであり、副会頭就任は「名ばかりのこと」と押しつけられたものだったと弁明している[31]。回想の真偽は確認できないにせよ、矢野が協会の活動に消極的になっていたことは否定できない。その背後には、恐らく日中戦争開始後に生じた中国認識の大きな変化があった。開戦直後、すでに矢野は『大亜細亜主義』誌上の一文で中国軍が「予想外に強悍なること」に驚き、それは国民政府の下、全国に広がった「排日抗日の精神を反映するもの」であって、日本の勝利が極めて困難であることを予測した[32]。そして戦争が泥沼化した一九三九年になると、

「蒋介石の国民政府は反日抗日を以て国家統一の手段」とし、「今度の戦争の如く支那人が一致団結して勇敢に戦ったことは曾てなかった」ことに注意を喚起するとともに、日本人自身の反省が必要とまで言い切り、次のように述べた。「アジア諸民族をして日本人は個人としても立派な人間であり、民族としても立派な民族であるといふ信頼心尊敬心を抱かしむることなくしては大陸建設の鴻業は到底成るべくもないやうに考へられる。我が同胞諸君の自省自重を望んで止まざる所以である」[33]。

さらに一九四一年には、米人ジャーナリストの著作を引用し、商取引における積弊の除去、鉄道、道路、航空路の発達、防疫事務から農村産婆学校にいたる公衆衛生、近代的法典の編纂、全国経済委員会の成果など蒋介石政権の一九三〇年代の諸達成を評価し、中国人は今や「過去において幾回も支那を大帝国としたばかりでなく、ある時期には文化的に同時代のヨーロッパ人民より遥かに支那を優位に置かしめた精神のすばらしい復活を体験しつゝある」[34]とした。そして、「今度の支那事変によって建設の機会が奪はれなかったならば、今度こそは支那が有力にして安固なる政府を樹立することが出来たであらう、強大で進歩的な新支那国の建設に成功することが出来たであらう」と考える中国の人々に対し、日本が建設支援を軸にした政策を進める必要性を説いた。

矢野の場合、国民国家をめざすか否かが評価の基準であったため、その基準に照らして足らざるところが多かった北京政府期の中華民国に対し厳しい評価を下す一方、国民国家形成の方向性を明確に体現しつつあった蒋介石の国民党政権については、ある程度評価する見解も提起できた。その点では、矢野の判断基準は一貫しており、ぶれていない。

アジア太平洋戦争が開始され、大亜細亜協会が大日本興亜同盟に吸収された時、矢野は協会機関誌の最終号に自身の「大東亜史」構想の骨格を書いた[35]。文部省編『大東亜史概説』は、日本主導下の国際秩序形成を歴史的に根拠づけるために企図された教科書であり、様々な事情から未完に終わっている[36]。その原稿執筆に協力する一人であった矢野は、文部省の招きに応じ、一九四三年、広島文理科大学で自らの「大東亜史」構想を展開した。そこには、日中文化比較論を軸にした矢野のアジア史認識が集大成されている[37]。

一方、すでに論じたように矢野の真面目は清末民初の政治外交史論にあり、同時期に刊行された『清朝末史研究』は、戦前に書かれた最も優れた清末政治史概説の一つである。その影響は、戦後日本の中国研究にも及んだ[38]。

おわりに

辺疆外交史に造詣の深かった矢野仁一は、清朝以前の「帝政」時代と対比し、国民国家のあるべき姿を基準に中華民国を裁断した。それは学問的研究に裏付けられた、それなりに根拠のある議論であったとはいえ、結果的には、当時の高まる中国民族主義と正面対決する立場に矢野を導いていってしまったかに見える。そうした認識の枠組と自らの清末北京体験が持った意味を含め、矢野の議論は、当時の日中関係の産物という一面を持っていた。中華民国に対する矢野の辛辣な批判は、当時の日本人の中国に対する蔑視観を増幅させ、侵略戦争に至る日中関係の展開に大きな影響を及ぼした。

そして最も大きな問題として、「お国のため」の学問を志した矢野は、常に時の日本政府の国策を擁護する傾向にあったことも指摘しておかなければならない。「満蒙蔵は支那本来の領土に非る論」では、満洲が漢族主体の伝統中国の領土ではなかったことを理路整然と主張する一方、海を隔てた日本がなぜ満洲に権益を主張し得るのかということについては、人口論、資源論などまで動員して無理な強弁を重ねている。[39]大亜細亜主義協会副会頭への就任も、そうした日本本位の発想の延長線上にあった。ただし必ずしも国策を無条件に肯定したわけではなく、日中戦争の最中、国民国家という同じ基準によって国民党政権下の中国の発展を冷静に観察する眼も持ちあわせていた。

柔軟な歴史眼があった矢野は、戦後、市井で隠遁生活を送りながらも、新たに成立した中華人民共和国に強い関心を抱き続けた。そして、J・ベルデン『中国は世界を揺るがす』、A・L・ストロング『中国人は中国を征服する』、E・スノー『中国の赤い星』の三冊に感激し、R・ギラン『六億の蟻』などのルポルタージュを熟読し、共産党政権下の中国が国民国家として新たな発展を記録したことを認める一方、批判的検討も加え、いくつかの論著を発表している。[40]

なお、実証的な外交史の究明を志した矢野は、国民の誰もが事実に基づき対外政策の在り方を検討できるようになることを期待した。戦前から公文書公開を求めた先駆者の一人であり、外交文書の公刊を政府に要求していた点も特筆に値する。[41]

注

(1) 総理庁官房監査課編『公職追放に関する覚書該当者名簿』(日比谷政経会、一九四九年)七五四頁。

(2) 「同時代日本の中華民国認識――矢野仁一の中国論を中心に」(久保亨・嵯峨隆編著『中華民国の憲政と独裁 一九一二

一一九四九』慶応義塾大学出版会、二〇一一年)。

(3) 創設時は東京大学。一八八六年、帝国大学と改称。一八九七年、東京帝国大学と再度改称。

(4) 岩村三千夫(中山耕太郎名で発表)「満洲史の一批判」(『歴史科学』三―五、一九三四年)。清代に漢族の満洲移民増加するにつれ、満洲は中国の一部になり民族国家を形成したと論じた。

(5) 矢野仁一『現代支那概論――動く支那』(目黒書店、一九三六年、以下文献A)、序。目黒書店は教育図書出版の大手。

(6) 座談会「六十年の思い出――矢野仁一先生を囲んで」(『東方学』二八、一九六四年)二頁。

(7) 藤枝晃「矢野先生と『昭和六年』」(『東洋史研究』二八―四、一九七〇年)三一頁。

(8) いずれも矢野仁一『近代支那論』(弘文堂、一九二三年、以下文献B)に収録。

(9) 「支那は国に非る論」(文献A、原載一九二二年四月)、二六―二七頁。

(10) 「支那の帝政時代と共和政治時代」(矢野仁一『現代支那概論――動かざる支那』目黒書店、一九三六年、以下文献C、原講演一九二七年)九一―一〇三頁。

(11) 「支那帝国と支那共和国――坂口博士の東西二大文化国の精神とその環境を読む」(文献B、原載一九二二年)一一六―一二二頁。

(12) 前掲「六十年の思い出」三頁。

(13) 矢野仁一「わたくしの東大時代の思い出」(『以文』第五号、一九六〇年)六―八頁。

(14) 坪井九馬三『史学研究法』(早稲田大学出版部、一九〇三年)。

(15) 窪寺紘一『東洋学事始――那珂通世とその時代』(平凡社、二〇〇九年)。

(16) 前掲「支那の帝政時代と共和政治時代」(文献B)一〇五―一〇八頁。

(17) 文献B、序、二頁。

(18) 『近代蒙古史研究』(弘文堂、一九二五年)。

(19) 『支那近代外国関係研究――ポルトガルを中心とせる明清外交貿易』(弘文堂、一九二八年)。

(20) 『近世支那外交史』(弘文堂、一九三〇年)、『日清役後支那外交史』(東方文化学院京都研究所、一九三七年)。

(21) 長崎市役所(矢野仁一執筆)『長崎市史――通交貿易編 東洋諸国部』(長崎市役所、一九三八年)。

(22) 「支那無国境論」文献B 六―七頁。

(23) 「満蒙蔵は支那本来の領土に非る論」文献B 九三―九七頁。

(24) 前掲「六十年の思い出」一三頁。

(25) 「支那の社会の固定性」文献C 二〇頁。

(26) 前掲「六十年の思い出」一三頁。

(27) 同右、一五頁。

(28) 宮崎市定「悼詞」(『東洋史研究』二八―四、一九七〇年)六頁。

(29) 宮崎市定「矢野博士の追憶」、同右、三七頁。

(30) 松浦正孝『「大東亜戦争」はなぜ起きたのか――汎アジア主義の政治経済史』(名古屋大学出版会、二〇一〇年)。

(31) 矢野仁一『燕洛間記――歴史遍歴六十年の回顧』(私家版、一九六三年?)二三―二五頁。

(32) 「支那事変と東洋平和の確立」(『大亜細亜主義』五四、一九三七年十月)。

(33) 矢野仁一「支那人の日本敵国思想と日本人の反省」、外務

省調査部『支那統治に関する論叢』（外務省調査部、一九三九年）二〇九―二二〇頁。

(34) 矢野仁一「近代支那の政治動向」（『新体制国民講座』四、朝日新聞社、一九四一年）一一〇―一一六頁。

(35) 矢野仁一「大東亜史の構成と日本の歴史的使命」（『大亜細亜主義』一〇八、一九四二年四月）。

(36) 奈須恵子「戦時下日本における「大東亜史」構想――『大東亜史概説』編纂の試みに着目して」（『東京大学大学院教育学研究科紀要』三五、一九九五年）。冨永望「資料紹介『大東亜史概説』」（『京都大学大学文書館研究紀要』一四、二〇一六年）。

(37) 矢野仁一『大東亜史の構想――大東亜史圏の輪郭とその民族・文化の諸問題』（育英出版〔目黒書店の系列〕、一九四四年）。

(38) 矢野仁一『清朝末史研究』（大和書院、一九四四年）。戦後、近代中国史の概説書を数多く執筆した市古宙三は、その『近代中国の政治と社会〔増補版〕』（東京大学出版会、一九七八年）の文献目録に、この矢野の書を挙げた。二七一、三二五、四三〇頁。

(39) 前掲「満蒙蔵は支那本来の領土に非る論」一〇七―一一一頁。

(40) 『中国人民革命史論』（三島海雲、一九六六年）。他の論文については注2の拙稿参照。

(41) 文献B序文、「再び外交文書の公刊を望む」（『外交時報』七二二、一九三五年）。

『台湾日日新報』記者時代の鈴木虎雄

中野目 徹

後に中国文学者として大成する鈴木虎雄は、明治三十六年(一九〇三)に台湾に渡航して新聞記者となる。中国文学者としての活躍が「光」の領域だとすれば、記者としての渡台経験はいわば「影」の領域ともみなされよう。本稿では、当時の著訳書の分析から、台湾時代の虎雄の思想的展開の諸相を探り、中国文学者にとって「影」の領域がもつ意味を明らかにする。

なかのめ・とおる——筑波大学人文社会系教授。専門は日本近代思想史・史料学。主な著書に『明治の青年とナショナリズム』(吉川弘文館、二〇一四年)、『公文書管理法とアーカイブズ』(岩田書院、二〇一五年)、『三宅雪嶺』(吉川弘文館、二〇一九年)、『徳富蘇峰』(山川出版社、二〇二三年)などがある。

はじめに

鈴木虎雄(一八七八〜一九六三)といえば、京大「支那学」のファウンディング・ファザーズの一人として、昭和十三年(一九三八)まで「支那語学支那文学」講座を担当し、退官後は帝国学士院(日本学士院)会員を務め、昭和三十六年(一九六一)には文化勲章を授与されるなど、近代日本における漢文学(中国文学)の大成者の一人として知られている。

京大における鈴木虎雄の後継者と目される吉川幸次郎によれば、「先生以後、(漢文学は—引用者補記)従来の漢学の方法をはなれ、純粋な文学の研究として研究されるようになった」[1]と評され、最も重要な業績として大正十四年(一九二五)に弘文堂から上梓された『支那詩論史』を挙げている。また、虎雄とは明治三十三年(一九〇〇)に東京帝国大学を同期で卒業した宇野哲人(東京帝国大学名誉教授、東大「支那学」の代表者)は、文化勲章受章祝賀会の祝辞とはいえ、「鈴木君」は「日本の詩人としても第一人です。詩学に於て無論第一人でござんす」[2]と述べている。要するに、鈴木虎雄といえば詩論史という分野を中心に、近代日本における漢文学（中国文学）研究の第一人者としての評価が定まっている人物といえよう。

　これをいわば「光」の領域とすれば、虎雄が明治三十四年三月、わずか半年の在学で東京帝国大学大学院を中退し、郷里の先輩で新潟県西蒲原郡粟生津村にあった鈴木家の家塾長善館の卒業生・桂五十郎（湖村と号す。早稲田大学教授）の紹介で新聞記者となった時期は、ある意味で「影」の領域とはいえないだろうか。筆者はかつて、虎雄の大学院中退理由や陸羯南が主宰する新聞『日本』への入社事情及び同紙での記者活動について、政教社・日本新聞社系の人物とその思想について論じるなかで取り上げたことがある。[3]同三十三年歳末の和歌には次の一首があり、覚悟のうえでの記者への転身だった。

　　漢の歌まなぶをやめて今の世の
　　　文つづるべし今のいまより[4]

　そのころの虎雄が、「自立」と「欝悶」の季節を迎えていたことは拙著で述べたとおりである。養育費の返還をめぐる養家との対立は訴訟事件に発展し、大審院まで争われたことは、田中友香理の研究によって明らかにされている。[5]この間の明治三十六年三月、虎雄は日本の植民地であった台湾に渡航し『台湾日日新報』で記者活動に従事した。これについて拙著では、「この渡台は周囲の〝大人たち〟の計らいによる〝逃避行〟という側面が強かったように思われる」[6]としておいた。帰京は明治三十八年一月であった。同年四月からは東京高等師範学校講師に、その三年後には教授に就任し「光」の領域に軌道を戻したともいえよう。京都帝国大学文科大学助教授転任は同四十一年十二月であった。

　そこで本稿では、二年弱に及ぶ台湾滞在時の鈴木虎雄について取り上げて論じてみたい。「光」に溢れた若き漢文学者としての渡台ではなく、「自立」を模索し「欝悶」に耽る「影」を帯びた新聞記者として滞在中、虎雄は何を思索し、何を発信したのか、時あたかも日露戦争の開戦前から旅順陥落まで、台湾もふくめて日本社会は極度の緊張状態にあった時期にあたる。

一、渡台と台湾日日新報入社

　鈴木虎雄が台湾に向けて東京・新橋を発ったのは、明治三十六年（一九〇三）三月二十三日のことであった。これは虎雄と一緒に渡台した再来雁こと浅水又二郎（南八）の筆になる渡航記の記述による。浅水は政教社の雑誌『日本人』『亜

図1　台北到着翌日、明治36年3月30日に撮影した記念写真。右が鈴木虎雄、左が浅水又二郎。（燕市長善館史料館所蔵）

細亜』編集部の第二世代に属し（内藤湖南もその一人である）、その後『東京朝日新聞』の記者に転じていた。浅水は明治二十八年の領台直後にも渡航した経験があり、今回は『台湾日日新報』に筆を執るための渡航であった[7]（**図1**）。

浅水の記すところによれば、「文学士大橋豹軒亦た遊台の志あり、即ち此の行を倶にせんとて、同じく旅程に上る[8]」とあるので、虎雄は当初から新聞記者となる予定ではなかったと考えられる。そのことは、同紙四月十日付で次のように報じられていることからも確認できる。

　台地観光の為め渡来した文学士大橋豹軒は、自今我社の筆硯に従事すること丶なり、紙上の各方面に於て読者諸君に見参すべければ、一寸御披露申上候[9]。

「遊台」「観光」という表現からうかがえるのは、虎雄の渡航目的が『台湾日日新報』への執筆ではなかったということである。渡台する虎雄の気分が読み取れるのは、三月二十六日に門司を抜錨した台中丸が玄界灘に差しかかったときに詠じた歌である。

　寝ねやらて吾か物思ふ窓の外に
　　よもよもすから浪の於とする[10]

なかなか眠られず物思いに耽る虎雄であった。養子離縁裁判は係争中であり、思うところも多かったのであろう。翌日もまた次の歌を得た。

　ふなはたに吾立居れは天地は
　　吾と海との外になきかな[11]

虎雄の孤独と幽愁の淵はかなり深かったといえよう。後年の虎雄は和歌について、「『万葉集』をよみ初めしより、始めて漢詩などにはあらぬものここに在ることを悟りぬ[12]」と、和歌が漢詩とは異質の叙情表現手段であることを認めている。しかし、二十九日早朝、基隆港に到着し、十二時の汽車で総督府が置かれていた台北に向かうと、少しずつ様子が変わってきたのではないだろうか。『台湾日日新報』漢文欄の雑報記事によると、「東都文壇で名声のある」浅水南八は同紙邦文部に執筆するため二十九日に来台し、また大橋虎雄は「作詩においてすこぶる老手」といわれているが、現に二人は「長官々邸」に滞在している（原漢文）、と伝えている。[13] すなわち、台北に到着した浅水と虎雄は後藤新平民政長官邸に旅装を解いたのであった。前引のように十日付の同紙で虎雄の入社が報じられたが（注9）、本社編輯員としての採用辞令は八日付で交付されていた[14]（**図2**）。おそらくそれは後藤長官の慫慂によって決まったのであろう。文学士である虎雄は浅水南八とともに名士の扱いを受けていたのである。

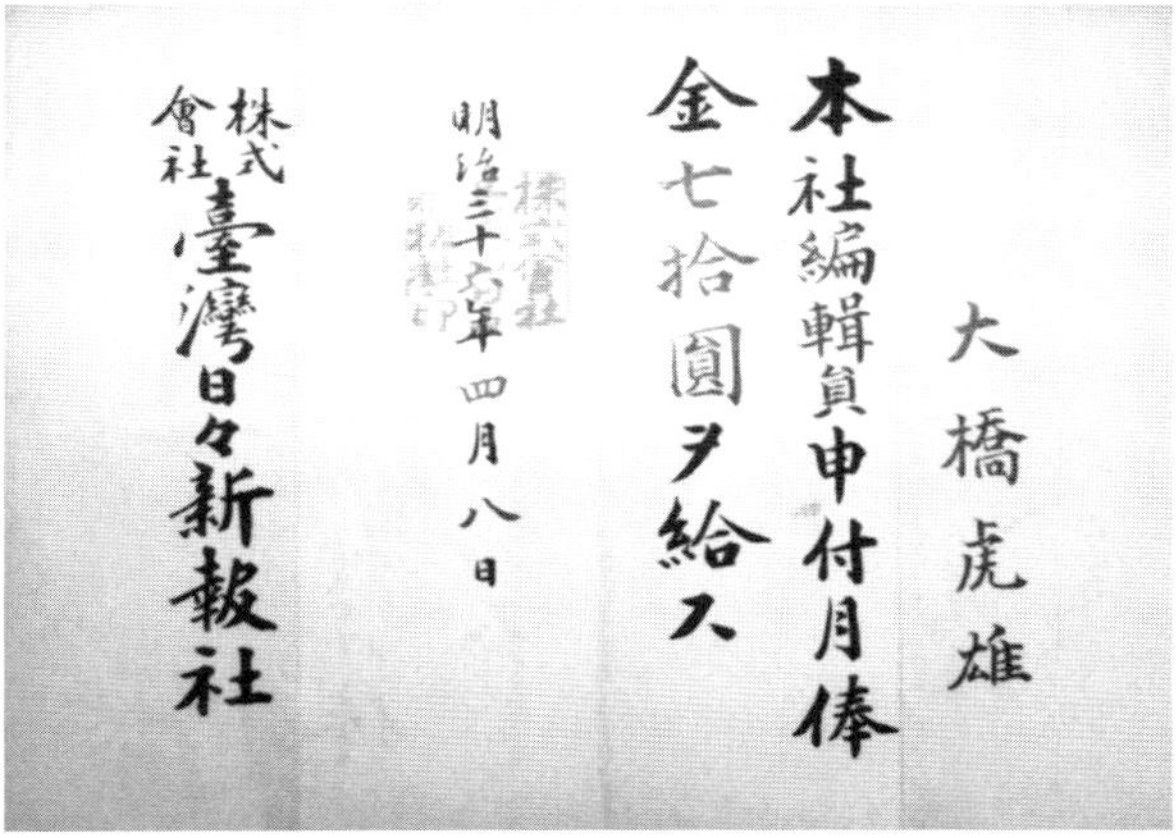

大橋虎雄
本社編輯員申付月俸
金七拾圓ヲ給ス
明治三十六年四月八日
株式會社臺灣日々新報社

図2　明治36年4月8日付、台湾日日新報社編輯員辞令。（筑波大学附属図書館所蔵）

　およそ半年後の同年十一月三日に総督官邸で開催された天長節夜会にも、虎雄は浅水のほか台湾日日新報社常務取締役村田誠治、監査役（編集長）木下新三郎とともに招待者として参席している。[15] 離台直前の明治三十八年元旦号の社員新年挨拶では、編輯局員の第三位すなわち木下、浅水の次に虎雄の名前が掲げられている。[16] 局内漢文部主任として処遇されていたためであろう。月俸は七十円で、渡航前の『日本』時代の二十五円と較べると好待遇での雇用であった。[17]

　ここで、施政十年目であった当時の台湾と創刊九年目の『台湾日日新報』（当初は『台湾新報』）について瞥見しておこう。

　日清戦後に日本に割譲された台湾の統治は、明治三十一年（一八九八）の児玉源太郎総督と後藤新平民政局長（後に民政長官）の赴任によって面目を改めたといわれる。この間、殖産局長には新渡戸稲造が就任している。虎雄の滞在期間中この体制は変わらず、統計書によれば、明治三十六年現在の人口は「内地人」（日本人）五万九四四人、「本島人」（台湾在住の漢民族）二八七万一六四一人、「生蕃人」一〇万二九七九人、「外国人」四五一二人の合計三〇三万七六人であった。[18] それでも領台当初と比較すれば、「内地人」の人口は約五倍に増加していた。しかし、蕃社に属する人びと(「生蕃人」)とは、なお武力闘争が絶えず、一般には「帝国の南方飛躍策源地」[19]という評価が該当する時期といえよう。

民間の在台者には、藤原銀次郎三井物産台北支店長、山本悌二郎台湾製糖会社支配人などがおり、来台者にも若槻礼次郎大蔵省書記官、竹越與三郎(三叉)衆議院議員、東京神学社校長植村正久(日本基督教会の指導者)、博文館編集長坪谷善四郎(水哉)らがあって、なかなか賑やかな時期であった。来台目的について、たとえば竹越は「自ら自家の殖民力の有るや否やといふことを視察したいと思ふて台湾へ参つたのであります」[20]と述べている。

『台湾日日新報』は、明治二十九年六月十七日創刊の『台湾新報』が『台湾日報』と合併し同三十一年五月十六日に改題されて以来継続発行されていた日刊紙で、基本六頁立て、のちに八頁立てとなり、それ以上の記念号(元旦や天長節など)もある。株式会社組織で本社は台北城内西門街にあり、社長(専務取締役)は守屋善兵衛、発行人は宮部勘七で、一部三銭(一ヶ月前金六十銭)で購読することができた。第八回(明治三十六年度)決算報告によれば、資本金十万円(株式発行額)、当期益金九〇一二円というから、経営は決して楽ではなかったであろう。[21]社屋のある西門街は、旧台北城の西門付近一帯で、総督府からほど近い裏手の位置に当り、遊郭街も存する市内で最も繁華な地域であった。

紙面構成は、六頁立ての場合、一、二面が日本語による報道、論説、社説等の記事、三面と四面の上段が漢文欄、下段から五面にかけて連載小説や雑報欄、六面は全面が広告頁となっている。内容の特色としては二つ指摘できる。一つは、同社が『台湾総督府法規提要』『台湾総督府職員録』『台湾現住戸口統計』『台湾郵便線路図』などを発行していたことからもうかがえるとおり、総督府の御用新聞としての側面である。後藤民政長官の動向や新渡戸殖産局長の談話などが全文掲載されることも多かった。ところが、春原昭彦によれば、同紙は内地よりも統制の厳しい台湾新聞紙条例(明治三十三年律令第三号)によって、明治三十七年二月十七日と同年六月九日にそれぞれ発売頒布停止、発行停止の処分を受けているというから、純然たる御用新聞というわけでもなかったらしい。[22]

もう一つは、東京で『日本』を発行していた日本新聞社との緊密な関係が認められることである。二年弱の虎雄の滞在中だけでも、陸羯南の洋行出発、三宅雪嶺の日露戦争観戦や坐れ歌、志賀重昂の通信記事、先に紹介した須崎默堂の論説

（注19）、天田愚庵の死亡記事、国府犀東の漢詩、稲垣伸太郎のロシア紹介記事など、日本新聞社員や同人らが『台湾日日新報』紙上には頻出する。社長兼主筆の羯南と後藤民政長官は旧知の間柄であり、両紙の間には何らかの黙契があったようにも思われる。虎雄の台湾日日新報社入社の背後に、そのあたりの力学が働いた可能性も指摘できよう。

虎雄が渡航して筆を執ることになった『台湾日日新報』とは、このような新聞であった。では次に、実際の執筆活動を検討していこう。

二、『台湾日日新報』への執筆

ところが、結論を先にいうと、在台約二年間の全紙面で、鈴木虎雄の署名のある記事は一篇しか見つけ出すことができなかった。前引のとおり、入社当初は「紙上の各方面に於て読者諸君に見参すべけれ」（注9）と紹介されたのに、これはどうしたことであろうか。主任を務めた漢文欄にも署名記事は一切見い出せない。当時の新聞が筆禍事件への事前対応として雅号をふくめて署名を省く傾向があったのは事実だが、この徹底ぶりは何を意味するのだろうか。したがって、無署名記事の執筆者特定が課題となる。

まず、唯一の署名記事を検討しよう。それは明治三十七年六月十七日付同紙第一面に掲載された論説「いろは応用の機」で、文末にパーレン付きで豹軒と署名されている。副題は「西人の東方研究に就て」。主題と副題からは内容は即解できない。

冒頭、言語の重要性について次のように書かれている。

言語の独立は思想の独立を保つ所以、思想の独立は行動の独立を保つ所以、而して行動の独立は遂に国勢の発揚を成す所以、言語の影響する所偉なりと謂ふべし。（中略）近く維新に及び専ら欧米の言語を学ぶ、我国現時の文明亦た概ね欧米の輸入物に外ならず。然れども我は徒らに之を輸入せず、能く之を同化し之を我用に適せしむ、故に外国の衆長を合せ又た能く自己の特性を発揮するを得たり。

中略のあとの後半部分は、彼の属した政教社・日本新聞社系の「国粋主義」「国民主義」の思想を忠実になぞるものである。ところが、維新以降の日本は「独立の精神」を把持しながらも甘んじて欧米に学んできたのだが、日清戦争や義和団事件、今回の日露戦争の結果、欧米では日本語や日本史を研究する気運が盛んであるのは、数十年間にわたる日本と欧米の関係における「変態」といえよう。これは、とくに中国をめぐって競争相手として浮上した日本への関心の高まりであり、日本は「如何にして西洋諸強に対せんとするか」と発問される。

　解答はこうである。「列国競争の舞台は明かに支那に一定せり」という現段階で、制度改革や利害関係と連結しながら「根基の方法を求むれば国語の普及を以て急務と為す」。かつて豊臣秀吉が朝鮮に出兵したとき、「いろは」を普及しようとした故事を引きつつ、現下の世界情勢のなかで今がまさに「国語」普及の機会であることを結論とする。具体的には、公学校教育が浸透しつつあり、総督府が設置した国語学校が卒業生を出しはじめたこの時期に、学者による言語教育方法の研究、開発と「偉人」（総督又は民政長官？）による施策の実行（「経綸」）を促す内容になっているのである。言語を「国勢の発揚」と連動させ、「列国競争」のなかで「国語」の普及を植民政策の「根基の方法」とする思想の表出であった。

　一方で、虎雄が主任を務めていた漢文欄は、基本的に邦文欄の雑報や戦報記事の漢訳（当日又は前日若しくは数日後れの記事）から構成され、基本的に社説や論説はなく、署名記事もほとんどない。そうなると、記事の内容のみから執筆者を特定するしかないが、虎雄の執筆ではないかと推定できる記事が一篇存在する。それは、『台湾日日新報』明治三十六年十月二十八日付第七面漢文欄に「論議」として掲載されている「帝国主義及支那」という、二段半およそ二九〇〇字ほどの論説記事である。

　この記事には冒頭に短い解説が付されており、「此篇美人某所論也」すなわちこれがアメリカ人某の論説であり、かつては旅大や膠州湾、最近では東三省をめぐって中国と諸外国の間で葛藤事件が発生しているが、これらはみな「欧洲現代帝国主義」のもたらすもので、その全局を知ろうとするならば隣邦の形勢を観察しなければならない、と説かれている。本文は、「今之強国者。概無不仗帝国主義者也。而其所以行之者如何。私謂其法有四。一曰海軍。二曰宗教。三曰商工業。四曰鉄路」、すなわち今の強国は「帝国主義」によらないものはない。これを行なうものは何かといえば、私によればその方法には四つある。一つ目に海軍、二つ目に宗教、三つ目に商工業、四つ目に鉄道であると頭括される。続いてその四つが順に論じられていく。

　この論説記事を見たとき筆者が思いついたのは、虎雄が訳出し明治三十七年三月十九日付で台湾日日新報社から刊行した『列国審勢支那政治論』である。較べてみると、この「帝国主義及支那」は、同書「第一編　論国民的帝国主義」の「第一章　帝国主義行之者如何」（同書六丁裏〜一一丁裏）そのものなのである（誤字まで同じ）。「例言」によれば、同書は

「美国威斯棍津大学政治学助教羅因須（Paul S. Reinsch）君所著『列国政策論』」、すなわちウィスコンシン大学政治学助教授ポール・S・ラインシュの著書*World Politics At the End of the Nineteenth Century*, 1902, The Macmillan Company が原本だというのである。(23)

そして、同三十六年十一月十六日付の民政長官後藤新平による序文（「叙」漢文）には、原本は自分が欧米歴訪中に入手したもので、欧米の政治情勢と中国に関わる叙述が詳細なので「有用之書」であると判断し、「学士鈴木君虎雄」に嘱してその意を抄出させ、かつ不足を補わせたとある。後藤の欧米巡遊は、前年の明治三十五年六月十三日に出発し、まずアメリカに渡り、欧州を巡って同年十二月十七日に帰国したもので、欧米の植民政策を観察して台湾統治に資することを目的に、語学に堪能な新渡戸殖産局長を伴い、製糖工場等を視察したほか、「伯（後藤―引用者補記）の楽しんで為したのは、こうした視察よりも、むしろ海外朝野の人物との会見であった」(24)とされている。ただし、ラインシュと会見したかどうかは不明である。

次節では、当時は最新の舶来書であったラインシュの『列国政策論（十九世紀末の世界政治）』を虎雄が抄訳した『列国審勢支那政治論』を分析の対象とし、その注目点について論じていこう。

三、『列国審勢支那政治論』の訳出

鈴木虎雄の「補訳」として刊行された『列国審勢支那政治論』は、B五判四つ目綴全五三丁の和装本である。(25) 刊記によれば明治三十七年三月十九日発行とあるが、『台湾日日新報』に最初の広告が掲載されたのは同紙五月十八日付第四面であった（図3）。後藤が貸与したであろう原本は、ウィスコンシン大学経済政治学部長であるリチャード・T・エリー編「経済学・政治学・社会学市民ライブラリー」叢書の世界政治分野の一冊としてニューヨークとロンドンで刊行された。本文三六六頁。(26) 以下、虎雄の訳書を主に、ラインシュの原本の表現を補いつつ、内容を摘録していこう。

同書の構成は次のようになっている。

叙（後藤新平）

目次

例言

小序（原本 Preface の意訳）

第一編　論国民的帝国主義（National Imperialism）

第二編　論支那之開放（The Opening of China）

第三編　開放支那之影響（The Consequences of the Opening

告白

美國威斯棍津大學堂助教羅因須君原著
日本臺灣總督府民政長官後藤新平君序
日本文學士約軒鈴木虎雄君補譯
（和裝美本百二十頁　定價金錢郵稅金錢）

列國審勢 支那政治論 完

本館印行

定價金參拾錢　郵稅金貳錢

原著者序曰。「夫引證欲精以確。論斷求公而平。顧之廣莫無際。自非旁通博識持卓立之見者。則不能得而中正鵠也。惟力除成見。去僻說。庶幾立褒貶黜陟違外。得以達觀現代政勢之所趨歸矣。本論第一編先挈之大綱。智謀所運。經濟所通。大凡列國乘勢之所以會勤於政局。略盡於此。第二編所論。則政治之要樞。利害之管鍵。所謂支那問題者是也。第三編所論。則支那形勢之所以關于歐洲政治也。而第四編之於德國所以成于帝國政策也。第五編之於美國關于宇內彊邦也。語誰不盡意。敢忱寓于此矣」。蓋書中所論。俱是近數十年來俄德英美諸強實行政策之趨勢。歷歷指掌。而其於所以被及支那者。引情最極痛切矣。日本文學士鈴木君虎雄。翻西文。作華文。辭理簡淨。意義明快。原旨間有過不及處。則亦稍爲增減。[illegible]行氣隨。有庖丁解牛之妙。不出戶牖之跬步。而熟諳世界之大勢者。其在斯書乎。

明治三十七年四月

發售所　株式會社臺灣日日新報社

図3　明治37年5月18日付『台湾日日新報』第4面に掲載された『列国審勢支那政治論』の出版広告

of China in World Politics）

第四編　論徳国帝国政策（German Imperial Politics）

第五編　論美国及世界政局（Some Considerations on the Position of the United State as a Factor in Oriental Politics）

一見して、「国民的帝国主義」の視点から中国の開放とその影響、列国のなかでもドイツ帝国主義政策に注視しつつアメリカ合衆国のアジア政策の選択肢を論じていることがわかる。

まず、原本Prefaceの意訳である小序では、「万邦の相対峙するや、情は極めて糾紛し、説は是非を分たず。しかして千態万状の中、なお自から調整帰一の趣あり。作者（ラインシュ―引用者補記）はこれを闡明せんと欲す」（原漢文）という、本書執筆の目的が書かれている。鈴木虎雄に焦点を当てる本稿で注目すべきは、全五編中で次の三点であろう。第一に「国民的帝国主義」（National Imperialism）という同時代の世界情勢を読み解く概念の入手、第二に当時の中国が「東西文明之会同」（The Meeting of the Orient and Occident）の結節点という位置にあり、「開放門戸之説」（The Policy of the Open Door）を導入することでいかなる「成果」を挙げることができるかという視点の獲得、第三に同時代のアメリカ人の中国観を知ることによる虎雄自身のそれの相対化、ということである。

「国民的帝国主義」とは何かを論じる第一編は左の四章から構成される。

第一章　論国民主義一転為国民的帝国主義
第二章　帝国主義行之者如何
第三章　列国之植民及帝国主義

右のなかで、第一に、十六世紀に英国を嚆矢とする「国民主義」（Nationalism）は、十九世紀末に至ると列国が競って領土拡張を図る「帝国主義」に転じたと論じられている。日本国内でも、思想界や言論界でそうした傾向が顕著となり、日清戦争後に『国民新聞』社長兼主筆の徳富蘇峰が率先して「帝国主義」に転じたことは周知のことに属するが[27]、のちに虎雄の岳父となる陸羯南が明治二十一年（一八八八）に新聞『日本』を創刊して主唱した「国民主義」（Nationalism）の論理を超克する概念を彼は入手したということができよう。前節で紹介した新聞論説「いろは応用の機」でも、植民政策の「根基の方法」として言語（この場合、台湾の「国語」としての日本語）をとらえる帝国主義的発想を躊躇なく展開していたことを思い出しておこう。

第二に、中国の「門戸開放」とりわけ東三省におけるそれは、日本人移民問題とともに日露戦後の日米関係の関鍵となっていくが、ラインシュの著書ではその第二、三編で「中国問題」（Chinese Question）が取り上げられる。列国の中国進出が鉄道敷設権の問題を中心に紹介され、地方警察権の不備が外国人の干渉を招いているとされる。「東西文明」の接触は必ず中国の地で行なわれるので、中国を分割することなく、平和裏に両文明を「陶鋳」していく必要を説いている。そのうえで、中国の「門戸開放」によって無限の利源が開発され、「同心協力して、もって世界公同の利を啓く、大勢避くべからざるなり」（原漢文）というラインシュの基本的考え方が示されている。「列国之戮力」によって「文明公同之途」（The Broadest Interests of Civilization）を歩むべきだというのが彼の主張であった。

第三に、郷里で父から漢学を、上京して最高学府で漢文学を学んだ虎雄が、台湾に渡航して、米国人国際政治学者のリアルな国際情勢認識とその中における中国に関する分析を知ることとなり、第一高等学校時代の「漢詩論」以来抱いていた「東洋固有の文物典章」に依拠する自らの立脚点を再度見直す契機となったのではないか、ということである[28]。ラインシュは、第二編において、中国人は「天下をもって家となし、愛国の心いまだよく生じるいとまなし」（原漢文）ととらえ、「支那人孔子教を奉じる者、父母兄弟九属を貴ぶを知りて、いまだその隣を扶けるを知らざるなり。その隣を扶けるを知りて、而していまだその国家を扶けるを知らず」（同右）という状態だという。それだけに、光緒帝を擁して康有為によって断行された変法自強運動が西太后らによって覆されたことを、「ここにおいてか二十世紀の新制、ふたたび二千年の旧法に復すなり」（同右）と慨歎する。ラインシュは、こうした厳しい現状認識のうえに、なお中国に寄り添った文明化の途を模索したのであった。

日本語のネイティブである鈴木虎雄による米国人ラインシュの英語による著書の中国語訳という仕事は、その時代の認識や概念の移転として二重の意味で興味深い。本節ではそれをあえて三点にまとめて論じてみたが、最後に全体をとおして帰京後の虎雄が「光」の領域である漢文学の研究に復していくにあたって「影」の領域はいかなる位置を占めることになったのか、二年弱にわたる台湾滞在以後まで視野に入れて考察してみたい。

おわりに

明治三十八年一月二十五日付『台湾日日新報』第二面雑報、人物動静欄に虎雄に関する次のような記事が載った。旅順陥落に沸く中の帰京である。

鈴木文学士　本社漢文部主任たりし文学士鈴木虎雄氏は、今回辞任することゝなり、本日出帆の薩摩丸にて上京する筈。因に同氏の知己朋友数十名は、氏の為めに一昨夕平楽遊にて送別の盛宴を張りたり。

雑報欄に虎雄の名前が見えるのは、まだ「大橋虎雄」であった渡台時とこの離台時だけであり、本文中で取り上げたとおり、署名論説と無署名の漢文論説（翻訳）各一篇のみ、漢詩瀾にも俳句欄にも全く姿を見せなかった。家郷の兄（鈴木時之介）宛書簡も少なく[29]、その間公的にはほとんど存在を隠していたといわざるをえない。それは裁判と関わるのか。だがそれも在台中の明治三十七年一月十七日には鈴木姓に復しており、関係は薄そうである。

しかし、本稿で検討を加えたようなわずかな痕跡からでも、この時期の虎雄が専門の漢文学以外の領域で新たに獲得した知見と思想傾向の一端を垣間見ることはできよう。一つは、新聞論説において帝国主義の植民地支配に迎合的とも見える言語論を疑問なく展開していたことである。もう一つは、ラインシュの著書の漢訳によって「国民的帝国主義」という世界情勢の把握と中国への対応における枠組みを獲得したのと同時に、漢詩の故郷である中国の現実への理解を深めたことである。実は、帰国後東京高等師範学校等の講師を兼ねて、新聞『日本』記者に復した虎雄は、法律学と経済学の書物の漢訳も行なっている[30]。この両著の存在はこれまで鈴木虎雄を議論するなかで全く着目されてこなかったと思われ、本稿の視角からいうと、虎雄がなお「影」の領域である新聞記者の立場を背負っていたことを示す証拠物であるように見える。渡台前の明治三十四年（一九〇一）には、足尾鉱毒事件を詠んだ長詩「鉱毒の惨を聞きて作れる歌并に反歌」を残しており、虎雄のなかですでに社会的関心が芽生えていたことは間違いない。筆者が言いたいのは、学者にとって新聞記者であったことがすなわち「影」だということではない。内藤湖南のように、同じく記者の出身ながら京大教授時代をとおして『大阪朝日新聞』との深い関係を続け、『支那論』（一九一四年）や『新支那論』（一九二四年）など学問領域の専門的知見に基づいて時事問題を論じ論壇で活躍することも、学者としての一つのあり方なのである。

前述したように（注23）、大正五年から七年にかけて、虎雄が官費で北京に留学したとき、同地には米国特命全権公使としてラインシュが駐箚しており、寺内正毅内閣の外務大臣として米国や中国と対峙していたのは後藤新平であった。一冊の書物をめぐって交差した三人が再び中国をめぐって相まみえたのは、偶然ではなく、むしろ時代の推移がもたらした必然であったろう。

中国留学から帰国後の大正八年（一九一九）、虎雄は京都大学教授に昇格して、いよいよ「光」の領域における存在感を確固たるものとした。昭和十三年の定年退官後、同十六年十二月八日の米英との開戦の日、七絶二首に所感を託した。(31)

文明学術拝西洋　文明・学術西洋を拝す
幾十年間屈犬羊　幾十年間犬羊に屈す
我有精華今発言　我に精華あり今発現す
敷仁成義武惟揚　仁を敷き義を成し武はこれ揚がる

＊

白種侵陵黄種危　白種陵を侵し黄種危し
吾皇赫怒勤王師　吾皇赫怒し王師を動かす
神霊在上祈天佑　神霊上に在り天佑を祈る
一擲乾坤真此時　乾坤を一擲するは真にこの時にあり

右の二首を見るかぎり、虎雄にとっての「大東亜戦争」というものは、同時代の多くの知識人のそれと大差ないものと推測される。しかし、虎雄の場合、それを日記代わりの漢詩に書き付けるだけで、論壇における時局迎合的な行動や発言からは無縁の存在であり続けたがゆえに、敗戦によるダメージも表面的には少なくすんだといえよう。やはり京大の門下生で後継者の一人であった小川環樹が回想のなかで、「その心はただひとすじに文学の真実に向かっていた。だから時の流れにおもねる態度がいささかもなかった(32)」と述べているように、社会的関心を作詩に託し「影」の領域に封じたことが、鈴木虎雄という存在を「光」の領域で輝かせる大きな要因となっていたのであろう。

注

（1）吉川幸次郎「鈴木虎雄先生」（『朝日新聞』昭和三十三年十月十七日付）第一六面。

（2）昭和三十六年十一月四日に斯文会舘で開催された祝賀会における宇野哲人による「祝辞」の一節。『斯文』第三三号（一九六二年）四五頁。虎雄在学時の帝大漢学科の様子に関しては、宇野哲人『一筋の道百年』（平凡社、一九七四年）参照。

（3）中野目徹『明治の青年とナショナリズム――政教社・日本新聞社の群像』（吉川弘文館、二〇一四年、初出は二〇一〇、一二年）のとくに第三部第一、二章。なお、虎雄は明治二十二年に長岡の大橋小一郎という人物と養子縁組を結び、同三十七年まで大橋虎雄と名乗っていた。本稿では、叙述の煩雑を避けるため、鈴木虎雄で統一している。

（4）鈴木虎雄『葯房主人歌草』（アミコ出版社、一九五六年）一六頁。

（5）田中友香理「家族　長善館と鈴木家」（中野目徹編『近代日本の思想をさぐる――研究のための15の視角』吉川弘文館、二〇一八年）。

（6）前掲拙著『明治の青年とナショナリズム』二五九頁。

（7）浅水又二郎と政教社の関係については拙著『政教社の研究』（思文閣出版、一九九三年）をご参照いただきたい。

（8）再来雁（浅水南八）「渡台記（一）」（『台湾日日新報』明治三十六年四月五日付）第一面。以下、同紙からの引用では適宜句読点を付し、字体も現在通行のものに改めている。

（9）「有耶無耶」（『同右』同右年四月十日付）第二面。

（10）再来雁「渡台の記（三）」（『同右』同右年四月九日付）第一面。

（11）同右「渡台の記（四）」（『同右』同右年四月二十一日付）第一面。

（12）前掲鈴木虎雄『葯房主人歌草』序一頁。

（13）「文士游台」（『台湾日日新報』明治三十六年三月三十一日付）第四面。

（14）「台湾日日新報辞令」（筑波大学附属図書館所蔵「鈴木虎雄関係史料」一―一二七）。

（15）「天長節夜会」（『台湾日日新報』同右年十一月五日付）第二面。

（16）『同右』（同三十八年一月一日付）第一七面。

（17）前掲拙著『明治の青年とナショナリズム』二七四頁。

（18）台湾総督府総督官房文書課編刊『台湾総督府第七統計書』（一九〇五年）二一一頁。

（19）須崎黙堂「台湾の帝国に負ふ職責」（『台湾日日新報』明治三十六年十月二十八日付）第一面。

（20）（竹越代議士の談話）「台湾視察談（一）」（『同右』同三十七年九月十一日付）第三面。

（21）「株式会社台湾日日新報社第八回（卅六年度）決算報告」（『同右』同右年五月四日付）第六面。

（22）春原昭彦「植民地の新聞統制――日本統治下の台湾の新聞」（荒瀬豊ほか編『自由・歴史・メディア――マス・コミュニケーション研究の課題』日本評論社、一九八八年）一八五頁。

（23）ラインシュについては、むしろ後年、ウィルソン大統領の下で駐中国公使に任命され（一九一三～一九一九）、親中・反日的な立場から当時の日本外交に大きな影響を与えた人物として日本近代史上では知られている。有賀貞による一連の研究のほか、最近もラインシュの回想録である田中秀雄訳『日米戦争の起点をつくった外交官』（芙蓉書房出版、二〇二二年）が刊行された。

なお、鈴木虎雄が文部省から官費によって中国へ派遣されたのは大正五年から七年（一九一六～一九一八）にかけてであった。

(24) 鶴見祐輔『正本後藤新平』3（藤原書店、二〇〇五年）六五四―六五五頁。

(25) 希少本であるため、複製版が作製されているが、その経緯は不明である。この複製版の存在に関しては、森岡ゆかり『近代漢詩のアジアとの邂逅』（勉誠出版、二〇〇八年）一五六頁及び該当注でもふれられている。

(26) 筆者が閲覧した筑波大学附属図書館所蔵本は、明治三十五年七月一日、東京高等師範学校に編入された図書である。前掲注24によれば、後藤民政長官は同年六月二十六日にバンクーバーに到着して約一か月を米国で過ごしているから、ラインシュのこの本は刊行直後のまさに新刊本だったことになる。

(27) さしあたり拙著『徳富蘇峰――日本の生める最大の新聞記者』（山川出版社、二〇二三年）をご参照いただきたい。

(28) 前掲拙著『明治の青年とナショナリズム』二五三頁。

(29) 虎雄の令孫鈴木昌平氏から筑波大学附属図書館に寄贈され公開されている「鈴木虎雄関係史料」及び現在整理中の追加分並びに燕市長善館史料館所蔵資料のなかにも、明らかに在台中に発信された書簡は、管見のかぎりわずか数通しか残存していない。そのなかの明治三十八年一月二十五日の兄時之介宛書簡では、「二十五日の便船にて出発、二十七日神戸着、三十一日東京着」（追加分仮三―八―七）という予定が知らされている。

(30) それは、上杉慎吉原著『漢訳比較憲法論』（東亜公司・有斐閣、一九〇六年）及び松崎蔵之助原著『経済学要議』（東亜公司・同文館・有斐閣、一九〇六年）の二著である。なお、東亜公司の代表は博文館社長の大橋新太郎であった。

(31) 鈴木先生喜寿記念会編『豹軒退休集』（弘文堂、一九五六年）八九頁。

(32) 小川環樹「鈴木虎雄先生をしのぶ」（『朝日新聞』昭和三十八年一月二十一日付）一八面。

青木正児——「支那学」から出発して漢学に帰着した孤高者

辜承堯

こ・しょうぎょう——中国農業大学人文与発展学院准教授。専門は日本漢学、日中比較文学。主な著書に『風雅孤高の文芸者——青木正児の構築した中国学の世界』（東方書店、二〇二三年）、論文に「受容・活用・融合・超越：西洋のシノロジーへの青木正児の姿勢」（『日本漢文学研究』第十八号、二〇二三年）などがある。

京都支那学派第二世代に当たる青木正児は、漢学が「支那学」へと転換する過程のキーパーソンである。シノロジーの研究手法に目覚め、中国語を外国語と見なしている漢文直読論を提起したうえ、経典の神聖性を打破して、社会の実態を解明するための資料としてそれを駆使すべきだと主張している。その主張の結晶として現れたのが、同窓と創刊した『支那学』に載せた論考である。その一方で、日中戦争による疎遠のせいか、研究対象の「支那」は次第に現実の中国から離れ書籍に限定されるようになり、青木は再び伝統漢学へ立ち戻っていったのである。

はじめに

一九三一年九月十四日付の『胡適（こてき）日記』には、後に中国宗教史研究の第一人者と呼ばれる陳垣（ちんえん）が「現在の漢学の正統は果たして西京にあるのだろうか、それともパリにあるのだろうか」と嘆いたことが記されている。この「西京」とは東京に対するものとしての京都を指している。一九〇六年に発足された京都帝国大学文科大学は既存の東京帝国大学文科大学に対抗すべく、東洋学あるいはそれを内含する「支那学」を看板として掲げている。実際、これに先立って発見された敦煌文書は東京帝大を超越し、ひいては世界的な学術レベルに比肩しようとする契機となっていた。当時、敦煌（とんこう）党とまで名乗った狩野直喜（かのなおき）と内藤湖南（ないとうこなん）はまさにこの京都支那学派の開祖であった。

本稿は主にその第二世代に当たる青木正児（あおきまさる）に焦点を当てる

ものである。その経歴を概観したうえで、いくつかの横顔を選び取り、その人物像を立体的に浮かび上がらせることを目的としている。それと同時に、京都支那学派がいかにヨーロッパのシノロジーを活用していたのか、さらにその世代間では時代的感覚がどれほど異なっていたのかについても触れていきたい。

一、近代教育に育まれた異端者
——自由奔放な前半生

青木は一八八七年、山口県赤間関（今の下関市）で生まれた。父親の坦平は中津藩の藩校進脩館で儒学者白石照山から漢学を学び、本籍の福岡県の貢生として東京大学の医学部に進学し、後に下関で開業医をするかたわら同市議会議員も務めていたエリートであった。このため、青木は出生地下関の尋常小学校と高等小学校（旧制でいずれも四年間の修業年限）で学んだ。幼少期の青木は学校で新制教育を受ける一方、家庭で父から『論語』や『孝経』などの儒教経典も叩き込まれていた。さらには、支那趣味を持っている父に感化され、俗曲民謡や琴棋書画に親しみを覚えるようになり、「或は家居して丹青を弄び、或は東岡に嘯して以て楽と」したりしていたようである。後に福岡県にあった豊津中学校（五年制）に進学し、四年生から卒業までの最終年は学校から二キロ離れた所で自炊生活を送っていた。当時東京から流行っているハーモニカを注文して稽古したり、「漢詩を作らされたが、窃かに新体詩に奔り、小説に耽」ったり、「藤村や泣菫、露伴や蘆花を読んだ」りしていた。五年生の時、校友会雑誌『短詩文』の文苑欄の担当となった青木は、同誌の部長を兼任する緒方清渓という同校の漢文講師の飄々たる風采に惹かれ、「終生忘れられぬ心の師」として敬っていた。この邂逅が、後の青木による支那文学専攻選択の伏線ともなっている。

高等学校に進学するために、一時的に上京して杉浦重剛が開いた称好塾に三ヶ月ほど預けられていた。一九〇五年、第五高等学校第一部・法科（三年制）に入学した。三年生の頃、親友の有川武彦から似合わない裁判官より文学をやるようにと熱心に勧められ、急遽法科から文学科に変えることとなった。この高校での英語の授業で青木は、自分の朗読の下手さや練習不足を棚に上げ、担当教員の厨川白村による丁寧すぎる発音指導に逆恨みして不満をぶつけることがあった。また、この頃、笹川臨風の『支那文学史』に記された『西廂記』「驚夢」の一節を読み「未だ能く解せずと雖も」「支那にも戯曲の有ることを知つて無上にうれし」かったようである。

大学進学の際、「漢文をやる気もなかったし、誰が漢文の先生かも知らなかった」青木は、「皆と一緒に東京へ行く」つもりであったが、幸田露伴が京都帝大に迎えられたことを知り、小説家を目指す思いが頭をもたげ、一九〇八年に新設されたその文科大学支那語学支那文学講座第一回生として入学した。一年生の時には、支那文学を題材にして夜遅くまで小説や雑文を書いていたが、「浪漫的だ」「文章ばかりで内容が空虚だ」「世間知らずの坊んち育ちに深刻な物の書けるはずは無い」といった批判を同窓から受けるばかりであった。一年後の幸田の辞任により、結局、青木は小説家への道を断念したのである。

二年生になって国文科の藤井乙男にかぶれ江戸文学に耽り、熱心に戯作戯文を読んで国文の徒と交じっている。三年生の時に狩野直喜から戯曲解読の指導や稀覯書の貸与に恵まれ、「元曲の研究」を卒業論文として提出した。特に狩野の指導を受けた青木は、『北曲譜』や『中原音韻』などの韻書に照らして曲文を句読し「一字一句を忽諸にせずにして意義を解釈せらるる」という読曲法に大いに感心していた。この時期には次のようなエピソードがある。当時、京都帝大の「支那学」研究の関係者により設立された公式研究機関支那学会は夜間にお茶と煎餅のみで催されていたが、青木はその懇親会を校外の料理屋で開こうと幹事の樋口功に提案した。樋口が先生らの承認を得るために狩野の所へ相談に行ったところ、「もってのほかだ。君たちは聖賢の道を修めているのに、国文学の学生みたい、そういうことはいかぬ」と叱られる羽目になった。実は狩野はこの料理屋の常連客で女中に酔態を暴かれたら体裁が悪いことを恐れて止めさせたのであった。この真相を知った青木は後に「僕は聖賢の道をやっているつもりはなかった」と打ち明けている。

京都帝大を卒業した青木は、父親からの大学院進学の期待に沿えず、一九二四年の東北帝国大学赴任まで十二年間「在洛浪人」をしている。嘱託として幾つかの高校や大学で漢文を講じていたが、中国文学や戯曲への情熱は冷めかけ、「飯櫃の漢文教授の余暇には国書を繙く日が少く無かつた」と吐露しているように、行くべき道を見失って真剣に悩んでいる。卒業後の翌年には、新婚したばかりの妻に向かって「画かきになろうか」とまで放言している。少年時代の画癖が再発したかのように浮世絵風の美人画や墨絵の南画を多く描いただけでなく、一九二二年には集めた南画の学生と共に考槃社という水墨画の画社を立ち上げ、そこで書画の雅遊をしたりしている。この時期に出した処女作『金冬心之芸術』(一九二〇年)の自序に「畢竟吾が業の凡ては道楽」と吐露している。また、長尾雨山や西村天囚を筆頭とした大阪の景社から刺

図1　明治44年京都帝大卒業写真。前列左より２人目は内藤湖南、5人目は青木正児、2人おいて狩野直喜、右端1人目は鈴木虎雄、後列右より3人目は小島祐馬、6人目は本田成之。

図2　青木晩年作　王維詩意図（京都大学文学研究科中国語学中国文学研究室蔵）上部の青木による題辞は「閉戸著書多歳月、種松皆作老龍鱗」である。

激を受け、狩野と内藤湖南を聘して京都帝大「支那学」出身の学生を中心に麗沢社という詩文鑑賞の文会を発足した。またこの一九二二年には、多年の鬱憤を晴らすためか、自費で中国遊学へ旅立っている。この時期に特筆すべきことは、同窓の小島祐馬と本田成之と共に在野の立場で学術誌『支那学』を創刊したということである。

一八九〇年に発布された教育勅語により、体制の教育といった意味付けの濃厚な儒学思想が学校教育の現場に持ち込まれてきた。この時期は青木の青少年と完全に重なっているが、国家のエリートとして活躍を期待されたのに聖賢の道を歩もうとはしなかった。まさしく近代学校教育に育まれた異端者であった。

二、ヤング・チャイナの応援者
——新文化運動や現実中国への共感と期待

青木が京都帝大を卒業した一九一一年十月、王国維と羅振玉が辛亥革命による混乱を避けるために狩野や内藤の好意を受けて京都に移住してきた。卒業論文で王国維の新著『曲録』や『戯曲攷原』を大いに参考にしていた青木は、王氏が京都へ移住した三か月後に、その仮寓を訪ねた。しかし、「支那芝居の話を伺へば、一向見るのを好まれぬやうなお答へ、音楽の事を尋ぬれば、私は音楽が解らな」くて、「先生は樸学の人で、芸術の韻に乏しいのに少しからず失望して辞去した」、と落胆を隠せなかった。この初対面について、一九二〇年十月一日付の胡適宛の書簡で、青木は「戯曲研究家として王静庵先生に望を嘱してゐましたが、矢張駄目でした。先生が此地に在住せられた時逢つて見ると、頭の古い人でした（学究としては尊敬す可ですが）」と披瀝している。この王国維や羅振玉とは、青木の師である狩野らが敦煌文書などをめぐって活発に交流していたのに、なぜ青木が初対面の王国維を高く評価しなかったのかについては後述する。

　この王国維への不評と対照をなしたのが、胡適をはじめとする新文化運動の論者への傾倒ぶりである。胡適は一九一七年一月号の雑誌『新青年』に「文学改良芻議」と題する論文を掲載し、旧来の文語文を捨てて口語文を使用すべきだという新文化運動を提唱していた。この激動する中国の趨勢に並々ならぬ関心を持っていた青木は、同年十一月に発行されたばかりの『大正日日新聞』に「覚醒せんとする支那文学」という記事を寄せ、梁啓超や章炳麟、林紓などの「純文学的」活動や口語体の小説などを紹介し、「今は新空気の吸収時代である、新学の準備時代である。されば遠からず光彩ある文学を吾人の前に展観する日の来ることは期して待つ可きであらう」と、温かいまなざしで新たな文学への期待を記している。また、翌年五月には、彙文堂書店による販売書目兼書評の小冊子『冊府』に書評「胡適氏の中国哲学史覗き見の事」を寄稿し、「陣頭に立つ胡先生の雄姿」を詳しく紹介したうえで、「此人にして此著あるを瓢公（青木の筆名）が最も喜ぶ所以は、第一西学に浸潤した新帰朝したハイカラ先生が新らしい頭で自国の古典を研究した点」と高く評価している。さらに、『支那学』の創刊号から三号にわたって長文で掲載した「胡適を中心に渦いてゐる文学革命」では、胡適や傅斯年、劉半農、銭玄同といった面々による論戦を「何れも溌剌たる元気と希望とに輝いた、一寸触れば返へるやうな弾力性に富んだ人々」とつぶさに紹介している。

　このような新文化運動への紹介にとどまらず、青木は各々の論説や作品に対してコメントも加えている。例えば、魯迅の白話小説『狂人日記』に対して「一つの迫害狂の驚怖的幻覚を描いて今迄支那小説家の未だ到らなかつた境地に足を踏み入れている」ので、「未来のある作家だ」と評している。また、胡適が提言した白話改革の八つの径路に対しては、「その著しい遺漏は文学の外形的改造に意を注ぎ過ぎて、内容を省察することに手落がある」と指摘している。さらに、旧来の戯劇をすべて消滅させ新興の白話劇をその代替にすべきだという急進的な意見に対しては、「この数百年間に発達してきた旧劇もまた価値がないわけではなく」、「今後旧劇を少しずつ向上させ、西洋の歌劇もしくはミュージカルの地位にまでさせるべきだ」と提言している。

一方で、一九二二年三月に、初めての中国遊学を実現した青木は、前年に芥川龍之介が『大阪毎日新聞』に連載した『江南游記』の「湖岸至る所に建てられた、赤と鼠二色の、

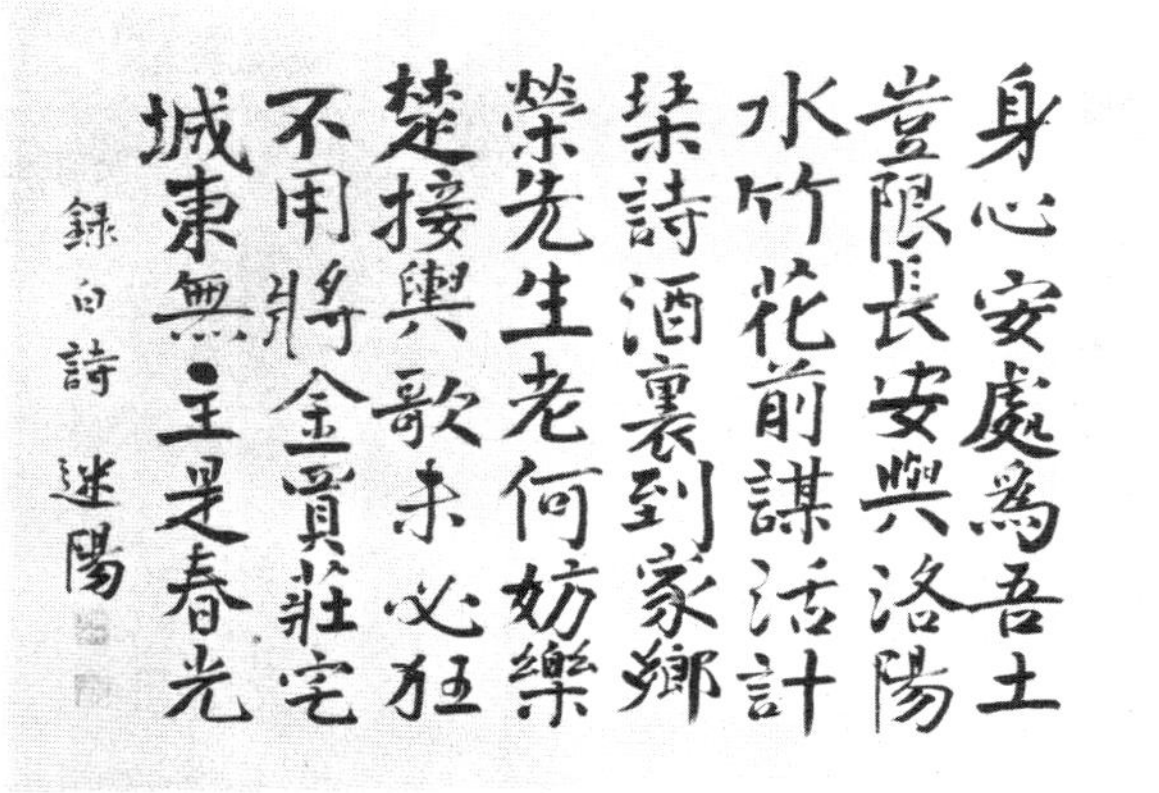

図3　青木の墨書した白居易の七言律詩「吾土」、後ろから3句目の「楚接輿歌未必狂」は青木の号「迷陽」とかかわる典故である。

俗悪恐るべき煉瓦建の為に、垂死の病根を与へられた」という西湖俗化説に対して、「勿論今西湖に建つてゐる西洋館は賞賛出来ない。併し其れが時代の要求」であり、「西湖は生きてゐる、動いてゐる」と毅然として反論したうえで、「今や吾が親愛なる支那青年諸君は方向転換を企てつゝあ」り、「それは軈(やが)て此の尊重す可き大国の文化を老衰病から救ひ出す可き不老長生の仙術だ」とエールを送っている。この青木の西湖動態論は西洋学者の「アジア的停滞」や内藤湖南が評論「支那に還れ」で述べていた「工業も持たず、富強でもない、そして政治としては殆んどとりどころのない支那」に還るべきだといった見方と対照的であり、稀有な良識論であった。

しかし、欧米や日本での留学を経験したヤング・チャイナへ共感と期待を寄せる青木に対して、内藤は「支那の新人に近頃屢々かぶれるところの日本人なども、支那人の論理に甚だしい缺陥のあることに注意して、真に儒教の価値を根本から論断するでなければ、其の軽率な結論はややもすれば日本の現代思想にも悪影響を来たさんとする」と青木の名をあげずその言行を批判している。

なぜ青木は内藤と対照的な良識論を展開し、その青木を内藤は批判したのであろうか。このような京都学派のジェネ

レーションギャップは随所に見られるものであり、その奥底には異なった倫理・価値観が介在していたのである。内藤や狩野といった明治初期生まれの学者は高度な考証学の伝統を受け継いでいただけでなく、王国維や羅振玉が辛亥革命により滅亡した清王朝への忠節を貫くために日本に亡命したことに心情的に同調していた。それゆえに彼らは近代中国に反発すると共に、荒削りで未熟な新文化運動が掲げた儒教批判に対して強烈な拒否反応と喪失感を抱いていた。これは幼少期から儒教の説いた忠義孝悌といった教えに反発を覚え、西洋の個人主義や自由主義を鼓吹する大正時代の一青年として成長してきた青木の倫理観とは対照的なものであった。

　青木の号「迷陽」が、徳をもって人々を感化しようとする孔子に向かって「接輿」という楚国の狂人がその危険性を説いたという『荘子』人間世の一節から借用したものだというところからも青木の倫理・価値観が窺い知れる。このような明言できない事情から、青木が初対面の王国維に失望したのも、必然のことだと言えるのである。

三、漢学陣営からの反逆者――「波に残された磯辺の章魚坊主のやうな」漢学者への揶揄

一九二一年一月、本来ならば『支那学』創刊号（一九二〇年九月）に発表予定の青木の論文「本邦支那学革新の第一歩」が同誌第五号にまで延期掲載された。この論文において青木は、漢文を日本語の文章構造にあてはめて翻訳して読むという平安時代からの漢文訓読法を廃棄し、近代の欧米語学習のように中国語の発音を用いた漢文音読法を採用すべきだと提唱している。この二〇〇余年前に荻生徂徠により出されていた漢文直読論を青木が再提起したのは、彼の研究対象である中国戯曲に漢文訓読の適用できない台詞が大量に存在していたために、音読法がより良い解決策になり得るという自身にとっての切実な問題に由来したものであった。実のところ、この漢文直読論は東大の講師を務めていた日下寛が「漢文は殆んど我が固有の如し」と言ったような旧来の日本漢学の立場と一線を画したものであり、中国語あるいは古典漢文を漢学の領域から離脱させて日本語とは異質な言語ととらえるものであった。これはまさに民族国家としての言語への覚醒と呼ぶに値する提唱でもある。

　しかし、注意すべき点は、青木と徂徠との漢文音読の主張には根本的な相違があることである。徂徠は朱熹による経典への恣意的解釈を批判し、漢籍の原典を訓読せず元の発音のまま読むことによって本来の意味を復元すべきだと提唱している。徂徠は訓読による漢学の日本化という急所を鋭敏に掴

んでいたが、一貫して漢学の文脈の中で漢文解読を考えていたため、その目指した古文辞学は決して現代的意味における民族的で国家的な言語概念ではなかった。一方、近代的大学教育を受けた青木には、明治維新による近代的国家の建設や、日清・日露戦争の勝利が当時の中国に対して軽蔑を生み出したことに伴い、民族国家の意識が既に深く定着していた。いわば旧来の漢学の訓読法に攻撃を加えることこそが彼の国民国家と民族言語への自覚を示すものとなっていた。ゆえに青木は、自己への客観的視点を欠いた自己中心主義という旧来の漢学の学問的立場と決別すべく、漢学を生き残らせる依りどころとなっていた漢文訓読を廃棄し、漢文を中国語のテキストとして読む旗印を掲げたのである。後に青木は、この日中両国言語への自覚ゆえに、「支那学」を学術的方法論の根幹として位置づけている。なお、青木が内藤から非難されたのは、この「矯激の論」の中で一貫した戯画風まじりの筆致を用いて旧漢学者を「波に残された磯辺の章魚坊主」と露骨に揶揄したためでもあった。

さて、青木の『支那学』への論文掲載が延期されたのは、このような研究者間の倫理観の隔たりも関わってはいたのだが、それは表面的な理由にすぎなかった。その真因は、一八八〇年の「改正教育令」により全国の教育現場に修身科が増設されたという当時の教育事情のなかで、青木が儒教的倫理道徳の復活を図ろうとする修身科の漢文教員であったにもかかわらず、その提唱する漢文直読法が、あたかも漢学を消滅させようと意図しているように、漢学陣営の内部から見なされたところにあった。つまり、青木が訓読の弊害を説き音読を勧めたのは、全国的規模の漢文関係者と強靭な思想的粘着力を持っていた漢学に対して内部から反逆することにも等しかったのである。ゆえに、当時東大に在学していた倉石武四郎はこの論文を「まるでむさぼるように」読んだ後に、京都でさえ「それは考慮を要」するものであるのだから、ましてや、「東京では、なおさら危険思想とみられ」たと振り返っている。十年の歳月を経て、青木の漢文直読を実現させたのが、まさしくこの倉石であった。それは中国留学から帰って京大の教壇に立った倉石が魯迅の白話文小説『吶喊』を音読で講義した一九三〇年の秋のことである。青木自身は中国語が不得意だったために、結局は後に自身の論考の中でも随所に訓読法を用いていた。

こうして青木は攻撃の矛先を東大の漢学者らに対して向けるようになった。それは、彼らが儒教の孝悌忠義を皇室中心主義や国家至上主義として解釈することで、所謂体制教育を擁護していると青木が考えていたからである。『支那学』創刊以前の彙文堂による『冊府』で、青木が時々東京の学者への悪口を盛んに書いていたため、恩師狩野が上京した際には彼らから苦情を言われたようである。さらに、「四川省の隻手にて孔家店を打った老英雄」と呼ばれる呉虞（ごぐ）へ青木が送った一九二二年一月二十七日付の書簡の中で、青木は「東京の学者にはその研究態度に不純なところが数多ある。彼らが孔子をなお崇敬の偶像としているのは極めて可笑しなことで」、「我々は堯舜（ぎょうしゅん）ですら信じないから、ましてや孔子を拝むなどあろうはずもない」と声高に語っている。

四、シノロジー方法論の実践者――「新しき体系による方法と未開の分野を拓く」

前述のとおり、一九〇六年に創設された京都帝大文科大学が、既存の東京帝大文科大学に対抗すべく看板として掲げた研究領域の一つが東洋学や「支那学」であった。その初代教授として迎えられる狩野直喜は、創設五年前の一九〇一年から二年ほど上海へ留学し、王立アジア協会北中国支部の図書館に通ってヨーロッパ東洋学の著作を広く渉猟していた。当時のヨーロッパのシノロジーは、宣教師を研究の担い手としたもので、経典の翻訳を通じてその歴史や風習の実態を解明するというアプローチであった。こうして狩野はこの訓詁学と文献学に基づく宗教社会学や文化人類学の研究手法に新鮮さと共感を覚え、東京帝大で島田重礼（しまだちょうれい）から学んだ清朝の考証学と共に帰国後に新設された京都帝大の研究手法として導入したのである。

青木が狩野の指導のもとで書き上げた卒業論文「元曲の研究」の中には「燕楽二十八調考」という斬新な一章が設けられていた。そこでは、狩野の購読していた王立アジア協会北中国支部の会報を参考にしながらも、さらに独学した音楽理論が活かされており、西洋音楽の音階と五線譜で中国の七声と十二律の各律間の音程を記すことが試みられていた。後に同様の手法を駆使することで、中国で楽器を作るために標準音律を定める際の三分損益法という算定法が、ギリシアの数学家ピタゴラスによるピタゴラス音律の原理と一致していることを実証した。

さらに、シノロジーの文献学的手法を修得した青木が、経典に対する旧来の信奉的態度を拒絶し、経典への批評を重要視していた。例えば、安岡正篤（やすおかまさひろ）の著書『支那思想及び人物講話』に対して青木は、「著者は古代研究の科学的研究方法上の一要項たる本文批評を軽蔑してゐる」とし、さらに「吾党の同志が平生旧漢学者流に取つては無用の懐疑に属する者と思はるゝ本文批評に骨を折つてゐるのは伝統的偶像を排して如何にして古代学術の真如の月影を闡明したいからである」と、経典批評の必要性を強調している。それだけでなく、この手法の応用としては「詩教発展の径路より見て采詩の官を疑ふ」という青木の論考も挙げられる。『詩経』とは周代の「采詩の官」が政治に資する目的で蒐集した三〇〇〇余首の詩をもとに、孔子が刪定を加えた後にその十分の一ほどを選出したものであるという説にかねてより疑問を抱いていた青木は、『礼記』や『漢書』『詩集伝』『朱子語類』などの経典に基づき、この『詩経』起源の旧説を覆したうえで、「此の尊き太古の芸術品を、あの頑冥で無理解な万屋の手に預けて置けない。何となれば、あの店はもう破産しかかつているから」と批判している。

文献批評にとどまらず、青木はシノロジーの提唱した民俗学のアプローチも実践している。それは、東北帝国大学法文学部支那学第二講座の助教授となっていた青木が、一九二五年三月に文部省から中国への在外研究を命じられたその留学中に実践している。留学先の古都北京は、否応なく急速な近代化に巻き込まれたために、清朝の遺風を色濃く残した町並みが次々と姿を消し、それに取って代わるように西洋化した事物が現れ出てくるという変貌の時期を迎えていた。移ろいゆく市井を敏感に感じ取っていた青木は風俗画に長じた地元の絵師を雇い、歳事・礼俗・居処・服飾・器用・市井・遊楽・伎芸という八部類に分けた計一一七枚からなる『北京風俗図譜』を画かせている。このカラーの図譜は現在、北京をはじめとする中国北方地域の風習を研究する貴重な資料となっている。さらに、北京在外研究中のフィールドワークの成果として、日中における酒屋の看板の源流とその変形についての論考「望子（看板）考」を書き上げている。

またこの図譜作成と同時期に、青木は北京大学歌謡研究会による『歌謡週刊』から一二八首の童謡を選出してその日本語の訳注作業を行っている。この『歌謡週刊』は北京大学を本拠地とした新文化運動が中国全土を対象に歌謡を収集した機関誌であったことから、中国における本格的な民俗学研究の嚆矢となっていた。新文化運動の動向を注視していた青木が、その一翼を担った歌謡収集運動に関心を寄せて訳注に勤しんだのも当然のことと言えよう。推察するに、歌謡を民俗学の資料として取り扱い、さらに歌謡を文学的な鑑賞価値の有するものにして「国民の声」を反映する文学作品と見なすという歌謡収集の目的への賛同こそが、この訳注作業に着手した理由だと思われる。

図4　『支那学』創刊号の表紙

五、日本の「支那学」研究の発信者
――「誰か我を微なりと謂ふ者ぞ」

青木の前半生において最も重要であったと言える出来事が、一九二〇年九月に同窓の小島祐馬と本田成之と『支那学』を創刊したことである。この学術同人誌の発刊目的について、在野の立場であった青木は「人の支那学を顧みざる、当世より甚しきは莫し」、「道を伝ふる者、必ずや自ら進んで天下に絶叫し、同志は之を招き、蒙者は之を啓き、以て王国を紙上に建てざる可らず」と意気軒昂たる調子で記しているが、その内因を探るならば前述のように、東京の漢学者が政治性を色濃く帯びながら研究していた漢学から決別するためであったろう。また、興味深いことに、吉川幸次郎によれば創刊のもう一つの理由は恩師狩野たちへの「批判という要素を含んで」いたそうでもある。いずれにしろ、『支那学』は青木のような若手研究者にとって研究成果を披露する格好の場となっていた。

その執筆者には、日本の学者はもとより、中国やフランス、ドイツ、ロシアなどの学者の名も見られる。さらに海外の名門大学や図書館に寄贈できるように、青木ら編集者は、第二巻から裏表紙に英文の目次をつけ始めていた。こうした寄贈からは『支那学』の編集者と執筆者が世界に向けて日本のシノロジー研究を発信するという強い自負が読み取れるばかりでなく、先行していた西洋諸国のシノロジーに対する強い対抗意識や世界の学術に比肩しようとする意気込みを示すものともなっていたことが窺える。

『支那学』の創刊以前にも既に青木は、西洋文化と比較した際に東洋文化の優位性や、東洋文化が既成の西洋の枠組みを超越できるといった認識を見せていた。例えば前節に触れた、ピタゴラス音律算定法より一〇〇年以上も前に発見されていた中国の三分損益法に対して、青木は「進歩せる西楽現今の音律と雖も畢竟二千余年の昔支那人により見出されたる十二律以外に一歩も出で無い」と誇らしげに記している。また、清代の文人画家金農の古拙なる芸術に対しては、「近年仏国で起つたと聞いて居るかのゴーホやゴーガンやマチスの徒、所謂野性派なる者の主張する所、殆んど之に類するものがある。そして彼此の間に一五〇年の距離があることは吾々支那芸術に興味を有する者の聊か誇を覚ゆる所である」と青木はその処女作『金冬心之芸術』の中で論じている。

しかしながら、その反面で青木は胡適による国故整理運動に触発されたことで、一九二〇年十二月二十五日付の胡適宛の書簡で「現在、日本の文壇は支那文学と日本固有の文学を甚だ軽視している」との現実に憤懣をぶつけ、「支那文学と日本固有の文学を自らの文学の「個性」として、西洋の文芸から「観察」と「方法」を借用し、自己の芸術を作り上げよう」と東西融合による新芸術の創造も提起している。さらに青木は後一九三七年書いた「支那文学研究に於ける邦人の立場」という随筆の中で、「欧洲先進国の文化より教へられた新しき研究法及び着眼点を活用」し、「新しき体系による方法と未開の分野を拓く」道筋を指摘している。これは即ち西洋人による文学の史的研究法を日本人研究者も用いることで、日本人が西洋人よりも有する文字解読の強みを発揮して戯曲小説などの通俗文学の評価を高めようという新機軸である。その成果として出版されたのが『支那近世戯曲史』(一九三〇年)といった大作であった。特にこの著書は戯曲梗概にとどまった従来の研究と異なり、狩野や王国維による曲辞中心の鑑賞法から脱却し、自らの三度の中国行きで演劇を観た実体験に基づいて、戯曲のテキストのみならず、演劇そのものの音楽や構造、筋立て、観客などを綜合的に論じたものとなっていた。

六、書斎に没頭している隠遁者
――孤高独歩の後半生

中国文学専攻のない同志社大学で教授を務めていた青木は一九二四年一月、文部省の辞令を受け発足したばかりの東北帝国大学へ赴き、その法文学部支那学講座の助教授になった。当初青木はこの人事を拒否するつもりであったが、発足したばかりの九州帝大医学部の外科部長職を打診された生前の父がそれを断った後に残念がっていたことを思い出し、「我をまげ」て赴任したとのことである。当時の東北大にはまだ京大のような確固たる枠組みができていなかったので、「講義はなるべく、よけいやらぬようにしようということで」、「自分かってなことを勉強」していた。ゆえに、中国留学の一年半を除いた約十三年間の東北大時代は青木にとって研究に最も脂の乗った時期であった。同僚の曽我部静雄の話では、

図5　青木晩年の写真

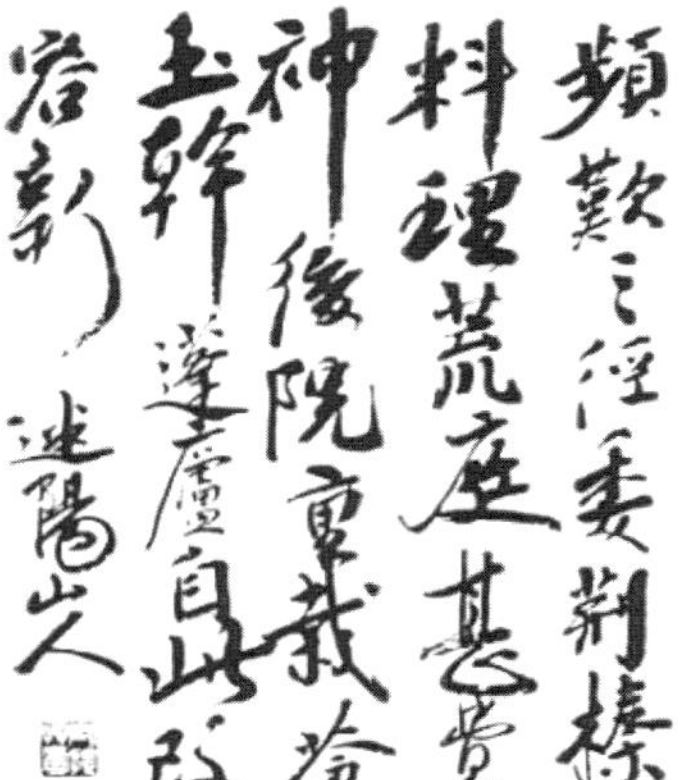

図6　青木自筆の漢詩（頻歎三徑委荊榛、料理荒庭甚費神。後院裏栽蒼玉幹、蓬廬自此改容新。）

「授業以外の雑用は極度にきらわれて、教授会などにも欠席する場合が多かった」らしい。また、青木は直弟子を二人しか取らなかったが、そのうちの一人である佐々木愿三（がんぞう）によれば、「夏休みでも早朝からここ（研究室）に端座して研究を続けられていた」ようである。その努力の結実が、『支那近世戯曲史』や『支那文学概説』、『支那文学思想史』などの大作であった。

日中戦争が勃発した翌一九三八年三月、鈴木虎雄の定年退官に伴い、五十一歳の青木は京都帝大文学部支那語学支那文学第一講座（支那文学）の教授として迎えられた。京都に帰還した最初の仕事は中断したままの麗沢社を再興させることであった。また一九三九年四月からは吉川幸次郎による元曲共同研究にも参加しているが、戦時色が次第に濃くなるにつれ、学生が徴兵されたり避難訓練に徴集されりしたため、教室はほぼ空っぽとなり、教授会ばかりが頻繁に開かれるという有り様であった。「此の寂寞を破らうと考へた」のが、かつての東北帝大勤務時期での研究を整理することであった。旧作整理に勤しみながら、定年退職を迎える青木は一九四七年、「最後の講義になにか変わったものを置土産にと思」い立ち、その後半生を特徴付ける名物学の研究に着手した。「斯学は端を名物訓詁に発し、名物の考証をもって窮極の目的とする」と青木が自ら定義した名物学は、その従来の研究と特徴が異なる学問であった。この時期の研究成果には『中華文人画談』や『華国風味』が挙げられる。

　京都帝大退職後、関西学院大学や立命館大学、山口大学などを転々としながら教鞭を執り続けていたが、その研究趣味は京都帝大教授時代の延長線上にあり、名物考証や文人趣味に集中していた。『琴棋書画』や『中華名物考』、『中華飲酒詩選』、『中華茶書』、そして訳注『随園食単』や『芥子園画伝』、『李白』などの業績が挙げられる。

　書斎で研究に没頭していた青木の後半生には、次のような出来事もあった。それは「講書始の儀」という天皇への進講を二度にわたり辞退したことである。家族の証言以外に確認できる資料はないが、その時期は一九四四年と一九六二年前後のようである。青木の師友も進講者として名を連ねており、恩師格である狩野は一九二四年と二六年・二九・三二年に、内藤は一九三一年に、鈴木虎雄は一九三四年に、同僚格である武内義雄は一九四一年に、倉石武四郎は一九四八年に、後輩格である吉川幸次郎は一九五五年に各々成している。このうち、狩野の進講題目の一つは「儒学の政治原理」であったが、筆者が想像するには、国書・漢書・洋書という三分野から漢書の進講者として儒者が選ばれたのではなかろうか。仮にそうだとすれば、帝国大学の教授は天皇の臣下という時代において、進講役になることは無上の名誉にもかかわらず、青木が辞退したのも道理が合う。青木は三十歳過ぎには「兎に角儒者に碌な奴は無し」と喝破し、生涯にわたって儒者を煙たがっていたのだから。

　ゆえに、青木は北京留学中に胡適と顔を合わせた後で「昨年余が北京で逢つた時なども、政治家の群に伍して夜々宴会廻りを事として居る模様であつた。惜い事だ」と嘆いていた。日中戦争の最中であった一九四四年には、『京都帝国大学新聞』に寄せた新春の随筆で「前古未曾有の必勝の新春を迎へたからとて吾輩迂人には、意気大東亜を呑むやうな雄渾な構想も胸に浮んで来ぬ」と冒頭からありのままの心境を述懐している。青木とは対照的に恩師の狩野は一九四〇年に懐徳堂で開催された皇紀二六〇〇年記念会の講演において、「我が日本の忠孝一本の御国体、これは万国に比類ないものでありますから、吾々が何処までも擁護して進まなければならぬものであり」、「天皇陛下の広大無辺なる御仁徳の東亜から欧米諸国まで広がる事でなくて何でありませう」と呼びかけている。もう一人の恩師の鈴木虎雄は数多の漢詩を作り、天皇翼賛や戦争推進を精力的に鼓吹している。

七、伝統漢学への帰還者
——「旧きを守らず新しきを追はず」

一九五二年十二月十七日付の『朝日新聞』学芸欄に、当時山口大学文理学部で学部長を務めていた青木の『支那』という名称について」という論説が掲載されている。その発表背景は言うまでもなく、敗戦の翌年に中華民国政府からの要請に応じ、「支那の呼称を避けることに関する件」という外務次官通達が出されて以降は、出版物や放送において中国の呼称として「支那」を用いることを自粛するようになったことにある。大学の教育現場でも次第に「支那文学科」から「中国文学科」に変更されていった。青木はこの論説ではその文献考証の本領を発揮して、「支那」の語源や発生、変遷などを論証したうえで、「我国で「支那」という名称が用いられたのに何等悪意の無いことは明々白々であ」り、「お互いに虚心平気なれば何でもないことである」という結論を導いている。しかしながら、同月三十日付けの同紙では劉勝光が「中国にはない言葉——支那についての反論」の中で、「青木氏は更に博識ぶっていろいろと雑書の迷句を引例し、みだりに論じ（中略）吾人はすぐ日本の軍閥、帝国主義が想起され」、「暗々裡に侮中国を再び繰り返そう」としている、と猛烈に批判している。

この青木の見方に対して、青木を「尊敬できる少数の先輩の一人であった」としている竹内好は「往年の文学革命の紹介者としての青木さんを知るものにとって、いささか幻滅を感じさせるところがないわけではない」と口惜しげに評したうえに、「そもそも中国人が「支那」をきらうようになったのが、日清戦争の結果であるように青木さんが勘ちがいしていることに問題があるだろう。日清戦争から太平洋戦争までを連続してとらえている青木さんの史観が問題である」と、その欠陥をずばりと指摘している。晩年の青木からは曾て「支那青年諸君」に「同情と希望」を寄せた頃の「若さ」が薄らいでいたようである。

この竹内好は、まだ東京帝大支那文学科在学中だった一九三四年に「中国文学研究会」を武田泰淳らと結成し、雑誌『中国文学月報』を発行した。この研究会の設立趣旨について竹内は「中国文学研究会は、漢学と支那学の地盤から生まれた。支那学が漢学を否定することによって学問として成立したように、私たちは官僚化した漢学と支那学を否定することによって内から学問の独立を勝ちえようとした」と述べている。興味深いのはこの中国文学研究会の設立された翌々年の一九三六年に竹内が青木にこの機関誌への投稿を依頼したことである。この依頼を引き受けた青木は「支那かぶれ」という随筆を送った。因みに、竹内は同文において京都学派の第三世代に当たる吉川幸次郎に対して、「吉川さんは、青木さんが「支那」に恋々としていたのとちがって、戦後は敢然として「中国」に踏み切っ」ており、「吉川さんは、政治的感覚の鋭い人だから、一見非政治的な、さりげない表現の底に、政治的意図も秘めているような気がする」と京都支那学派の世代間の異なった政治的感覚を指摘している。また、竹内は前出した青木の紀行文『江南春』に対して「天下第一等の書物」と評し、これを読んで「はじめて本当の青木さんを発見したばかりでなく、支那学に対する従来の考え方も変えなければならなくなった」し、「支那学（京都派）が漢学（東京派）を軽蔑する所以も、よくわかった」と絶賛している。

推察するに、青木が「支那」という呼称にこだわっていたのは彼の京都帝大定年退職と同年に休刊した『支那学』に後ろ髪を引かれる思いが残っていたからではなかろうか。彼にとっては中国にしろ中華民国にしろ、いずれも近現代に誕生した国家名であり、中国文化の全体を表すものではなかったがために、主観的な差別や偏見を持っておらず、それを表現する言葉が「支那」しかなかったのではあるまいか。いずれにしろ、「支那」への未練は恰も「自分の頭に一つのカテゴリイを作つて置いて、それを尺度として論じる」という芥川龍之介への批判と同様である。青木の愛する中国がいつしか古典的世界のうちに限定されていったために、近現代の中国からは遠ざかっていったのである。

「支那」の名称にこだわったために、戦後に出版された著作の書名では、「支那」の代替として、「中国」を用いることなく、敢えて「中華」や「華国」を用いていたのである。これは書名だけにとどまらない。筆者の調べた限り、青木が著作の中で新文化運動を紹介する際にも「中国」を使ったのは「民国以来中国の新学漸く起らんとするの気象動き（後略）」という一箇所のみであった。また、『支那近世戯曲史』を漢訳した王古魯は一九五七年十月二十二日と翌年六月十三日の青木に宛てた書簡において、原書が再版される際に書名の「支那」を「中国」に変えたほうが良いと二度にわたり勧告していたが、当然でありながら青木は聞く耳を持たなかった。

また、青木が晩年に力を注いだ「前人未発の試み」の名物学研究は伝統漢学への回帰を如実に示している。名物学とは青木自らの定義にあるように、食物や器物の変遷を「名」と「物」の対応関係から実証的に追及する研究である。その手段は、中国の学術系譜に当てはめればまさに朱子学（宋学）の教条的な解釈を打破するための、漢代の訓詁学に基づいた清代の考証学（漢学）となる。しかし、吉川は「青木正児博士業績大要」でこれらの研究を単に「余事」や「好事の業」とのみ紹介している。青木の伝統漢学への回帰を、あるいは狩野から自分自身を含む京都帝大「支那学」へと至る三代にわたり愛用されつつある漢学研究法の一つである訓詁学の手法を隠蔽しようとしたのではないかとすら思える。後に『華国風味』を読んだ竹内は、「おどろくべき博引旁証であって、しかも退屈を感じさせない」し、「その考証たるや並たいていではない」が、「青木さんの知識は、ほとんど文献の知識にかぎられていた。その点で青木さんの学問はもう古い」と複雑な心情で批判している。むろん、晩年の業績からは「匙で飯を食べた支那の古風俗」や、中国版画史研究の濫觴とも言える「支那の絵本」のような民俗学や文化人類学の論考を見逃すことはできないが、その他はほとんど名物考証や文人趣味の類に集中している。

余談を重ねるが、「九州男子らしいところ」があると妻に評されていた青木は東北大時代以来、和服一点張りで押し通していたので、最晩年に教鞭を執っていた立命館大学では学生に「右翼じゃないのか」とまで誤解されていた。また、一九四三年には青木を中核とした膨大な『支那文学史』の編纂計画が動き始めていた。語学史の部分を分担する予定の倉石武四郎に文学史の項目が誤送された際、それを読んで李清照の名がないことに気づいた倉石が青木に問うたところ、「ああ、おなごはいかん！」という仰天すべき返事が返ってきたとのことである。

おわりに

本稿は京都支那学派第二世代に当たる青木正児の人間像を、近代教育に育まれた異端者、ヤング・チャイナの応援者、漢学陣営からの反逆者、シノロジー方法論の実践者、日本の「支那学」研究の発信者、書斎に没頭している隠遁者、伝統漢学への帰還者、琴酒茶画の道楽者（紙幅のため詳論できず）など八つの側面からより鮮明に描き出したものである。支那趣味や通俗文学愛好に支えられた文人肌の側面を有するとともに、漢文直読論を提唱して伝統漢学と徹底的に決別しようとする姿勢を示していた。その一方で、現実の中国や新文化運動の旗手に共感と応援を送っていた。ヨーロッパから流入したシノロジーの研究手法を実践していたが、激動した時局の中で次第に訓詁考証を根本とする漢学に傾斜していった。生涯にわたって権威や栄誉に拘泥することなく、孤高の趣味人として書斎に孤坐して己を楽しんでいた。

また、「「京大東洋学」は、決して一枚岩でも、政治的に特定の方向性をもつものでもな」いと藤井譲治氏が指摘したように、その世代間には学問的立場の相違が潜んでいた。しかしながら、この異なった立場や個性こそが、生気横溢な京都支那学派を実らせる原動力だったのではなかろうか。

参考文献

『青木正児全集』第一巻〜第十巻（春秋社、一九六九〜一九七五年）
『内藤湖南全集』第五巻（筑摩書房、一九七二年）
『竹内好全集』第十・十四巻（筑摩書房、一九八一年）
「青木正児博士」（東方学会編『東方学回想III』・学問の思い出（1）、刀水書房、二〇〇〇年）
斎藤希史「「支那学」の位置」（『日本思想史学』第三九号、二〇〇七年）
井上進「好むことと知ること――青木正児の学問にちなんで」（『名古屋大学中国語学文学論集』第二〇号、二〇〇八年）
坂出祥伸『東西シノロジー事情』（東方書店、一九九四年）
牧角悦子・町泉寿郎編『漢学と学芸』（『講座　近代日本と漢学』第四巻、戎光祥出版、二〇二〇年）
戸川芳郎「漢学シナ学の沿革とその問題点――近代アカデミズムの成立と中国研究の系譜（二）」（『理想』第三九七号、一九六六年）
丸山昇「日本の中国研究」（桜美林大学・北京大学共編『新しい日中関係への提言――環境・新人文主義・共生』、はる書房、二〇〇四年）

宮崎市定と軍隊

井上文則

東洋史学者の宮崎市定は、陸軍少尉として第一次上海事変に出征するなど、旧日本軍との深い関りを有していた。本稿では、宮崎の軍隊での経験がその歴史学にどのような影響を及ぼしたのかを考えた。考察の結果として、宮崎が中国史の重要な動因に軍の制度のあり方を認め、その歴史叙述においても、自らの軍隊での経験を随所に反映させていたことを指摘した。

はじめに

本書の読者で、東洋史学者宮崎市定（みやざきいちさだ）（一九〇一～一九九五）の名を聞いたことがないという方はまずおられないであろう。世間的な認知度では、同じく本書所収の内藤湖南に匹敵し、吉川幸次郎をおそらく凌ぐのではないか。物故して既に三十年近く経つが、宮崎が依然として高名なのはその専門的な業績もさることながら、『科挙』（中公新書）や『中国史』（岩波文庫）、『アジア史概説』（中公文庫）などの著作が現在まで書店の棚に並び、読み継がれているからである。いずれの著作も、平明、かつ勢いのある文体で、中国、さらにはアジアの歴史が世界史的な広い視野の中で、巨細に余すことなく語られており、無類に面白い読み物ともなっている。宮崎の著作には、東洋史を専門としない人の中にも読者が多いが、それはこのためであり、かく言う筆者もその一人にすぎない。

この宮崎は、戦前、旧日本軍と深いかかわりがあった。宮

いのうえ・ふみのり——早稲田大学文学学術院教授。専門は古代ローマ史。主な著書に『天を相手にする——評伝宮崎市定』（国書刊行会、二〇一八年）、『軍と兵士のローマ帝国』（岩波書店、二〇二三年）などがある。

崎自身に言わせれば「私は不思議な悪因縁で旧大日本帝国陸軍に結びつけられ、長い間その呪縛から離脱することができなかった」[1]のである。宮崎は、一九二五年に一年志願兵として初めて軍に入り、二九年に陸軍少尉に任じられて以後、終戦まで軍籍に身を置いていたのであり、この間の三二年には、第一次上海事変に出征し、四五年にも再度召集されたのだった。大戦中には、宮崎は陸軍のみならず、海軍とも接触をもっていた。[2]このような経験を有する者は、同世代の学者のなかでも希であろう。

では、「長い間その呪縛から離脱することができなかった」旧軍との関係は、宮崎の歴史学にどのような影響を与えたのであろうか。本稿では、この問題を中心に宮崎の歴史学について考えてみたい。

図1　宮崎市定

一、宮崎市定略歴

(1) 学歴

宮崎市定は、一九〇一年（明治三十四）八月二十日、日本有数の豪雪地帯として知られる長野県北部の現飯山市に生まれた。[3]父親の市蔵は小学校の教員をしていた。宮崎は、地元の飯山中学校卒業後、一九年に旧制松本高等学校に入り、進学先の京都帝国大学文学部で東洋史学を学んだ。当時の京大では内藤湖南、桑原隲蔵、矢野仁一、狩野直喜らが教壇に立っており、「京都学派」の東洋学の草創期に当たっていた。宮崎は、二五年に卒業論文「南宋末の宰相賈似道」を提出して、学部を出ると、桑原を指導教官として大学院に進んだ。

(2) フランス留学

宮崎が大学院に在籍した期間は短く、二七年には岡山の第六高等学校に赴任し、さらに二九年に京都の第三高等学校に転じた。近世宋代史の研究者として出発した宮崎であったが、六高時代には古代史の研究に取り組み始め、三三年に「古代中国賦税制度」を発表している。第一次上海事変に出征したのは、三高教授の時である。翌三四年には、京大の助教授となる。三五年に著された「晋武帝の戸調式に就て」で、宮崎は古代史のみならず、中世史研究にも足を踏みいれ、その見通しを得た。

　同じ年には、文部省より二年間の在外研究の命を受け、三六年二月二十日に日本を発ち、フランスのパリに向かった。出航の六日後には二・二六事件が勃発。宮崎は船中でこのことを知った。滞在先となったパリでは、コレージュ・ド・フランスでP・ペリオなどの東洋学者の講義に出るとともに、外国語学校でアラビア語も学んだ。また三七年九月七日から十一月二日までのおよそ二か月間、宮崎は、トルコやエジプトなどの西アジア諸国を見て回った。フランスでの在外研究を終えて、帰国したのは三八年八月。前年七月には日中戦争が始まっていた。

(3)戦時下の宮崎

　帰国後は宮崎の身辺も戦時色が濃くなり、三九年以後は、国策機関である企画院の下につくられた東亜研究所から「異民族の支那統治策」などの委託研究を受け始めた。この時、宮崎が受けた委託研究のひとつに「清の法制と官吏登用法の研究」があり、これが戦後のベストセラー『科挙』に繋がることになる。

　四〇年には、初の単著『東洋における素朴主義の民族と文明主義の社会』を刊行し、宮崎は自身の人生経験に裏打ちされた独自の歴史観を示した。また同年に『史林』に掲載された「東洋のルネッサンスと西洋のルネッサンス」では、東アジア、西アジア、ヨーロッパの三つの歴史的世界の交流を軸として展開する独自の世界史像も提示した。

　大戦中の四三年に宮崎は博士論文「五代宋初の通貨問題」を提出し、翌四四年に教授に昇格。しかし四五年、宮崎は再び召集された。終戦を迎えたのは、最後の決戦を前に家族と別れを告げるべく乗った郷里飯山に向かう列車の中においてであった。

(4)戦後の宮崎

　戦後の宮崎は、同僚の吉川幸次郎や貝塚茂樹らのようには目立たなかったものの、数多くの論考に加えて、『雍正帝——中国の独裁君主』(岩波新書、一九五〇年)、『東洋的近世』(教育タイムス社、一九五〇年)、『九品官人法の研究——科挙前史』(東洋史研究会、一九五六年)などの著作を著し、『九品官人法の研究』では、日本学士院賞を受賞した。六〇年から六一年にかけては、パリ大学とハーバード大学で客員教授も務めた。六三年には、『科挙——中国の試験地獄』(中公新書)が刊行され、宮崎の名は一躍世間に知られるようになった。六五年に京大を停年退官した。

　停年後、宮崎は再就職せず、悠々自適の生活に入った。その中から、『大唐帝国』(河出書房新社、一九六八年)、『論語の新研究』(岩波書店、一九七四年)、『中国史』(岩波書店、一九七七年)、『謎の七支刀――五世紀の東アジアと日本』(中公新書、一九八三年)などの専著に加えて、『中国に学ぶ』(朝日新聞社、一九七一年)から『遊心譜』(中央公論新社、一九九五年)に至るまでの随筆集も多数生み出され、一連の著作は広く江湖の読者に受け入れられた。八九年には、文化功労者に選ばれた。九〇年以降は、心臓の疾患で入退院を繰り返していたが、九五年五月二十四日に入院先の病院で死去した。この間の九一年から九四年にかけては、『宮崎市定全集』全二十四巻、別巻一(岩波書店)も刊行され、その全てに自ら跋文を書いている。強靭な記憶力と旺盛な執筆意欲は最期まで衰えることはなかった。

二、宮崎市定の軍隊経験

(1)一年志願兵

以上の略歴を踏まえて、改めて宮崎の軍隊経験を確認しておこう。宮崎と軍との関りは、徴兵検査に始まる。言うまでもなく、戦前には、徴兵制度が敷かれており、宮崎も満二十歳の年に徴兵検査を受けなければならなかった。結果は、甲種合格であった。甲種合格は、身体強壮との判断を下されたことを意味し、陸軍であれば、現役三年、予備役四年、海軍の場合は、現役四年、予備役三年が課された。宮崎の場合は、当時、旧制高校の学生であったため、兵役の猶予が認められていたが、学生の身分を失えば、現役で一兵卒として軍に入らなければならなかった。

しかし、これを緩和するための方途があった。それが一年志願兵の制度であった。この制度を利用して志願兵となれば、現役は一年ですみ、その後の勤務演習を経て、最終試験に合格すれば、予備役の将校となれたのである。予備役の期間も二年にすぎなかったので、一般の徴兵に比べて、相当な優遇を受けることができた。ただし、この制度は、誰もが利用できたわけではなく、中等学校以上の卒業資格と在営中の費用の自弁等が求められたため、「富者のための特権制度」[4]であったとされている。

宮崎は、この制度を利用して志願兵となり、宇都宮に駐屯した第十四師団の輜重兵大隊、すなわち軍需物資の輸送補給を担当する兵科に入った。二五年十二月一日のことである。一年志願兵制度の利用は、当時は満二十七歳までとされていたので[5]、宮崎はぎりぎりの段階でこの選択をしたことになる。

一年志願兵となって三カ月ほどたった時の宮崎の感想は、「兵営、軍隊生活、そこには一種の時代錯誤的な面白味があります」というものだった。宮崎には、福辺という名の「コロッケを喰べすぎた西洋婦人のように真ん丸に肥えている」年をとった馬があてがわれ、乗馬の教練を受けた[6]。一年の現役期間は無事に終えたものの、これに続く四ヶ月間の勤務演習中に宮崎は腸チフスにかかり、最終試験を受けることができず、翌年さらに再度四ヶ月の勤務演習を課され、通常よりも長く兵営にいなければならなかった。しかし、最終試験は、「相当優秀な成績で通過したらしい」[7]と後年、述懐している。そして、一九年に陸軍輜重兵少尉に任じられた。

(2) 第一次上海事変

一九三一年九月の満州事変の勃発を受けて、翌年一月十八日に上海で日蓮宗の僧侶らが襲撃されたことをきっかけに、二十八日には中国側の十九路軍と日本海軍の陸戦隊の武力衝突に至った[8]。しかし陸戦隊が苦戦したため、時の犬養内閣は二月初旬に陸軍の第九師団と混成第二十四旅団の派遣を決した。二十日から二十二日に行われた日本側の第一攻撃では、第九師団だけでも戦死者二一二名、負傷六一六名、生死不明四名の被害を受け、作戦は失敗に終わった。これを受けて二十三日には、さらに第十一師団と第十四師団が送り込まれることになった。そして、この第十四師団こそ、宮崎の属していた師団に他ならなかった。

二十四日に召集令状を受けた宮崎は、軍服などを慌ただしく買い揃えて、早くも二十五日には京都を出立。師団の駐屯する宇都宮に集合すると、馬廠長に任じられた。馬廠は、軍馬の保管を任務とする。人員は六十名。師団は編成を終えると、三月六日に宇都宮を出立し、京都を経て、大阪から海路で上海に向かい、同月十四日には呉淞に上陸した。

宮崎にとって幸いであったのは、先発した第十一師団の応援を受けて、三月一日に始まった第三次の総攻撃が功を奏し、二日に中国軍は上海近郊から追われ、要衝の占領ができたため、三日には上海派遣軍の司令官白川義則が一方的に戦闘中止を宣言し、中国側も六日には停戦したからである。つまり、宮崎が宇都宮を出たその日には、戦闘は事実上、終わっていたのだった。

現地での宮崎の任務は、上海市街北郊の大場鎮に置かれた兵站支部（第一兵站司令部は唐橋にあった）にあって、支部長として軍需品の管理、差配を行うことであった（図2）。これは軍の機械化が進んだ結果、馬廠には将校の乗馬用以外の馬がなく、馬廠長としての仕事がなかったためである。この状況を宮崎は、「馬廠長日記」において「馬匹編成の輜重隊は既に全く時代遅れで無用の長物になっている」にもかかわらず、「それを承知で、古い組織のままの師団を送り出した軍部の意向は我々から見れば理解しがたい」と述べている[9]。

軍部の不備は、それだけにとどまらず、上海の最新の地図ももっていなかったため、宮崎らは呉淞到着後、江湾鎮に移動する際、軍工路が新設されていることを知らず、徒歩で大迂回させられている。また江蘇省の地図には、南京に既に存在しない「督軍」がいると書かれていたのであり、宮崎は戦後になっても「いやしくも人を戦場に送りこもうというのにこの怠慢は何たることか」と憤っている。[10] しかし一方で、「下士卒は長野、群馬、栃木、茨城の農民の子弟が多く、淳朴な気風が濃厚に残っていた」のであり、「こういう部下となら一緒に戦争をやれば出来そうな頼母しさがあった」[11]という。

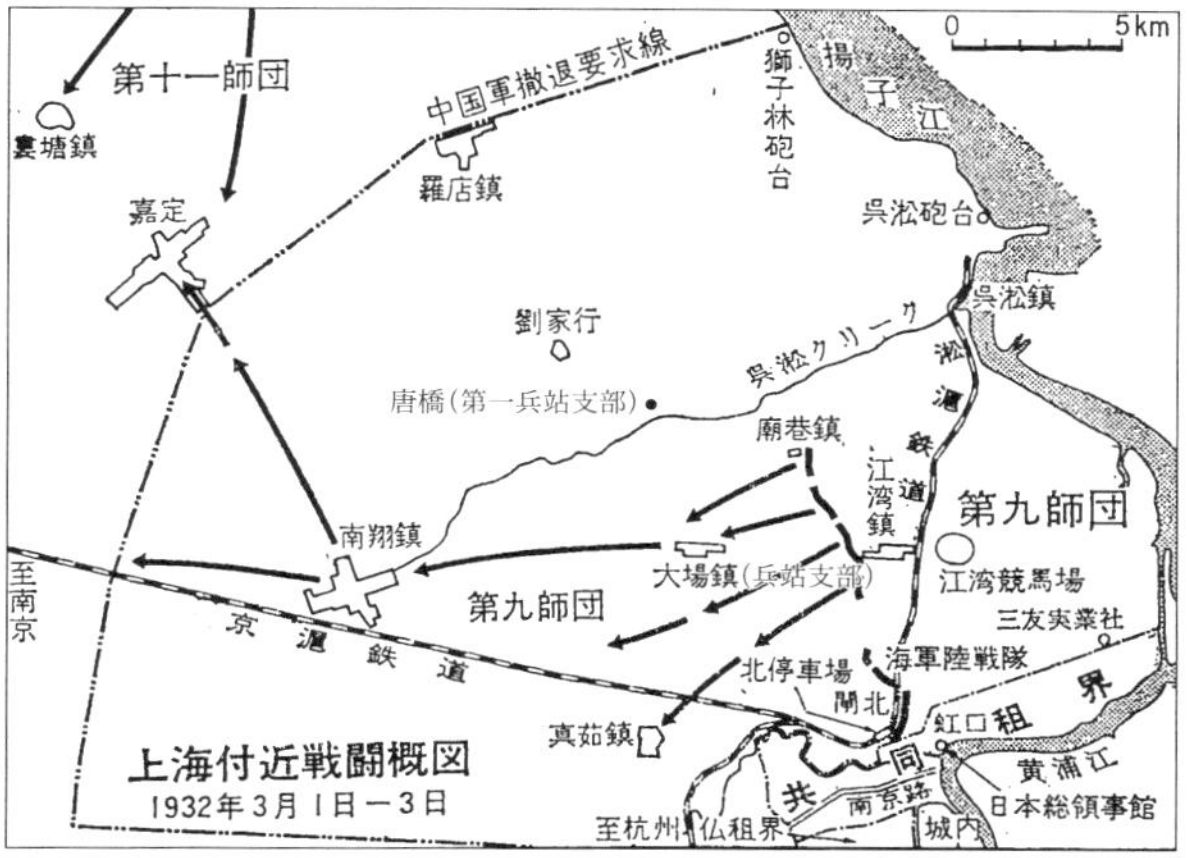

図2　上海付近戦闘概図（臼井勝美『満州事変』（中公新書、1974年）所収の地図を一部改変）

支部長の業務は、四月十四日まで続いた。この間、宮崎は、鹵獲米を現地の貧民に配給したり、上海市街に足を運び、東亜同文書院の東洋史学者小竹文夫と交流するなどしている。宮崎が上海を離れたのは、四月二十一日。宇都宮や飯山を経て、京都へ帰着した時には、五月十六日になっていた。

最終的にこの第一次上海事変の停戦協定が調印されたのは、宮崎が上海を離れた後の五月五日のことで、事変での日本軍の戦死傷者は、三〇九一名、中国側は一万四三二六名、一般市民の行方不明者や死者は二万名に及んだとされる。一歩間違えれば宮崎の命も危ない大きな戦争であったのであり、宮崎が上海にいた間にも、大規模な戦闘こそなかったものの、三月二十日には便衣隊の発砲により日本軍少佐が負傷し、二十九日にも中国側との小規模な戦闘が起こるなどしており、[12]予断を許さない状況が続いていた。

（3）再度の応召

一九四五年二月二十五日、宮崎は再び召集令状を受け、富山に向かった。しかし、富山は単なる集合地であり、直ちに移動し、愛知県の犬山を経て、豊橋に至った。豊橋では中部第百部隊の教育部に配属され、即席の地下掘削工事の教育を受けた。その後、宮崎は、千葉県市川市にあった東部一九〇九七部隊付きの将校となり、国府台の小山を掘って、そこに航空隊の地下格納施設を造成する工事に従事させられたのだった。

宮崎によれば、終戦間際の軍隊は、十三年前の上海事変の時とは大きく異なって、「軍隊の気分はすっかり変わり、荒廃の極に達していた」。とりわけ、高級軍人の腐敗は甚だしく、宮崎らは応召将校と呼ばれて差別され、豊橋の視察に訪れたある陸軍中将は、料理屋での贅沢な宴会に加えて、女まで用意せよという始末であったという。宮崎の怒りは激しく、「当時の高級職業軍人の間に美談などは、いくら探してもありっこない、というのが私の印象」であり、「国民の大部分が厳酷な法律によって飢餓の生活を強いられている一方、軍部の首脳が酒池肉林の楽しみにふけっていたことは、しかと銘記しておかねばならない」と書き残した[13]。

三、宮崎市定の軍隊観

宮崎は、以上のように、特に陸軍とは都合三度にわたって直接に接したわけであるが、軍は次第に劣化していったというのが、その印象であった。

すなわち、一年志願兵として接した「当時の軍隊は、今度の戦争末期のような無茶苦茶なものではなく、一方には確かに明治以来の良い伝統も残っていた」[14]のであり、上海事変の時の軍隊には、既に大戦時の日本軍の欠点である時代遅れの制度や情報不足が早くも顕れてきていたとはいえ、まだ一般の兵士に「淳朴な気風が濃厚に残って」おり、「頼母しさがあった」が、しかし大戦末期の軍隊は、「無茶苦茶なもの」となっていたのである。この段階に至っては、高級軍人は言うまでもなく、一般兵士も「嘗て二年間の現役を勤めあげたのはよい方で、多くは全くの素人の地方人」となっており、下士官と一般兵士の関係も崩壊していたのだった[15]。

宮崎は戦時中の海軍についても「旧式の巨艦巨砲主義に執着し、国力を挙げて武蔵、大和など無用の大戦艦を造り、しかもその使い方すら知らず、何の役にも立てずに犬死させた。初戦において航空戦の威力を自ら目撃しながら、戦術を更新することを知らなかったのだ」と非難しているが、しかし軍隊そのものに対して否定的であったわけでない。むしろ、宮崎は、これを肯定的に捉えていた。

このことは、宮崎の個性がもっとも強く反映した『東洋における素朴主義の民族と文明主義の社会』に見て取れる。この書物は、そのタイトルの通り、東洋の歴史を文明主義の中国社会と素朴主義を基調とする中国周辺の諸民族の関係の中で読み解くものであるが、キーワードとなっている文明主義と素朴主義は、極めて対照的に捉えられている。すなわち、「文明人が思索すれば、素朴人は行動する。前者は理智的、後者は意志的、一は情緒纏綿、他は直截簡明、彼は女性的、此は男性的。更に彼は個人自由主義、此は全体統制主義、凡そあらゆる方面において相反せる特徴の対立を見るであろう。単に社会と民族とを全般的に観察したる上のみでなく、その個人と個人を比較したるときにおいても、そのまま右のごとき特色が明らかに認めらるることを余は特に強調する」[16]とされるのである。宮崎の考えでは、文明主義の社会は、時間と共に腐敗するが、その時には素朴主義の民族が入り込んでくることで、文明の害毒は一掃されて、社会は活力を取り戻す。しかし、文明主義の力は強く、時間が経てば、社会はまたも堕落する。するとそこにまたも素朴主義が注入される。このような経過が繰り返されてきたのが東洋の歴史であったのである。そして、この素朴主義に見られる「意思的」、「直截簡明」、「男性的」、「全体統制主義」といった特徴は、そのまま軍隊の特徴と言ってよいだろう。宮崎は、日本人も、モンゴル人や満州人と共に、この素朴主義の民族に分類し、自らもこの素朴主義への共感を示すのである。

宮崎は、また自身が軍人であることに悦びも感じていたようである。上海事変から帰還した時、宇都宮駅から軍営までの移動は沿道の群衆の歓声を受けて、いわば凱旋行列の様相を呈したが、宮崎は馬をあてがわれて「始めは型の如く、軍刀を抜いて指揮を取るに、留守隊の奥村中佐近寄りて、夜間のことなれば抜刀は無用、危険にてもあり徒手にて宜し、と注意[17]」されている。戦時中の大学での軍事教練にも宮崎は進んで参加し、軍刀を鎧武者のように水平に腰に付けていたとの証言が残されている。[18]軍刀は、ふつうは腰から下に向けて吊るすものであるが、あえて横刺しにしていたというのである。弟子たちも、宮崎が「さむらい」という意識を持っていたとも感じていた。

四、中国史上の軍隊

では、このような軍隊観を抱く宮崎は中国史上の軍をどのように位置づけ、見ていたのか。宮崎は、内藤湖南の時代区分に従って、中国史を漢末までの古代、五代までの中世、そして宋に始まる近世と区分し、それぞれの時代の軍の特徴として古代は「一種の兵農分離」、中世は「国民皆兵」、近世は再び「兵農分離」の時代であったと指摘している。[19]

（1）貴族の軍から常備軍へ——古代中国の軍隊

古代の中国は都市国家の社会であり、都市国家内では貴族と平民の区別があったが、軍事を担ったのは、前者の貴族だった。[20] 彼らは、有事には自ら武器や食料を自弁して戦場に赴いた。戦いに参加することは、貴族の特権であったのであり、平民は、武器の所有すら禁じられていた。この事実を踏まえて、宮崎は古代を「一種の兵農分離」と見ていたのである。しかし、春秋時代になって都市国家間の戦争が慢性化すると、貴族だけでは戦力が足りなくなり、平民も臨時に軍に組み入れられるようになった。そして、その結果として平民の地位は向上した。「庶民が学問をしたり、職業を変えたり、移転の自由を得たりするようになったのは、恐らく兵役に参加する義務の代償としてであって、春秋の後期から起こった現象であると思われる」[21]のである。

春秋時代における軍の増強は、平民を骨幹にした常備軍の設立に至った。これにともなって、平民の多くは軍役を免除されたが、代わりに常備軍を養うための賦と呼ばれる税を課されるようになった。他方で、常備軍の司令官は、将軍と呼ばれ、彼らが王室を圧倒して、権力を握るようになった。晋では、将軍職を世襲していた韓、魏、趙の三氏によって国が前四〇三年に分割され、ここから一般に中国は戦国時代に入ったとされる。彼らは、常備軍を自ら掌握したため、君主権を確立させ、中央集権化を押し進めることができた。

戦国の諸国は、最終的に秦によって統一されるが、これを実現させたのは、戦車に代わって、西アジアから導入された騎馬戦術だった。[22] 騎馬戦術によって軍の機動力は大いに上がり、包囲殲滅戦が可能になり、勝敗の差が決定的になったことで、戦争での敗北が国家の滅亡と等しくなったからである。礪波護によれば、輜重兵の経験があった宮崎は、馬についてしばしば語り、中国の四頭立の戦車の起源も西アジアにあると強調していたという。[23]

（2）国民皆兵と異民族の利用——中国中世の軍隊

中世の特徴は「一般農民は原則として兵役の義務を負い、国民皆兵の主義が行われていた」[24]点にあるとされる。

これが典型的な形で現れたのが府兵制である。この制度を創り出したのは、西魏の宇文泰（五〇五〜五五六）であり、その意図するところは「国民皆兵の原則により民族の区別なく、徴兵の義務を負わしめ、兵営において一律に訓練することによって、国家意識を養い、社会内の諸民族を融合せしめん」とすることにあった。その結果として「農民は交互に番上して軍事教育を受け、やがて帰農すると在郷兵となり、無数の予備軍が民間に蔵せられ」[25]た。そして、このような府兵制の中核を担ったのが長安を中心とした関中の農民たちだったのであり、彼らの力で北周の華北統一、隋の天下統一、唐の海外雄飛が成し遂げられたとされるのである。

しかし、府兵制は、これを担う農民が充分に保護されなかったため、やがて破綻し、玄宗の時代（七一二〜七五六）には、傭兵制に代わった。これは「農民を帰農せしめて、新たに唐に降れる北方遊牧民をもってこれに代え、国境の警備と征討に当らすもの」で、北方に節度使を置いて、彼らに「傭兵の募集と訓練を一任した」という[26]。宮崎は、傭兵の制度の長所として、その専門性の高さと、農民が農業に専念できる点にあるとし、玄宗の時代になってこの制度が導入された当初は「すこぶる時宜に適したものであり、唐はその豊富な資源を擁して、塞外より避難した遊牧民族を傭兵として採用することができ、これを国境に配置した節度使に属させ、かれらを駆使して外敵にあたったため、唐の国威はふたたびおおいに盛んとなった。太宗の治世である貞観の治が、府兵制を背景とする唐の黄金時代ならば、玄宗時代の開元の治は募兵制の基礎に立った白銀時代ともいうべきものであった[27]」としている。

さらに、中世においては、傭兵制の採用に加えて、非常時に異民族が大規模に兵士として用いられることによっても兵農分離の傾向が現れた。その一例として宮崎がしばしば引き合いに出すのは曹操（一五五〜二二〇）であり、曹操は遊牧民の烏丸を討って、内地に移住させ、その壮丁を自軍の騎兵とした。曹操に先立って後漢の実権を一時握った董卓も異民族の騎兵を用いたが、この「董卓によってはじめられた胡騎の天下横行こそ、中国の古代史的発展を停止させ、中世的分裂に陥らせた第一歩であった[28]」とまで宮崎は『アジア史概説』においては評価した。

（3）弱体な傭兵軍——近世の兵農分離

宋に始まる近世は、再び「兵農分離」の時代とされるが、その始まりは、先に見たように府兵制が傭兵制に切り替わった唐の玄宗の治世にあった。では、唐と宋の違いはどこにあったのか。

唐では、皇帝が直接指揮するのは中央の禁軍だけであり、地方の軍は玄宗の治世以後は節度使に委ねられて、事実上、皇帝の統御から離れてしまっていた。これに対して、宋代には六十万、ないし八十万とも言われる全ての軍が禁軍として皇帝の直接指揮下に置かれ、地方にはその一部が配備されるという形をとった。節度使の手に残されたのは、廂軍と呼ばれるものの、軍とは名ばかりの人夫にすぎなくなったのである。

加えて、軍人の専横を防ぐため、禁軍は三つの部隊に分けられた。また作戦立案などの高等政策は枢密院の文官に委ねられ、禁軍の三部隊の指揮官をはじめとする軍人は現場の指揮官の立場に留められた。こうして、皇帝が軍を完全に掌握することで、近世を特徴づける独裁君主制が確立したのだった。[29]

しかし、この方策によって、皇帝は膨大な軍を自ら養わなくてはならなくなった。財源は塩や酒、茶などの専売から上がる税に求められたため、庶民は苦しんだ。宋の都は、内陸の長安ではなく、大運河に近い開封に置かれたが、これも都に多数駐屯する軍に食料を江南から円滑に運ぶためだった。こうして苦労して養われた軍であったが、徹底して文官に抑え込まれていたので、その士気は振るわず、兵員の質の劣化は数で補われた結果、朝廷の財政はいよいよ圧迫された。

このような状況を改革すべく王安石（一〇二一～一〇八六）によって導入されたのが保甲法であった。保甲法は、農閑期の農民に軍人訓練を施し、訓練が終われば役所に番上させて盗賊の取り締まりなどに当たらせることで、潜在的な農民軍を創り出そうとするものである。そして、その費用は禁軍の欠員を補充しないことで賄われた。これは、傭兵制を国民皆兵へ戻して、士気の向上と財政改善を一気に狙った政策であったが、失敗に終わった。失敗の要因として宮崎が挙げるのは、兵士を「落伍者」、「失業者」、「賤業者」とみなし、武事を卑しむ中国人の考えであり、これが保甲法への反発を招いたのであった。[30]

中国人の卑武思想の起源は、中世初期の曹操の時代に遡る。この時代に、兵士の多くは異民族や盗賊上がりとなり、「兵戸」として民間人から区別され、半ば奴隷のように扱われ始めたからである。他方で、貴族はこのような兵士を卑しいものとし、文化や教養を尊ぶようになり、かつての戦士貴族の面影は失われた。[31]後代の科挙においても、武科挙があったが、「政府でも世間でも、武科挙に対する関心はきわめて薄く、その合格者に対する礼遇も、合格後の待遇もほとんど問題にならぬくらいであった」[32]とされている。

おわりに

以上のように、その著作の中から軍に関する記述を抜き出してみると、宮崎が中国の歴史の大きな動因として軍の制度のあり方を認めていたことは明らかである。古代における平民の地位向上も、秦の天下統一も、唐の国際的な雄飛も、近世の君主独裁の確立もすべて、軍制の変化と関係していたとされていたのである。この点は、自ら軍人であり、軍を知悉していた宮崎にふさわしいと言えるだろう。

しかし、私自身も含めて、宮崎が軍の歴史的意義を重視していたとの印象はあまりないのではないか。宮崎市定と言えば、まずは『科挙』や『九品官人法の研究』のような官僚制度の研究者であり、実際、宮崎には軍そのものを対象とした論文もないからである。

宮崎は、軍の研究に正面から手を付けなかっただけでなく、停年に近づいたころから、戦前の自己の経験を踏まえて、中世を「戒厳令下」の時代と表現して否定的に捉えるようになる。宮崎の言う「戒厳令下」とは、軍事を最優先にした支配が行われる中で、貴族をはじめとする特権階級だけが栄え、一般民衆が苦しむ状況を指しており、このような意味での戒厳令下の言葉は、六三年の論考「六朝時代江南の貴族」を初出とし[33]、これに続く『隋の煬帝』、『大唐帝国』、『中国史』で繰り返し用いられた。

さらに、その歴史叙述において軍の悪い面がしばしば引き合いに出されるようになる。例えば、『大唐帝国』では、北魏末に起こった羽林営（＝近衛軍）の軍人の暴動から六鎮の反乱へ至る経過が五・一五事件から満州事変、盧溝橋事件への流れになぞらえられ、このことを扱った部分の見出しは「軍人は反逆する」となっている。北魏の軍人の反逆の原因は、彼らが出世の道を閉ざされていったことにあったが、宮崎に言わせれば「いったい軍人というものは軍人以外の職業にはむかぬもの」なのであり、北魏政府の方針にもそれなりの理由があったとされる[34]。また『中国史』では、隋の煬帝の高句麗遠征は、煬帝個人の暴挙ではなく、軍の盲動を抑えられなかった政権の体質的欠陥にあると指摘した上で、「いつも、またどこの国でも軍人は戦争が職業なので、戦争がなければ出世できない。そこで常に事あれかしと狙っているものであるが…、軍隊というものは一度失敗すると、今度こそはと名誉恢復を計って、一層強く戦争欲に駆られるものなのである」と述べる[35]。

要するに、宮崎に言わせれば、軍人というのは、賞罰に敏感で、欲張りで、主人になると最悪で、一旦暴発すると全てを破壊しつくしてしまう、はなはだやっかいな存在なのである。

加えて、宮崎は、やはり停年が近づいたころから歴史の動因として経済を重視するようになり、『大唐帝国』では、自らの歴史観を「数量史観」と呼び、やがて「景気史観」を標榜するようになったことも[36]、宮崎の歴史学において軍の重要性が希薄化した印象を与えることになった。

しかしながら、その景気史観に基づいて書かれた『中国史』においても、軍制のあり方が中国史に与えた影響についてはしっかりと記述されており、軍隊的なものを評価する素朴主義の歴史観についても宮崎は絶大な自信を最期まで持ち続けていたことは見逃してはならないだろう。[37]軍の美点も悪徳も自ら体験した宮崎は、それが歴史に及ぼす影響を常に念頭に置いていたと見るべきなのである。

注

（1）宮崎市定「長い旅」（『宮崎市定全集二三　随筆（下）』岩波書店、一九九三年）五六七―五六八頁。
（2）海軍との関わりについては、大橋良介『京都学派と海軍――新史料「大島メモ」をめぐって』（PHP新書、二〇〇一年）。
（3）以下の宮崎の経歴については、井上文則『天を相手にする――評伝宮崎市定』（国書刊行会、二〇一八年）。
（4）大江志乃夫『徴兵制』（岩波書店、一九八一年）八五頁。
（5）加藤陽子『徴兵制と近代日本　一八六八―一九四五』（吉川弘文館、一九九六年）一七一頁。
（6）宮崎市定「軍隊通信（宇都宮にて）」（『宮崎市定全集二三　随筆（下）』）五―六頁。
（7）宮崎市定「『アジア史研究』第一　はしがき」（『宮崎市定全集二三　随筆（下）』）四八七頁。
（8）上海事変については、臼井勝美『満州事変――戦争と外交と』（中央公論社、一九七四年）一四六―二一〇頁。
（9）宮崎市定「馬廠長日記」（『宮崎市定全集二二　日中交渉』岩波書店、一九九二年）四二九頁。
（10）宮崎市定「概説と同時代史」（『宮崎市定全集二三　随筆（下）』）四六頁。
（11）宮崎「長い旅」五六八頁。
（12）上海居留民団編『上海事変誌』（上海居留民団、一九三三年）四四―四五頁。
（13）宮崎「長い旅」五六八―五七二頁。
（14）宮崎「『アジア史研究』第一　はしがき」四八七頁。
（15）宮崎「長い旅」五六八―五七二頁。
（16）宮崎市定『東洋における素朴主義の民族と文明主義の社会』（『宮崎市定全集二　東洋史』岩波書店、一九九二年）九頁。
（17）宮崎「馬廠長日記」四四一頁。
（18）「先学を語る――宮崎市定博士」（『東方学』百輯東方学会、二〇〇〇年）三四一頁。
（19）宮崎『東洋における素朴主義の民族と文明主義の社会』九三頁。ただし、『大唐帝国』においては「軍隊は漢代までは国民皆兵主義の下に徴兵制度が行われていたのであるが、三国に入ってから傭兵制度が流行した」（『宮崎市定全集八　唐』（岩波書店、一九九三年）一六六頁）との記述もあり、矛盾する見方が出てくる。
（20）中国古代の軍については、「古代中国賦税制度」（『宮崎市定全集三　古代』岩波書店、一九九一年）四一―九八頁に史料に基づいて論じられている。
（21）宮崎市定「中国古代史概論」（『宮崎市定全集三　古代』岩波書店、一九九一年）二五頁。
（22）宮崎『東洋における素朴主義の民族と文明主義の社会』三〇頁。
（23）礪波護「解説」（『東洋的古代』、中央公論新社、二〇〇〇年）三一八頁。

(24) 宮崎『東洋における素朴主義の民族と文明主義の社会』九三―九四頁。

(25) 同上、八二―八三頁。

(26) 同上、八六頁。

(27) 宮崎市定『アジア史概説』（『宮崎市定全集一八　アジア史』岩波書店、一九九三年）一三五頁。

(28) 同上、一一八頁。

(29) 宮崎市定「北宋史概説」（『宮崎市定全集一〇　宋』岩波書店、一九九二年）四六―四七頁。

(30) 同上、三五頁。

(31) 宮崎市定『中国史』（『宮崎市定全集一　中国史』岩波書店、一九九三年）一八〇―一八一頁。

(32) 宮崎市定『科挙』（『宮崎市定全集一五　科挙』岩波書店、一九九三年）三九九頁。

(33) 『宮崎市定全集七　六朝』（岩波書店、一九九二年）一八七頁。

(34) 宮崎『大唐帝国』二一六―二一八頁。

(35) 宮崎『中国史』二一五頁。

(36) 宮崎市定『自跋集』（岩波書店、一九九六年）七頁。

(37) 宮崎市定『史記列伝抄』（国書刊行会、二〇一一年）一〇九頁。

〔II　中国研究に新風を吹き込む〕

吉川幸次郎と石川淳との交遊

池澤一郎

いけざわ・いちろう――早稲田大学文学学術院教授。専門は日本近世文学。主な著書・論文に『江戸時代田園漢詩選』（農山漁村文化協会、二〇〇二年）、『雅俗往還――近世文人の詩を絵画』（若草書房、二〇一二年）、「河村文鳳『帝都雅景一覧』二編（南北）の頼山陽序文と題画詩について――正岡子規「写生」論再考の一契機」（『近世文芸 研究と評論』106号、二〇二四年）などがある。

吉川幸次郎は、北京留学から帰国した後、昭和の戦前には、現代中国語のみならず、古典中国語（文言）をも、北京語による直読を推進して、日本古来の訓読を廃した。しかしながら、戦後アカディミズムのみならず、ジャーナリズムでも八面六臂の活用をする過程で、漢文普及の一便法として、訓読を採用するようになり、多くの作家や文学者との交友が開ける。本稿では、祖父が昌平黌の儒官であった石川淳との交友を吉川の書翰について瞥見する。

はじめに

吉川幸次郎（よしかわこうじろう）は、一九〇四年に貿易商の次男として兵庫県に生まれる。神戸一中（現在の神戸高校）を経て、第三高等学校に入学、在学中に青木正兒の知遇を得る。京都帝国大学文学部文学科に進学して、狩野直喜、鈴木虎雄に、中国哲学・史学・文学を学び、同時に中国古典語の作詩文能力を習得する。卒業論文は、『倚聲通論』（填詞論）を中国語で綴って提出した。一九二八年から一九三一年に至るまで、北京留学、帰国後は東方文化学院京都研究所（所長狩野直喜、現在の京大人文研）所員となり、京大講師を兼ねる。同時に留学した倉石武四郎と漢文訓読を廃し、北京語による直読を提唱する。一九三五年より一九四一年まで『尚書正義』の定稿を作るための会読を開始し、日本語訳も作成する。並行して『元曲選』を会読し、『元曲選釋』に成果の一端をまとめた。この会読終了時の一九四七年に『元雜劇研究』により、京都大学より文学博士を授与され、同時に京都大学教授となる。一九六七年に退官。前後して、研究書と啓蒙書とを網羅自編して筑摩書房から『吉川幸次郎全集』を刊行、没後も増補され、『講演集』や『遺稿集』も出版された。内藤湖南・狩野直喜・鈴木虎雄の後の京大中国学を代表し、その学は経史子集を貫くが、文学の分野での研究書は未完だが『杜甫詩注』に代表される。啓蒙書としては三好達治と共編した『新唐詩選』正続と、『人間詩話』正続とはいまも読み継がれるベストセラーズである。

図1　吉川幸次郎（巻頭写真『決定版　吉川幸次郎全集』第一巻、筑摩書房、1984年）

図2　石川淳（巻頭写真『増補　石川淳全集』第十巻、筑摩書房、1974年）

夷斎石川淳は、養父でもあった祖父が昌平黌の儒官石川省斎であったが故に、幼少時に漢籍の素読をさずかっている。石川淳と吉川幸次郎とは、年歯も近く、戦後の学者と文人との親交としては最も高い水準のものとして知られる。この石川と吉川との間を取り持ったのは、『新唐詩選』を吉川とともに撰した詩人三好達治であり、三好は第三高等学校以来吉川と交友していたし、石川とも戦前から付き合いがあった（石川「三好達治」、一九六七年）。石川の「三好達治」という美しい文章には、「三好に江戸の儒者の書幅をもらつたことがある。これは、わたしがささやかなものを進呈したのに對するお返しのやうであつた」「わたしは三好から鵬齋の書幅を贈られた。烟花堆裏發高興といふ一行書である。この句はまさに詩人三好にぴつたりする」などとあって、石川の交友圏では、江戸文人のように書画文墨の交わりが訂されていた。近時、世田谷文学館に石川淳の肉筆原稿や、日記、石川宛の諸家の手紙が一括寄贈された。その中に石川淳の日記があり、翻字編集して公刊され始めた（『世田谷文学館収蔵資料〈調査と研究〉01　石川淳／椎名麟三』）。昭和二十六年一月二十一日の條には、「……烏森若竹におもむきたるに三好達治座にあり吉川幸次郎貝塚茂樹桑原武夫に紹介さる」とある。この後、石川は日本近世文学研究の泰斗野間光辰、中村幸彦にまで京大出身の学究との交際を拡げるので、右は特筆すべき一條なのである。同館に所蔵される石川宛吉川書翰もすべて、これより後の日付を有する。吉川も石川、三好の書画文墨の交わりに加わったこととなる。それは、石川がそうであったように、白文の漢詩文を訓読で読みこなし、やがて自らも漢詩文を作るようになる江戸文人の流儀に従うものであった。

一、漢文直読論と訓読論との「光と影」

本稿で論じたいのは、吉川幸次郎が、昭和初め二十代での北京留学後に、同時期に留学していた倉石武四郎と連袂して、「洋服を着用せず中国服を着用し、論文は日本語でなく漢文で書き、返り点訓読法を廃し、北京音で直読するという三大条を倉石さんとともに誓約し、忠実に実行しようとされた。この爆弾宣言は京都の支那学界に大波紋を生んだ。京都だけでなく仙台の支那文学界も大いにゆれた」（貝塚茂樹「善之先生の横顔」、筑摩書房刊、一九七〇・一『吉川幸次郎全集』第十八巻月報）というほどの徹底的な漢文直読論を主張展開し、「中国の学問をやるには、まず何よりも日本的趣味、その言葉によれば俳句的趣味を、脱却せよということであった。またもっとものの禁忌は、日本人の書いた漢文漢詩の類は、一さい目にするな」「従来の日本漢学の歪曲をきら」っていた（「桑原隲藏博士と私」一九六八年四月、岩波書店刊『桑原隲藏全集』第三巻月報）ように、師狩野直喜の説を継承して江戸儒学を排斥していた。しかしながら、第二次大戦後には、漢文訓読をも併用し、かつ伊藤仁斎や荻生徂徠の著述について、注釈書を記し、数〻の論考をなすという「変節」の背景に、三好達治や石川淳との交友があったということになる。

吉川の存在の大きさは、この若き日の主張を学界に浸透させた。現在でも、中国文学研究者の過半は、訓読を廃し、北京音での直読を奉じている。しかし、吉川自身は、そのスタートが、「中学時代に『史記國字解』や、有朋堂文庫の『水滸伝』『西遊記』『三国志』などを読む」（興膳宏作成「善之吉川幸次郎先生年譜」『吉川幸次郎』筑摩書房、一九八二年）とあるように、いわゆる漢文訓読体の書籍からであった。やがて、三高から京都大学に入学した頃には、「芥川（龍之介）の書いた「鏡花全集目録開口」の絢爛な漢文調の文章に感歎して、それを某先輩の前で一気に暗誦してその人を瞠目させた」のである。[1]また阮元の校勘記を附した『十三經注疏』に集大成された清朝考証学者のものと文献研究の方法が同じであると喝破する本居宣長との邂逅は、三十五歳、一九三八年夏の阪神大洪水の実家見舞いの折のことであり、以後宣長の著述は、漢籍と並行して終生吉川の坐右の書となることを知れば、江戸儒学と漢文訓読体への傾倒はすでにその萌芽が幼年期や青年期に胚胎していたこととなる。なによりもその格調高い日本語の文体は、漢文訓読体を基調とする精密な漢語の運用力を基礎とする。そのことは尾崎雄二郎氏が「文体としての漢文訓読体が、（吉川）先生の中ではっきりした非常に大きい意味をもつものであったことを、われわれはそう疑う必要がない」と喝破する。[2]また直読を強烈に主張している最中にも折に触れて、漢文訓読の魅力を承認していたことは、島田虔次氏が「自分は中国の詩だけは、訓読しないと読んだ気がしない、と言われたことがある。私のほかにも聞いた人は多いであろう。あれほど詩の音律にやかましく、また若い頃には倉石武四郎博士とコンビで中国音直読主義を提倡せられた先生の言葉として、まことに不思議な気がしてききかえしたが、若いときからの習慣で、とのみ答えられた」[3]と言う通りなのである。つまり、吉川は先行する漢文直読提唱者であった青木正兒と同じように、自身は漢文訓読を自在になしえて、かつ訓読文（普通文）を書き続ける素養がありながらも、訓読を廃した一時期があったというのが正体であった。これは戦時中続けられた主張として、近代日本が日清戦争終了後、古典中国の尊崇は続いても、現実の中国を軽侮する風潮が社会に蔓延し、やがて古典すらも蔑視する傾向があったこと、第二次世界大戦で、中国が敵国となったこと、欧米文化偏重がアジア蔑視に繋がったことなどへの吉川の熾烈な抵抗精神の発現であったとすれば理解できるし、評価すべきなことなのだが、一時的にせよこの強烈な直読論をなしたことの弊害は小さくなく、吉川に追随する現在に至るまでの中国文学研究者に、訓読の伎倆を身につけないまま、訓読を否定して、北京語直読のみを推進する風が蔓延し、訓読でしか漢籍を読まない江戸儒学などは「旧弊」「亜流」「歪曲」と斥ける徒輩が跡を絶たないこととなった。吉川自身もそのことには気づいており、「大正以還、学風漸く改まってより、中土の書に習う者は、本邦儒林の業を蔑棄した。われら西京の学は尤に然りである。典を数えて祖を忘れ、罔然として知るところが無い」（「神田鬯盦前輩に寄する書——日本塡詞史話上」の書評に代えて）、『文学』一九六七年十月）として、自己の若き日の態度を反省している。[4]

かく、実態としては、直読、訓読併用論者であった吉川は、啓蒙的な著述で、訓読体を採用する折も少なくなかったのだが、日本の文語文法に準拠してなされるはずの「訓読」において、書き下し文作成時に、字音かなづかい（新かなづかい）を採用された。このことの論拠が、突き詰める所、「歴史的仮名遣いに積極的な嫌悪感を持っている」（「新かなづかい、漢字、漢文」一九六九年一月三十一日『全日本国語教育研究協議会紀要』、『吉川幸次郎講演集』）ということで、論拠があってのことではなく、歴史的仮名遣いへの「生理的嫌悪感」であった。騎虎の勢いで『太平記』や『平家物語』の引用を、現代仮名遣いでなしてしまい、その姿勢を弟子達にも継承させ、出版業者にも「新かなによる訓読文」を浸透させた点は、文語文法を義務教育で受けて来た学生に、日本古典文学を講じる者の立場からは、決して容認できることではなく、栄光に包まれた吉川中国学の「影」の部分と断ぜざるを得ない。

さて、芥川龍之介の「鏡花全集目録開口」の漢文訓読文（今体文）を暗誦し、中国古典詩歌は「訓読しないと読んだ気がしない」と漏らした吉川の訓読論者としての側面は、千古の昔から続く訓読によって文体を鍛え、詩嚢を肥やした日本の詩人文人との通路を開いた。

中に就いて、吉川と三好とのことは、それぞれの著述の中に、漢詩文に関するものが少なくないことと、右に瞥見した石川との交流で示された如く、江戸文人への傾斜が三好にはあったということ、さらにはベストセラーズとなった『新唐詩選』が、吉川と三好との共著であったということを挙げるのみで深入りはしない。

二、夷齋学人との交友

すでに「はじめに」で見たように、吉川幸次郎と石川淳との交友は、一九五一年一月二十一日に烏森若竹という酒亭で、三好達治が第三高等学校以来の友人として、吉川を石川に紹介して以来のものであった。三好は一九〇〇年庚子生まれで、この時五十一歳。吉川は一九〇四年甲辰年生まれであり、京都大学でこの甲辰生まれの学者が五名（吉川・桑原武夫・大山定一・淀野隆三・生島遼一）で「五龍会」を開いていたが、三好は三高の同級に、桑原武夫や貝塚茂樹がいた縁故から、五龍会のメンバーとも親しく、吉川とは旧知の仲であったのである。この日を境に、吉川と石川との間で文通や飲酒、著書の贈呈などが折に触れてなされるようになった。その交友が在り来たりのものではなく、お互いがその学識を認める親密なものであったことは、『夷齋座談』（中央公論社、一九七七年）の二種の対談「伝統と反撥」「中国古典と小説」（前者は中野重治も交えての鼎談）に如実に看取される。さらに近時では、東京都の世田谷文学館の一階展示室において二〇二一年四月から九月にかけて開催された「二〇二一年度コレクション展前期　受贈記念　夷齋先生・石川淳」で確認されたのである。そこには石川の遺族から文学館に寄贈された石川の肉筆原稿や日記の他、交友のあった詩人作家学者の来翰が展示されており、吉川からの書翰も展示されていたのである。今、吉川幸次郎氏のご遺族と世田谷文学館とのご厚意に与り、その一部を瞥見する。

まず、文学館でも展示されていたが、昭和二十八年六月十日の消印のある、日本学術会議の第一部編集委員吉川幸次郎名義で「東洋文学・語学編」に、掲載したいので、著書論文の中で「狭義の中国語学文学のみならず、中国哲学の業績」の提出を石川に求めていることが目を惹く。吉川は、前年一九五二年六月四日に石川から寄贈された『夷齋筆談』の書評を読賣新聞に寄稿しているが、数次の面晤とこの随筆の一読とで、石川の学識が凡百の中国文学・哲学者を凌駕するものであったことを洞察していたのである。昭和二十八年七月二日付葉書には、桑原武夫をまじえて、石川と東京で面晤の約束をしたことが知れるが、そこには、右の学術会議の「アンケート」に石川が丁寧に答えたことへの謝辞が添えられていた。

一九五四年五月には米国務省の招聘でワシントン外遊中の吉川から『夷齋清言』受贈の礼状が届いている。石川は自らの学識を評価しうる僅少な存在であった一代の碩学に自著をアメリカにまで郵送しているのである。吉川帰国後には、小説集『鳴神』（筑摩書房、一九五四年）の受贈の謝辞をしためた葉書を受けている。

昭和三十二年十一月一日付の葉書は、漢詩漢文のみが記されている。『諸國畸人傳』拝受読了の謝辞感想を吉川は、五言絶句で詠じている。句読を打って、訓訳を添えたものを掲げる。葉書の行替えは／で示しておく。「玄晏傳高士／更生譜列仙非仙／復非士略／逸自／聯翩／夷斎先生見恵／大著諸國畸人傳賦／謝末句或作別有壺中／天以聲病改之／弟幸未定艸丁酉十一月／（玄晏 高士を伝へ、更生 列仙を譜す。仙に非ず復た士に非ず、略逸自づから聯翩。夷斎先生、大著『諸國畸人傳』を恵まる。謝を賦す。末句、或は「別に壺中の天有り」に作る。声病を以て之を改む。弟幸未定艸　丁酉十一月）」となる。署注を施す。詩引が詩本文の後に添えられている。詩引の意味は、「石川夷齋先生が、大著『諸國畸人傳』を贈ってくださった。漢詩を作って御礼に代えた。結句は別案では「別に壺中の天有り」というものであったが、声調に狂いがあったので改訂した」という意味である。声調の狂い＝「声病」というのは、「別有壺中天」の平仄が「●●○○○」となって、下三連の禁を犯していることを言う。

詩本文は「玄晏は『高士伝』を著した。更生は『列仙伝』に仙人の伝記を並べた。ところでわが石川先生が本書で語ったのは、仙人のようで仙人でなく、高徳の隠者のようで隠者でない者たちの伝記だ。ほぼすぐれた伝ばかりが続けざまにならんでいる」といった内容だ。

玄晏は、西晋の学者皇甫謐の字であり、皇甫謐は『高士傳』という隠者の伝記を著した。更生は、前漢の学者劉向の字である。劉向は『烈女伝』という高徳の女性の列伝の著者として知られるが、『列仙傳』をも著した。

吉川は石川淳の漢詩文読解力を高く買っていて、白文の漢詩文で葉書の文面を構成したのである。石川は平仄のことも含めて、右の拙解を超える理解をなしたはずである。江戸から明治にかけての読書人の教養に照らせば、尋常一般のことであろうが、戦後急速にアメリカ文化に感染した日本社会にあっては、こうした吉川と石川とのやりとりに窺える漢詩文の教養は驚嘆に値するであろう。そのことは次の葉書とそれに言及する石川の文章を一読すれば理解できる。昭和三十三年十二月十六日付の葉書である。

葉書の表には「東京都杉並区清水町一二四／石川　淳／夫人」聯鑑となっている。「聯鑑」は「この葉書をご夫婦ご一緒に御覧ください」という意味である。吉川の住所は「京都市左京区北白川小倉町」となっている。これは三十一歳の一九三四年から逝去の年まで四十年間住み続けた場所である。

表書きに「聯鑑」とあった理由は、文面の漢詩文を一読すれば、分かるのである。

同じように行替えを／で示しつつ、引用し、然る後に訓訳を付す。「已倒玉山猶擧杯、知／君款款踏街來。婦／言莫聴曽經誓、酒裏有真沈醉該。彈指／樓臺俄頃現、盱衡当世綺言／哀。蓬山舊事話能否、鴟尾風吹夕照開。／戊戌十二月十五日　銀座逢／石川夷斎夫婦戯贈求／正聞／令祖大人爲昌平黌儒官末聯及之。沈醉一作齋戒／弟　吉川幸次郎未定艸（已に玉山を倒せども猶ほ杯を挙げ、知んぬ君が款款として街を踏みて来たるを。婦の言は聴くこと莫かれ曽經て誓ひし、酒裏に真有り沈醉す該し。弾指すれば楼台俄頃として現じ、当世を盱衡して綺言すること哀し。蓬山の旧事話ることを能くするや否や、鴟尾に風吹けば夕照開く。戊戌十二月十五日　銀座にして石川夷斎夫婦に逢ふ。戯れに贈りて正を求む。聞くならく令祖大人は昌平黌の儒官たるを。末聯は之に及ぶ。「沈醉」は一に「齋戒」に作る。弟　吉川幸次郎未定艸）」。

現代語訳を添えると、「酒肆でぐでんぐでんに酔いしれているのに、さらに酒杯を重ねていると、夷齋先生がコツンコツンと靴音高く鳴らして街路を踏んで来たのに気づいた。晋の劉伶のように賢夫人の忠告には耳を傾けるまいと二人して誓ったんでしたね、酔った時にこそ人が正体を現わすのですから存分に酔うのがよろしい。酔って指をパチンとならすとやがて昌平黌の楼閣が眼前に出現し、あなたは今の世の中を睥睨して小説綺語を並べても心の傷は癒えない。留学されたという江戸時代のことを語ってくれませんか。大成殿の屋根瓦の両端の飾に風が吹きつけて夕陽に浮かびあがっている。戊戌十二月十五日　銀座で石川夷斎夫婦に出くわした。揶揄うようにして此の詩を贈呈して添削を乞うた。かつて夷齋先生のお爺さまが昌平黌の儒官であったことを教えられたことがある。この五律の尾聯はそのことに触れるものである。第四句の「沈醉」は一に「齋戒」に作る。弟　吉川幸次郎未定艸」

第一句の「倒玉山」というのは「崩玉山」とも言って、長身痩軀白皙の美男子であった晋の嵆康、字は叔夜が、酔いしれると宝石の山が崩れたように見えたとした故事（『世説新語』容止篇、『蒙求』「叔夜玉山」には「嵆叔夜の人と為りや、巌〻たる孤松の独り立つが如し。其の酔えるや、傀俄として玉山の将に崩れんとするが若し」とある）を遣って、吉川が自身の酔態を表現したもの。「款款」は銀座の街路を闊歩する石川夫妻の靴音である。「婦の言は聴くこと莫かれと曽経て誓ひし」は、晋の劉伶の大飲の故事である。飲酒癖の止まない劉伶の健康を案じた賢夫人が、酒を止めさせようと諫言すると、劉伶は「婦人の言は、慎んで聴く可らず」と禁酒を誓うための祭壇の前で広言して酒を飲み続けたという故事（『世説新語』任誕篇、『蒙求』「劉伶解酲」）を用いて、しばしば酒席をともにした吉川と石川とが「妻の忠告など聴いてられるか」と空嘯いたことがあるという詩的虚構である。この虚構は虚実の間にあるもの。それぞれの晋人の故事の記されている漢籍につくと劉伶は醜貌で短軀、嵆康は長身で白皙の美丈夫であったとある。長身の吉川が、短軀の石川に当て込んだ諧謔を弄した可能性も多いにある。「楼台」は昌平黌の二階建ての建物で、「鴟尾」は聖堂の大成殿の屋根瓦の棟木の両端ある装飾された瓦を指して、大成殿の上に広がる夕焼けの光景を髣髴とさせている。

この銀座での石川夫妻と吉川との痛飲の記憶が、翌日になって葉書に漢詩文となって、石川家に郵寄されたのである。そして、吉川が葉書にしたためた五言律詩は、長く両者の脳裏に刻まれて、まず二年後に石川が吉川の漢詩集『知非集』

に寄せた短文に引用され、次に十年後に吉川が石川の全集広告に寄せた文章にも引用されるのであるが、吉川の全集に一首全体が録されることはなかったので、この葉書のみによって全体が始めて確認される次第なのである。

まずこの銀座での邂逅の後二年の石川の文章は「洛の吉川幸次郎さんは儒をもつて天下の廣居にゐる。わたしはといへば、はなはだ儒ならざるものをもつて横町にとぐろを巻いてゐるくちだから、ついかけちがつて縁がありさうにも見えないだらう……一日、醉臥の枕もとに、一ひらの風のたよりが落ちて來てわたしをおどろかした。吉川さんの詩がそこに記されてゐる。そして、詩句にはわたしの醉態を告げてゐる。さういへば、前夜どこかの酒肆でゆくりなくお目にかかつたやうだが、はつきりおぼえない。たぶん揚州のあたりだらう。婦言莫聽曽經誓。儒宗の善謔は小人の疎懶をあはれむがごとくであつた。これだから儒は油斷がならない……」(石川淳「寄酒祝」『知非集』賛、中央公論社、一九六〇年)といったものであった。これは吉川の全集の月報にも再録される。劉伶の故事を踏まえた件の律詩の第三句が引用されたのである。

かたや吉川は「この人との交わりも、殆ど二十年、烏森の酒肆の最初の相見に、王父は昌平学の儒官であったと誥げられた。毎(つね)に必ず新著を惠せられるのを、或いは讀み、或いは他事に奪われ未だ読まないが、その独行と好学とを知る。独行は幻奇の文の前提であろうが、未だ其の説を聞かぬ。好学が随筆の文の必須の前提であることは『夷齋饒舌』荷風の晩節を哀しむ文に見える。痛快は『夷齋俚言』、恢諧は『おとしばなし堯舜』等、乍荘乍諧。相表裏するは慷慨の志である。その幻奇の文が時に太だ速かに現実を超えるのも、遊戯の自由を、もろもろの自由とともに主張するとにらみ、かつて俚句を贈った。弾指楼台頃刻現、盱衡当世綺言哀。敢えて当世に盱衡すといったのは、その風貌の特徴である眉は、常に揚がっているからである。若し目するに鏡花の後身を以てするならば、浅い哉夷齋を視るや、であろうこと、『文学大概』のある章を看よ。戊申雨水」(「独行好学人——夷齋新全集頌」『石川淳全集』パンフレット、筑摩書房、一九六八年四月)と述べている。吉川はここでも石川淳との初対面が、一九五一年一月二十一日、烏森の酒亭若竹でのことであって、そこで祖父省斎石川介が昌平黌の儒官であったことを教えられたと記す。『夷齋座談』収録の一九六九年の対談「中国古典と小説」でも吉川は繰り返して、このことを確認していた。(5) 吉川が自作から引いた一聯は、銀座の酒席で三人で泥酔している折には、指を弾くと魔法のように吉川の前に昌平黌の殿舎が浮かびあがり、それを背景に夷齋先生は当世の俗物を睨み据えて、高雅な狂言綺語（小説・随筆）を書き綴ると詠じるものであろう。吉川の文章にさらに畧注を付すれば、『夷齋饒舌』荷風の晩節を哀しむ文」というのは、一九六〇年中央公論社刊随筆集『夷齋饒舌』の「敗荷落日」である。文末で吉川が「目するに鏡花の後身を以てする」ことの非を鳴らす論拠と挙げる「『文學大概』のある章」とは一九四七年中央公論社刊の同書に拠れば「祈禱と祝詞と散文」であり、そこに石川の鏡花批評が展開されていることを言うのであろう。

三、校勘学への傾倒

『夷齋座談』の「中国古典と小説」の吉川と石川との座談会では、哲学者（フィロゾーフ）よりも文献学者（フィロローグ）を高く評価するということで意見が一致している。

吉川　……どうですか、松崎慊堂というのはよほど偉い人でしょうな。
石川　とても偉い人だとぼくは思っていますよ。
吉川　どういうことになるのか知りませんけれども、わたしどもの学問は、慊堂から出るらしいんだ。
石川　慊堂先生は、人物としても立派な人で、安っぽく扱えない人だ。
吉川　あなたの『渡辺華山』のなかで、あそこに至って粛然として襟を正したな。ところが慊堂はフィロローグだ、佐藤一斎はフィロゾーフだということで、慊堂のほうが低く見られていたんですね。
石川　わたしはそのことが書きたいんだ。一斎という人はみじめに固定した形而上学。そのちがいだな。狩谷棭齋という人があるでしょう？　あの人は黙々としてやってたけど。なかなかの人ですよ。

石川が松崎慊堂と狩谷棭齋に随分肩入れしていて、吉川がそれに同調していたことが分かる。松崎慊堂と狩谷棭齋とは、鷗外が『霞亭生涯の末一年』その一で「わたくしの傳へようとする人々の主なるもの、卽ち狩谷、松崎等は、史に儒林と文苑とを分つとすると、必ずや儒林に入るべきで、到底文章家、詩人を取る文苑に入るべきではない、獨り松崎のみは詩文も他人の企て及ばぬところであつた」としていた人物である。石川がこれらの考証学者を尊重し、特に松崎慊堂に肩入れしたのは、鷗外の姿勢を継承するものであった。吉川は右の座談で鷗外を「それほど頂戴しない」とするのは、恩師の狩野直喜の判断であった。しかし、松崎慊堂の盟友が、伊澤蘭軒であり、伊澤の弟子が澁江抽斎であり、海保漁村であり、海保漁村の弟子が、東京大学教授となった島田篁村で、その東大での弟子が吉川の恩師狩野直喜であることを吉川が狩野から知らされていたことは、右の対談の「わたしどもの学問は、慊堂から出るらしいんだ」という発言にも窺える。

先に触れた世田谷文学館翻字の石川淳の日記には、東京では神田の村口書店、山本書店、大屋書房、井上書店といった古書肆に立ち寄っていることが記されている。この時期の石川は酒肆と書肆とには日として立ち寄らざるはないといった趣を呈している。昭和二十五年五月廿七日の條には、「神田におもむきて村口書房を訪ふ。書幅あり。慊堂句棭齋録するところ也　句に云 鉛槧圖書日廣從容之趣安排花卉時觀榮落之情 二大家の高風掬すべし これを購入すべきことを約す」とある。鷗外が「他人の企て及ばぬ」とした慊堂の漢文を、棭齋が書したものである。『慊堂日暦』につけば、慊堂と棭齋とは無二の親友で、一緒に古書の校讐に勤しんでいたことが知れる。この軸の句も「図書を鉛槧するの日、従容の趣を広くし、花卉を安排するの時、栄落の情を観ず」と訓じえて、図書を筆写する日には、心持ちをゆったりと構え、庭園の草花をならべたり世話をする折には、栄枯盛衰の世情を達観するという内容である。書写校讐の喜び、折に触れて四季の草花に目を楽しませる境地を述べたものであった。石川はこの軸を購入した後に随筆「亂世雜談」（『夷齋俚言』文藝春秋社、一九五二年）の中で「今、假寓の床の間に、掛物が一つぶらさがつてゐる」として紹介している。「それでなにを書くかとおもへば、みごとな小楷で、讀んだ本に書入といふことをする」とつづけている。

石川の古書収集癖は実に堂に入ったものであった。筆者はかつて東京の中央線沿線に住まっていて、沿線の古書肆をよく冷やかしたものだが、いまはない高円寺の都丸書店なども、店主が敬意に満ちたまなざしで「石川先生はよくお出でくださいました」と教えてくださったものである。

一九七二年〜七四年にかけて刊行された『鷗外全集』の月報に連載され、後に一九七五年に『前賢餘韻』としてまとめられて刊行されたものの中には、右のフィロローグを重んじる石川の精神が具現化されている。

『前賢餘韻』「棭齋消息」には古書肆と石川との友好関係が窺える。古書肆は京都寺町の六代目竹苞樓佐佐木惣四郎氏である。竹苞樓はその化政期の店主が狩谷棭齋が京都来訪の折には世話をしており、棭齋の書翰を数通蔵している。昭和四十七年壬子四月以降、石川の照会に応じて、現竹苞樓主人は石川に棭齋書簡の複写を郵送するという「好懐を示した」のである。石川は、草書でしたためられた棭齋の俗牘を丁寧に翻字して、内容を照合して、その裁書年次の考証に当たっている。これはかつて芥川龍之介が、机辺に積み上げられた北條霞亭の書翰を鷗外に示され、裁書年次順に整理してあるといわれて、企て及ばぬことと驚嘆した（『改造』（一九二七年）所収「文藝的な餘りにも文藝的な」十三「森先生」）のとは対照的である。芥川がたやすく書翰の校勘を放棄したのとは事変わり、石川は、鷗外の塁を摩せんとして、根気強く稀代の校勘学者狩谷棭齋に肉薄せんとしていることが「棭齋消息」には看取されるのである。

また「三木竹二」五には「着實かくのごとき仕事が根本にあつたことは、三木竹二の批評をして時流に重からしめた所以だらう。このたぐひの考證の跡を家兄後年の史傳と、また末弟潤三郎の書誌學とならべて見わたせば、校勘の學は森氏の家學のやうである」とある。夷齋の尊重継承せんとする「森氏の家學」としての「校勘の學」は、歴史学。文学書誌学演劇学と学藝全般に及んでいたのである。

石川の初出時の記事において古書の引用に翻字のあやまりがあり、後にそれを単行本に収める際に、誠実に訂正したものがある。一九七三年十一月に刊行された岩波書店『鷗外全集』第二十五巻の附録月報25の「京の墓（八）」の記事を、後に石川が『前賢餘韻』に収録する際に訂正したことが、世田谷文学館所蔵の石川宛吉川書翰を読んで行くと気づかされる。昭和四十八年十二月一日の消印のある吉川の葉書は「過日は奉晤大慰。鷗外全集廿五巻來着。尊文もまだ拜讀してませんが、お話しの二行五律ならば經過孤兎溪（〇〇〇●●）を承けて●●●〇〇でなければならず、第四字は中上候如く萊と思いますが、第一字は拜ではありますまいか。栞という體が太公廟碑というものにあると手近の書道字典に見えます。拜跪草萊碑ならばとにかく語を成します。不取敢十二月一日」という文面である。石川は自分の記事を連載する月報が付された『鷗外全集』を岩波書店から吉川へ送らせていた。右の葉書では吉川は未だ月報を読んでいない。右の葉書に「奉晤」とあるから、吉川は東京で石川に会っている。その席で石川は吉川に、茶人にして漢詩をよくした藤村庸軒の漢詩の第十四句を「琴跪」と読んで印刷に附したが、文意が通じないので、安ぜずに、吉川に質した経緯が推察される。「京の墓（八）」には、庸軒の京都西翁院にある墓に詣でて、その水屋の壁の板額に、「題西翁院」という漢詩が刻してあるとして、全文を写していた。その漢詩の引用に際して「他にこれを印刷したもの二つを併せて見るに、二つともちとの誤記あるひは誤植がある」としている。すでにこれだけでも校勘学者の姿勢を保持しているのだが、吉川は石川の引用にもさらに不審の点があるとして第七聯を石川が月報で「經過狐兎徑、琴跪艸菜碑」と読んだ中の、後半の一字目を「拜」

と読むべきであるとした。「経過す狐兎の径を、拝跪す艸萊の碑に」とせよというのである。

吉川はこの後、昭和四十八年十二月二日と十二月十四日とに、石川に葉書を寄せて藤村庸軒の漢詩の翻字についての「校勘」を続けている。十二月二日付葉書には「拝啓　郵政趦趄昨片發後鷗翁集着。早速御／尊文敬讀。庸軒五排猶容商量者有之候。例せば／一千重深枝とあるは深字のところ仄ならでは協はず、千字も／疑はし。老羸罷緩歩五字共に仄字は尤もいぶかし。／六世得知生も不辭。殊に生字のところは必ず何か仄字ならん。拝跪草菜碑は前案の如くなるべく、／四字目菜に到つては菜蔬を前に陳べたることに由りても確かなるべし。紫雲に黒谷の山名を用ひて如意ケ／嶽の月に対せしめたるべし。なほ文殊塔畔ハ先師／狩野君山の墓より垂加翁と背中合せの何になる／は餘事として致御聞。癸丑十二月二日　弟幸頓首」というものである。冒頭は漢文尺牘の趣を呈する。訓ずれば「拝啓　郵政趦趄として昨片発せし後、鷗翁集着す。早速、御尊文を敬しんで読む。庸軒の五排、猶ほ商量す容き者之有り候」。郵便配達がぐずぐずしていたのか、昨日付の葉書の返信を投函した後に、「京の墓（八）」という石川の文章を付した『鷗外全集』第二十五巻が吉川の手元に届いたので、早速月報を読んだという内容である。前便で第十四句の冒頭の「琴」を「拝」とすべきだとしたことは、「確かなるべし」と再確認している。加えて、第四句の「一千重深枝（一千深枝重し）」と第十七句「老羸罷緩歩（老羸緩歩を罷め）」という句も、前者は二四不同の禁を犯し、後者は「五字共に仄字」なので「猶ほ商量す容き者之有り」とする。第十九句「六世得知生（六世生を知るを得）」については「不辭」とする。「不辞」とは語を成さない、意が通じないという意味である。

十二月十四日付葉書は「拝啓　宇田喜美より尊翰轉達に添えて原木匾／照相示され候得共、依稀模糊として辨じ難く／殊に末聯は老眼を摩挲して僅かに筆画を追ひ得たるも其の第一句は何と読むべきか思案に餘り申候。／枝の上の一字はなるほど深に似たるも義にては平／仄叶はず。又深枝は不辭。庸軒の文学和習ありと／するも恐不至於至。たゞ菜字は夏承碑菜に作／り麻姑仙壇記菜に作ると手許の台湾版中国／書法大辭典なる俗書に相見え候。向寒御自愛を／夷斎先生侍史
弟幸次郎　頓首　癸丑十二月十一日

石川は十二月二日付の葉書で吉川が平仄の合わない点、「不辞」なる点で疑義を抱いた第四、十七、十九句について、さらに協議すべく、岩波書店の担当編集者を介して、京都西翁院の水屋に掲げられる藤村庸軒の漢詩の扁額の写真を吉川

宛に送らせている。結局、疑問点は残り、「和習ありとするも恐らくは至に至らざらん」ということとなる。「和習」と決めつけてもしまうのも至当ではないというのである。吉川が石川との交流を通じて、「江戸の儒の緒を守らんとするもの」（前出「神田鬯盦前輩に寄する書――日本塡詞史話上」の書評に代えて）との姿勢を鞏固にしつつあったことが知れる。

石川は二度に亘る吉川の指摘を受けて、全集月報では「ここに記したのはどうやら誤りなきにちかきか。なほこの題詩のあとに、刻字はほとんど闇にまぎれてゐるが、時元祿三年庚午春とかすかに讀める。方印二。一は「當直」一は「庸軒」とおぼしい。さきの挂幅の句はカタカナまじりの草書であつた。庸軒は筆札を善くしたことがうかがはれる」と記載されていた記事を「今さいはひに吉川幸次郎氏の示教をかうむつて右のごとく讀むことをえた。ただし、吉川さんの指摘に依れば、この詩句には平仄上疑ふべきふしぶしがあるといふ。おそらく和臭の弊か」などと、「琴」を「拜」に改めたことに付随して、月報の初出に比して校正で本文を大きく書き換えている。石川が鷗外が慊堂・椋齋から継承した考証学、校勘学の精神を自らも奉じていたことがよく分かり、やはり清朝考証学者の継承者を以て自任していた吉川が、石川の誠意を助けていたことが分かるであろう。

結語

世田谷文学館で編輯刊行された「石川淳日記」昭和二十五年二月十四日の條には「雪。河出書房田中西二郎竹田博來、小説大系戰後篇の一巻として坂口太宰織田及余の篇を編むよし 承諾しおく、焼酎をのみ雑談するに田中共産党ぎらひにて賀川豊彦を偉人といふ。この男余が架藏の佛國禪師文殊指南圖説及明版李長吉集を示すにその何の書たるかを全く解せず。田中は北京に在りしこと二年半也、しかも唐山の書に暗くして賀川豊彦に明か也、余大いに笑ふ、馬鹿の見本也」とある。ここ出る田中西二郎という「馬鹿の見本」は、同年八月二日の石川日記にも登場し、そこでは自分の翻訳したメルヴィル『白鯨』を石川に示し、その序文執筆を伊藤整に依頼し、伊藤をして石川の『森鷗外』の内容に自分が関与していたという事を書かしめて、自分を売り出そうとした下劣な人物と石川が判断して、絶交したことが書かれている。田中西二郎は、北京に二年くらして、英会話と現代中国語会話とは能くしたであろう。しかし、明版の李賀の詩集の価値や宋版を覆刻した江戸時代の和刻本が十数点ある『佛國禪師文殊指南圖譜』に関する知識が皆無であった。鷗外が死するまでその史伝執筆を熱望し続け、その精神を石川は継承し、尊崇し続けた松崎慊堂・狩谷棭齋という校勘学者、書誌学者とは全く無縁の徒で田中はあったのである。田中はその学問の質を「馬鹿の見本也」と罵られるにとどまらず、その徳性を欠いた名声欲、出世欲を看破されて、夷斎に絶交状を叩き付けられる。校勘学はすべての学藝の基礎であると同時に、心性を磨き、徳性を高める文字と言葉の学問でもあった。

夷齋は岩波書店の『芥川龍之介全集』推薦文に「先達つねに悩み多く、春風かならずしも和煦ならず、況や秋水の胸臆に透徹せるをや、されば李長吉も心事波濤の如く中坐時時驚くといへり」と李賀の「申胡子篳篥歌」の中の詩句を引用して、若き日の吉川同様、芥川に傾倒した時期があったことを披瀝し、同時に明版まで所蔵していた李賀の漢詩集を暗誦する迄愛読していたことを示している。「馬鹿の見本」という罵語は、決して短気な「江戸っ子」意識の発揚などに留まらず、深い学識と洞察力とに裏付けられたものであり、これが好意的に発動すると、安倍公房を世に出すための親身な指導提撕、金銭的援助となったことは、日記の他の文について見れば知れるのである。

こうした石川淳の見識の高さに深い共感を抱いて、吉川幸次郎は昭和二十六年から逝去の年まで交友を続けたのである。両者の共通する教養のあり方は、見て来たようにフィロローグ校勘学者の文献解釈力を、流行に支配され、経済原理に屈従しがちのフィロゾーフの上に置くものであった。その高雅な友情を支えた教養の基盤には、石川が全く能くしなかった北京語直読力、中国語会話力などは全く介在せず、吉川が「爆弾宣言」であった北京語直読論とは裏腹に終生維持していた「自分は中国の詩だけは、訓読でないと読んだ気がしない」という訓読への親近感であり、そのリズムを体得していた感性であった[6]。

注

(1) 堀正人「吉川幸次郎君の回想」(『吉川幸次郎』(筑摩書房、一九八二年)所収)。「鏡花全集目録開口」は大正十四年三月に春陽堂版全集の宣伝文として発表せられたもので、吉川は当時これを目にして感歎したのである。その書き出しは「鏡花泉先生は古今に獨歩する文宗なり先生が俊爽の才美人を寫して化を奪ふや太眞閣前牡丹に芬芬の香を發し先生が清超の思神鬼を描いて妙に入るや鄒湛宅外楊柳に啾啾の聲を生ずるは已に天下の傳稱する所我等亦多言するを須ひずと雖も其の明治大正の文藝に羅曼主義の大道を打開し艶は巫山の雨意よりも濃に壯は易水の風色よりも烈なる鏡花世界を現出したるは啻に一代の壯擧たるのみならず又實に百世に炳焉たる東西藝苑の盛觀と言ふ可し」というもので、いわゆる駢文体の荘重な「漢文訓読体(普通文)」なのである。

(2) 尾崎雄二郎「文体・吉川幸次郎先生」(同右書所収)。

(3) 島田虔次「お貸しした本」(同右書所収)。

（4）吉川幸次郎「細香紅蘭二女士傳序」（『知非集文續』（一九六三年六月）所収）の冒頭に「本朝儒林文質彬彬及江戸之代殆極其盛幸次郎無似數典而忘祖通知其平生者鮮況有婦人焉（本朝の儒林、文質彬彬として江戸の代に及んで殆んど其の盛を極む。幸次郎無似にして典を数へて祖を忘る。其の平生を通知する者鮮し。況んや婦人有るをや焉。）」とある。ここではこの『春秋左氏伝』昭公十五年の故事成語「數典忘祖」を謙遜、自己反省の意味で使用している。

（5）「吉川　……しかし私的なことをきいて失礼ですけど、初めて烏森でお目にかかったとき、ご先考は儒官だとおっしゃいましたけれども。

石川　祖父は石川甲太郎といいましてね、聖堂には顔を出していたようですが、儒官というほどのものじゃありません。

吉川　いや、聖堂の儒官でしょう……

石川　甲太郎は通称で、ナントカ齋とかいう号があります。夏生といってたかな。ヘッポコですよ……」などとある（昭和四十四年朝日新聞社刊『古典への道』附録「中国古典と小説」、『夷齋座談』中央公論、一九八二年再録）。

（6）「（吉川）先生がたとえば、「太史公司馬遷が、賢聖発憤の為作というように、この天才の述作も憤りに始まる……」（全集十七巻）と筆を起こされるとき、それはたとえば、「憂内にあればおのづから言に發して鳴る。いにしへは三閭の大夫、こころざしを江水に傳へて遺響永く絶えず。後の世には西歐黄昏の騒人、幽情ほとばしつて歌ふところ、たちまち詩林の戰慄とはなれり」（石川淳「芥川龍之介全集に寄す」）と相発揮しないではいない。いずれを先、いずれを後とは、この際空しいのである」（尾崎雄二郎「文体・吉川幸次郎先生」（『言語生活』一九六〇年六月）所収）。

【II　中国研究に新風を吹き込む】

今はいくさの服もぬぎ

――目加田誠とその「ブンガク」研究

稲森雅子

目加田誠（一九〇四～九四）は、『詩経』研究や『文心雕龍』、『世説新語』などの注釈で知られる。文献の精読と新たな視点に基づく簡潔で美しい文章は、今もなお読む人を魅了してやまない。また、九州大学と早稲田大学の中国文学講座で初代教授をつとめた。その研究活動の原点は、北京留学や壮絶な戦争体験にあったように思われる。

はじめに

令和元年（二〇一九）、中国文学研究者のタイムカプセルが立て続けに公開されて話題を呼んだ。封印者こそ、戦後の中国学を牽引した目加田誠（九州大学名誉教授）である。

新元号の発表を目前にした二月十六日、『朝日新聞』朝刊一面に「幻の元号、二〇案超　平成改元時に最終案出した教授メモ、発見」との記事が写真入りで掲載された。書斎の引き出しに、最終候補三案の一つ「修文」を含む二十九案を記した原稿用紙九枚が遺されていたのである。各社も相次いでこれを報じて話題となった。翌三月には、遺品を保管する福岡県大野城市の「大野城心のふるさと館」で一般公開され、多くの人が足を運んだ。

次いで六月、九州大学中国文学会編『目加田誠「北平日記」――一九三〇年代北京の学術交流』（以下『北平日記』と略称）が中国書店より出版された。これは、目加田誠が昭和八年（一九三三）より一年半、北京（当時は北平と呼ばれた）へ留学した時の記録で、二〇一二年夏、旧蔵書整理中に洋菓子

いなもり・まさこ――九州大学文学部非常勤講師。専門は中国文学、民国期学術交流史。主な著書に『開戦前夜の日中学術交流――民国北京の大学人と日本人留学生』（九州大学出版会、二〇二一年）、論文に「孫楷第の中国小説書目編纂と日中の学術交流」（『日本中国学会報』第六九集、二〇一七年）、「清華大学教授銭稲孫の重建懐徳堂訪問記念写真について」（『懐徳』第九一号、懐徳堂記念会、二〇二三年一月）などがある。

箱の中から見つかった。これに九州大学中国文学講座（主任静永健教授）が注釈を付けたのである。一昨年、南京の鳳凰出版社より中国語訳『北平日記』が出たほか、中国文史出版社より孟彤『目加田誠及其中国文学研究』が出版されるなど、中国でも注視されつつある。

目加田誠は、中国最古の詩歌集『詩経』の研究者として知られている。研究範囲は多方面に及び、六朝時代の『文心雕龍』や『世説新語』、『唐詩選』などの注釈書もある。また、九州大学と早稲田大学で中国文学講座の基礎を築き、人材育成にも心を砕いた。明治から平成まで激動の時代を生きた目加田誠。どのように研究に取り組み、いかなる成果を残したのか、足跡を追ってみたい（引用にあたり適宜、常用漢字及び現代仮名遣いに改めた）。

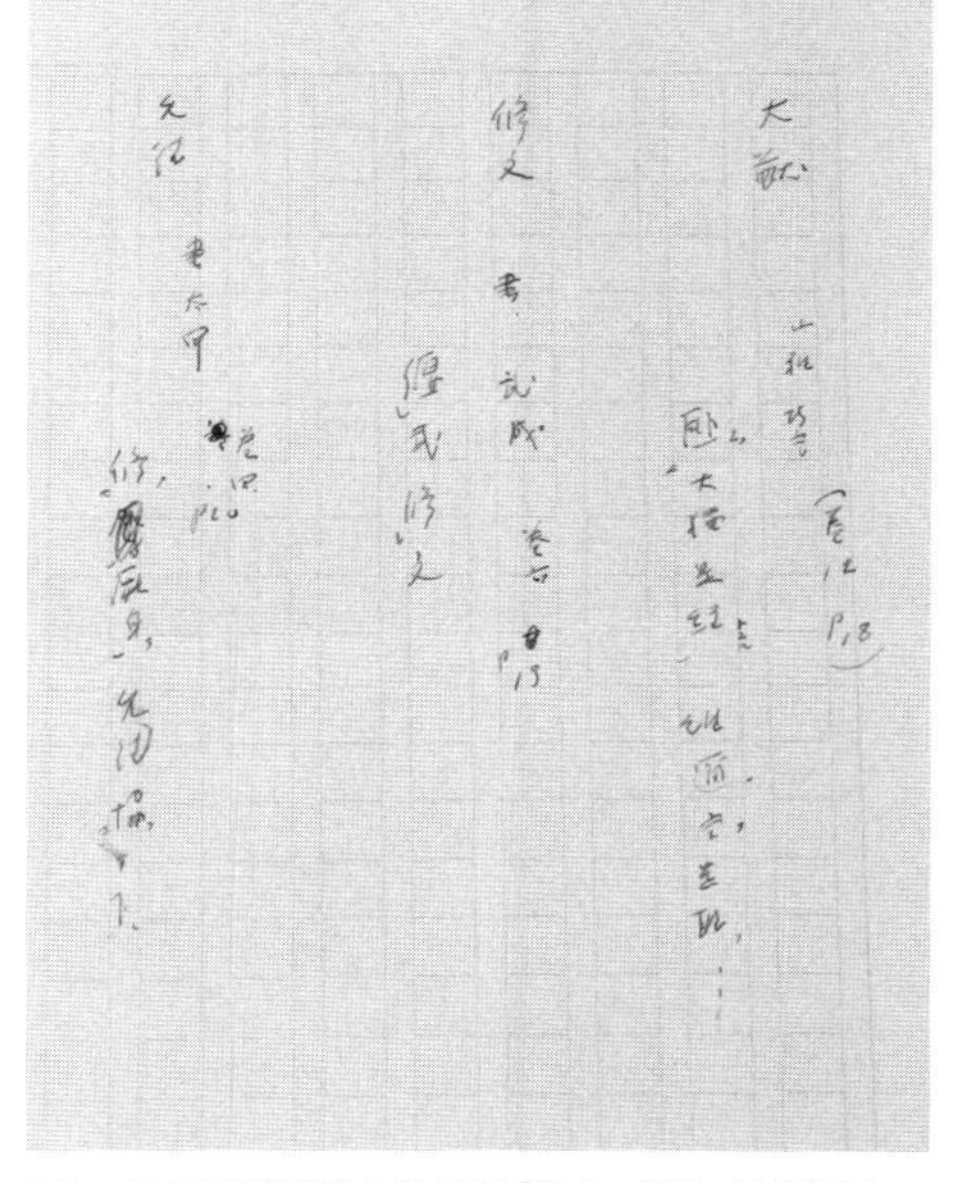

図1　目加田誠手筆の元号案「修文」部分（大野城心のふるさと館蔵　筆者撮影）

図2　『北平日記』八巻（大野城心のふるさと館蔵　筆者撮影）

図3　九州大学中国文学会編『目加田誠「北平日記」――1930年代北京の学術交流』（中国書店、2019年6月）表紙

一、略歴

目加田誠は、もう一人の旗手、吉川幸次郎（京都大学名誉教授）と同年の生まれである。山口県岩国市、錦帯橋の見える静かな城下町で多感な少年時代を過ごした。当初から中国文学を志していたわけではない。早稲田大学露文科の予備教育機関（高等学院）の試験を急病のため逃してしまった。水戸高等学校から東京帝国大学へ進んで、塩谷温（しおのやおん）（一八七八〜一九六二）に戯曲小説を学んだ。第三高等学校教授を経て、一九三三年秋、九州帝国大学支那文学講座初の専任教員に任じられると同時に北京へ留学し、一九三五年の春に帰国した。その後は定年まで九州大学で教鞭を執り、後進の育成にあたった。次いで早稲田大学へ招かれ、自身二度目の中国文学講座初代教授となる。一九七四年に早稲田大学を辞した後も門下生と輪読会を続けるなど研究の日々を送り、集大成として一九八一〜八六年に龍渓書舎より『目加田誠著作集』全八巻を出版した（以下「著作集」と略称）。

また、九州中国学会会長や日本中国学会会長を歴任、つねに学界をリードして、一九八五年日本学士院会員に選出された。

二、『詩経』と『文心雕龍』

目加田誠といえば、中国最古の詩歌集『詩経』と、六朝の文芸理論書『文心雕龍』の二つがまっさきに連想されるであろう。しかし、北京から帰国後しばらくは、さまざまな時代やジャンルの論考が続く。主軸を定めるべく、試行錯誤が続いていたようにも思われる。転機は思わぬ形で訪れた。日中戦争の頃になると、新しい資料の入手も難しくなっていた。のちに、次のように回顧している。

> 当時私は日本軍の中国侵略がどうしても納得行かず、といって自分にはどうすることもできず、心の晴れぬ日々を送っていた。せめて古来東洋人の教養となってきた中

国古典の精神を学び考え、それを書き残すことを自分の務めとしようと思った……一つは中国文芸論の最も古く、且つ最も重要な梁の劉勰（りゅうきょう）の『文心雕龍』の翻訳に手をつけ、同時に中国文学の母ともいうべき『詩経』を読み続けた……『詩経』をこのように純粋に古代の歌謡文学として扱ったのはこれが初めての試みであることは、今もひそかに自負している。（講談社学術文庫『詩経』「序」）[1]

皮肉にも、戦争による社会不安と文献の不自由が、目加田誠を『詩経』、『文心雕龍』研究へと向かわせ、いつしか『詩経』が心の拠り所となっていったのである。

（1）『詩経』

一九四三年に日本評論社より東洋思想叢書の一つとして研究書『詩経』を出版する。成立年代や編纂過程、形式類型を中心に論じ、新たな詩経学の出発点となった（主要論考は著作集第一巻に収録）。本書は、現代語訳においても一石を投じた。周知のとおり、『詩経』は四書五経の一つである。儒学の教えに沿うことが重んじられるあまり、本来の歌の内容からかけ離れた解釈もあった。目加田誠は、これに疑問を抱き、古代の人々の心を素直に読み解こうとつとめた。画期的な挑戦であったと言えるだろう。

一九五四年、大学の後輩、竹内好（よしみ）（一九一〇～七七）の斡旋により岩波新書『新釈詩経』が出版された。目加田誠の斬新でリズミカルな訳は、傷ついた人々の心を癒やし、一躍ベストセラーとなった。一例として、豳風「東山」より第一章を示す[2]。

我徂東山　われ東山に征（ゆ）きしより
慆々不帰　久しくなりぬ歳月（としつき）の
我来自東　今ぞ帰らむ道すがら
零雨其濛　雨さえいとど降りしきる
我東曰帰　いざや帰らむ身は東
我心西悲　思（おもい）は西に切なけれ
制彼裳衣　今はいくさの服もぬぎ
勿士行枚　枚（ばい）を含まむこともなき
蜎々者蠋　桑野にうごめく
烝在桑野　蠋（くわむし）か
敦彼独宿　いつまでかくて独り寝の
亦在車下　車の下にうずくまる

訳文は、原文の意味を違えることなく、簡潔で小気味よい。「東山」は、周公（周の文王の子）が三年に及ぶ東方への出征から凱旋する際に、兵士の苦労をねぎらう歌とされてきた。これに対し目加田誠は、一九九一年の講談社学術文庫『詩経』で「三百篇中たぐいなき絶唱」と評し、次のように述べ

ている。(3)

此の歌の、写実の妙をつくした切実な表現は、ただ上の人が、兵士を労らう為めに作ったものとは思われず、必ずや東征の兵士たちが、身に沁みる哀感を、偽らず歌い出したものに違いない。

さきの著作集にも同様の一文があり、繰り返し読み込んだ末に辿り着いた解釈への自信が窺える。『詩経』の訳文は、出版のつど手が加えられ、よりよい文章を求める営みは晩年まで続いた。

中国文学のもう一つの源流『楚辞』とその代表的作家の屈原についても、解説書を手がけた。「九章」の一篇「橘頌」を見てみよう。江南の楚国に育ったちばなの木の美しさを賛美し、屈原が楚国と運命を共にする志を詠んだものともいわれる。(4)

后皇嘉樹　あめつちの嘉(めでた)き樹
橘徠服兮　橘のこの土に馴れて
受命不遷　うけし命のまゝに遷らず
生南国兮　みんなみの国に生(お)いたり
（中略）
曽枝剡棘　重なる枝　剡(するど)き棘(とげ)
円果摶兮　まろまろと円きその実
青黄雑糅　青と黄の色もまじりて
文章爛兮　いろどりもしるくかがやく　（以下略）

「后皇」は皇天后土（天の神と地の神）、「徠(らい)服」は南方の地にやって来てその地にならうこと、「摶(だん)」は団と同義でまるいことを指す。自ら「わざと調子を変えて訳してみた」と述べるように、「あめつち」、「みんなみ」、「まろまろ」などの語が柔らかさを加えている。

一九七二年秋の日中国交正常化交渉の折、楚地方出身の毛沢東主席は、田中角栄首相へ『楚辞集注』を贈った。日中共同声明の調印を記念して一九七三年に読売新聞社より完全複製本が出版された折、吉川幸次郎が贈呈の経緯説明を、目加田誠が『楚辞』の解説を担当した。

（2）『文心雕龍』

南朝梁の劉勰(きょう)が著した『文心雕龍』は、本文が難解なことで知られている。目加田誠は、この方面でも先駆けとなった。終戦直前の一九四五年三月より一九六二年まで七回にわたり九州大学文学部の『文学研究』に現代語訳を発表し続け、一九七四年、平凡社の中国古典文学大系第五四巻『文学芸術論集』に完結した。本書は、研究者必携の書となり、著作集第五巻にも収められている。全篇の総序にあたる「序志　第五十」の冒頭と結語「贊」を次のように訳した。(5)

文心とは、文を作るに際して働かす心である。昔、涓子に『琴心』、王孫子に『巧心』と名づける著書があったが、まことに心とはなんという美しい言葉であろう。だから、私もこの書物の題名に「心」という字を用いたのである。また古来、文章というものは、雕飾をもって本質とするがゆえに「雕竜」と称したので、なにも昔、騶奭の文章が美しくて、「竜を雕る」ようだといわれたのにまねたくて、それから取ったわけではない……賛に曰く、人生には限り有り。才知には限り無し。限り有る身をもって外物を逐えばむつかしく、自然に任せれば容易である。山水の間に悠々自適し、心ゆくまで玩味しよう。文章がはたして心を伝えてくれるものなら、私の心もまた寄托するところありというものだ。

六朝文芸理論は、目加田誠の好むところで、「六朝文芸論覚え書」、「六朝文芸論における『神』と『気』の問題」、「詩格及び詩境について」、「劉勰の風骨論」、「中国文芸思想における『自然』ということ」などが著作集第四巻に採録されている。

三、『唐詩選』と杜甫

戦後の復興が進む中、出版界にも新たな動きが生まれた。平凡社の中国古典文学全集、明治書院の新釈漢文大系、岩波書店の中国詩人選、集英社の漢詩大系など、陸続と注釈書シリーズが企画されたのである。そのため、中国学の研究者たちは、おのおの専門分野で執筆に取り組むことになる。

（1）『唐詩選』

目加田誠も一九六〇年頃、明治書院より『唐詩選』の執筆依頼を受けた。これをきっかけに本格的な唐詩の研究が始まり、四年がかりで完成させた。「はしがき」には「あまり気がすすまなかったが、一度手をつけてみると、従来の注釈では解決のつかぬ問題が多く……これまでの諸大家の注解は、おおむね文章が難解にすぎ……私はつとめて平易な表現をもって解釈し、同時にこれまで人の気づかなかった矛盾を解決しようとした」と記す。

晩唐の于武陵「勧酒（酒を勧む）」を例にみてみよう[6]。井伏鱒二が第四句を「サヨナラダケガ人生ダ」と訳したことでも知られている。

勧君金屈巵　　君に勧む金屈巵
満酌不須辞　　満酌辞するを須いず
花発多風雨　　花発いて風雨多し
人生足別離　　人生　別離足る

君にすすめる黄金の盃

なみなみと溢れるほどについだ酒、辞退などしたもうな
花が開けば雨風多く
人の生涯には別離ばかりが多すぎる

五七調を基本として本意に沿った「平易な表現」が実現されている。

解説文「余説」には、しばしば独自の解釈がある。一例として、李白の「峨眉山月歌」を示す。[7] 峨眉山は、四川省成都の西南に位置する名山である。本詩は、李白が二十五、六歳のころ、ふるさとの四川省を初めて離れるときに詠んだ作とされている。

峨眉山月半輪秋　峨眉山月　半輪の秋
影入平羌江水流　影は平羌江水に入って流る
夜峡清渓向三峡　夜　清渓を発して三峡に向かふ
思君不見下渝州　君を思えども見ず　渝州に下る

【余説】「思君」の「君」は、表面は月をさしているけれども、何か作者の胸に忘れえぬ面影があったのではないか。峨眉山の名は峨眉に通じる。美しい人の眉は三日月のようではなかったろうか。この詩は、峨眉山・平羌江・清渓・渝州・三峡と五つの地名をよみこんで、少しも耳ざわりにならぬのが、さすが上手の作として古来たたえられる所である。

この詩の「君」は、月を指すとするのが通説で、ほかに友人を指すとの説もある。これに対し、目加田誠は、「眉」が美しい女性の表現に用いられることから李白の想い人を指すとの説をとった。丹念に読み込み広く用例を求めて「矛盾を解決しようとした」のかもしれない。

『唐詩選』巻頭の「唐詩概説」は、著作集第四巻の回顧録「論文集のあとに」で「これまで人があまり扱わなかった初唐の詩人をかなり詳しく書いたところにあると自負」する出来で、晩唐部分を加筆して著作集第六巻『唐代詩史』となった。

(2) 杜甫

杜甫は、とりわけ思い入れが強かった詩人である。周知のとおり、吉川幸次郎もまた杜甫に心酔した。華やかな唐の最盛期から、安史の乱により混乱する時代までを生きた杜甫。その苦難に満ちた生涯が、目加田誠自身の前半生と重なり、心に強く響いたことは想像に難くない。「戦時中も戦後も、感動して涙を流すことがたびたびで、強くひとすじに生きぬいた古人の心を得ようとつとめた」と回想している。[8] 一九六五年に集英社の漢詩大系第九巻『杜甫』、一九六九年に社会思想社より現代教養文庫の一つとして『杜甫物語――詩

と生涯』などが刊行され、著作集第七巻『杜甫の詩と生涯』となった。思いの一端を「春望」から見てみよう。

国破山河在　国破れて山河在り
城春草木深　城春にして草木深し
感時花濺涙　時に感じて花にも涙を濺ぎ
恨別鳥驚心　別れを恨んで鳥にも心を驚かす
烽火連三月　烽火　三月に連り
家書抵万金　家書　万金に抵る
白頭掻更短　白頭　掻いて更に短く
渾欲不勝簪　渾べて簪に勝えざらんと欲す

至徳二載（七五七）四十六歳の杜甫は、反乱軍の占拠する長安に幽閉され、家族と離ればなれのまま新年を迎えていた。目加田誠は、現代語訳に続けて、次のように説く(9)。

「国破れて山河在り」は、われわれもかつて身をもって体験した。敗戦の翌年の春であった。桜の花は依然として咲き、小鳥も依然として啼いた。しかるに人の世の姿は、あまりにも変りはてた。私はしみじみ自然の無情を感じた。草木の無心と、人間の有情との、切ない対比であった。

この文章は、時空を超えて杜甫の、また目加田誠の心情を想起させる。実際に味わった感覚を述べており、戦争を知らない世代の者には決して書くことの出来ない解説である。

杜甫五十五歳のときの連作「秋興八首」の総評には、人生を重ねた目加田誠の心情がまっすぐに綴られている(10)。

この詩の深く切ない憂愁にみちた気持は、恐らく青年の人には共感されないであろう。また、わかってもらわぬ方がいいのかもしれぬ。これは希望に燃え、憤りに燃える若い人々の好むべきものではない……この詩人の一生を考え、ましてその不幸なうちにも、ついぞ誠実を失わなかったこの人の心を考えれば、この侘しい晩年の心境を、どうして感動をもって読まずにいられよう。誰しも年をとって来て、人生の侘しさ、生きてきたことの空しさを感ぜねばならなくなったときに、もう一度この「秋興八首」を味わってみてほしい。

みずからの実感ゆえに説得力がある。現代の解説は、客観性と正確性を求める傾向にあり、主観的記述は多くない。しかし、文学作品を味わうとき、私情を踏まえることも時として効果をもつように思われる。

四、『世説新語』

『世説新語』は、南朝宋の劉義慶が著した一〇〇〇篇余りの逸話集である。後漢末から魏晋までの知識人たちの姿が生き生きと綴られている。これを補足するのが梁の劉孝標による注で、現在伝わらない稗史を含む点でも貴重とされる。

明治書院の新釈漢文大系に収められた三巻は、早稲田大学の門下生との共同作業から生まれた。大学院の演習に始まり、退職後は荻窪の目加田宅へ集まって輪読会が続けられること五年余りに及んだ。当時の様子を今浜通隆氏は著作集第五巻の「解説」で次のように回想する。

窓向きに置かれた机に、学生には背を向けるようにして博士が着席されている。いつもこうであった。博士は、雑談の折と「狩り」の時とはその座る場所を必ず替えられた……時に、原文に対する適訳が見つからないと……まさしく瞑想の姿勢にはいられるのであり、それが十分・二十分、あるいはそれ以上も続くことがあった。意味があっていればいい、ということでは博士は決して承知されなかった……適訳を「狩り」だされた時には、それこそ、「パチン」と膝を打たれ、後ろを振り向いて満足げに「ニッコリ」とお笑いになるのが常であった。

一例を「容止篇」より紹介しよう。晋を代表する文人、潘岳と左思の見た目にまつわる有名な逸話である。(11)

潘岳妙有姿容、好神情。少時、挟弾出洛陽道、婦人遇者、莫不連手共縈之。左太沖絶醜。亦復效岳遊遨。於是群嫗斉共乱唾之、委頓而返（潘岳は妙(みょう)に姿容有りて、神情好(よ)し。少(わか)き時、弾を挟んで洛陽の道に出づるに、婦人の遇う者、手を連ねて共に之(これ)に縈(まと)わざる莫し。左太沖は絶(はなは)だ醜し。亦復(また)た岳に効(なら)って遊遨(ごう)す。是(ここ)に於いて群嫗(おうひと)斉しく共に之に乱唾し、委頓(いとん)して返る)。

【訳】潘岳は、容姿がまことに美しく、なんともいえぬ風情があった。若い時、はじき弓を小脇にかかえて洛陽の道に出ると、出会った女たちは皆手をつないで彼をとりまいた。左太沖（左思）は、はなはだ醜かったが、彼も潘岳のまねをして遊びに出かけた。すると婆さんたちがいっせいにやたらと唾を吐きかけたので、すっかりしょげて帰った。

潘岳の風貌を形容する「妙有姿容、好神情」、左思に対する「群嫗斉共乱唾之」のさま、左思のがっかりした様子「委頓」（くじける、力が抜けるの意）の訳語は、いずれも明快で、それぞれを生き生きと描き出している。自然かつ最適な日本語の「狩り」に成功していると言えよう。このような姿勢は一貫したもので、多くの受業生が述懐するところである。著作集月報中にも上尾龍介「『唐代文学史』の頃」（第二巻）、田口暢穂「『唐詩三百首』のころ」（第五巻）、植木久行「学問と道楽」（第七巻）、松崎治之「〃恩師に学ぶ〃」（第八巻）

などがある。

なお、『漢詩日暦』も、福岡に戻ったのち門下生との共同作業により生まれた書である。

五、多方面の論考

論文を集めた著作集第四巻『中国文学論考』を一覧すると、編著書と異なる分野が多く、目加田誠の関心が広汎に及んでいたことが確認できる。

まず宋詞について。目加田誠は、留学中に孫人和の講義に通い、おおいに触発を受けた。『北平日記』には、辛棄疾『辛稼軒詞疏証』、周密『絶妙好詞箋』、葉小鸞『返生香』など、詞に関する記述が散見される。「詞源流考」は、帰国間もない一九三六年に発表したもので、宋詞専論としてはかなり早い。

戯曲小説は、目加田誠の好むものであった。東京帝国大学卒業論文の題目は「支那戯曲小説史上に於ける西遊記の発展」で、内閣文庫所蔵の元曲『西遊記』について論じたという（未見）。大学時代の親友、星川清孝（一九〇五～九三、茨城大学名誉教授）は「（目加田誠）君の芝居通は相当なものであつた。私は平素、戯曲の研究は実際の演技と切りはなせないものだと考えていたので、感の好い目加田君こそその適任者だと思つた」[12]と述べている。例えば「滝沢馬琴と水滸伝」は、日本の翻案作品と比較するという新たな視点を示したもので、愛好者ならではの考察であろう。

清代の長編小説『紅楼夢』は、北京で満洲貴族出身の中国語教師、奚待園からを学び、その世界に耽溺した。奚待園は、倉石武四郎、吉川幸次郎、奥野信太郎らにも教えた人で、小説の舞台となった貴族生活に詳しかった。目加田誠は、同世代の研究者兪平伯（一九〇〇～九〇）と会って帰国後「兪平伯氏会見記」（著作集第八巻に再録）を執筆し、講義や演習でも頻繁に講じた。ただし、現代語訳は大学の一年後輩、松枝茂夫（一九〇五～九五）に託した。松枝茂夫は、一九三九年から八年間九州帝国大学に在籍し、岩波文庫から訳本十四巻を出した。著作集第六巻月報に「目加田さんとのあいだ」を寄せて「校正刷を目加田さんに見て貰った……紅楼夢への理解は私などより遥かに遥かに深かった」と明かしている。一連の状況は『紅楼夢学刊』二〇二二年第一輯の李由「『北平日記』与被隠没的日本紅学家目加田誠」にも指摘がある。また、早稲田大学教授小川利康氏のご教示によれば、目加田誠の松枝茂夫宛書簡（早稲田大学會津八一記念博物館蔵）に『紅楼夢』翻訳への言及があるとのこと。今後の課題としたい。

同時代の劇作家をいち早く論じた「曹禺の戯曲」は、一九五一年に書かれた。代表作「雷雨」の一部を訳出したほか、欧米の近代戯曲からの影響を指摘している。このほか、現代文学論の「礼教喫人」、「祝福の書かれた頃」は、伝統打破思想の遡源を明代の李卓吾に求めたもので、早期のジェンダー文学論としても興味深い。

他方、著名な文庫や外務省東方文化事業部東方文化学院など多くの蔵書を擁した東京や京都に比べ、九州は文献が不足しており、研究に制限が加わったことは否めない。なお、北京留学中に北京大学、中国大学で受け取った講義プリントの一部（楊樹達、陸宗達、黄節、馬廉、孫人和）は、大野城心のふるさと館に所蔵され、ウェブサイト「九州大学学術情報リポジトリ」でも閲覧できる。[13]

図4　目加田家アルバムより「目加田誠と銭稲孫」（九州大学中国文学会編『目加田誠「北平日記」――1930年代北京の学術交流』）235

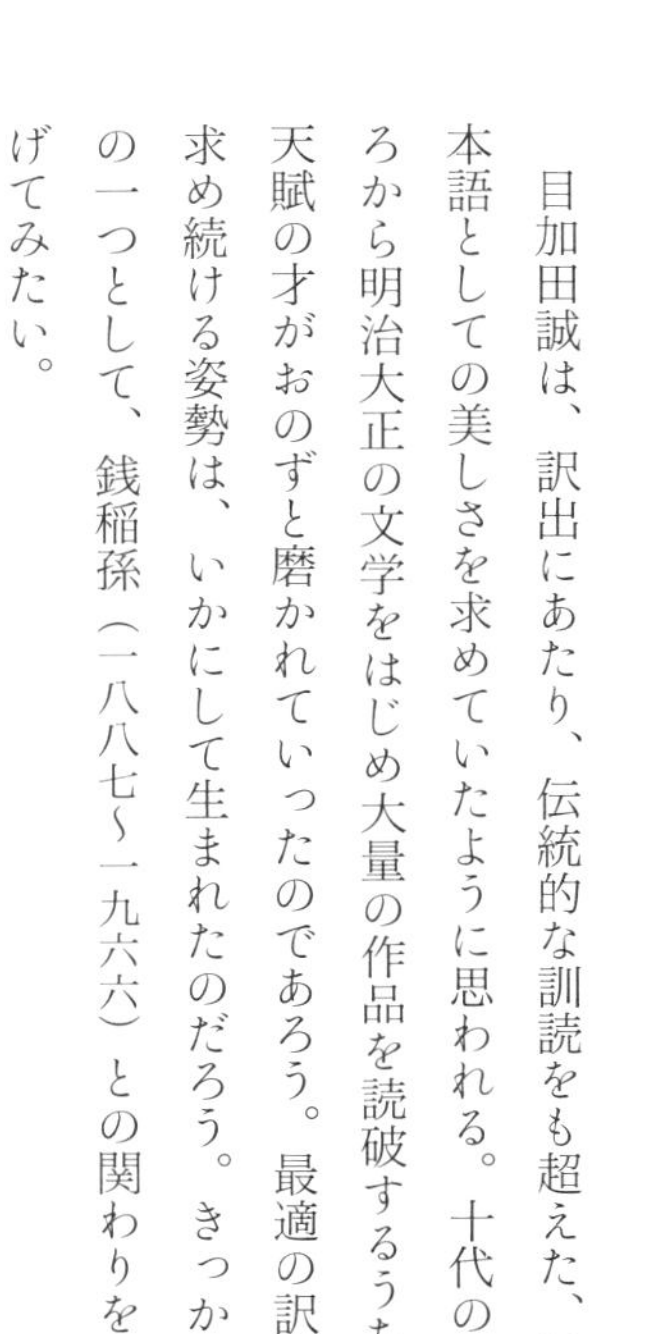

六、研究の底流

目加田誠は、訳出にあたり、伝統的な訓読をも超えた、日本語としての美しさを求めていたように思われる。十代のころから明治大正の文学をはじめ大量の作品を読破するうち、天賦の才がおのずと磨かれていったのであろう。最適の訳を求め続ける姿勢は、いかにして生まれたのだろう。きっかけの一つとして、銭稲孫（一八八七～一九六六）との関わりをあげてみたい。

銭稲孫は、自宅に日本語図書室「泉寿東文書庫」を開くなど日中学術交流につとめたが、のちに日本へ協力した文化漢奸（売国奴）とされ、厳しい立場に置かれた人である。日本人留学生とも親しく交わり、吉川幸次郎や奥野信太郎にも回想文がある。目加田誠は随想二篇「銭稲孫先生のこと」、「銭稲孫先生」を残した。[14]後者は次の文章から始まる。

北京留学の後半は西城の銭稲孫さんの宅に厄介になった。先生は浙江出身で、日本育ち、東京高師を出て、万葉や源氏に詳しく、北京大学で日本文学を教えていた。日本語が分かりすぎて、谷崎の春琴抄を翻訳しようとして『こいさん』などという語を、どう中国語に訳しても語感が違うといって苦しんでいた。

「こいさん」の訳に苦しむ逸話は、銭稲孫の翻訳態度を如実に示しているだろう。原文に忠実な翻訳と中国語としての美しさとの両立を重んじ、遅筆のあまり『源氏物語』の翻訳者を降ろされたと伝わる。佐々木信綱、吉川幸次郎らの尽力によって一九五九年に日本学術振興会から『漢訳万葉集選』が出版された。『詩経』に倣った文体は、一定の評価を得ている。語感にこだわり最適な言葉を選び抜こうとつとめた銭稲孫。その姿勢が目加田誠と重なるのは、単なる偶然であろうか。四合院の一室で、静かに熱く語り合っていたのかもしれない。

北京留学から帰国して十年の間に二度、目加田誠は中国をそれぞれ二ヶ月ほど旅した。

一九三六年秋は、朝鮮半島、中国東北部を巡った。中国東北部では、羅振玉や柴田天馬と面会し、現地の博物館や図書館、ラマ寺院などを訪ねて、現地の日本機関が管理していた文物や書物を鑑賞、閲覧した。その後、北京へ移動して再び銭稲孫宅に約一ヶ月逗留して調査した。

一九四二年秋は、上海から江南地方と北京を旅した。この時は、南京から長江を遡上して、廬山（江西省九江市）や武漢（湖北省）なども訪れた。この頃、すでに戦況は厳しさを増しており、危険と隣り合わせの旅であった。時に爆音を耳にし、生々しい戦闘の爪跡を目の当たりにする。現状を憂える日本人と語り合い心を通わせることもあった。前半生における三度の訪中経験はさまざまな形で研究に活かされていったと思われる。

目加田誠は、いずれも旅行日記を残しており（大野城心のふるさと館蔵）、現地の実情を知る一次資料としても貴重である。現在、ご遺族及び所蔵館の了解をいただき、活字化の作業をすすめている[15]。

おわりに

早稲田大学退職後も続いた『世説新語』輪読会。著作集第三巻「月報」の稲畑耕一郎「荻窪――『世説新語』を読んでいたころ」によれば、輪読会のあとは夕食の宴となり、みずからも厨房に立ったという。甥の中村民雄氏は、第二九回中唐文学会大会シンポジウム（二〇一八年十月五日、於早稲田大学）で目加田誠を「荻窪の住まいに訪ねるとすき焼きが供された」と回想された。すき焼きこそ、北京の留学生を囲む宴席で振る舞われた想い出の味であった。『北平日記』には、一九三四年十二月八日は周作人宅で、翌年一月二十三日には周作人や銭稲孫らの招宴で味わった記録がある。

『西日本新聞』二〇一九年二月十七日朝刊「平成へ改元の

元号二〇候補」の中で、高弟の竹村則行氏は「『修文』は武器を捨て、文化や学問を身に付ける、の意」と解説した。その他の元号案も平和への願いを反映したものが並ぶ。そこには、戦中戦後の苦しい時代を生き抜いた碩学の想いが強く込められているように思われる。

また、さまざまな理由からかたく秘されていた日記群は、令和になりようやく封印が解かれた。これらの資料が今後各方面の研究に活用されることを期待したい。

最晩年、石風社から短歌集『残燈』が出された。二胡のテープを耳にして瞳の奥に浮かんだのは彼の地の風景であった。

江南の春は菜の花桃の花畑の向こうを帆影すぎゆく

（一九九三年二月二十四日頃）

注

（1）目加田誠『詩経』講談社学術文庫（講談社、一九九一年）三、四頁。「序」は一九九〇年八月に記されたもの。

（2）目加田誠『詩経』岩波新書（岩波書店、一九五四年）一一〇頁。

（3）前掲『詩経』（講談社学術文庫）四九頁参照。

（4）目加田誠『定本詩経訳注（下）楚辞』目加田誠著作集第三巻（龍溪書舎、一九八三年）三五五—三五六頁。

（5）訳文は目加田誠『文心雕龍』目加田誠著作集第五巻（龍溪書舎、一九八六年）に拠る（四五〇、四五九頁）。引用部分の原文は「夫文心者、言爲文之用心也。昔涓子琴心、王孫巧心、心哉美矣、故用之焉。古來文章、以雕縟成體、豈取騶奭之羣言雕龍也……贊曰、生也有涯、無涯惟智。逐物實難、憑性良易。傲岸泉石、咀嚼文義。文果載心、余心有寄。」（范文瀾註『文心雕龍註　下冊』人民文学出版社、一九五八年）七二五、七二八頁。

（6）目加田誠『唐詩選』新釈漢文大系一九（明治書院、一九六四年）六五〇頁。

（7）前掲『唐詩選』六六八—六六九頁。

（8）目加田誠「記念論集が刊行されるに当って」（目加田誠博士古稀記念中国文学論集編集委員会編集『中国文学論集——目加田誠博士古稀記念』、龍溪書舎、一九七四年）四—五頁参照。目加田誠「この頃思うこと」（『早稲田大学中国文学会　集報』第二輯、一九七七年三月）一—二頁。同様の回想が前出「論文集のあとに」にもある。

（9）目加田誠『杜甫の詩と生涯』目加田誠著作集第七巻（龍溪書舎、一九八四年）九五頁。

（10）前掲著作集第七巻二五三頁。

（11）目加田誠『世説新語　下』新釈漢文大系七八（明治書院、一九七八年）七六五—七六六頁。

（12）星川清孝「目加田博士の還暦を祝う」（目加田誠博士還暦記念論文集刊行会『中国学論集——目加田誠博士還暦記念』、大安、一九六四年）四七九頁。

（13）稲森雅子・王昊聰・木村淳美・汪洋・陳褘璇「目加田誠旧蔵一九三四年大学講義プリント（一）～（五）」（『中国文学論集』第四九号、二〇二〇年）一一七—一八八頁。九州大学学術情報リポジトリURLは、https://catalog.lib.kyushu-u.ac.jp/opac_

browse/papers/?lang=0。

（14）「銭稲孫先生のこと」（『洛神の賦』、武蔵野書院、一九六六年）二五七―二六〇頁、「銭稲孫先生」（『随想　秋から冬へ』、龍渓書舎、一九七九年）六八―七一頁。

（15）拙文「目加田誠『北京旅行日記（一九三六年）』翻刻注（一）」（『中国文学論集』第四九号、二〇二〇年）、静永健・稲森雅子「目加田誠『北京旅行日記（一九三六年）』翻刻注（二）、（終）」（『文学研究』第一一九、一二〇輯、九州大学文学部、二〇二二、二〇二三年）、「目加田誠『中国旅行日記（一九四二年）』翻刻注（上）」（『文学研究』第一二一輯、九州大学文学部、二〇二四年）参照。残余分は来年以降に報告予定。

附記　本稿は、ＪＳＰＳ科研費JP20K12947の助成を受けたものです。

富岡鉄斎の晩年における藝術の伴走者たち

——鉄斎と京大中国学の人々

戦暁梅

大正期に八十代に入るとほぼ同時に、画境においても円熟の域に達した「最後の文人」富岡鉄斎。その画面はダイナミックで個性に溢れ、自由奔放でありながら確かな造形性と古典的な深みに支えられている。そんな鉄斎藝術をたらしめる所以は何なのか。本稿は最晩年の富岡鉄斎の交友圏に注目し、京大中国学の人々が鉄斎藝術の大成していく道を「伴走」した様子を紐解いていく。

せん・ぎょうばい——国際日本文化研究センター／総合研究大学院大学教授。専門は日中近代美術交渉史。主な著書・論文に『鉄斎の陽明学』（勉誠出版、二〇〇四年）、『近代中国美術の胎動』（瀧本弘之との共編、アジア遊学一六八号、勉誠出版、二〇一三年）、「渡辺晨畝と「日満聯合美術展覧会」」（上垣外憲一『一九三〇年代東アジアの文化交流』思文閣出版、二〇一三年）、『近代中国美術の辺界——越境する作品、交錯する藝術家』（瀧本弘之との共編、アジア遊学二六九号、勉誠出版、二〇二二年）などがある。

はじめに——交友圏からみる「儒者」富岡鉄斎晩年の藝術

富岡鉄斎（一八三六～一九二四）は幕末に生まれ、明治・大正期に活躍した文人画家で、江戸時代から続く日本文人画の流れから、しばしば「最後の文人」と称賛された人物である。その画風は晩年になるほど個性に溢れ、自由奔放でありながら漢学的教養に根差した深い境地を開いた。

鉄斎は画家と呼ばれるのを嫌い、つねに「儒者」を以て自任し、教養を持つ文人が余技として絵を描く「文人画家」の姿勢を貫いた。しかし、鉄斎藝術が大成した大正時代の日本は、明治時代の急速な欧化主義を経て、印象派以降の西洋モダニズム絵画が盛んに紹介される一方で新たな日本画が創出され、伝統的な文人画は次第に衰弱の道を辿った時代でもあった。そんな状況のなかで鉄斎晩年の画境に一層深みを増し、鉄斎藝術を大成させたものは何なのか。

本稿は、富岡鉄斎晩年の藝術が円熟の域に達したのとほぼ同時期に、鉄斎が京大中国学の人々と親交を深めていたことに注目し、創作姿勢や古典理解の側面から、鉄斎晩年の藝術にとってこの交友圏の持つ意味を考えてみたい。

一、富岡鉄斎の晩年における京大中国学の人々との交流概観

ここで言う「京大中国学の人々」とは、厳密に言えば「晩年の富岡鉄斎と交流の深かった京都帝国大学中国学の学者を中心としたネットワーク」といった表現が妥当である。

富岡鉄斎の息子、富岡謙蔵（一八七三〜一九一八、字君撫、号桃華）は明治四十一年（一九〇八）九月一日に京都帝国大学文科大学講師を嘱託された。以来、最晩年の富岡鉄斎は息子謙蔵を介し、京都帝国大学中国学の学者と交流し続けた。鉄斎・謙蔵父子と京都学派の関係については、すでに日比野丈夫「鉄斎と京都学派」[1]や柏木知子の一連の論考など[2]で紹介されているが、本稿ではこの交友圏の活動と鉄斎晩年における創作について検討する関係で、先行論考を踏まえてまずその交流の概観をしておく。

富岡鉄斎と親交のあった京大中国学の学者は第一世代と第二世代に分けることができる。第一世代は富岡謙蔵の同僚で、中国文学者・中国哲学者の狩野直喜（一八六八〜一九四七、字子温、号君山）、東洋史の内藤虎次郎（一八六六〜一九三四、字炳卿、号湖南、以下内藤湖南と称す）のほかに、地質学者・地理学者の小川琢治（一八七〇〜一九四一）、中国文学者の鈴木虎雄（一八七八〜一九六三）などが挙げられる。第二世代は狩野直喜や内藤湖南の弟子格で、鉄斎に直接絵画の手ほどきをしてもらった中国哲学者の本田成之（一八八二〜一九四五）のほか、中国文学者の青木正児（一八八七〜一九六四）、東洋史学者の神田喜一郎（一八九七〜一九八四）がいる。

狩野直喜や内藤湖南は深い漢学・漢詩文の教養をもちながら、清の学者と密度の高い交流を保ち、文献学や清の考証学など当時進んだ研究方法を駆使して中国研究をしていたことが知られている。彼らは同時に能書家でもあり、とくに内藤湖南は中国書画に深い造詣を持ち、中国絵画について講じた数々の講演や、京都帝国大学文学部で行った「支那絵画史講話」の講義はのちに『支那絵画史』（弘文堂、一九三八年）に集約されている。この点、彼らの友人で、在野の文人長尾甲（一八六四〜一九四二、字子生、号雨山、以下長尾雨山と称す）も同じである。長尾雨山は東京美術学校の設立や大型美術雑誌『国華』の創刊に携わり、明治三十六年（一九〇三）から大正三年（一九一四）まで約十二年間上海の商務印書館の編集顧問を務めたが、その間、中国の書画篆刻団体「西泠印社」の

同人になるなど、上海書画界の活動にも参加した。長尾雨山は帰国してから京都に住み、在野の身で書道界、漢詩界の活動に参加した。富岡謙蔵と共同で二回の寿蘇会を主催し、謙蔵の亡き後も寿蘇会、赤壁会を開催したことによって「書画文墨趣味ネットワーク」を築き、日中美術交流に大いに貢献したことは、松村茂樹「長尾雨山と書画文墨趣味ネットワーク」、「長尾雨山の近代日中美術交流における貢献」などに詳しい[3]。長尾雨山が各地で行った中国絵画についての講演記録は、歿後に『中国書画話』(筑摩書店、一九六五年)として出版されている。

京都帝国大学文科大学で、富岡謙蔵は東洋史、金石学を講じながら、古鏡研究と蒐集に精力的に励み、学術団体である史学研究会の評議員も務めていた。狩野直喜、内藤湖南と長尾雨山の三人は年齢が近く、富岡鉄斎より三十歳ほど若い世代だが、謙蔵より五歳から九歳ほど年上の先輩格となる。明治四十三年(一九一〇)、富岡謙蔵は狩野直喜、内藤湖南、小川琢治、濱田耕作とともに敦煌文献の調査で北京に出張し、二年後に内藤湖南、羽田亨とともに奉天に古文書の調査に出張したが、奉天に出張した際に、急に内藤湖南が依頼された講演を肩代わりしたことを、内藤湖南が後に講演[4]のなかで触れた。また、京都帝国大学史学科を出た地理学者の藤岡謙二郎(一九一四~一九八五)が綴ったエピソード[5]では、小川琢治がヨーロッパから写真機を買って帰り、教室で撮影しようとして、濱田耕作が手伝っていたがうまくいかないところ、来合せていた謙蔵が手伝った話もある。これらの逸事から、謙蔵は若いながら、京都帝国大学の師友から深く信頼されていたことが垣間見える。同時に、当時すでに画名の高い父・鉄斎が創作に専念できるよう、謙蔵は懸命にサポートしていた。後述する寿蘇会のうち、大正五年(一九一六)と大正六年(一九一七)の最初の二回は、謙蔵と長尾雨山が共同で開催したものである。

大正七年(一九一八)十二月二十三日、富岡謙蔵は数え年四十六歳の若さで早逝した。

富岡謙蔵の急逝は同僚たちにとって大きな衝撃であり、「訃報に接して僚友、学生の驚愕譬ふるにものなし。狩野、内藤、小川、濱田の諸教授は別して懇親の間柄とて周旋これ勤められ、親戚の方々と談合して葬儀萬端遍く分擔準備する所あり。」と『芸文』[6]の記載の通り、狩野直喜、内藤湖南、小川琢治、濱田耕作らの親しい同僚友人が鉄斎家を支えて葬儀を行った。葬儀の当日は「文科大学諸教官は謂ふも更なり、各分科大学諸教授および文科大学卒業生学生、故人の知己友人たる知名の紳士等亡慮壹千餘名の参列あり……西園寺侯爵の弔電に次で文科大学長藤代禎輔、卒業生総代那波利貞、史学研究会評議員桑原隲蔵、岡崎文夫が支那学会総代として弔辞を読まる[7]」との様子からも、当時の京都帝国大学にとって謙蔵を失った衝撃が大きかったことが窺える。

富岡謙蔵の歿後に、内藤湖南の指示のもとで、その遺稿が弟子で考古学者の梅原末治（一八九三～一九八三）によって整理され、謙蔵の一周忌に合わせて『古鏡の研究』として出版された[8]。『古鏡の研究』の出版に際し、内藤湖南自らが題簽を揮毫し、序文を書いたほか、謙蔵の同僚で考古学者の喜田貞吉（一八七一～一九三九）、濱田耕作（一八八一～一九三八）も序文を書いた。内藤湖南をはじめ、同僚や弟子の間で良き学友の早逝を惜しむ悲痛の心情が序文の行間から伝わってくる。

以上のことから、富岡鉄斎・謙蔵父子が京都帝国大学の学者たちとの交わりは公私ともに濃厚だったことが見て取れよう。謙蔵の亡き後、信頼のおける同僚・友人が、前にもまして高齢の富岡鉄斎を支えようとした気持ちが容易に想像できる。狩野直喜は謙蔵の存命中に富岡家を訪ねる際に最初に挨拶する程度だったことを振り返り、「御老年のことであるし、それから耳が聞こえないのでありますからしてお目にかゝつてもご迷惑と思つて成るべく避けて居りました……謙蔵君が亡くなられてから老人のことでお淋しいだらうと思つて時々伺つたことはあります[9]」と回顧したことから、その心情を汲み取ることができよう。

富岡鉄斎と縁の深かった第二世代の京大中国学の出身者に、主に本田成之と青木正児、そしてさらにその後輩の神田喜一郎がいる。青木正児と本田成之はそれぞれ明治四十一年（一九〇八）、明治四十二年（一九〇九）に京都帝国大学に入学したが、青木正児は狩野直喜と鈴木虎雄に師事し、本田成之は狩野直喜と内藤湖南に師事した。二人よりさらに遅れて大正六年（一九一七）に入学し、内藤湖南に師事した神田喜一郎は鉄斎の存命中に多くの交流はなかったが、祖父神田香巖は著名な漢詩人で鉄斎の旧知であることから面識はあった。

青木正児は中国文学のみならず、中国絵画においての功績は、中国藝術全般に深い造詣を持っていた。絵画を含め、奥村伊九良との訳注『歴代画論：唐宋元編』（弘文堂書房、一九四二年）や、生前未公刊の『芥子園画伝』の全訳注を成し遂げたことが挙げられる。また、青木正児が清の画家金農（金冬心）についてまとめた『金冬心之藝術』（彙文堂書店、一九二〇年）は富岡鉄斎の愛読書で、後に本田成之にもこれを勧めた。

本田成之は自身も絵を描くので、謙蔵に紹介され、最晩年の鉄斎に絵の指導をしてもらった。謙蔵の亡き後、その遺稿を整理するために富岡家に出入りし、最晩年の鉄斎の創作や生活に近距離で接した。生涯弟子を取らなかった富岡鉄斎にとって、とくに謙蔵の亡きあとは、身近に鉄斎に絵画についての考え方を教わった唯一の人物であり、その経験から『富岡鉄斎』(中央美術社、一九二六年)、『富岡鉄斎と南画』(湯川弘文社、一九四三年)に代表される、鉄斎研究に関する貴重な著書を著した。

大正十一年(一九二二)二月に、青木正児と本田成之は「考槃社」という書画の同好会を結成し、作品を持ち寄って品評する活動をしたが、富岡鉄斎は内藤湖南とともに顧問として迎えられ、狩野直喜、小川琢治、長尾雨山も会に参加した。「考槃社」結成の経緯や富岡鉄斎との関係についての詳細は柏木知子「富岡鉄斎と考槃社」[10]に譲るが、この会の成立は後述するように、富岡鉄斎の激励によるものである。

神田喜一郎と鉄斎の交流は頻繁ではなかったが、祖父神田香巌の旧知という縁で鉄斎の謦咳(けいがい)に接した。『中国の古印』(二玄社、一九七六年)、『墨林閒話』(岩波書店、一九八五年)などの著作に示されるように、中国書画についての造詣も深かった神田喜一郎は『鉄斎扇面』(筑摩書房、一九六六年)に収められた鉄斎の扇面作品八十点に釋文、解説を行い、また『鉄斎研究』一〜六十五号(一九六九〜一九八三年)の校閲を担当し、鉄斎研究の基礎を築いた一人であった。

二、京大中国学の交友圏を通して創作の契機を得た富岡鉄斎

息子謙蔵を通じて、富岡鉄斎は京都帝国大学の中国学の学者たちと交流するなかで創作の契機を少なからず得た。ここにいくつか例を挙げておく。

(1)贈答作品にみられる大作

辛亥革命の際、内藤湖南、狩野直喜ら京都帝国大学の学者たちが清の学者羅振玉(一八六六〜一九四〇)や王国維(一八七七〜一九二七)を助けて、京都で避難生活を送るよう手配したことは近代日中文化交流史の上で有名な話であるが、謙蔵も二人の来日を助けた一人であった。謙蔵の手配で、明治四十五年(一九一二)の二月と三月に、富岡鉄斎は二度にわたって羅振玉を訪ね、中国の絵画や古書を見たり、中国の古紙を代わりに購入してもらうように依頼したりし、その後も数回にわたり羅振玉と蔵書や文物の贈答をした。羅振玉は京都在住の時、借家に一年余り住んだあと、京大教授藤田豊八(一八六九〜一九二九)の名義で浄土寺の土地を購入し、家と書庫を建て「永慕園」と名付けて移り住んだ。[11] ここ永慕園

図1　大正八年六月、羅振玉の送別会にて　左より長尾雨山、犬養毅、羅振玉、富岡鉄斎、内藤湖南（写真所蔵先：清荒神清澄寺　鉄斎美術館）

には富岡謙蔵、小川琢治、梅原末治、神田喜一郎などの京大関係者が頻繁に出入りし、「京大の東洋学者を中心とした京都の一つの学術サロンともなっていた」[12]ようである。謙蔵の亡くなった半年後、大正八年（一九一九）の六月に羅振玉が帰国した際、鉄斎は内藤湖南らが主催した送別会に出席し（**図1**）、京大関係者の「学術サロン」になった羅振玉の住所を扇面に描き、《羅振玉東山学舎図》と題し、記念として内藤湖南に贈った。帰国後の羅振玉は翌年に鉄斎のために遊印を作り、送ってきた。鉄斎はこれを大いに喜び、早速印を試すために《漁郎暮雨図》（**図2**）を描いた。画面に溢れんばかりに躍動する墨のタッチから、鉄斎が印をもらった時に喜ぶ気持ちを察することができよう。

大正八年（一九一九）、狩野直喜夫人が亡くなった時、鉄斎が自分の若い時妻を亡くした事を話し、色々と狩野家の心配をした。翌年、狩野夫人の一周忌のためにわざわざ《化城喩品図（げじょうゆぼんず）》（**図3**）を描いて人に頼んで狩野家に届けた[13]。

大正十三年（一九二四）七月より、内藤湖南は息子乾吉と弟子の石濱純太郎とともに七カ月間にわたってヨーロッパを視察した。その餞別のために鉄斎が作った《艤槎図》(図4)は内藤湖南との友情を物語る作品である。鉄斎は画面右上に内藤湖南に詩を書き添えるよう余白を残したが、内藤湖南のヨーロッパ滞在中に、鉄斎は亡くなった。端麗な楷書で綴った四首の詩は内藤湖南が書いたものである。

これらの作品は富岡鉄斎と内藤湖南、狩野直喜、また羅振玉の交流から生まれた贈答の作品であるが、いずれも鉄斎晩年の特徴が良く現れた、古典の深みと奔放で個性的な筆触が混然一体となった大作である。

図2　富岡鉄斎　漁邨暮雨図(1920年)(清荒神清澄寺　鉄斎美術館)

図3　富岡鉄斎　化城喩品図(1920年)(『生誕一五〇年記念　富岡鉄斎展』(1985年)図録より引用)

(2) 大正年間の京阪地方の文人の雅集
——蘭亭会、寿蘇会と赤壁会

富岡鉄斎と京大中国学の人々との交わりを物語る象徴的な出来事は、大正年間京阪地方で開かれた数回の文人の雅集——内藤湖南を中心に、二十八名の主唱者によって開催された大正癸丑の蘭亭会（一九一三年）と、その後富岡謙蔵との共催も含めて、長尾雨山が中心に主催した数回の寿蘇会（一九一六〜一九二二）や赤壁会（一九二二）であった。

東晋の書聖王羲之（三〇三〜三六一）が現在浙江省紹興にある蘭亭で文人雅士四十一名を招いて曲水流觴の宴を開き、その詩集の序文として書いた「蘭亭序」は名文、名書として長く伝わっているが、大正癸丑の蘭亭会はこれを記念する会であった。主唱者二十八名のうち、内藤湖南のほかに京都帝国大学の学者に、富岡謙蔵、小川琢治、桑原隲蔵、松本文三郎、鈴木虎雄の名前があり、富岡鉄斎と神田香巖の名前も見られた。[14]

図4　富岡鉄斎　艤槎図（1924年）（『生誕一五〇年記念　富岡鉄斎展』（1985年）図録より引用）

寿蘇会と赤壁会はともに中国北宋時代の文豪蘇軾（一〇三六〜一一〇一、号東坡居士、以下蘇東坡と称す）を記念する会である。寿蘇会は旧暦十二月十九日の蘇東坡の誕生を祝う会であり、赤壁会は、蘇東坡が二回にわたり赤壁を遊覧して書いた二編の名賦「前赤壁の賦」「後赤壁の賦」を記念した集いである。寿蘇会と赤壁会の開催時期や経緯、参加者、出品作品などについての詳細な考証は先行研究に詳しく、なかでもとくに柏木知子の一連の研究は、富岡鉄斎が寿蘇会、赤壁会に参加した経緯や出品作の図柄の由来などの事実関係について徹底的に調べ上げ、富岡鉄斎をめぐる文墨界のネットワークについても丁寧に整理されたものであるので参照されたい。[15]ここで簡略に開催順に並べておく。

乙卯寿蘇会（1916.1.23）　京都円山公園内左阿彌春雲楼（清風閣）
主催者：長尾雨山、富岡桃華（謙蔵）

丙辰寿蘇会（1917.1.12）　京都円山公園内左阿彌春雲楼（清風閣）
主催者：長尾雨山、富岡桃華（謙蔵）

丁巳寿蘇会（1918.1.31）　京都円山公園内左阿彌春雲楼
（清風閣）　　　　　　　　主催者：長尾雨山
己未寿蘇会（1920.2.8）　京都円山公園内左阿彌春雲楼
（清風閣）　　　　　　　　主催者：長尾雨山
庚申寿蘇会（1921.1.27）　京都円山公園内左阿彌春雲楼
（清風閣）　　　　　　　　主催者：長尾雨山
赤壁会（1922.9.7）　　　洛南宇治橋西万碧楼（菊屋）
　発起人：富岡鉄斎、内藤湖南、鈴木虎雄、長尾雨山

最初の二回の寿蘇会の主催者は長尾雨山と富岡謙蔵の二人だったが、謙蔵が逝去した直後の大正八年（一九一九）は開催されず、その後の寿蘇会は長尾雨山が主催した。蘭亭会から赤壁会までの約十年間にわたり、富岡鉄斎は京大中国学の学者たちとともにこれらの会に参加した。大正二年（一九一三）の蘭亭会に続き、大正五年（一九一六）から大正十年（一九二一）までほぼ毎年行われた蘇東坡を記念する寿蘇会と赤壁会に、晩年の富岡鉄斎は自作を出品し、内藤湖南、狩野直喜、小川琢治、鈴木虎雄など京大中国学の学者も参加した。赤壁会の開催にいたっては、富岡鉄斎は内藤湖南、鈴木虎雄、長尾雨山とともに発起人となり、赤壁会の経費を工面するために作画するなど、準備段階から長尾雨山の相談役となっていた。

富岡鉄斎はかねてから蘇東坡の人物を敬慕し、自分も蘇東坡と同じ日に生まれたことを喜び、自ら「東坡癖」と称するほど蘇東坡関係の古典籍を多く集め、その逸事を主題とする作品を多く創作した。とくに寿蘇会、赤壁会で度重なる蘇東坡を記念する行事に関わるなかで創作意欲をそそられ、蘇東坡を主題とする作品をそれまで以上に精力的に描いた。この寿蘇会、赤壁会が開催された時期はちょうど富岡鉄斎が八十歳から八十六歳までの最晩年にあたり、画境が益々深まる時期であった。

三、鉄斎晩年の画境にある古典の深み
――京大中国学の人々の回顧から

京大中国学の人々は富岡鉄斎にとって、息子謙蔵の親しい先輩友人であり、蘭亭会、寿蘇会、赤壁会での同好であったのみならず、鉄斎自身も心酔した中国の歴史文化に詳しい、尊敬すべき学者であった。

富岡鉄斎は若い時から明清風の絵画ややまと絵、大津絵などさまざまなジャンルに精力的にチャレンジし、およそ七十歳代の後半から最晩年まで、それまで以上に画面がダイナミックになり、ユーモラスな筆触で円熟な画境を迎えた。画面いっぱいに満ちわたるタッチは躍動感に富んで荒々しく、

大胆で原色に近い色彩、ユーモラスな筆触などが特徴として見られる。これらの特徴は、西洋の近代絵画とも一脈通じるものとして見られた。しかし一方で、一見無造作に描いたと見られるこれらの作品群は確かな造形力によって支えられている点も見逃せない。とくに中国の故事人物をテーマに描いている場合は、その細部に古典や漢詩文への深い理解が感じ取られ、重厚感のある画面になっている。富岡鉄斎の最晩年、すなわちその藝術の円熟期を迎えた時の画風を支えたのは、自由奔放のなかの確かな造形性と中国古典についての高い素養に保証された画面の深みと言っても過言ではない。本節では、晩年の富岡鉄斎が接した京大中国学の人々の回顧から鉄斎藝術の古典的深みの根源を探りたい。

（1）富岡鉄斎が語る学者と藝術家の理想的な関係

富岡鉄斎は大正十三年（一九二四）十二月三十一日に亡くなった。翌年の三月一日と二日に、前述した青木正児と本田成之らが鉄斎を顧問に迎えて創立した「考槃社」の主催のもとで「鉄斎翁追悼展覧会」が開催され、二日には「富岡鉄斎翁追悼展観講演会」が開かれた。その講演会で狩野直喜が鉄斎について語ったなかに、鉄斎が彼らに心を許した理由を伺える内容があった。

「鉄斎翁追悼展覧会」に、狩野直喜は鉄斎からもらった掛軸三つ、扇面二つを提供し、講演のなかで鉄斎からこれらの作品をもらった経緯について次のように語った。

> 鉄斎先生は非常に絵の大家として世の中でもてはやされる方であるからして、さういう方に向かって吾々が絵を書いてくださいといふことは非常に無躾な失禮な話であつて、絵は欲しくても一度も描いて戴きたいと云つたことはありませぬ。併し先生のうちに遊びに行きますと、こんなのを書いた、あんた持つて行きなさい、貰ふものを断はるといふ譯に行かんので氣づゝなくても貰ふ。さうして斯ういふことをいはれる。私は兎角本を読んで居る人に、今の言葉でいふと中国の繪に理解のあるといふやうな意味であります。さういふ人に書いてあげるのは非常に嬉しい、たのんでも貰って貰いたい。一番困るのは繪のことのわからん金持ちが斯ういふ題で書いて呉れ、と先方からテンデ繪にならんやうな題を選んで、何か謝禮か何か持つて來る、斯ういふのが一番イヤだ。併しながら又ニコツと所謂微苦笑をされて、併し好きな繪ばかり書いて居ると生活が出來ないからと笑つて居られた。[16]

鉄斎が「本を読んでいる人」に絵を描くのは非常に嬉しいことと述べた狩野直喜は、ここで「本を読んでいる」ことの意味を「中国の繪に理解のある」と言い換えているが、これは鉄斎の追悼展観講演会での講演で、参加者に「考槃社」の中国書画愛好者が多く集まった場であることを意識した発言だったことは明白である。文脈から察するに、鉄斎は読書し学問ができる人は自分の絵を分かってくれるので、喜んで絵を描いてあげたい、というニュアンスで言っているのは理解できる。

青木正児もまた同じ追悼講演会で次のように語り、鉄斎が理想とした学者と芸術家の関係は江戸時代の頼山陽と青木木米のような関係だったことを振り返った。

……そこで或る日私は蔭軒君に伴はれて翁を訪れた。話題に上つたのは主として江戸時代の藝林の月旦であつたが、其中で文人と藝術家との交遊の事に及んで、木米にあのやうな韻致が出來たのは山陽と交わつた影響である、などと色々の例を引いて、学者は宜しく藝術家に助言を與ふべきであり、藝術家は大いに其れに耳を傾くべきであると云つたやうな主意を論ぜられた。ちやうど其頃私は右の小著が縁となつて二三の畫家に知合ひが出來た矢先だつたので、此の話は特に感銘深く、宛も吾々に其れを實行せよと説かれたもののやうに受け取つた[17]。

(2) 創作に発揮された富岡鉄斎の「考証癖」

鉄斎の最晩年の作品には、描く対象の造形を無視して自由に描いているように見える作品が多いが、実はその神髄まで描き出すという優れた造形力を持っていた。このことについて鉄斎の作画をよく観察した本田成之が下記のように回想した。

……人或は翁の畫の乱頭麤服のやうな荒つぽい畫を見馴れ、極めて大雑把の畫のやうに誤解するものがあるが實は大違ひで、荒つぽいやうな畫は實は精密な畫を描き描きして手が馴れ堂に入つた揚げ句に今度は其れを直觀的に大膽に減筆するのであつて百錬千磨の上の餘技で、其れ迄に池の水が黒くなり塚になる程の筆を使い盡した果であることを知らねばならぬ[18]。……

精密な絵を多く描いて腕を磨いたからこそ、減筆した時に、描く対象の神髄を的確に捉えられるとのことである。同時に富岡鉄斎は写生を重視し、描く対象の造形を徹底的に研究する学者的な一面もあった。本田成之は、鉄斎に竹の描き方を教えてもらった時のことを次のように振り返る。

著者に始め竹を描く為に美竹斎の肉筆本から刊本を貸し與へられたが、其れから天下有山堂の墨竹蘭石譜、李息齋竹譜、柯丹丘竹譜、寫竹簡明法、雪齋竹譜、呉氏竹譜、金氏竹譜、梅道人竹譜、と幾らでも次から次へ貸し與へられ、更に植物上から分類した日本の竹を集めたもの、又竹の横断面を書いた科学書なども貸し與へられた。「物の形は飽くまで研究して見ぬと絵には描けぬものぢや」と云はれた。大抵の南畫家は蘭竹などを描くに只有り來りの筆法を習ふだけで斯んなに研究する者は少い。[19]

竹の造形を理解するのに数々の画譜のみならず、植物書、科学書まで徹底的に調べて研究するところから、鉄斎が作画において学者的、実証的態度を持っていたことが窺われる。内藤湖南や狩野直喜は文献学に同時代清の考証学を取り入れた実証的な研究でその学風が樹立されたことを考えると、ともに実証精神を持っていた点は、両者を結ぶ絆をより深いものにしたと思われる。

四、《前／後赤壁図》に見られる富岡鉄斎の古典理解

富岡鉄斎の徹底的に研究する態度は、描く対象の造形についてだけではなく、古典の研鑽にも見られた。描く主題についても、引用した中国の詩文を絵画化する際の表現にまでその徹底ぶりが見られる。本節では、赤壁会の年に描かれた鉄斎の《前／後赤壁図》を例に、富岡鉄斎の古典理解を確かめてみたい。

寿蘇会と赤壁会の続く間、富岡鉄斎は会の出品に限らず、蘇東坡を記念するこれらの会に触発され、それまで以上に精力的に蘇東坡の作品に取り組み、蘇東坡を題材にした作品を多く描いた。一例を挙げれば、蘇東坡の作という寿老人の図を臨写した《仿蘇子寿老人図》（一九二一）は、賛に「皇大正十年一月廿七日寿蘇会翌日。用東坡所用蟬葉硯臨之（大正十年一月廿七日、寿蘇会の翌日、東坡が使った蟬葉硯を用いて、この絵を臨写した）[20]」と題されたように、庚申寿蘇会（一九二一年一月二十七日）の翌日に、鉄斎は蘇東坡が愛用したと伝わる「蟬葉硯」つまり蟬の形の硯を使って描いたものである。

赤壁会が終わった大正十一年（一九二二）十月に、大阪高島屋美術倶楽部で、「富岡鉄斎南宗画粋展観」（通称「百東坡展」）が開かれ、翌月にその図録『百東坡図』が出版された。ここで鉄斎の「蘇東坡を描く画家」としてのイメージがより広く知られることになったと思われる。

蘇東坡をテーマにした鉄斎の作品で、寿蘇会・赤壁会へ鉄斎自らが出品または寄贈したものについて、図柄や蘇東坡の人物について丹念に調べたことが柏木知子の一連の精緻な考察を通して認められる。「富岡鉄斎の見た寿蘇会[21]」では、数回の寿蘇会に鉄斎が出品した作品はすべて清の拓本を参考にしたことが明らかになり、「富岡鉄斎の見た赤壁会[22]」では、鉄斎の《前赤壁図》で描かれたのは蘇東坡の「前赤壁の賦」

にない、友人を促す乗舟前の情景であったことに着目し、その図柄は南宋から元にかけての画家趙孟頫の原本になる《東坡懿跡図》の摸本に由来したことを突き止めた。また、《赤壁四面図》については、「赤壁」の名称の由来と湖北省黄岡市境の地形を記録した鉄斎の蔵書『赤壁志』の一部を賛文に引用したことに着目し、「鉄斎は《赤壁四面図》を描くにあたって、先行図様に拠って人間のいとなみを絵画化した《前赤壁図》とは対照的に、実証的な資料に基づいて、壮大な赤壁の景観を描くことを試みた」[23]と述べている。先行図様に依拠したことも、実証的な資料に基づく作画の態度からも、鉄斎は「赤壁会」に出す作品において、緻密な考証を通して、蘇東坡の人物や故事について確実に伝えたいという学者的な態度が読み取れる。

またこの学者的態度は、鉄斎が蘇東坡の「赤壁の賦」を絵画化する《前赤壁図》《後赤壁図》の細部に滲んでいる蘇東坡の「前赤壁の賦」と「後赤壁の賦」原文への深い理解からも窺うことができる。

(1)《赤壁図》画題の由来
——蘇軾の名文「前赤壁の賦」「後赤壁の賦」

伝統的な画題として知られる「赤壁図」は蘇東坡の「前赤壁の賦」「後赤壁の賦」に由来している。いずれも元豊五年(一〇八二)、蘇軾(東坡)が流罪先の黄州にいた頃、黄州郊外にある長江の赤鼻磯(せきびき)に遊んだ時に、これを三国時代の古戦場赤壁に見立てて書いた名賦である。「赤壁」を描く絵には、赤褐色を帯びた険しい岩山とその下に船が浮かび、人物が配されるのが典型的なパターンである。ここであらためて「前赤壁の賦」「後赤壁の賦」の内容の概要を振り返り、画題「赤壁図」の拠り所を確認しておきたい。

「前赤壁の賦」は元豊五年(一〇八二)七月、蘇軾(東坡)が友人と船を出して「赤壁」の下に遊んだ処から始まり、清風明月のなかで赤壁の景色を楽しむところへと書き進む。すると同行の友人が吹く洞簫の音色の悲しいことのわけを聞くと、友人が赤壁の歴史を語って感懐するのに対し、東坡は天地、人間について自らの哲学観を語る。この名賦の前半の描写から容易に思い浮かぶ赤壁の景色は、月の明るい夜、険しい断崖の下に穏やかな川が流れ、その上に舟が浮かび、蘇東坡と友人が舟で酒を飲み、または話をする場面である。「前赤壁の賦」を画題にする絵画も月、断崖、川、舟と舟に座る人物で構成されることが一般的である。

「後赤壁の賦」は同年の十月、蘇軾が再び友人と赤壁の下に遊んだ時に書いた賦である。この賦は赤壁で舟を浮かべるまでのいきさつから書き始め、前賦を書いた時から僅か三か

図5　富岡鉄斎　前赤壁図（1922年）
（清荒神清澄寺　鉄斎美術館）

図5-1　富岡鉄斎　前赤壁図（1922年）（部分）

月ほどで赤壁の景観がすっかり変わった様子を描いた遊記である。さらに末段では、赤壁遊覧の時に見かけた鶴が道士となり詩人の夢に現れた描写もあることで、前賦に比べてより幻想的な内容となる。そのため「後赤壁の賦」を画題にする絵画の多くは、「前赤壁図」の月、断崖、川、舟などの構成要素に加えて、水面を掠めて飛んでくる鶴を描くことが多い。

（2）富岡鉄斎《前赤壁図》《後赤壁図》の水の表現の違い

富岡鉄斎は三十歳代から「赤壁図」の画題を描いているが、赤壁会の開かれた大正十一年に描いた《前赤壁図》（図5）と《後赤壁

図6-1　富岡鉄斎　後赤壁図（1922年）（部分）

図6　富岡鉄斎　後赤壁図（1922年）（清荒神清澄寺　鉄斎美術館）

図》（図６）は鉄斎の「赤壁図」の最高水準を示す名作である。前者は鉄斎が赤壁会へ寄贈したが、後者は同年にそれに合わせて描いたものである。両者とも蘇東坡の「前赤壁の賦」と「後赤壁の賦」をそれぞれ全文引用し、賦の内容を再現しようとした作品と窺える。賦の内容をじっくり読んだ上で二点の《赤壁図》を注意深く観察してみると、鉄斎は「赤壁の賦」についての理解の深さがリアルに伝わってくる。

　もう一度「前赤壁の賦」の前半の景色描写に戻ろう。「前赤壁の賦」の冒頭では、川の水について次の下線部のような有名な描写がある。

清風徐来、水波不興。挙酒属客、誦明月之詩、歌窈窕之章。少焉、月出於東山之上、徘徊於斗牛之間。白露横江、水光接天。縦一葦之所如、凌萬頃之茫然。

清らかな風がゆるやかに吹いてくるが、水面には波が興らず穏やかだ。酒をとり客に勧め、「明月の詩」を誦し、「窈窕の章」を歌った。しばらくすると、月は東の山の上からあらわれ、斗牛星宿の間を徘徊した。(月に照らされて)白い露が川に横たわっているようで、水面の光が天につながっているようだ。葦の葉のような一隻の小舟は流れに任せてどこまでも広がる水面の上を漂い進む。(拙訳、以下同じ)

鉄斎の《前赤壁図》(図5―1)の背景にある川の水は、まさにゆるやかな風に吹かれた、穏やかな水面を墨線で描かれており、墨線の間にまばらに白く残された部分は、月に照らされ、キラキラ光る水面の光を思わせる表現である。

ところが《後赤壁図》において鉄斎は、《前赤壁図》とまったく異なる趣の、激しいタッチで水がほとばしる様子を描いている(図6―1)。この激しい筆触は、「後赤壁の賦」のどのような内容に由来しただろう。

「後赤壁の賦」は、蘇東坡が三か月ぶりに友人二人と赤壁を遊ぶときに書いたものであり、僅か数か月経って、長江の流れや断崖の山の姿がすっかり変貌してしまったことに驚いた内容に続き、詩人が険しい岩をどんどん上によじ登り、変貌した崖の上の様子を次々と見るうちに、友人が付いてこれなくなった、という描写がある。そのあとの部分に下記の描写が続く。

……劃然長嘯、草木震動、山鳴谷応、風起水湧。予亦悄然而悲、粛然而恐。凜乎其不可留也。反而登舟、放乎中流、聴其所止而休焉。時将夜半、四顧寂寥。適有孤鶴、横江東來。翅如車輪、玄裳縞衣、戞然長鳴、掠予舟而西也。……

……劃然として声高に叫ぶと、草木が震え、山が鳴り、その音が谷にまでこだまする。すると風が起こり水が湧きだってくる。それを聞いてひっそりと悲しみがこみあげ、ぞくっと恐ろしくなり、長居できないと身を引き締めて舟に戻り、流れに舟を任せながらその音がやむまでしばらく聴いた。真夜中に近づき、あたりが静まり返った。そこでちょうど一羽の鶴が川を横切って東より飛んできた。羽根は車輪の如き、黒い袴と白い上着を着ているようで、カーと長く鳴いて自分たちの船をかすめて西のほうに飛んでいった。……

蘇東坡が「後赤壁の賦」のこのくだりで描いたのは、詩人が冬の赤壁の崖から大声で叫んだその音の響きで自然界の草木、山谷、風や水がすべて動き出した光景である。これを念頭に鉄斎の描いた《後赤壁図》（図6―1）の水面を見ると、まさに「風が起こり、水が湧きだってくる」と激しく動く水の表現であることは理解できよう。

鉄斎は「後赤壁の賦」の内容を熟知していたはずで、六十歳代の《前／後赤壁遊図》のうちの《後赤壁遊図》（図7）にもその全文を賛に書いた。《後赤壁遊図》では、舟に近い崖の上の径に、蘇東坡と思われる人物が川に背を向け、一段と険しく聳える崖に向かって立っている姿が描かれている。これは前述のように「後赤壁の賦」にあった、詩人が岩をよじ登り、崖の上の様子を次々と見る描写とマッチしているが、しかしその後に続く、詩人の雄叫びで自然界が一斉に動きだしたあとの内容はこの絵には表現されていない。鉄斎のことなら、これに続く「後赤壁の賦」後半の、動きがある幻想的な字句を如何に画面で表現するか、思い巡らしたに違いない。

再び大正十一年の鉄斎の《後赤壁図》（図6―1）に戻っ

図7　富岡鉄斎　後赤壁遊図（六十歳代）（清荒神清澄寺鉄斎美術館）

て、舟とその周りを見てみよう。従僕が寝ている姿から見るに、これは賦のなかに描かれた、真夜中に近づく頃の場面だと分かり、賦にある川を横切って飛んでくる鶴も、舟の横で飛び交う水の合間に描き込まれている。この鶴は「後赤壁の賦」の最後あたりに、詩人の夢のなかで道士になって現れたというかの有名な描写である。賦のなかでは時間差はあるが、鉄斎は激しい水の表現と合わせて、「後赤壁の賦」後半の珠玉の部分を同じ場面に収めたのである。

富岡鉄斎はこの《後赤壁図》のように、古典詩文についての深い理解を、絵画の細部を通して表現した。赤壁の風景に舟や鶴だけを配置する一般的な「赤壁図」に比べると、明らかにこのような古典詩文の字句や内容の細部を連想させた立体的な描写はより深みがあり、画面に重厚感を増すものであろう。

五、「学人」として、中国の文人画を視野に入れての富岡鉄斎評価

このように、蘭亭会に始まり、寿蘇会から赤壁会までの一連の文人の集いは、富岡鉄斎を京大中国学の学者たちや長尾雨山との絆をいっそう強いものにした。漢詩人として名高い長尾雨山に鉄斎はよく自作の漢詩文の添削を頼み、鉄斎の存命中に出版された画集に狩野直喜、内藤湖南、長尾雨山が序文や跋文を書いた。大正十年（一九二一）六月、大阪江戸堀の高島屋美術部で鉄斎の個展が開催され、画集『掃心図画』が出版された。大阪に行って展覧会を見た洋画家・正宗得三郎に、鉄斎は次のように語った。「私は畫家ではない、儒者だ。それでこの畫集の序文を知人諸子が書いてゐるが、皆それに苦心してゐる。私を畫家と呼ぶと私が不満であるのを知つてゐる。それで皆が苦心してゐる」(24)と言って顔をほころばせたようであった。

狩野直喜は『掃心図画』(25)の序文において、鉄斎の学問について「根柢于六経，出入于道釈百家，乃至辞賦篆籀之学，莫不淹貫。〈六経（りっけい）に根差し、道釈百家に通じ、また漢詩文、書画篆刻の諸分野にいたっては何一つ詳しくないものはない。〉」とその渉猟の広さに賛辞を送っている。同じ『掃心図画』の序文において、長尾雨山は鉄斎の人格、学問のレベルの高さに触れて次のように綴った。「甲窃嘗謂先生学人也非画師也。世徒知其画妙、而不知其品学之高、則未足与語先生也。〈私はかつて、先生は学人であり、画師ではないことを言ったことがある。世間の人はその絵の素晴らしいことを知っているが、その人格、学問のレベルの高さを知らないために、いまだに先生を語るには不十分である。〉」

狩野直喜と長尾雨山に比べ、内藤湖南は日中の文人画の大きな文脈で富岡鉄斎を位置づけようとし、次のように述べた。

余又嘗比之彼邦名匠、謂其人物奇頑与陳章候形殊神同、其山水肆横与大滌子形神倶似。近代之画、尤貴逸格、百年以来、能標逸格者惟先生。

私はまた先生と中国の名匠たちを比較して、その人物画の奇抜と頑健においては、陳章候（陳洪綬）と形が異なっても心が相通じ、その山水画の縦横自在においては、大滌子（石涛）と形、心とも相似ていると言ったことがある。近代の絵画は、もっとも逸格を大事にするが、百年来、逸格と言えるものはただ先生一人である。

「逸格」は中国五代の黄休復がその画論書『益州名画録』で定めた名画の評価基準のうちの最高水準である。明末から清初の名家陳洪綬と石涛を彷彿させる鉄斎の作風が百年来の絵画のなかで唯一「逸格」と言えるとの評価は、序文らしい賛辞の一面は否めないが、中国絵画に詳しい上で、鉄斎の藝術をよく理解した内藤湖南ならではの評価と言えよう。内藤湖南はまた根拠立てて当時風説であった、富岡鉄斎が呉昌碩に師事していたことを次のように否定した。

有之個人観呉缶翁画、驚其険怪独往、輒与先生相比擬。夫缶翁端攻花果、遠祖復堂、近親悲盦、俊爽奔放、是其所長。先生則貌喜重支渋、勁気内藏、迎而距之、力避軽松。往往与南阜近、亦与缶翁異趨尚矣。

呉缶翁（呉昌碩）の絵を見て、その奇抜で個性的な画風に驚き、ただちに先生と比較したがる人がいる。しかし、そもそも缶翁は花卉蔬果を専門に描き、遠くは復堂（李鱓）に学び、近くは悲盦（趙之謙）に親しもうとしており、俊逸洒脱で奔放なるのがその最大の長処である。それに比べて、先生は、画面には重厚、古拙を好みながら、内面では強靭さを潜め、大きく構えながらも描き流さずに、つとめて軽薄さを避けようとしていた。その画風はおおむね南阜（高鳳翰）に似ておられ、缶翁とはたいぶ趣向を異にしているのである。

「学人」として、中国の文人画を視野に含めた狩野直喜、長尾雨山、内藤湖南らのこれらの評価は、長年にわたり富岡父子との付き合いを通して得た富岡鉄斎藝術への深い理解に基づいたもので、その後の鉄斎評価の基調を成すものであった。

まとめ

晩年の富岡鉄斎と狩野直喜、内藤湖南をはじめとする京大中国学の人々の交友は息子謙蔵を介して始まったが、鉄斎にとってみれば、彼らは息子の親密な友人である以上に、漢学や中国書画について深い造詣を持つ、尊敬すべき学者で、自分の藝術の良き理解者であったことの意味が大きかったように思う。

富岡鉄斎の最晩年、八十歳から八十六歳までほぼ毎年開かれた寿蘇会、赤壁会は、蘇東坡を敬慕する鉄斎にとって、より一層創作意欲が高まり、蘇東坡をテーマにする優れた大作を多く描いた契機となった。柏木知子の指摘にあった先行図様に依拠し、実証的な資料に基づく作画の態度とともに、赤壁会の年に描いた《前／後赤壁図》に現れた、蘇東坡「赤壁の賦」の詩文の細部にわたる理解を絵で表現したところは富岡鉄斎の最晩年の画境に古典的深みと重厚感をもたらしたと言えよう。考証を重んじる富岡鉄斎の学者的な態度はここからも窺える。そしてこの態度は狩野直喜や内藤湖南らの謹厳な実証的な学風と軌を一にしていたことは、彼らが長きにわたり、互いに敬意をもって深い交流をし続けた根本的な原因だと言えよう。重厚感と古典的深みを維持したまま自由奔放な境地に達し、富岡鉄斎藝術が最晩年に大成していく道を、まさにこの交友圏が「伴走」していた、ということが見て取れよう。

狩野直喜、内藤湖南、長尾雨山による、「学人」として、中国の文人画を視野に含めた富岡鉄斎評価は、鉄斎についての深い理解に基づくもので、その後の鉄斎評価の方向性を示すものであった。また本田成之、青木正児が鉄斎について書いた書物や回顧の数々は鉄斎研究の根底を成し、神田喜一郎が鉄斎作品のために行った画賛釋文や校閲の仕事は、二十世紀八十年代まで続いた。この意味で言えば、富岡鉄斎藝術に対する京大中国学の人々の「伴走」は鉄斎の歿後も長く続き、手堅く後人の富岡鉄斎理解を助けたと認められよう。

注

（1）　日比野丈夫「鉄斎と京都学派」（『別冊墨』第一〇号『富岡鉄斎　人と書』、芸術新聞社、一九八九年四月）一九九―二〇三頁。

（2）　柏木知子「富岡謙蔵生誕一四〇年記念　鉄斎と謙蔵」（鉄斎美術館、二〇一三年）、森藤光宣・柏木知子「富岡鉄斎と長尾雨山・内藤湖南」展について――作品・資料翻刻と解読」（宝塚市史研究紀要『たからづか』二七号、宝塚市教育委員会、二〇一五年）、柏木知子「富岡鉄斎と京都文墨界」（陶徳民・中谷伸生編著『山本竟山の書と学問　湖南・雨山・鉄斎・南岳との文人交流ネットワーク』関西大学東西学術研究所、二〇一九年六月）。

（3）　松村茂樹「長尾雨山と書画文墨趣味ネットワーク」（『書論』第四五号、二〇一九年十一月）五四―六一頁、「長尾雨山の近代日中美術交流における貢献」（瀧本弘之、戦暁梅編『近代中国美術の辺界』アジア遊学二六九、勉誠社、二〇二二年五月）六一―七一頁。
（4）内藤湖南の講演「本邦南画の鑑賞に就て」一九三三年八月五日、恩賜京都博物館（『内藤湖南全集』第十三巻、筑摩書房、一九七三年十二月）三九八頁。
（5）藤岡謙二郎『浜田青陵とその時代』（学生社、一九七九年十二月）一八二頁。
（6）京都文学会編『芸文』第十年第二号（一九一九年二月）、八三―八五頁。
（7）同注6。
（8）『古鏡の研究』は、刊行当時は私家版で主に富岡家より学界、旧知に配布されたが、一部丸善書肆を通じて販売もされた。その後、昭和四十八年（一九七三）に臨川書店から復刻出版された。
（9）狩野直喜「富岡鉄斎翁」（狩野直喜『読書籑餘』みすず書房、一九八〇年六月）一八〇頁。
（10）柏木知子「第十三章　富岡鉄斎と考槃社」（高木博志編『近代京都と文化　「伝統」の再構築』思文閣出版、二〇二三年八月）三九七―四二三頁。
（11）羅振玉の住居についての考察は銭鷗「京都における羅振玉と王国維の寓居」（『中国文学報』第四十七冊、京都大学文学部中国語学中国文学研究室内中国文学会、一九九三年十月）を参考にした。
（12）同注11、一六三頁。
（13）同注9、一八五頁。
（14）大正二年の蘭亭会については多くの先行研究があり、近年の代表的なものに、陶徳民編『大正癸丑蘭亭会への懐古と継承――関西大学図書館内藤文庫所を中心に』（関西大学東西学術研究所資料集刊三十三、関西大学東西学術研究所、二〇一三年三月）がある。
（15）代表的な研究として長尾正和「京都の寿蘇会」（『書論』第五号、書論編集室、一九七四年）、長尾正和「寿蘇会と赤壁会」（上）（下）（『墨美』第二五二号、二五三号、墨美社、一九七五年）、池澤滋子「長尾雨山と蘇軾」（『現代中国文化の軌跡』、中央大学出版部、二〇〇五年三月）、池澤滋子『日本的赤壁会和壽蘇会』（中国語、上海人民出版社、二〇〇六年一月）のほか、柏木知子「富岡鉄斎の見た寿蘇会」（『鉄斎研究』第七二号、鉄斎美術館、二〇〇九年）、「富岡鉄斎の見た赤壁会」（『書論』第三九号〈特集　京都学派とその周辺〉、書論編集室、二〇一三年八月）がある。
（16）大正十四年三月二日　富岡鉄斎翁追悼展観講演会講演、狩野直喜『読書籑餘』（みすず書房、一九八〇年六月）一八四頁。
（17）青木正児「鉄斎翁と考槃社」（『青木正児全集』第七巻、春秋社、一九七〇年四月）三四一頁。
（18）本田成之「富岡鉄斎翁傳　二」（『美術研究』第一〇七号）一一頁。
（19）本田成之「富岡鉄斎翁傳　二」（『美術研究』第一〇七号）一四頁。
（20）本作賛文の翻訳は『鉄斎研究』（一二号、作品一七、便利堂、一九七三年）の訳文を使用した。
（21）柏木知子「富岡鉄斎の見た寿蘇会」（『鉄斎研究』第七二号、鉄斎美術館、二〇〇九年）、「富岡鉄斎の見た赤壁会」（『書論』第三九号〈特集　京都学派とその周辺〉、書論編集室、二〇一三年八月）。
（22）柏木知子「富岡鉄斎の見た赤壁会」（『書論』第三九号〈特集　京都学派とその周辺〉、書論編集室、二〇一三年八月）。

(23) 柏木知子「富岡鉄斎の見た赤壁会」(『書論』第三九号〈特集 京都学派とその周辺〉、二〇一三年八月) 一四〇頁。
(24) 正宗得三郎『富岡鉄斎』(錦城出版社、一九四二年十二月) 一四頁。
(25)『掃心図画』(高島屋呉服店美術部、一九二二年)。

近代漢学者の墨戯——長尾雨山が描いた絵画をめぐって

呉 孟晋

くれ・もとゆき——京都大学人文科学研究所准教授。専門は中国絵画史。著書に『中国近代絵画と日本』（展覧会図録、共編著、京都国立博物館、二〇一二年）、『移ろう前衛——中国から台湾への絵画のモダニズムと日本』（中央公論美術出版、二〇二四年）、論文に「明清絵画にみる文人器玩のあり方」（外村中・稲本泰生編『「見える」ものや「見えない」ものをあらわす——東アジアの思想・文物・藝術』勉誠社、二〇二四年）などがある。

近代の漢学者・長尾雨山の書はよく残っているが、画はそれほどでもない。しかし、雨山が古画を摸写した作品には名品への深い理解が表われており、在野の立場から既存の枠組みにとらわれない中国学をめざした雨山らしい画となっている。「文人墨戯」の名のごとく、自らの心境を吐露するために描くことも多く、その意味で、雨山の画は「正統」な文人画であった。

はじめに

ここに虎を描いた墨画「深山老虎図」（一九二六年）（**図1**）がある。深山幽谷にたたずむ一頭の虎は釣り上がった目つきでこちらを睨みつけている。しかし、である。ほんのり色づいた大きな鼻や横に伸びる顎鬚はまるで酔漢のような風貌で、前脚を投げ出して寛ぐかのようなさまは、題に詠う「獣の猛者（獣之猛者）」の威厳は感じられない。虎の体躯もまわりの岩と同化するかのように台形状に象られている。

なるほど、このなんとも愛嬌のある画は名のある画家の作ではないだろう。題の末尾に「石隠」との落款があり、その下の白文印は「長尾甲印」と読める。すなわち、この画の筆者は明治から大正を経て昭和初期までを代表する漢学者の一人であった長尾雨山（ながおうざん）（一八六四〜一九四二）（**図2**）である。

長尾雨山は、名を甲、字を子生といい、通称は槙太郎。[1] 雨山の号で知られるが、別号に石隠や睡道人などがあり、書斎を无悶室（むもんしつ）や何遠楼、艸聖堂、漢磚斎（かんせんさい）などといった。高松の人。

詩文に優れ、第五高等学校（現熊本大学）や東京高等師範学校（現筑波大学）などで教鞭を執るも、明治三十五年（一九〇二）、教科書疑獄事件に巻き込まれ退職。翌三十六年から大正三年（一九一四）までは上海に居住し、商務印書館で編訳を主宰したことで、中国における近代出版事業にも関与するとともに、呉昌碩（一八四四～一九二七）をはじめとする文人書画家たちと交流をもった。帰国後は京都に居を定め、羅振玉や王国維、鄭孝胥ら清朝の遺臣たちと交わる一方で、中国書画の研究や鑑定を積極的に手がけた。書家としても名を馳せ、平安書道会副会長などをつとめた。著作に五男の正和氏が編集した『中国書画話』（筑摩書房、一九六五年）がある。

近代日本の中国学のなかでの「光」と「影」をたどるとき、「影」を「不得手なもの」もしくは「専門ではないもの」と読み替えてみると、学問に詩文、書法に長けた長尾雨山の場合は、絵画が「影」にあたるといえなくもない。中国とのつきあい方が大きく変わっていった近代の日本で文人として詩書画を嗜んだ雨山にとって、自ら描く絵画はどのような意味をもっていたのであろうか。

長尾雨山の書画作品は、昭和十七年（一九四二）八月、雨山没後に三男の尚正氏が刊行した私家版の『无悶室手澤』にいくつかの図版が載っている。(2) これらの書画の一部は京都国立博物館（京博）で保管する「長尾雨山関係資料」（個人蔵）にふくまれている。(3) 本稿は、漢学者の長尾雨山が残した絵画をとおして、彼の文人としての在り方をうかがおうとするも

図1　深山老虎図　長尾雨山筆　大正15年（1926）（個人蔵、長尾雨山関係資料）

のである。

図2　長尾雨山肖像（『中国書画話』筑摩書房、1965年より）

一、漱石の画とくらべて

長尾雨山が「深山老虎図」を描いたのは、「丙寅」（大正十五年（一九二六））という寅年の年初であった。いわば「書き初め」として揮毫したものである。

本紙左上にある雨山の自題は、次のように記されている。

管子曰、虎豹、獣之猛者也、居深林／広沢之中、則畏其威而載之、虎豹去／其幽而近於人、則人得之而易其威、故曰、虎／豹託幽而威可載也、丙寅歳首、石隠、

（「／」は改行を示す。以下同）

題は「管子曰く」とはじまるように、『管子』第六十四篇形勢解の虎にまつわる一節を一部省略しながら書写したものである。「虎豹、獣の猛者なり。深林広沢の中に居れば、則ちその威を畏れてこれを載う。虎豹その幽を去って而して人に近づければ、則ち人これを得てその威を易る。故に曰く、虎豹幽に託って威載うべきなり」、と。

獣のなかの猛者である虎（豹は雌の虎の意とも）は人が近づけないような「深林広沢」にいるから人は脅威を感じてそれを尊崇してきた。虎が隠れているのをやめて、これまで畏れていた人に近づくと、人は虎を怖がらなくなる。だから、虎は潜んでこそ畏怖の的となる。[4]

管子は虎を喩えに出して、為政者の姿勢を説く。為政者にも一定の姿勢があり、それをくずすと、威厳はそこなわれてしまう。[5] 脅威もしくは威厳はみえないこと、わからないことによって増大する。しかし、実際の脅威はたいしたことではないかもしれない——。雨山が『管子』を引いていいたかったのはこのことのようだ。だからこそ、あえて威厳のある虎ではなく、かくも愛嬌のある、どことなく老いた黒猫を彷彿させる姿を描いたというのが雨山の「主張」であり、「言い訳」でもあったとするのはうがった見方であろうか。

ちょうど、この十二年前の寅年に小説家・夏目漱石（一八六七〜一九一六）も「あかざと黒猫図」（一九一四年、神奈川近代文学館蔵）（**図3**）を描いている。画家の津田青楓（一八八〇

〜一九七八）は、この黒猫をみて、「青木ケ原あたりにゴロゴロしてゐる溶岩の塊だといつてもいい」と酷評している。(6)しかし、後年、比較文学者の芳賀徹氏は、「白抜きの眼がいやにきつく、鼻が長く、脚がはなはだ頼りないかわりに腰がむやみに大きく、一見、熊か狸かとは思っても、「溶岩の塊」とまでは誰も思うまい。そのいかついところが一種の愛嬌とさえなっている」と好意的に評している。(7)

芳賀氏の「漱石猫」への評言は、そのまま「雨山虎」にも通じよう。漱石猫が写生をもとにした画であったので、雨山も近くにいた猫をもとに描いたのかもしれない。漱石は明治二十九年（一八九六）から英国留学を経て同三十六年（一九〇三）まで、熊本の第五高等学校で英語を教授していた。雨山はそのあいだの明治三十年（一八九七）から東京高等師範学校にうつる同三十二年（一八九九）まで五高で漢文を担当しており、漱石の詩文も添削していた。(8)実際に漱石が南画を描きはじめたのは明治四十四年（一九一一）に青楓とつきあうようになってからであり、(9)雨山と画について語りあったわけではないだろうが、近代日本に生きる「文人」としての気脈は通じていたのだろう。漱石の画は水彩や水墨、淡彩による文人画ふうのものであり、構図や描写に難があるものの業余の作としては味わい深いものがある。

図3　あかざと黒猫図　夏目漱石筆　大正3年（1914）（神奈川近代文学館蔵　『夏目漱石の美術世界』展図録、東京藝術大学大学美術館・東京新聞、2013年より）

二、雨山の文人画論

それでは、長尾雨山が説く文人画（南画、南宗画）とはどのようなものであったのであろうか。昭和七年（一九三二）八月に恩賜京都博物館（現京都国立博物館）で開催された夏期講座「支那南画について」にて、雨山は南画を次のように紹介していた。

画というものは南宗派のほうで申しますと意を以て主となす。描こうというところの画の意味、内容をいちばん大切に扱う。どうすればその意味を適当に現わして人に感動を与えることができるかということにつきまして、適宜に筆の扱いを工夫せねばならぬ。またあるいは着色を加えるとか、あるいは皴擦の具合も適当な方法を考えなければならぬ。もっぱら技巧的を主として描くのではない。描くところの意をいかにすれば完全に表現して人に徹するかということに重きをおいて考えるのである。(10)

このくだりのまえに、雨山は北宗画を技巧でまさるが内容にとぼしい「客観的」な画であると定義していた。それにたいして、南宗画を「意を以て主となす」画とみて、「描くところの意をいかにすれば完全に表現して人に徹するか」、すなわち画をとおしてその人の人格を表わす「主観的」な画であるとした。運筆や彩色、皴擦(しゅんさつ)といった技巧はあくまでも従であり、「描くところの意」が主であり、このとき、画の巧拙は問われなかった。まず求められるのは人格の修養である。

南宗画のほうの修業をする方法といたしまして董其昌が「万巻の書を読み万里の道を行く」といっております。万巻の書を読むということは頭を養成することでありま す。万里の道を行くということは描くところの材料を多く蓄えるためであります。そういうことでこの南宗画を描きます人にはぜひともいちばん根本として大切なものは学問になっておるのであります。(11)

雨山にとっての主眼は、「頭を養成する」、すなわち「学問」を深めることにあった。詩文を得意とした雨山の学問は、「古の詩」をよく学ぶことで「性情を陶鋳すれば」、「忠孝敦厚の美性を涵養する」ことができるという、全人格的な陶冶を目指す儒学的思考であった。(12) 画の場合でも学問とむすびついており、南北二宗論を説いて文人画の理論的支柱となった董其昌(一五五五~一六三六)の「読万巻書、行万里路」(『画禅室随筆』巻二、画訣)こそが、南画の要諦であった。

雨山の手許には朱熹(しゅき)筆「論語集註草稿残稿」をはじめとして中国書画の名品がいくつかあったが、董其昌の佳品をおくことはかなわなかったようである。かわりに、清の潘思牧(一七五六~一八四三後、字は樵侶)の「臨董其昌山水図」(京都国立博物館蔵(長尾コレクション))(**図4**)が雨山をなぐさめたのだろう。『无悶室手澤』の巻頭に掲げられた雨山の書斎写真にはこの幅が写っており、雨山がふだんから書斎に掛けて賞玩していたことを偲ばせる。

この図は、潘恭寿の同族にして董其昌に師法した潘思牧が道光七年（一八二七）にみずから所持していた董其昌画を臨摸したものである。[13] 潘が書写した「天降時雨、山川出雲」の題からうかがえるのは、董はおそらく彼が「雲起楼図」と題字をしるした米法山水図（フリーア美術館蔵）に倣って雲山図を描いたことである。湿潤な気にみちた山水を描く「米法」の祖である米芾（べいふつ）（一〇五一～一一〇七、号は海嶽外史）から董其昌を経て潘思牧が写しとった文人画の系譜を雨山は重んじた。この図の箱書きは、雨山にはめずらしい長句の詩であり、推敲して修正した痕も残っている。依頼をうけて書する収蔵家向けの端正な文筆ではなく、もっぱらみずからのためにしるしたことがわかる。

海嶽雲山写変幻、墨汁淋漓灑素絹、天際烏雲生虚中、林樹挟雨山色潤、後来摹倣失生機、筆／路板滞墨痕肥、迷離虚［空］称米家法、依様葫蘆精神非、樵侶耽画者未已、含豪得意独自喜、撫古影／無爽絲毫、造化在手成流峙、筆底雲烟名可逃、紙上胸壑寄孤高、人間貴賤随趙孟［人間趙孟成貴賤］、何如画中容我豪、／甲寅穀雨、予在申江得潘樵侶臨董香光米法山水、筆墨秀潤、置諸董画中、幾不可辨楮葉、乃改装以蔵家、并題長句、／

雨山居士甲時客平安、乙卯四月廿四日、

（［ ］は修正前の字句を示す）

雨山は「海嶽の雲山 変幻を写し、墨汁淋漓（りんり）にして素絹を灑（そそ）ぐ。天際の烏雲 虚中に生し、林樹 雨を挟みて山色潤う」と、七言で米芾の雲山図のすばらしさを詠う一方で、後世の摸倣のひどさを嘆く。しかし、「樵侶の画に耽るは未だ已まず、含豪（「含毫」か。口に筆をふくむことで、作画をいう）意を得て独り自ら喜ぶ。古を撫して影 絲毫（しごう）も爽なし（「絲毫不爽」で、すこしもたがわないことをいう）、造化は手に在りて流峙（りゅうじ）（聡穎さをいう）を成す」と、潘思牧には臨摸による劣後がないことを褒め

図4　臨董其昌山水図　潘思牧筆　道光7年（1827）（京都国立博物館蔵、長尾コレクション）

称える。末尾の識語で、「筆墨秀潤にして、諸董画中に置くも、幾ど楮葉を辨ずべからず」と、潘の画を董画のなかにおいても「楮葉」（真贋の喩え）を判別することができないともいっており、雨山は潘画のなかに董画をみていた。

三、雨山の臨摸画

そこで、あらためて長尾雨山の画をみてみよう。雨山みずからが画論を実践して画いたのが蘭、竹、菊、梅といった四君子の画であった。

雨山筆の「墨竹図」（一九一八年）（**図5**）は、画面の左下から右上に対角線にそって伸びるしなやかな竹一株を画いた一幅である。幹は細くしなやかで、節のあたりの墨を濃くして調子をつけて稠密な質感を表わしている。枝は墨線の長短を組みあわせ、ところどころに墨点も加えて変化をつける。葉の多くは鋭利な錐形だが、なかには先をよじらせるものもあり、風にそよぐかのような動きをみせる。幹のしなやかさを強調するあまり、やや弱弱しい筆法に終始している感じもいなめないが、細部に創意をこらした佳作である。

画面左下の竹幹の右側に「石隠倣松雪意」としるされた落款は、雨山が「松雪」の筆意に倣って画いたことを示している。「松雪」は、南宋の宗室につらなりながらも元にも仕官した趙孟頫（一二五四〜一三二二、号は松雪）をさす。実際、これは趙孟頫落款を有し、後に東洋紡社長の阿部房次郎の蔵に帰した「墨竹図」（大阪市立美術館蔵（阿部コレクション））（**図6**）を臨摸したものであった。

趙孟頫画とくらべると、雨山画は上方に伸びてゆく竹の姿

図5　墨竹図　長尾雨山筆　大正7年（1918）（個人蔵、長尾雨山関係資料）

態が強調されており、間延びした印象をあたえている。雨山が工夫をこらした節の描写は、趙画でも濃淡があるものの渇筆をもちいて表わしており、節の盛り上がりも輪状に分離して画いている。枝の墨線の長短も葉の墨線の肥瘦も、めりはりがついている。趙画は真筆とはみとめられないものの、その伝称にふさわしい、安定した描写をみせている。

もちろん、雨山の墨竹は描写に難があってもなんの問題がない。あくまで雨山はみずから娯しむために画いたのであり、拙にみえるところはかえってこの画の魅力となって、趙孟頫を彷彿させる名品に際会した喜びが伝わってくる。学問に生きた雨山にとって、この墨竹にふれたことでふたつの種類の文をしたためることになる。ひとつは趙画についての評語で、もうひとつは臨摸しながら着想した詩文である。

前者の評語は、趙画の軸箱の蓋裏に次のようにしるされている。

墨竹之法、昉於宋文湖州、蘇眉山、伝于金王黄華、元李息斎、而天水一派参以書法、別／開門逕、枝幹勁抜遒逸、勢如篆籀、葉則剛健婀娜、妙出草楷、仰揖文蘇、俯視王李、夏／篁展此、細細吹香、襟裏灑然、自忘煩熱矣、戊午六月、長尾甲識、

図6　墨竹図　伝趙孟頫筆（大阪市立美術館蔵、阿部コレクション）

雨山は、墨竹が北宋の文同（一〇一八～一〇七九、湖州刺史をつとめた）と蘇軾（一〇三六～一一〇一、四川眉山の人）からはじまり、金の王庭筠（一一五六～一二〇二、号は黄華山主）、元の李衎（一二四五～一三二〇、号は息斎道人）に伝わって、趙孟頫（号に天水王孫など）らによって書法の筆法をとりいれたことで展開が大きくかわったことをいう。「枝幹は勁抜遒逸にして勢は篆籀の如く、葉は則ち剛健婀娜にして妙は草楷に出づ」と、篆書、籀文（大篆）の鋭さと、草書、楷書のしなやかさを例に出すのは、書でも名をなした雨山にとって首肯できるところであったのだろう。「夏簟（夏のむしろ）で此れを展すれば、細細として香吹き、襟裏は灑然として、自ずと煩熱を忘るる」と、画中の竹にそよぐ風がもたらす効果にふれることも忘れてはいない。ちなみに、表は雨山の盟友であった内藤湖南（一八六六～一九三四、名は虎次郎）による題字で、「趙文敏公墨竹神品、内藤虎題」と署されている。

居住まいを正したかのような端正な箱書きの評語にたいして、雨山画には画面上方と右下に自作の題詩二首が録されている。まずは、上方の詩から。

古竹葉疎枝似戈、猶看／颯颯影婆娑、何求千畝／渭川緑、
瀟灑風姿不在多、／
戊午秋分後五日、雨牕岑寂、／画此排悶、更題一絶填白、
甲、／
看颯颯改作能引月、石隠自検、／
第三句又改作孤竿自有／高寒意、第四句姿作神、甲并記、

雨山は夏の盛りの旧暦六月に箱書きをした後、「秋分後五日」にこの詩をしるしている。夏は趙画をみて暑さを癒したのにたいして、今度は画を写して秋の長雨の鬱陶しさを排そうとした。この詩は「関係資料」のなかの「詩稿」（大正四年至昭和四年、一綴）に「画竹」と題して残っている。[14] ここで興味深いのは「詩稿」に載るのは推敲後の作であり、雨山が画幅のなかで自作の詩文を推敲していることである。たとえば、第三句にある「何んぞ求めん千畝渭川の緑」は、「孤竿自ずと高寒の意有り」に差し替えようとしている。[15] 改作前の「渭川の緑」は、民国初期に趙画の所蔵者であった陳渭泉（鎮江の人、室号は玉塔山房）にちなんだのだろうか。直截的な表現ゆえに避けようとしたとも考えられる。

もうひとつの画面右下の詩は次のようにしるされている。

西台一慟古清残、忍見尽青／風雨寒、天水王孫太平世、
／旧園秋竹画中看、／
是予題松雪画竹詩也、／録以填白、雨山居士、

画面の余白をみて、もう一首、書き加えたようだ。「天水王孫 太平の世、旧園の秋竹画中に看る」と、「天水王孫」こ

と趙孟頫の画をみることのできる喜びを詠っている。なお、この詩の原稿は確認できていない。

『无悶室手澤』には、この墨竹図の図版の横に元の顧徳輝（一三一〇～一三六九、字は仲瑛）の「枯木竹石図」の写しも載っている。雨山は、「平生雲林画に私淑し、蕭遠荒寒我が情に悏す（平生私淑雲林画、蕭遠荒寒悏我情）」と題を書きだし、[16] 顧徳輝をとおして彼と交友した倪瓚（一三〇一～一三七四）の筆意をみている。「戊午清明」との年紀から墨竹図と同年であるが春先の清明節に画いたものであるので、こちらのほうがはやい。

四、想いを託す

長尾雨山の四君子画は扇面も多く、「関係資料」には「墨梅図」や「墨竹図」、「枯木寒鴉図」、「鶏頭奇石図」、「さざれ石図」などが残っている。いずれも草略なものだが、「墨竹図扇面」に「石隠墨戯」と署したように、みずからの画を「墨戯」と称して筆墨に胸中の想いを託していた。[17] 雨山の手許に残された画には贈答向けでないぶん、身辺雑記としてそのときどきの想いをしるしたものが多い。

雨山が上海にいた明治四十三年（一九一〇）に画かれた「梅竹双清図」（**図7**）は、さきの「墨竹図」よりも八年はやい作例である。「墨竹図」とくらべても竹幹が細くて長く、梅の幹は洞があるかのように太くて短くて、均衡がくずれている。ただし、梅の花は花弁を丸く象り、花芯を鋭い墨線で払うかのように丁寧に画いている。雨山架蔵となる揚州八怪の李方膺（一六九六～一七五五）が画いた「梅花図冊」（京博蔵（長尾コレクション））がみせる粗放さとはちがい、親交を深めた呉昌碩がよく画く墨梅図に近い、定石にのっとった画法で

図7　梅竹双清図　長尾雨山筆　明治43年（1910）（個人蔵、長尾雨山関係資料）

図8　松菊猶存図　長尾雨山筆　大正13年（1924）　同前

ある。

この、やや不格好な描写は、題識をみれば微笑ましくも思えてくる。

楳竹双清、／明治四十三年王月初九夜写、／細君在旁曰、此可以比吾二／人消寒矣、乃咲而題之、石隠、

「王月」、すなわち正月にふさわしく梅と竹を画いたときに、「細君旁らに在りて曰く、此れを以て吾二人の消寒に比すべき」と、照子夫人の感想を書き留めている。「乃ち咲して之に題す」と、雨山は微笑して画を画いたという。つまり、この梅竹図は雨山夫妻の自画像でもあった。雨山が高潔さを表わす竹で、夫人が香りをただよわせる梅の花なのか、それとも雨山がどっしりとした幹の梅で夫人がしなやかな竹だったのだろうか。

大正十三年（一九二四）の「松菊猶存図」（**図8**）も、松と菊、どちらも長命にまつわる吉祥の画題をとりあわせた小品である。

我共菊花生、拳拳九日名、／細懐陶靖節、把酒泛寒／英、黄葉秋烟瞑、平林／暮雨横、登高雖沮約、独坐／有餘情、／我以重陽後又九日生、／雨山居士録旧詩、／甲子九日作、

雨山は、九月九日の重陽の節句の九日後の九月十八日に生

まれたことに縁を感じて、六十一歳の誕生日にあわせてこの幅を画いた。菊を愛でた陶淵明（私諡は靖節）を詠んだ五言律詩は、雨山の詩稿集から「九月雨坐」とわかる。[18] 松幹は直線的に折れ曲がり、画きなおしの線もある。菊花の花弁も生硬であるが、それは車輪のように丸く展開する松葉にあわせての描写であろう。雨山がみずからのために意をこらして画いたようすがうかがえる。もっとも、『无悶室手澤』に載った六十一歳の誕生日作は「後凋」と題した松図のみである。[19]「後凋」は、松柏がふつうの草木におくれて、しぼむことをいい（『論語』子罕）、転じて苦難に堪えて固く節操を守ることのたとえとなる。編者の尚正氏にとって、守節を説く「後凋図」のほうが公にするにふさわしいと考えたのであろう。

誕生日にあわせて心情を吐露したものには、大正二年（一九一三）に上海で五十歳を迎えたときに草書「五十自嘲詩」が知られている。こちらは書幅だが、「乞食行歌して白日莫れ、髪を散し酔倒して呉市に睡る（乞食行歌白日莫、散髪酔倒睡呉市）」などと異郷で老いをみずから嘲る文人としての生きざまを隠そうとはしていない。[20]

雨山には数が少ないものの山水の作もある。「蘭亭山水図」（一九一八年）（**図9**）は、小高い主山に渓流があり、籬があって竹が植わる茅屋のある景観を描いている。通有の山水図とくらべて、やや違和感があるのは主山に打たれた大きな墨点は樹木を表わし、左上にみえる瀧は山肌を伝うかのように流れ落ちて白雲のごとく煙雲がただようあたりであろうか。一見、のどかな隠居を表わすのかと思いきや、題詩や識語から東晋の王羲之（三〇三～三六一）の名筆「蘭亭序」でも聞こえ

図9　蘭亭山水図　長尾雨山筆　大正7年（1918年）　同前

が高い、会稽山の蘭亭であること
がわかる。

山陰古道昔曾雅、曲水／勝遊憶典刑、惆悵即久／出雲尽、戢其修竹／是蘭亭、憶作図画作書、／
戊午三月三、偶憶蘭亭旧遊、援筆／作図、并題小絶、雨山居士、

題詩の「惆悵即ち久しく出雲尽き、其の修竹を戢めるは是れ蘭亭」というように、雲や瀧の描写は詩句と対応する。雨山が蘭亭を訪ねたのは、大正二年（一九一三）、癸丑の年の四月に京都で開催された「大正癸丑蘭亭会」のためであった[21]。永和九年癸丑の年（三五三）の雅会を追慕して開かれる盛大な雅会に雨山は上海から協力を惜しまなかった。五年後京都で「蘭亭旧遊」を思い出して描いているため、実景とことなるのは当然であった。

雨山の山水図は『无悶室手澤』にも「歩危峡図」（一九二四年）の図版が載っている。これは徳島の吉野川にある名勝・大歩危、小歩危の峡谷を旅したときの図で、主山の頂を濃墨で表わし、山谷のあいだに白雲を這わせる。題詩にある「雲中何処で鶴犬を聞かん、或いは有るは仙人十二楼（雲中何処聞鶴犬、或有仙人十二楼）」と、鶴と犬、そして猿にちなむとおぼしき中国の陝西省にある驪山や十二の高楼のある仙山・崑崙山に倣えているようだ[22]。董其昌のいう「万里の道を行く」を実践するかのように、雨山の山水図は実際に訪れて目にした景観を詩文とあわせて再構成することで、「胸中の山水」を描きだしたのである。

おわりに

もっとも、長尾雨山の画は画家たちがいるなかでみずからすすんで披露するものではなかったようだ。

藤井有鄰館にある「名士寄せ書き書画」は、大正十一年（一九二二）五月に藤井靄靄荘で藤井善助のために雨山のほかに内藤湖南、山本竟山（一八六三～一九三四、名は由定）、竹内栖鳳（一八六四～一九四二）、山元春挙（一八七二～一九三三）が揮毫したもの。栖鳳が長春花（薔薇）を、春挙がその下に

図10　山水図巻　長尾雨山筆　昭和16年（1941）（長尾雨山『无悶室手澤』長尾尚正発行、1942年より）

ある石を描いたが、雨山は即席の七言詩をしるすのみである。[23] また、昭和二年（一九二七）に小室翠雲（一八七四～一九四五）や水越松南、矢野橋村、白倉二峰ら日本南画院の画家たち十七名の合作画帖（白澤庵蔵）には、「美意延年」との題字を寄せている。[24] 大正十年（一九二一）に発足した日本南画院は湖南や雨山、富岡鉄斎を顧問に迎えていた。

それでも画を描くことは、雨山の生涯をとおして欠くことのできない営みであった。

『无悶室手澤』の最終頁には昭和十六年（一九四一）、七十八歳の雨山が「風流儒雅」と書した題字とともに「山水図巻」（**図10**）が収められている。[25] 風流を解した雅やかな儒者であること——。京都学派を形成した内藤湖南たちとはことなり、在野の立場から既存の枠組みにとらわれない中国学をめざした雨山らしい生きざまをいいえている。濃墨で展開する山水は、董其昌も傾倒した米法の雲山図であったのは偶然ではないだろう。

「儒者」を自認していた雨山の絵画は自娯の「墨戯」という規を超えない、きわめて正統な文人画であったのである。

注

（1）　長尾雨山についての研究では、はやくに杉村邦彦氏の「長尾雨山とその交友」（『墨』第一一六～一三〇号（連載十五回）、芸術新聞社、一九九五年九月～一九九八年一月）や、樽本照雄氏の『初期商務印書館研究』（清末小説研究会、二〇〇〇年）などがある。また、杉村氏が主宰した書論研究会が刊行した雑誌『書論』でも「西泠印社」（第三〇号、一九九八年四月（口絵「長尾雨山の書画」など））や、「長尾雨山・狩野直禎先生追悼」（第四五号、二〇一九年十一月）、「二王学の試み・長尾雨山とその交友」（第四六号、二〇二〇年十月）など、何度か特集が組まれた。最近では、松村茂樹氏の「長尾雨山の近代日中美術交流における貢献」（『アジア遊学』第二六九号、二〇二二年五月）や同氏「長尾雨山と呉昌碩」（『中国文化——研究と教育』第七二号、二〇一四年六月）などがある。

（2）　『无悶室手澤』に載る四十点前後の図版のうち、画は次の九点である。「墨梅図」（一九二六年）、「古木図」（一九二四年）、「歩危峡図」（一九二五年）、「墨竹図」（年紀なし）、「臨趙孟頫墨竹図」（一九一八年）、「臨顧徳輝枯木竹石図」（同）、「墨蘭図」（一九二六年）、「牡丹図」（一九一八年）、「山水図巻」（一

九四一年）。長尾雨山『无悶室手澤』（長尾尚正発行、一九四二年）。

（3）「長尾雨山関係資料」は、詩文草稿約六三〇点、書簡約二七〇〇点を中心に文房具や書籍、写真、書類などからなる。主に京都時代の資料からなり、一部に上海時代のものをふくむ。拙編著『長尾雨山の中国書画受容に関する基礎的研究』科学研究費助成事業（若手研究B）報告書、京都国立博物館、二〇一八年三月。なお、本稿で紹介する雨山の画はとくにことわりがないかぎり、この「関係資料」にある作品である。

（4）謝浩范・朱迎平訳注『管子全訳』（下巻）（中国歴代名著全訳叢書、貴陽：貴州人民出版社、一九九六年）七三三―七三四頁。

（5）松本一男訳『管子』（中国の思想（改訂版増補）第八巻、徳間書店、一九七三年）八六頁。

（6）津田青楓「へんちくりんな画」（『漱石と十弟子』芸艸堂、二〇一五年、同社初版は一九七四年）八四頁。

（7）芳賀徹「夏目漱石――絵画の領分」（『絵画の領分――近代日本比較文化史研究』朝日新聞社、一九八四年）四七三頁。

（8）長尾雨山談「漢詩の添削」（『漱石全集月報』第一六号『漱石全集』第一七巻）、岩波書店、一九三七年）。

（9）芳賀徹「漱石自筆の作品」（『夏目漱石の美術世界』展図録、東京藝術大学大学美術館・東京新聞、二〇一三年）一九二頁。古田亮「第十講　漱石自筆画と南画世界」（『特講　漱石の美術世界』岩波現代全書、岩波書店、二〇一四年）二一〇頁。

（10）長尾雨山「支那南画について」（『中国書画話』筑摩叢書二七、筑摩書房、一九六五年）五五頁。

（11）長尾雨山、前掲「支那南画について」、五九頁。

（12）長尾槇太郎「詩想」（『龍南会雑誌』第六一号、一八九七年十二月）二頁。拙稿「漢学と中国学のはざまで――長尾雨山と近代日本の中国書画コレクション」（『SGRAレポート』第八四号（第十一回SGRAチャイナ・フォーラム論文集：東アジアからみた中国美術史学）、渥美国際交流財団関口グローバル研究会、二〇一九年五月）三〇―三一頁。

（13）この図の題識は次のとおり。「天降時雨、／山川出雲、／元宰写、／偶検得旧帋試羅小華墨、／臨家蔵董文敏公真跡、時丁亥冬至前二日、七十二叟潘思牧」。

（14）拙編著、前掲『長尾雨山の中国書画受容に関する基礎的研究』、六五頁。

（15）この詩は冒頭の「古竹」を「老竹」に替えて、ほかの「墨竹図」（一九二三年、高松市歴史資料館蔵）の題詩にももちいられている。口絵「長尾雨山の書画」（『書論』第三〇号、一九九八年四月）八一頁。

（16）この図の題識は次のとおり。「平生私淑雲林画、蕭／遠荒寒愜我情、豈／料玉山金粟子、素／牋写出素秋楼、／玉山顧仲瑛有此図、筆／墨蕭澹、頗有倪迂之意、／今戯臨其貌、而遺其／神奈何之、太古龕／主人甲并題、／戊午／清明」。

（17）この「墨竹図」は「関係資料」のなかで「先君扇面」にある。背の低い篠竹と小竹の幹をわけて画いた簡潔なもので、「石隠墨戯」と款し、「雨山」（朱文楕円印）を捺す。

（18）「九月雨坐」は、「甲子詩草　大正十三年　四紙」にある。前掲『長尾雨山の中国書画受容に関する基礎的研究』、六六頁。

（19）この図の題識は、「後凋、／大正十三年十月十六日、即／夏正甲子九月十八日、正当予生日、／写此自寿、雨山居士甲年六十一」とある。

（20）杉村邦彦「上海時代の長尾雨山の翰墨生活一斑――五十自嘲詩と潘存臨鄭文公下碑跋」（『書学論纂』知泉書館、二〇一八年）六六一―六七三頁（初出は書学書道史学会編『書学書道史論叢／二〇一一』萱原書房、二〇一一年）。なお、「五十自嘲詩」の釈文は次のとおり。「読書畏誉如畏毀、寧甘蹉跎勝枉己、汗漫江湖敢自豪、異郷蒓鱸聊復／美、乞食行歌白日莫、散髪酔倒睡呉市、故歩蹣跚起又顛、傍人指笑未知／恥、妻児引裏掩面走、似怨薫帳冷故里、計疎空悔不学稼、三径就荒嬾復理、／流年半百一無為、人嘲来日亦復尓、奚嚢貯詩無補世、白頭猶与饑寒倚、昨／非今是任人算、得失寸心独自恃、愛生只好学瓦全、抱朴不須借青紫、／五十自嘲、／癸丑菊月十八日、家人作予生日、酔後書此、雨山長尾甲時客申江」。この書幅は「関係資料」にあり、『无悶室手澤』にも掲載されている。

(21) 杉村邦彦「大正癸丑の京都蘭亭会と長尾雨山・山本竟山――関西大学図書館内藤文庫所蔵の書簡を中心として」（『書道文化――四国大学書道文化学会誌』第一〇号、二〇一四年三月）。杉村「大正癸丑の蘭亭会とその歴史的意義」（陶徳民編『大正癸丑蘭亭会への懐古と継承――関西大学図書館内藤文庫所蔵品を中心に』（関西大学東西学術研究所資料集刊三十三）、関西大学出版部、二〇一三年）。

(22) 「歩危峡図」の題識は次のとおり。「絶壑飛巌夾澗流、／猨声日夜欲攀愁、雲／中何処聞鶏犬、或有／仙人十二楼、歩危峡作、／乙丑仲夏、石隠、／稿敲改山猨、／何処改作／髣髴」。雨山がふまえているのは彼が好んだ明末の黄道周（号は石斎）の文集『黄石斎先生集』巻五にある「式士策」の「求才第一」のなかの一節「君子安其猿鶴犬戎隠於驪山」であるとも考えられる。なお、画中で詩句の推敲をおこなうのは「墨竹図」と同じである。この詩は「乙丑詩草　大正十四年　一綴」には収録されていないが、この旅行中の作らしき「鳴門」（乙丑五月廿三日、渭城諸友導游鳴門観濤……）は収録されている。

(23) 雨山の題詩をふくむ題識は次のように読める。「園林高木正清和、靄靄遠村／斜日多、静看琳琅東壁府、／不容此処一塵辺、／靄靄荘雅集即題、雨山甲、／壬戌五月／六日」。湖南は「嘯傲、湖南」と題字を、竟山は「延年益寿、繇定」と吉祥句を寄せた。本幅の熟覧にあたっては名誉館長の藤井善三郎氏の協力を得ました。ここに記して感謝申し上げます。

(24) 波瀬山祥子「白倉二峰の事績と作品」（『歿後五〇年記念　近代南画界の異才　白倉二峰展』図録、天門美術館、二〇二四年）一二―一三頁。

(25) この図の題は、「風／流／儒／雅、／雨山老逸甲／時年七十八」であり、画に落款はないようだ。画の後には草書の自跋がつづく。

附記　本稿は、本書の特集にあわせて書き下ろしたものである。筆者は、二〇二一年十一月に本書編者である朱琳氏が企画されたシンポジウム「近代日本の中国学の光と影Ⅱ」（於東北大学（オンライン開催））にて、「長尾雨山と内藤湖南の書画観――沈周筆「九段錦図冊」をめぐって」と題して発表したが、こちらの内容は本書より先に刊行された雑誌『美術フォーラム二一』第四八号（特集　東アジア文人画の「近代」、二〇二三年十二月）に副題を「林平造（号蔚堂）の収集品をめぐって」に変えて収録されている。あわせて参照されたい。

河井荃廬――清代後期の碑学・金石趣味の伝導者

下田章平

しもだ・しょうへい――相模女子大学准教授。博士（芸術学）。専門は中国書法史。主な著書に『清末民初書画碑帖収蔵史』（知泉書館、二〇二三年）、論文に「中国書画碑帖の日本流入に関する一考察――収蔵家・菊池惺堂を起点として」（『日本中国学会報』第七一集、二〇一九年、一八七―二〇〇頁）などがある。

河井荃廬は、明治以後徐々に「碑学」が浸透しつつあった日本に、本場中国仕込みの清代後期の碑学や金石趣味の導入によって、日本の篆刻を含めた書法研究、書表現に新機軸を打ち立てた。本稿では、河井荃廬の収蔵活動及びその門人の書表現について検討し、河井荃廬が中国から伝えた碑学がいかに受容され、展開したのかを明らかにしたい。

はじめに

河井荃廬（図1、一八七一～一九四五）は、明治四年（一八七一）四月二十八日（戸籍では二十二日）、京都寺町二条南角の印判師、河井仙右衛門の長男として京都に生まれた。[1] 姓は川井であったが、戸籍吏が誤って河井としたために、河井姓を称した。篆刻家であるとともに、書画碑帖や漢籍の収蔵家、指南役として著名である。幼名を徳松（後に篠田芥津の名を避けて得松あるいは得）、字を子得、二十二歳頃に仙郎と改めた。号は初め荃楼、荃廔、第一回訪中の頃に荃廬とした。斎号に、継述堂、宝書龕などがある。上京第三十区小学校（後の柳池小学校）卒業後に、林双橋（一八二八～一八九六）のもとで漢詩文を修めた。明治二十一年（一八八八）、篆刻家の篠田芥津（一八二七～一九〇二）に入門、明治三十年（一八九七）、呉昌碩（一八四四～一九二七）と文通を開始、明治三十三年（一九〇〇）九月、訪中して呉昌碩と対面し、門人となった。それ以後は毎年のように訪中し、昭和六年（一九三一）、泰東書道院支那書道視察団団長として訪中するまで続いた。民国

図1　「呉昌碩［中央］、呉臧龕［右］、河井荃廬［左］三先生合影」（『書品』78号、1957年、頁数不掲載。明治42年［1909］撮影）

二年（一九一三）、西泠印社の社長に呉昌碩がなると、その創立発起人となり、設立後社員となった。明治三十六年（一九〇三）十月、実家を弟の河井章石（一八七六～一九五六）に譲り、碑帖収蔵家の三井高堅（一八六七～一九四五）邸の庭に面した三畳間（茶席）に独居、後に三井邸内の一隅に簡素な住居を構えた。昭和二十年（一九四五）三月十日、東京大空襲の際に消火活動をしていたが、奮闘の甲斐なく、バケツを片手に自宅前で絶命し、また、多年収蔵した漢籍や書画碑帖も灰燼に帰した(2)。

　東京大空襲での焼失に加えて、生前から作品や著述を意図的に残してこなかったために、河井荃廬の一次資料はほとんど備わらない(3)。しかし、次に挙げる先行研究によって徐々にその文墨活動の実態が解明されつつある(4)。小林斗盦（一九一六～二〇〇七）は河井章石、太田夢庵（一八八一～一九六七）、園田湖城（一八八六～一九六八）旧蔵資料、柿木原くみ氏は徳富蘇峰記念館所蔵の河井荃廬書簡、川内佑毅氏は『河井仙郎印譜』（浙江図書館所蔵）や河井荃廬自筆『訪中日記』（河井章石旧蔵、一九〇〇年十二月～一九〇一年二月）を分析している。特に権田瞬一氏は、河井荃廬の篆刻の様式分析に加え、書道雑誌等の零細記事によって年譜を作成し、成果を挙げている。

　また、河井荃廬の業績については、小林斗盦「河井荃廬展の開催に当って」（『平成七年度企画開館五周年記念展「河井荃廬展」』、篆刻美術館、一九九五年、二頁）に、

　先生の篆刻芸術における高い業績は、万人によって敬仰されるが、学術文化面における貢献は極めて多岐にわたる。

一、中国の金石法書名画書籍の研究と舶載、いわば中国文化の導入に果たした功績、然も実事求是の姿勢を堅持して、骨董趣味を排除している。

一、中国文化博渉の知識による、書苑、談書会誌への貢献、支那南画大成・支那墨蹟大成の大集成、三省堂の書苑編集の主導等の著作。

一、文字学を重んじ、重野安釈〔繹〕博士と図って説文会を復興した。
一、出土後間もない甲骨文字の研究と紹介、大正四年林泰輔博士との共著〈亀甲獣骨文字〉をはじめ、甲骨の厖大な蒐集は名高い。
一、呉昌碩をはじめ近世中国文人との密接な交流、日中文化の興隆に対する貢献。
一、門生を中心とした、尚友会、吉金文会、竹雲会、白社等による行進の指導。
数えあげればきりがない程、わが国書画篆刻界に対する功績は多方面にわたる。

と記されている。これをもとに河井荃廬の近代日本書道史上の意義について考えると、明治以後徐々に「碑学」が浸透しつつあった日本に、本場中国仕込みの清代後期の碑学や金石趣味の導入によって、日本の篆刻を含めた書法研究、書表現に新機軸を打ち立てたということができよう。

一、清代書法史における碑学

　ここで、碑学勃興までの清代書法史について見ておこう。(5)清代中期までは帖学の全盛期であった。帖学とは、書の名跡を石や木に写して刻し、拓本にした法帖（刻帖）であり、尺牘（手紙）や詩稿など実用に根ざした行書、草書、あるいは典雅な楷書を研究や学書の対象としており、具体的には、北宋の「淳化閣帖」に掲載された鍾繇や、二王（王羲之、王献之）を典型とするものであった。それが、清代後期になると、確実な資料に基づいて事実を客観的に追求する考証学と、経学、歴史学などの原典批判に金石文（青銅器や石刻の銘文）を用いる金石学が目覚ましく発展し、同時に書学にも影響を与えた。すなわち、考証の対象とされてきた先秦の青銅器銘文（金文）、秦漢の篆書や隷書、北朝期の楷書を書の視点から捉え直し、それを対象とした書法研究や書表現の追究を目的とする碑学が勃興したのである。そして、清末に発見された甲骨、木簡、残紙といった新出土の書にも碑学の研究方法が応用された。

　また、碑学の勃興によって、金石趣味が流行した。器物（青銅器や石刻の原件）や拓本などの収蔵活動が行われ、方若『校碑随筆』のような拓本の新旧を校訂した専著までが刊行された。さらに、篆書への関心によって、篆刻の隆盛がもたらされた。印章は、篆書を習って文字を選定し（字法）、それを印面に効果的に配置する章法と、大胆な奏刀（刀法）によって完成する。清末の篆刻家は、字法の背景にある金石学や文字学に精通し、さらに書画にも長じた人物が多く、当時の芸苑を牽引していた。光緒三十年（一九〇四）、杭州を拠点に篆刻及び金石書画の振興を目的として設立された西泠印社が、その盛行を如実に物語っている。

ところで、小林斗盦の挙げる河井荃廬の業績の委細については、これまであまり検討されてこなかった。そこで、本稿では、河井荃廬の収蔵活動及びその門人の書表現について検討し、河井荃廬が中国から伝えた碑学がいかに受容され、展開したのかを明らかにしたい。このことにより、近代日本書道史における河井荃廬の果たした役割の一端が明らかとなるだろう。

図2　田中慶太郎像（30歳、田中壮吉『日中友好的先駆者「文求堂」主人 田中慶太郎』〔汎極東物産株式会社、1987年、6頁〕所収）

二、田中慶太郎

河井荃廬は篆刻家の松丸東魚（一九〇一～一九七五）に、「……篆刻家だとて何も一概にメシが食つてゆかれんといふ事はない。今、書画の鑑定といふものが、肝心な印の鑑定を度外視して行はれて居る場合が多い。かかる方面に少し注意を向ければ必ず生活の一助になると思ふ。」と話しているように[6]、書画鑑定は生活の一助と考えられていたようである。

文求堂は中国書籍専門店であり、文久元年（一八六一）に京都で開業し、明治三十四年（一九〇一）、田中慶太郎（図2、一八八〇～一九五二）が東京の本郷へ移転した。田中慶太郎は哲学館（現在の東洋大学）を経て、明治三十三年（一九〇〇）七月、東京外国語学校（現在の東京外国語大学）清語学科の第二回別科を修了した[7]。同年九月、唐本を購入するために、同郷の河井荃廬とともに初めて訪中したという。その後、明治四十一～四十四年（一九〇八～一九一一）に北京に滞在した。文求堂 田中慶太郎「第四話 唐本商の変遷」（『紙魚の昔がたり』上巻、訪書会、一九三四年、一五一―一七六頁）に、「……向こうの人達と交際して居る中にだん〳〵支那の書画の方が面白くなつて来て、それから大分書画の方に熱心になりました。第一、その方が利益があるものですからね。それでも別に書籍の方をやらない訳ではありませぬが、聊か主客顚倒の形となつて居りました。」（一六一頁）とあり、「……私の所には〔関東大〕震災前までは若い学生さんは殆んど来なかつた。尤も書画を熱心にやつて居つたのですからさうなつたのは当然でした。」（一六六頁）とあるように、関東大震災前（一九二三）までは、中国書籍よりも利益の出る書画を中心に取り扱ったようである。

田中慶太郎は清末の大収蔵家、端方（一八六一～一九一一）の書画や蔵石コレクションを将来した。また、日本で最初の呉昌碩の図録と見られる田中慶太郎編『昌碩画存』（私家版、一九一二年）を刊行し、呉昌碩の絵画を制作年代別に収集して関東大震災前までに百数十点のコレクションを形成していた。(8) 河井荃廬「呉昌碩と王一亭」（『書画骨董雑誌』第三八七号、一九四〇年、四―五頁）に、「……私もその相談に与り、私の蔵幅を譲りもし、また支那へ行く毎に物色もして、……」とあるように、収集にあたっては河井荃廬の指南があったことがわかる。後に高島屋によって呉昌碩ブームが引き起こされるが、(9) 田中慶太郎はその先蹤と見なすことができよう。

また、上掲「第四話 唐本商の変遷」に、「……私が法帖を幾らか扱ふやうになつたのは河井荃廬さんから教を受けたのが初めです。この人は鑑識眼の鋭い人で今日先づ法帖の鑑定をする人は河井荃廬さんの外では中村不折さん及び三井源右衛門〔高堅〕さんが自身に鑑識眼があつて買はれるのですから偉いところです。」（一六八頁）とあるように、碑帖購入においても河井荃廬の指南を受けており、文求堂の得意先の一つが、昭和十一年（一九三六）に書道博物館を開設した中村不折（一八六六～一九四三）であった。(10)

三、三井高堅

三井高堅（図3）、初名は三郎のち堅三郎、号は聴氷、松阪三井家七代、三井高敏（一八二三～一八八五）と久賀（一八三三～一八八〇）の三男として生まれた。(11) 明治十六年（一八八三）、新町三井家八代、三井高辰（一八四四～一九二二）の嗣子となり、同二十五年（一八九二）に家督を相続し、源右衛門の名跡を継承した。昭和十一年（一九三六）に三井高遂（一八九六～一九八六）に家督を譲り、翌年高堅に改名した。実父の文人趣味と拓本の収集、新町三井家における茶の湯の法度が重なり合って、三井高堅も拓本収集に励むことになる。三井高堅はかつて烏丸四条の三井銀行に勤務していた頃に河井荃廬と金石拓本を中心に親交を深めたという。上述のように、河井荃廬は三井高堅に収蔵指南をしていた。三井高堅コレクションには、添状などの附属資料に河井荃廬の名の見えるコレクションが十三点あり、河井荃廬の仲介によると見られる呉昌碩の題簽（題名を書いた紙片）の貼られたコレクションもあるという。また、三井高堅が河井荃廬に委嘱した印は百数十に及び、収蔵印としても利用されている。

三井高堅コレクションは、明の安国（一四八一～一五三四）旧蔵品と清の李宗瀚（一七六九～一八三一）旧蔵品が出色であり、その仲介を担ったのは河井荃廬であった。[12] 前者については、大正八年（一九一九）に「泰山刻石」（前二一九、五三字本）を仲介し、「石鼓文」（春秋時代）の先鋒本、中権本、後勁本（いずれも北宋拓）の三種の仲介にも携わったと見られ、先鋒本（大正十年（一九二一）獲得）と後勁本（昭和十年（一九三五）獲得）の二種は、民国十五年（一九二六）、上海に中国書店を開設した金頌清（興祥）を通じて三井高堅に売却された。ちなみに、日本に亡命した郭沫若（一八九二～一九七八）は、河井荃廬に示された三井高堅コレクションの「石鼓文」の写真によって、郭沫若「石鼓文研究」（同『古代銘刻彙攷』二、文求堂書店、一九三三年）を執筆している。[13] また、後者に関しては、大正七年（一九一八）に「孔穎達碑」（六四八）、大正十年（一九二一）に「祝綝碑」（七〇五）を仲介している。

ところで、大正中葉を過ぎると、中国書画碑帖の優品を扱う業者は、文求堂（寸紅堂）と博文堂に収斂されてゆく。[14] その背景には、文求堂（寸紅堂）には河井荃廬、博文堂には内藤湖南（一八六六～一九三四）や長尾雨山（一八六四～一九四二）といった中国文物に精通した賞鑑家（指南役）がいたからであり、この意味で、河井荃廬は日本に書画碑帖の優品を伝えた重要な人物であるといえよう。

図3　三井高堅像（山口昌男監修『日本肖像大事典』下巻、日本図書センター、1997年、70頁）

四、西川寧と小林斗盦

河井荃廬は自身も収蔵家であったが、東京大空襲でほとんどが灰燼に帰したため、そのコレクションの全貌は不明であった。しかし、雑誌記事をもとに復元した権田瞬一「河井荃廬旧蔵中国書画目録稿」（『大東書道研究』第一八号、二〇一一年、七六―一四〇頁）、同「河井荃廬旧蔵印譜典籍刻印目録稿」（『大東書道研究』第二二号、二〇一五、七六―九五頁）によって、その概要を把握することができるようになった。書に関しては、殷代の甲骨の一群、明代四点、清代一七五点、絵画については明代四点、清代二二二点であり、甲骨と明清書画、特に呉熙載（一七九九〜一八七〇）、趙之謙（一八二九〜一八八四）、呉昌碩の作品が多く所蔵されていたことが特筆される。このことは、河井荃廬「書、画、篆刻三絶」（『書道』第一巻第一号、日本書道作振会、一九二八年、五―八頁）に、「……書画篆刻の三芸を一人でやった人は古来随分あるが、お世辞の三絶ではなく、本とうの三絶、即ち書も画も篆刻も皆第一流の大家たる資格を具して居る人は余り沢山は無い。近代七八十年来では呉讓之（熙載）、趙之謙、呉昌碩の三家を挙げたい。」とあるように、この三名が碑学の正統を伝えたと考えたからであろう。このほかに、印譜は二九点に止まり、漢籍は説文関係、名印は、趙之琛（一七八一〜一八六〇）、呉熙載、趙之謙、徐三庚（一八二六〜一八九〇）のものが多く、河井荃廬監修、藤原楚水編輯『増訂寰宇貞石図』（興文社、一九三九年）掲載の「新増」の碑帖は、河井荃廬と中村不折コレクションに依拠するものが多いという。

ところで、河井荃廬が収集した清代後期の碑学に基づく書画作品は、当時の日本の収蔵界や文墨界では、等閑視されてきたが[15]、西川寧（一九〇二〜一九八九）や小林斗盦といった門人はその価値を見出していた。

西川寧は明治書壇の巨匠であった西川春洞（一八四七〜一九一五）の三男である。十三歳の時に父が逝去した後は書を独習した。昭和五年（一九三〇）、泰東書道院創立時に河井荃廬と出会い、十五年余り師事し、「……今おもうと、私のこのささやかな存在の何もかもが、みな先生に教えられたとこから出ているもののように思えてくるのです。〔改段〕私のかく書なども、先生の風とまるでちがうのだが、その方向の決定のために、実はしらぬ間に先生の示唆というものが働いていなかったか。」と述懐している[16]。

では、河井荃廬の「示唆」とは具体的に何を指すのであろうか。西川寧「鄧書とわたし」（『書品』第二二二号、一九七二年、二―七頁）に、「……鄧―包―呉讓之は師弟である。趙は血脈とはいえないが、包の議論に筆法を得、呉とは会ったことはなかったが、趙が今の世の印人第一とたたえられたことが伝えられて、呉も大へん気をよくしたという間接的に昵懇のなかである。趙に傾倒した頃の私は、自ら〝趙家之狗〟を以て任じ、やがて、鄧・包・呉・趙を自分の道統になぞらえるというのぼせ方であった。」と記されているように、鄧石如（一七四三〜一八〇五）、包世臣（一七七五〜一八五五）、呉熙載、趙之謙と続く碑学の正統に自身を連ねている。よって、西川寧は河井荃廬を通じて、清代の碑学や金石趣味を示唆されたものと考えられる。

なかでも河井荃廬と西川寧がともに敬愛したのが趙之謙である（図4）。河井荃廬は呉昌碩に憧れて入門したにも関わらず、趙之謙の書画を熱心に収集し[17]、昭和十七年（一九四二）、趙之謙没後六十年を記念する遺作展展覧会を開催したが、図録掲載分の六割は河井荃廬コレクションで占められている[18]。

西川寧は、昭和八年（一九三三）から昭和十三年（一九三八）までを、「趙之謙傾倒時代」とし、趙之謙の「逆入平出」の筆遣いを会得したという[19]。戦後、日展に第五科（書）が成立すると、西川寧は北魏風の荒々しい楷書作品を出品するが、いずれも趙之謙の書法が基盤にある。その後、晩年まで新出土資料を加味しながら、篆隷作品を中心に発表した。北魏風の楷書作品といい、その後の篆隷作品といい、まさに碑学が学書の対象とした分野を探究したといえよう。

小林斗盦は、昭和十六年（一九四一）に河井荃廬の門人となり、戦後は西川寧などに師事した。河井荃廬は中国人が篆刻を学ぶ過程について、「……最初は手解きをして貰つて、一通り直して貰ふ。さういふことをして貫（ママ）〔貰〕はなければならん間は先生を見て貫（ママ）〔貰〕ふが、目鼻がついて来たら、古人の印譜に付いて自分の基軸を出すやうに専念するのである。だからどうしても変つたものが出来るのではないかと思ふ。然しこれも自己認識だけではいかぬ。必ず先輩に見て貰つて厳正な批評は仰がねばならぬ。」と述べ、また学ぶ対象を「漢代、又は遡つて三代のものであらう。」という[20]。小林斗盦の篆刻は、清末の篆刻家

図4　「河井荃廬先生七十二歳小照」（『書品』78号、1957年、頁数不掲載。昭和17年［1942］秋、河井荃廬宅にて撮影。背景にあるのは趙之謙画）

に始まり、河井荃廬が学書の対象と定めた秦漢や先秦文字資料、さらに晩年には甲骨文にまで及んでいる。[21] そして、小林斗盦は河井荃廬が篆刻学習の最も重要な対象とした「印譜」（印章を押して本の体裁にしたもの）を収集し、日本でも有数の収蔵家となった。その内容は、自身の所蔵に加え、割譲を受けた太田無庵、横田実（一八九四～一九七五）旧蔵コレクションの計四二三件からなり、平成十四～同十五年（二〇〇二～二〇〇三）に東京国立博物館に寄贈された。このほかにも、名印（『斗盦蔵印』、謙慎書道会、二〇〇五）や明清書画コレクションも備えていた。このように、河井荃廬により日本にもたらされた清代後期の碑学の学殖及び金石趣味は、西川寧や小林斗盦、そして二人が所属した謙慎書道会の書家や篆刻家に継承されている。

五、河井荃廬所蔵甲骨

光緒二十五年（一八九九）に甲骨が発見されたが、河井荃廬は新出土の甲骨もコレクションの対象とした。林泰輔『亀甲獣骨文字』（西東書房、一九一七年）の刊行に際しては、河井荃廬の絶大な助力があったという。[22] 河井荃廬所蔵の甲骨の一群は、東京大空襲で破砕され、加熱によりかなり収縮が見られたが、松丸東魚（上掲）の長男の松丸道雄氏によって整理された。松丸道雄氏はおよそ九七二片を復元し、松丸道雄編『東京大学東洋文化研究所蔵甲骨文字 図版編』（東京大学出版会、一九八三年）を刊行した。その「序」によると、河井荃廬所蔵甲骨は、晩翠軒（中華料理屋兼書画骨董商）社長の井上恒一（一九〇六～一九六五）が河井荃廬夫人の華より高額で買い取り、松丸道雄氏は松尾謙三（晩翠軒社員）や西川寧を通じてこの甲骨の整理を依頼されたという。井上恒一の没後、夫人の井上冨美子により、東京大学東洋文化研究所に寄贈されたという。また、河井荃廬の盟友の田中慶太郎もおよそ三四一片を所蔵していた。戦前に売却されて、その所在は不明であったが、文雅堂主人の江田勇二（一九〇六～一九八八）の情報によって書家の山崎節堂（一八九六～一九七六）が所蔵していたことが判明し、その遺族から同じく同所に購入されたという。[23]

ところで、馬良春他主編『郭沫若致文求堂書簡』（文物出版社、一九九七）によると、昭和六年（一九三一）以後、郭沫若は、河井荃廬所蔵の「河井大亀」をはじめ、中村不折、田中慶太郎所蔵甲骨を研究材料としていることが判明する。また、金頌清（上掲）の子の金祖同（一九一一～一九五五）は、訪日して亡命中の郭沫若に師事して甲骨学を学んだ。[24] 拓本を取ることに長じたため、劉体智所蔵の甲骨拓片をもたらし、郭沫若『殷契粋編』（文求堂書店、一九三七年）上梓の契機を作ったという。このように、日中の研究者によって、河井荃廬所蔵の甲骨が研究され、甲骨学の進展に寄与したことは重要である。

おわりに

本稿では、まず河井荃廬の収蔵活動及びその門人の書表現について検討した。検討の結果、河井荃廬は近代書画碑帖収蔵史上の重要人物であり、田中慶太郎や三井高堅に収蔵指南をしていたことが明らかとなった。また、河井荃廬が伝えた清代後期の碑学の学殖や金石趣味は、門人の西川寧や小林斗盦、さらには謙慎書道会所属の書家や篆刻家に継承され、特に楷書や篆隷作品、篆刻の分野に新生面を開いた。そして、河井荃廬所蔵甲骨は、郭沫若や松丸道雄氏によって研究が進められ、甲骨学の進展に寄与した。

一方、辛亥革命以後の書画碑帖の日本への流入に伴って、帖学にも新たな展開が見られ、中田勇次郎（一九〇五～一九九八）が述べるように明治の書家である日下部鳴鶴（一八三八～一九二二）の門流を中心に再評価が進められ、また、篆刻においては、従来あまり顧みられてこなかった黄士陵（一八四九～一九〇九）等も回顧されつつある。[25] このように、明治以後には碑学、帖学の垣根を超えて、さまざまな書法や書表現の研究が進められるようになったが、この点に関しては今後の検討課題としたい。

注

（1）以下、河井荃廬の伝記に関しては、小林斗盦「河井荃廬」（河出孝雄編『定本書道全集』別巻 印譜篇、河出書房、一九五六年、一三二頁）、西川寧「河井荃廬先生のこと」（『書品』第七八号、一九五七年、四—七頁）、須羽源一「河井荃廬翁の生いたちとその学問」（中田勇次郎編『日本の篆刻』、二玄社、一九六六年、一八三—一九三頁）、松丸東魚「河井先生の思い出」（同『東魚文集』私家版、一九七七年、一四七—一八三頁）などがある。

（2）『墨』七月臨時増刊 現代書道の巨匠たち（芸術新聞社、一九八六年、一五五頁）参照。

（3）前掲注1須羽源一論考参照。

（4）小林庸浩（斗盦）「荃廬先生の遺墨」（西川寧『河井荃廬の篆刻』二玄社、一九七八年、六四—七二頁）、柿木原くみ「徳富蘇峰をめぐる文人たち——河井仙郎と高島菊次郎からの書簡」（『相模国文』第三三号、二〇〇六年、七〇—九四頁）、権田瞬一「河井荃廬研究年表 附河井荃廬著作目録」（『公益財団法人日本習字教育財団 学術研究助成成果論文集』vol. 5、二〇二〇年、一二九—一六六頁）、川内佑毅「河井荃廬が中国人士に刻した印——『日本河井仙郎印譜』を中心として」（『書法漢学研究』第二八号、二〇二一年、一—一八頁）、同「河井荃廬の渡華と人的交流——荃廬自筆「訪中日記」を中心に」（『書法漢学研究』第三一号、二〇二二年、二〇—三一頁）参照。

（5）青山杉雨『明清書道概説』（二玄社、一九八六年）、菅野智明『近代碑学の書論史的研究』（研文出版、二〇一一年）参照。
（6）前掲注1『東魚文集』（一四九頁）参照。
（7）以下、田中慶太郎については、『東京外国語学校一覧』（東京外国語学校、一九〇五年、一〇〇頁）、大庭柯公（景秋）「文求堂」上、下（同『ペンの踊』大阪屋号書店、一九二一年、七〇―七八頁）、田中壮吉『日中友好的先駆者「文求堂」主人田中慶太郎』（汎極東物産株式会社、一九八七年、六―七頁）参照。
（8）「端方氏秘蔵の刻石将来」（『斯文』第四編第三号、一九二二年、二三七―二三八頁）、『大正震災志』下（内務省社会局、一九二六年、七三五頁）、拙稿「林朗庵の収蔵に関する一考察」（『相模国文』第四九号、二〇二二年、二六―六六頁）参照。
（9）松村茂樹『呉昌碩研究』（研文出版、二〇〇九年、三三三―三五九頁）参照。
（10）中村不折『禹域出土墨宝書法源流考』上冊（西東書房、一九二七年、二丁裏）参照。
（11）以下、三井高堅に関しては、小林庸浩（斗盦）「編集後話」（尚友会編『荃廬先生印存』二玄社、一九七六年、三―一三頁）、樋口一貴「三井高堅と聴氷閣拓本コレクションの形成」（『三井文庫別館蔵品図録 聴氷閣旧蔵碑拓名帖撰――新町三井家』三井文庫、一九九八年、一〇六―一一一頁）参照。
（12）以下、三井コレクションに関しては、富田淳「槐安居コレクションと聴氷閣コレクション――高島菊次郎氏と三井高堅氏」（関西中国書画コレクション研究会編『国際シンポジウム報告書 関西中国書画コレクションの過去と未来』同会、二〇一二年、七三―八六頁）参照。
（13）西川寧「明・清の書について」（一九七六年四月八日、日本書芸院主催「明清の書」展記念講演、『西川寧著作集』第三巻、二玄社、一九九一年、四八五―五〇六頁）参照。
（14）拙稿「大西見山の収蔵に関わる交友関係について」（『相模国文』第五一号、二〇二三年、一九―四二頁）参照。
（15）河井荃廬「清末南画家之一瞥」（『南画鑑賞』第四巻第四号、一九三五年、三五―三六、四九頁）参照。
（16）西川寧「謙慎書道会の諸君へ」（一九七六年四月、『西川寧著作集』第八巻、二玄社、一九九二年、九三―九四頁）参照。
（17）前掲注9『呉昌碩研究』（二二〇頁）参照。
（18）西川寧編『二金蝶堂遺墨』全五冊（晩翠軒、一九四六年）、覆刻版（二玄社、一九七九年）参照。
（19）西川寧「戊申自述」（『西川寧自選作品』、二玄社、一九六八年、二二四―二三二頁）参照。また、西川寧作品の変遷は、東京国立博物館他編『生誕100年記念特別展「書の巨人 西川寧」』（読売新聞社、二〇〇二年）参照。
（20）「篆刻を語る」（『書芸』第三巻第一号、一九三三年、六、一七―二三頁）参照。
（21）以下、小林斗盦の篆刻及びそのコレクションに関しては、東京国立博物館他編『生誕百年記念 小林斗盦 篆刻の軌跡』（同館他、二〇一六年）参照。
（22）前掲注1「河井荃廬先生のこと」参照。
（23）「学問の思い出――松丸道雄先生を囲んで」（『東方学』第一三六輯、二〇一八年、一―三八頁）参照。
（24）橋川時雄『中国文化界人物総鑑』（中華法令編印舘、一九四〇年、二五六頁）、前掲注13「明・清の書について」参照。
（25）中田勇次郎「明治時代の書における伝統と革新」（同『中田勇次郎著作集』第六巻、二玄社、一九八五年、二八〇―二九八頁）、『金石書学』第二二号（二〇一九年）参照。

附記　本稿はＪＳＰＳ科研費二四Ｋ〇三四九二の助成を受けたものである。本稿執筆に際し、権田瞬一氏のご教示を賜った。記して御礼申し上げたい。

瀧精一と「職業としての」美術史家の成立

――東京帝室博物館、東京帝国大学の職位と、民間の専門職集団

塚本麿充

つかもと・まろみつ――東京大学東洋文化研究所教授。専門は中国絵画史。主な著書に『北宋絵画史の成立』(中央公論美術出版、二〇一六年)、『台北・國立故宮博物院――神品至宝』図録(共編、東京国立博物館、二〇一四年)、『アジア仏教美術論集東アジア3(五代・北宋・遼・西夏)』(共編、中央公論美術出版、二〇二一年)、『コレクションとアーカイヴ――東アジア美術研究の可能性』(共編著、勉誠社、二〇二二年)などがある。

現在の東京国立博物館は明治五年(一九七二)の湯島聖堂博覧会に起源を持ち、明治二十二年(一八八九)に帝国博物館、明治三十三年(一九〇〇)に帝室博物館と改称した。そこで美術品を管理する専門職は、初期には東京美術学校から供給されたが、関東大震災ののち復興本館の建設を機に、昭和九年頃から帝国大学の美術史講座卒業生を大量に採用することとなった。美術史の成立と制度、大学・博物館の職業の関係について、その光と影を考える。

はじめに――何が「美術史」ではない、のか?

「美術史学」を学びはじめた頃、不思議に思ったのは「それは美術史ではない」「(その研究では)美術史にはならない」とよく言われたことである。はて。「美術史」とは何だろう。私は「美術」が好きで美術史を学び始めたが、はじめから「美術史」が好きだった訳ではない。ではなぜ「美術史」だったのか、よくわからないまま「専攻」があったから学びはじめ、その疑問は慣れに代わり、次第にそれが一種の制度であると知り、その制度のなかでなんとか糊口をしのげるようになると、今度は自分が学生に「それは美術史ではない」と叱責するようになってしまった。ここでいう「美術史」とは「様式論」を基礎に置く研究のことである。日本では九〇年代に美術史の方法論の大きな議論が行われたが、美術史の今後の発展の方向を考えるとき、やはりなぜ「美術史」なのか、それが近代社会とどのように関係していたのか、改めて

振り返ることは必要であろう。「美術史」の成立という〝光〟によって見えなくなった〝影〟の部分、つまり抜け落ちてしまった重要な知識体系とは何だったのだろうか。

「美術」は近代に生成した概念であるとはいえ、人間社会のはじまりから「美術的な現象」は存在していた。それは近代に「美術」と「美術史」へと再編された、というのがより正確だろう。近代以前にも書画骨董の楽しみや仏像も存在していたが、重要なのはそれを管理する人間社会が変化したということである。これら前近代の「美術」は、「古筆家」とよばれる鑑定家や、狩野家や住吉家といった画家の一族が「折紙」「極」を発行し、親族や弟子が「箱書」を行うことで、モノは社会的に権威付けられる「作品」として流通していった。しかし近代の大学制度は、前近代までの様々な専門職を再編することによって新たな人間集団を生み出していくこととなる。同時期に再編された高度専門職としては医者、教員、官僚、画家、法曹（弁護士）など様々な職域があるが、ここで問題となるのは、では「美術」＋「史」の分野において、それが大学と博物館という制度と結びついてどのように再編されていったのか、という問題である。

よく知られたように、日本では最初期にまず「美学」が移入され、それから分離するように「美術史」の専門性が確立した。ここでいう「美術史」は「様式」と「図版比較」を基礎とし[1]、卒業後の主な職業として博物館（文化財保護）が想定されていたことに大きな特徴がある。この分野に先鞭をつけた太田智己の研究によれば、大学を卒業した職業研究者数が増加するのは一九一〇年代以降で、そのことによってかえって非職業研究者たちは傍流化していったという。それは①美術創作と研究を兼業する作家たち、②当代批評と研究を兼業した作家たち、③他ディシプリンの学術研究と美術史研究を両立させた研究者たち、そして④アマチュア・在野の愛好家、の四種があり、彼らとの差別化をはかっていくために、美術史家たちは組織をつくり、研究の科学化の志向や歴史学への接近を図ったことが指摘されている[2]。逆に言えば、近代における（職業的）美術史家像とは、自ら美術創作（コレクション）をせず、独自のディシプリン（様式論）を持ち、人格や愛好という感情ではなくプロとしての職位（大学・博物館）を持った人間集団、とも定義できよう。草創期の「美術史」は、画家・技術者（美術学校）・出版・美術界（新作／古美術市場／批評）・茶道や花道の師範や在野の漢学者など、多くの類似分野からの知識を融合・再編することによって成立したのであり、おそらく最初期の職業「美術史」学者たちが最も闘争しなくてはならなかったのは、これら先行する専門職業集団との差異化であったともいえよう。本稿では博物館と大学の関係を詳しく検討しながら、瀧精一を結節点として、「美術」の関連業界においてどのように、非職業専門家から職業専門家集団への移行が行われたのかをみてみたい。

一、東京帝室博物館を中心とする中国書画の収集と整理

まずは大学や博物館と関係をもった人物を中心に、どのようにコレクションと近代の「美術」制度が作り上げられていったのかを概観したい。初期の帝国博物館の美術関係の人物として、最初にその「美術部長」をつとめたのは岡倉覚三（一八六三〜一九一三、号は天心、在職：明治二十二〜三十一年）であり、ついで貴族院議員の平山成信（一八五四〜一九二九、在職：明治三十一〜三十三年）、明治三十三年の帝室博物館の発足以降の大正四年までは、当時東京美術学校教授であった今泉雄作（一八五〇〜一九三一、号は也軒）がその職にあった。今泉の美術知識は、『也軒翁骨董談』（『書画骨董叢書』第八巻、書画骨董叢書刊行会、一九二二年）等に述べられているが、書画器物の名称や由緒、鑑識の見所など、伝統的な書画古器物知識の総決算的側面が強い。[3] また「無礙庵」印のある大量の拓本や美術作品も東京帝室博物館に寄贈しており（図1・図2）、（伝）陳洪綬「合歓多子図」（明、TA-117、以下、東京国立博物館所蔵品には列品番号を表記する）には添状を発給し、陳熙ほか「雑画帖」（清、TA-114）等には箱書きを施し、自身も黄庭堅にならう勇壮な書や水墨画を多く制作している。本人としても収集家、古物家、好古家としての意識が強かったであろう。

そのあとを引き継いだのが溝口禎次郎（一八七二〜一九四五、号は宗文）であり、攻玉社・橋本雅邦の門に学び、明治二十二年に東京美術学校第一期生として日本画科に入学、横山大観などとは同期だが二十七年に卒業制作「菅公左遷図」（東京藝術大学大学美術館蔵）をもって卒業するも、専門的な画業の途には進まず、明治二十九年より臨時全国宝物取調局臨時鑑査掛として帝国博物館に勤務、美術部の技手として様々な業務に携わり、のち監査官、大正四年には今泉より美術課長の職を引き継いだ。昭和十二年より改組によって列品課と学芸課が設けられた際には列品課長となり、昭和二十年五月の山の手空襲で死去するまで博物館を支え続けた。現在も東京国立博物館に所蔵される溝口禎次郎の模写作品の技術は非常に高く、[4]「前九年合戦絵巻」など自身も美術品を収蔵していた。そしてこの時期、昭和十七年に同学芸課長に昇進した（〜昭和二十年八月まで）のが秋山光夫（一八八八〜一九七七）で

図1　李陽冰筆・李莒「怡亭銘」（唐時代・永泰元年（765））（東京国立博物館、TB-850、今泉雄作旧蔵）

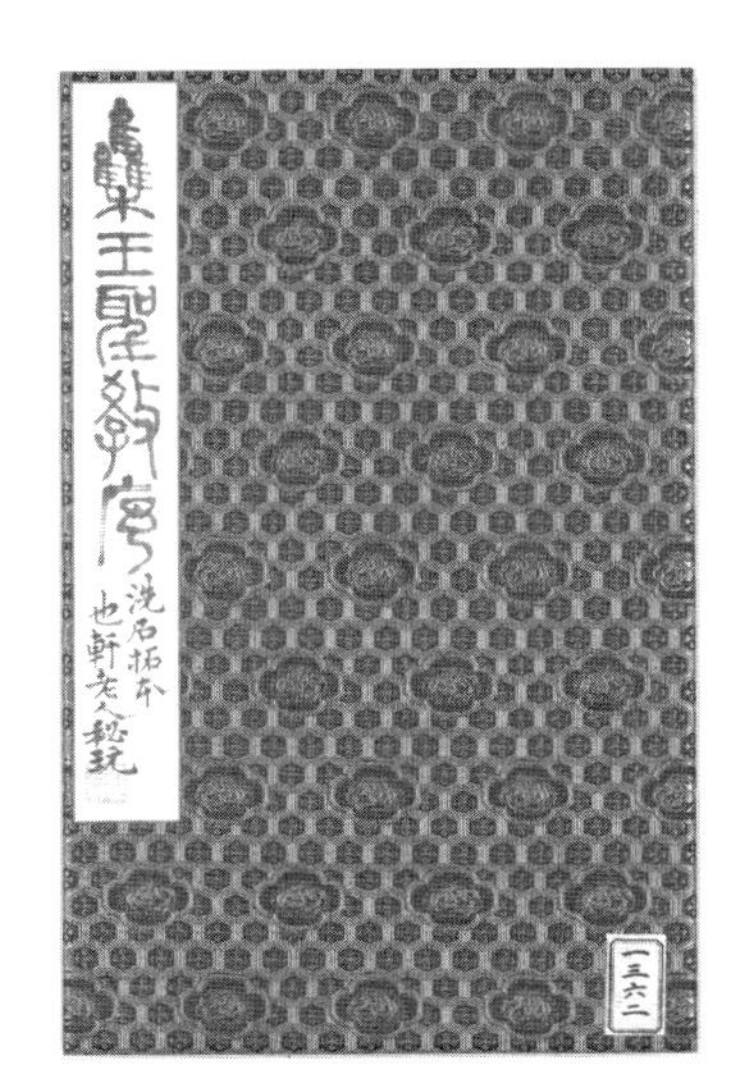

図2　「集王聖教序拓本」（TB-897）（今泉雄作旧蔵）「也軒学本漢碑八種」（TB-906）

ある。秋山は東京帝国大学法科大学に入学したが、のち京都帝国大学文科大学哲学科に転じて美学美術史学を専攻、卒業後は大正七年より宮内省図書寮に勤務、宮内省御物管理委員、大正十五年四月には帝室博物館監査官となり、その後、昭和四年十二月より同六年六月までの欧米への留学を経て、文部省、博物館関係の仕事をしながら、戦後は金沢美術工芸大学で教鞭をとった。このように博物館の美術部長・課長職の変遷を見てみても、最初期の古物家から画家の技術を基礎に持ちながら美術の歴史的な研究に関心を持つ者、そして次第に美術史研究を中心とする専門職へと、その属性が変遷していったことがわかる。

よく知られたように東京帝室博物館は明治五年（一八七二）の湯島聖堂博覧会をその起源に持つが、博物館の性格やコレクション・展示内容をめぐって試行錯誤が行われており、はじめから中国書画を系統的に蒐集していったわけではない。そのなかで非常に大きな契機になるのが、明治九年（一八七六）に市河米庵の養子・三治（遂庵、一八〇四～一八八四）の子にあたる市河三鼎（得庵、一八三四～一九二〇）から、また明治三十三年（一九〇〇）に米庵の長子である市河三兼（万庵、一八三八～一九〇七）から、自身が再収集したものをふくめて、江戸時代の文人書家である市河米庵（一七七九～一八五八）旧蔵の中国書画金石拓本類が寄贈されたことで、同年十月六日～二十六日には「市河米庵遺品特別陳列」も開催されている。[5] 当時の博物館は、第二回内国勧業博覧会から上野公園のジョサイア・コンドル設計本館を引き継ぎ、明治二十二年五月十六日に帝国博物館と改称、九鬼隆一総長のもとで翌二十三年一月二十六日から歴史やジャンル別の新陳列がはじまっていた。この時、帝国博物館の組織は歴史部、美術部、美術工芸部、工芸部、天産部に分けられ、その平面図や列品台帳を見ても、中国書画と日本美術はいまだ分離していない。中国（朝鮮）の書画は、「美術部」の管轄（「絵画」「彫刻」「建築」「書蹟」「写真印刷」）に含まれており、絵画は五二七七件のうち五二〇八件が日本（中国その他が六十九件）、書蹟は二二四件のうち四十九件が日本（中国その他が一七五件）」（『帝室統計書』（明治三十年））であり、そのほとんどが米庵関係であったことがわかる。[6]

「列品」（所蔵品）の区分にまだ日本と東洋がなかったように、当時の館員や研究者（古物家）の職位にも日本と東洋の区別はなかったが、中国を得意とした館員は存在していたようである。最初期の博物館における中国絵画研究としては、齋藤謙編纂『支那画家人名辞書』（明治三十五年、大倉書店（増訂版、明治四十三年））、同『支那画家落款印譜』（図3、明治三十九年、大倉書店）の出版があり、七百余人におよぶ画人が挙げられている。いずれも帝室博物館技手であった齋藤謙が編集し、当時は東京美術学校教授でもあった今泉雄作が校閲、帝室博物館総長であった九鬼隆一が題字を寄せている。齋藤謙についての詳細は不明だが、明治二十二年二月の東京美術学校第一期入学者のなかに、山崎競らとともに名前があり、[7] 溝口禎次郎などとは同期となる。その後、普通図画教員の課程に進み、明治二十五年二月に卒業して帝国博物館に就職した。明治二十九年より帝国博物館では臨時全国宝物取調局に代わってその業務を継承することとなり、この調査は東京帝室博物館が発足する明治三十三年六月三十日まで継続されたが、明治三十二年には技手として溝口や太田謹、紀淑雄、大村西崖らとともに齋藤は臨時鑑査掛に任じられており、[8] 明治三十三年には「美術部列品監査掛」の技手として片野四郎（一八六七～一九〇九）らとともに名があがっている。[9]『支那画家落款印譜』に寄せられた帝室博物館主事の久保田鼎（一八五五～一九四〇）による序文（明治三十九年（一九〇六）「東台博物館舎）によると、齋藤は号を栗堂といい、「善絵事又精乎写真之術、既兼此二能而周旋於館務。日夕鞅掌、不暇寧処、而栗堂期望甚大、不肯以其所能自足、又私修温故之道」とあり、文化財調査にも活躍していたのであろう。所載の落款印章は多くは齋藤自身が「手抄」したものでその「心血の注顧するところ」であるという。また齋藤は「凡例」において多くが実際に閲覧した画幅より模写蒐集したものだが、真蹟が見られないものについては版本から採集し、また近年清国から入ってきて伝記の不詳な者は他日これを増補せん、という。すでに江戸時代には『歴朝名公款譜』（中田博泉（粲堂）纂、谷文晁・濱田杏堂・菅原洞齋鑑定、文化五年（一八〇八））をはじめとして、『天瓢斎書画落款譜』（川上松岳（天瓢斎）、安政四年（一八五七）序）、『紫川館蔵書画落款譜』（竹田子篇、安政五年（一八五八））など多くの落款印譜集が出版[10]され、民間で手写されたものも多く、また『古画備考』のように画家の鑑定控としての資料集成も進んでいた。興味深いのは『支那画家落款印譜』はこれらに加え、さらに当時博物館に所蔵されていた新しい購入品からも落款印章を写し加えていることである。例えば、市河米庵『小山林堂書画文房図録』（嘉永元年（一八四八））所載の米庵旧蔵書画の落款は、すでに博物館に所蔵されていた実際の作品と照合できただろうし、王翬（款）「山水図」（図3）は仇英「楼

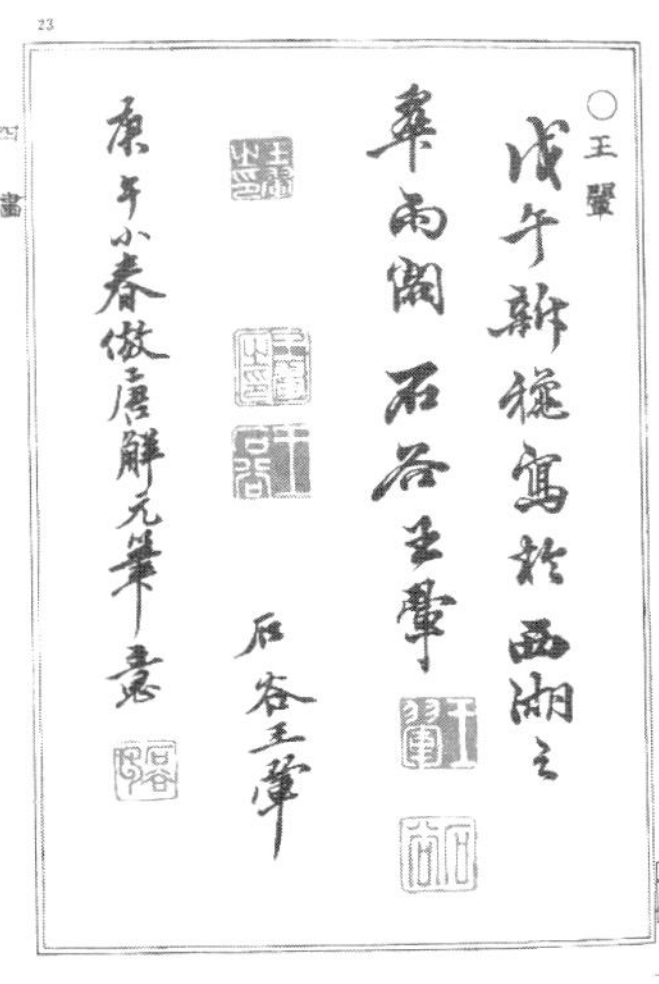

図3　王翬（款）「山水図」（左）（東京国立博物館、TA-43）と齋藤謙『支那画家落款印譜』「王翬」款印（上）

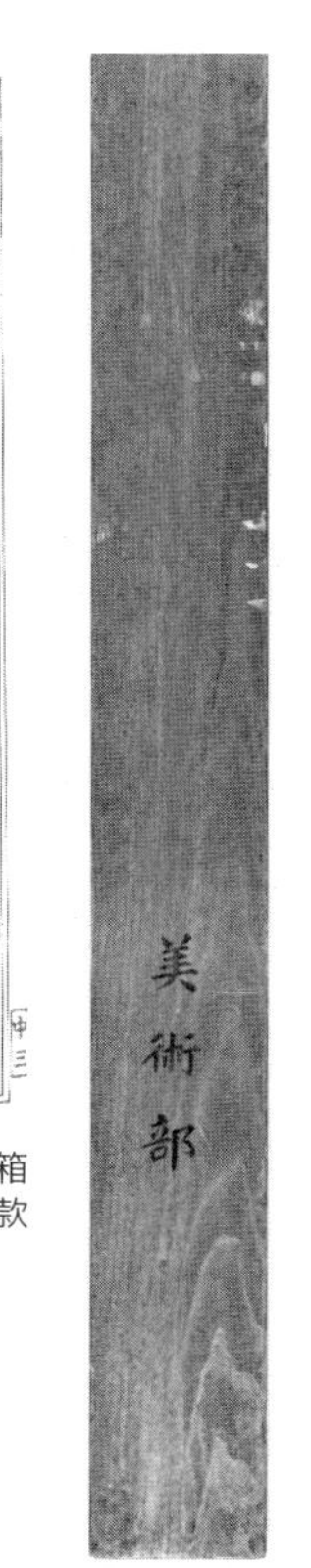

図4　周落「獅子図」（TA-39）の「美術部」箱（右）と齋藤謙『支那画家落款印譜』「周全」款印（上）

閣山水図」（TA-42）とともに明治三六年に購入された最初期の中国絵画コレクションで、ともに明治三十年に発行された臨時全国宝物取調局の監査状が付属しており、優先的に購入されたと思われるが、非常に珍しいこの王翬の落款を齋藤は早速収録している。明代の宮廷画家である珍しい周全の落款（**図4**）は、当時すでに購入されていた周全「獅子図」（TA-39）の落款を写したものであり、明治四十年には閻次平「山水図（双幅）」（TA-49）も購入されている。当時博物館にはすでに木挽町狩野家伝来模本類や明治模本事業による模本類も備わっており、ここからは、江戸時代までの『君台官印』や『万宝全書』などのような印譜から、より実物に即した正確な印譜を写し取ろうとする、近代へむかう博物館職員の意欲を感じることができよう。これらは、木挽町狩野家出身の朝岡興禎（一八〇〇～五六）の膨大な書画鑑定筆記である『古画備考』を、校訂・活字出版した（大正二年）、同じく帝室博物館に勤務していた太田謹（一八四二～一九二五）の仕事ともよく似ている。

一方で齋藤謙は「不動明王像」（曼殊院原本、A-1485）、「釈迦再生図」（釈迦金棺出現図、A-6826）、「明欽玉 山水図」（**図5**）など多くの模写作品を残しており、その内容は着色仏画から室町水墨、狩野派、正倉院御物まで幅広い。また興福寺「五部浄像（八部衆のうち）右腕」（天平六年（七三四）、C-345）も齋藤から帝室博物館への寄贈品である。溝口、片野と並ぶと称された齋藤はその後夭逝したようだが、画家としての模写の確かな技術を持ちながら、落款集と人名辞書という二つの工具書の出版によって、新しい時代の中国書画研究を進めようとした人物と考えられよう。

齋藤謙の『支那画家人名辞書』は日本篇というべき『本朝

画家人名辞書』（大倉書店、明治二十八年〔一八九四〕）と対になるように企画されたもので、こちらは狩野（素川）寿信の編纂、古筆了悦の校閲になり、『古事類苑』を編集したことでしられる国学者・小中村清矩（一八二一～一八九五）と、博覧会時代から一貫して博物館に関与していた黒川真頼（一八二九～一九〇六）の仮名序文をもつ。狩野（素川）寿信（一八二〇～一九〇〇）は浅草猿屋町代地分家の最後八代目当主で、贈オランダ国王屏風の制作にも関与した実力派の一人とされる。[11] 古筆了悦（一八三一～一八九四）は古筆本家十二代で、さらに十三代了仲（一八二〇～一八九一）の子である十五代古筆了任（?～一九三三）は、[12] 明治三十三年の帝室博物館美術課雇となり、同年のパリ万国博覧会の一行にも名前があり、明治三十七年には欧米へ博物館視察のために派遣されている。[13] その後の古筆了任は、益田孝（鈍翁）の末弟・英作（一八六五～一九二一）が明治三十八年（一九〇五）に日本橋にひらいた古美術商多聞店の支配人となり、[14] 茶道に親しみ、雑誌『布留鏡』（布留鏡社、一九二五～一九三〇）を発行しながら古筆家としての知識をいかして大正十五年（一九二六）の「加賀切」、昭和二年（一九二七）六月の「松風切」など古筆の分割にも関わり、民間の書画鑑定人として活躍、次第にアカデミックな美術史研究や博物館の活動とは離れていったようである。

この時期の博物館では、江戸時代までに残された膨大な資

図5　齋藤謙（模写）「明欽玉 山水図」（東京国立博物館、京都・常照寺原本、A-6476）

料、およびそこで蓄積された知識を、近代的な博物館制度のなかで整理・活用する方法が模索されていた。そのなかで江戸から明治初期にかけての書画骨董の知識を蓄えた専門職たちが新しい近代制度のなかで活躍していたことは、その過渡期的な性格を表すものといえよう。

二、新渡り中国書画コレクションの形成と在野（民間）の専門職集団

この時期の帝国博物館の最も大きな仕事の一つに『稿本日本帝国美術略史』の出版がある。いうまでもなくこれは、明治三十三年（一九〇〇）のパリ万国博覧会に参加するために農商務省から委嘱のもと明治三十年（一八九七）頃から編纂がはじまり、編纂主任であった岡倉天心が翌年三月に免官されると、編纂統理に平山成信を、同事務補助に久保田鼎を、編纂主任に福地復一を、副主任に執行弘道を、協賛校正に今泉雄作や三宅米吉を、編纂補助に紀淑雄、溝口禎二郎、齋藤謙、片野四郎、黒川真道、大村西崖らを任命して編集が継続され、フランス語に翻訳されて、*Histoire de l'art du Japon*（一九〇〇年）として刊行されたものである。其の翌年に農商務省から日本語を整理して『稿本日本帝国美術略史』（國華社）として刊行、明治四十一年（一九〇八）に建築の部を増補した『日本美術略史』が刊行され、最初の概説書として日本美術史の枠組みを決定した重要性はよく指摘されている。明治三十二年九月二十日の日付をもつ総長・九鬼隆一の序文には興味深い次の一文がある。

「試ニ見ヨ。支那印度ハ世界ニ於ケル再旧邦ナラズヤ。而シテ目下ノ形勢果シテ如何。感慨ナキ能ハザルナリ。（中略）実ニ二国ノ文華ハ昔日ニ煥発セシモ、今ハ僅ニ千古ノ残影ヲ認ムルノミ。（中略）故ニ支那印度ニ於ケル数千年来ノ文華ハ、寧ロ其本国ニ余葩ヲ留ムルモノ少ナクシテ、却リテ我日本帝国ニ遺芳ヲ放ツモノ多シ。（中略）二国ニ於ケル三千年来文物ノ華ハ尽ク齎シ来リテ、永ク我日本帝国ニ保存セラレタルナリ。」

これに続けて九鬼は、奈良の正倉院、紀州の高野山、京都の東寺醍醐寺などの名刹旧寺が千古の名品大作を襲蔵し、「日本帝国ハ世界ノ公園」「東洋ノ宝庫」であるとする。この言葉には、もちろん帝国博物館総長として博物館事業の重要性を訴え予算獲得せんとする立場もあろうが、いちはやく明治政府や博物館が全国の宝物調査を実施し、その所在や年代を鑑査して保存につとめ、こうして最初の「美術史」を著述し得たという強い実感が込められているといえよう。さらに続けて「他日ヲ期シテ更ニ一大美術史ヲ編成シ、以テ東洋

美術史ノ津梁ト為シ、併セテ東洋史学上ニ一大材料ヲ給シ鴻益ヲ与ヘント欲ス。蓋シ是等ノ事業ハ敢テ支那及ビ印度ノ国民ニ望ムベカラズ、応ニ東洋ノ宝庫タル我日本帝国民ニシテ始メテ能ク完成スルヲ得ベキノミ」と述べる。日本は「東洋ノ宝庫」という言説、そして日本とそこに所蔵されるコレクションによってアジアの美術史を記述しうるという説明は、戦後の日本の美術史学でも長く継承され、おそらくは一九八〇年代に台北で國立故宮博物院が本格的に展示と出版活動を始めるまで、多くの「美術」専門家にも共有される見解となっていった。このような九鬼総長の実感を支えていたのはやはり、博物館に続々と集まりつつあった全国宝物調査の情報と写真であったといえよう。

一方で、そのような認識を変化させていったのも、実際のアジア地域への調査やそこで実際に作品に出合った経験であった。辛亥革命前夜の宣統二年（一九一〇）、京都帝国大学の内藤湖南（一八六六～一九三四）は、同僚の狩野直喜、小川琢治、富岡謙蔵、國華社主幹で東京帝大講師でもあった瀧精一などとともに、敦煌文献調査のために北京を訪問し、訪れた端方の邸宅で目にしたのは、郭熙「渓山秋霽図巻」（現フリア美術館所蔵）を始めとした「実に驚くべき傑作の数々」であった。この時点から日本の中国絵画観は大きく変化していくこととなるが、帰国後の瀧精一はそれらを続々と『國華』で紹介する一方[15]、湖南らは関西の財閥コレクターにそれらの傑作を紹介して購入を勧め、現在の「関西中国書画コレクション」が成立していったことはよく知られている[16]。しかのみならず、湖南はそれらの重要性を見事な漢文（題跋）によって直接作品、もしくは箱に書き入れ、記述した。湖南は日本美術史上でも最も精力的に題跋行為を行った人物の一人であると言え、それは茶道やお飾りに支えられた「唐絵」から、文人教養による近代的な「中国書画」へと鑑賞方法が変化したことも示している。おそらくその読者としてはいずれ、中国の人々にも自分の題跋が読まれることも想定していたのだろう。

内藤湖南の題跋の特徴としては、まず前半部でその作品や作者が中国の文献でどのように語られてきたのかを博捜・考証し、史料中の言葉と目前にある作品の表現を結び付けたあとで、自身の尚南貶北論による中国芸術史上の位置づけや重要性を語り、最後に著録による伝来や所有者の情報を整理、現在の所有者を讃嘆して筆を擱く、という構成が多い。湖南の中国絵画史観には南北二宗論が強固な前提として存在しており、湖南はそれに沿うように新渡りの名品を探し求めた。湖南の別荘であった恭仁山荘には多くの中国書画が持ち込ま

図6　関仝「待渡図」（齋藤董盦旧蔵、湖南題跋：大正13年〔1924〕、JP8-002）

れたようで、題跋のほとんどは大正年間から逝去する昭和九年（一九三四）の前年までの間に、恭仁山荘において集中的に書かれている。[17] 湖南はそれを数か月、長いものでは数年にわたって身近にとどめ、じっくりと文献を渉猟しながら史料を集め、細やかに観察し、心を尽くして題跋を制作した。

「郭河陽雙松水閣図軸跋」（大正十三年六月、『湖南文存』巻八、以下同じ）では、北京でみた端方旧蔵本（現フリア美術館所蔵）と比較して、この二図だけが郭熙の真蹟であるとの判断を下している。また、「関仝待渡図題跋」（大正十三年）では、関仝は筆墨を大成したといわれているが、誰もその作品を見たことがない。しかし湖南は、関仝「待渡図」（齋藤董盦蔵）（**図6**）を見たことで、文献だけではない実際の絵画を体得し、この体験のないまま絵画を論じようとする人を「耳食之徒」と呼び批判した。湖南の中国書画鑑識においてはやはり、実際に作品を見てきたという実感が重要であり、そこには実際に中国に渡り、中国の知識人と交流する中で得られた、二十世紀初頭の学者らしい科学的態度が現れていると言えよう。

湖南は日本に多く伝来した中国絵画の価値を見直し、東山御物や茶道道具として重要視されてきた作品よりも、新渡り中国絵画のなかに「真」を見出し、旧来の中国絵画観にとらわれている「邦人の眼を開かせよう」とした。李龍眠「霊（龍）山聖会図巻題跋」（昭和二年六月、『中国絵画総合図録』初編、JP8-041、所載）では、日本に伝来したいわゆる「李公麟（龍眠）」作品は着色羅漢像が多いが、実際には元明の民間画工が描いたもので「其真」ではないとし、「五馬図巻」だけには高い評価を下している。「五馬図」が一般に展示されるのは一年後の昭和三年（一九二八）の「唐宋元明名画展覧会」であり、おそらく『國華』三八〇・三八一号（一九二二年）、または出版されたコロタイプ（**図7**）、もしくは中国からもたらされた写真を見ることで、真正なる「北宋絵画」を判断したということになる。[18] 湖南はそれらの図版を比較し、文献を渉猟しながら、研究を続けていたのであろう。

重要なのはそのような新渡り中国書画コレクションを鑑識、収蔵、整理していたのは帝室博物館ではなく、主に民間の知識人であったことである。例えば東京では山本悌二郎（一八七〇〜一九三七）が一一七六件の中国書画を著録した『澄懐堂書画目録』十二巻（昭和七年）を発行し、さらにその解説編というべき『宋元明清書画名賢詳伝』（全十六巻、昭和二年）には、一五〇点の挿図と五五八人にもおよぶ画家たちの詳細な伝記が、一次史料を博捜し、豊富な引用によって記述されており、この時期で最も重要な研究成果ということができる。[19] しかし実質的にこの作業を請け負ったのは紀成虎一（一八六七頃〜一九二七以降、号は柯庭）であり、紀成は清国への遊学すること五年に及び、帰国後には『呂氏教訓』（明治四四年、金港堂）を翻訳出版、大正二年（癸丑）には再び渡清し長尾甲らと蘭亭を訪れ、[20]『宋元明清書画名賢詳伝』を「七裘葛」（七年）をかけて編集したのは、その娘が病臥しているのを扶養するためであるといい、[21] 山本がこのような在野の漢学者を支援しながら、そのコレクションを整理していったことが知られる。そのほか、大村西崖や黒木欽堂（一八六六〜一九二九）、滑川澹如（一八六八〜一九三六）などの助言も得ており、彼らの多くは書画漢詩の愛好団体である又玄社へも出展している。桑名鉄城（一八六四〜一九三八）や河井荃廬（一八七一〜一九四五）など、大正から昭和初期における日本の中国書

図7　李公麟「五馬図巻」コロタイプ印刷

画コレクションに大きな足跡を残したのは、主に民間で活躍した漢学者、書家、鑑定家、漢詩人たちであったといえよう。

一方でこのころの東京帝室博物館では、大正十二年（一九二三）の関東大震災で本館が半崩壊したことを受けて全国からの募金と新しい列品の購入が進んでいた。大正十五年（一九二六）の「第四回日華絵画連合展覧会」に出品された馬晋「松陰駿馬図」（中華民国十五年（一九二六）、TA-85、以下すべて東京国立博物館）や金城「清湘漁父図」（中華民国十四年（一九二五）、TA-86）、昭和二年には（伝）劉俊「寒山拾得蝦蟇鉄拐」（明、TA-89）、昭和六年には「唐宋元明清名画展覧会」（昭和五年）に出品された蕭雲従「秋山行旅図巻」（清・順治十四年（一六五七）、TA-93）と陳書「水仙図巻」（清・雍正十二年（一七三四）、TA-94）、昭和九年には（伝）任仁発「琴棋書画図」（元、TA-106）、昭和十一年には董其昌「山水書画冊」（明、TA-116）や、ほかの曼殊院旧蔵作品とともに朱端「雪中山水」（明、TA-121）など、中国や朝鮮の書画を購入しているが、基本的には古渡り・中渡りの作品が中心である。蕭雲従「秋山行旅図巻」（**図8**）と陳書「水仙図巻」は清宮旧蔵品の新渡りであるが、審美書院から蕭雲従「秋山行旅図巻」の複製を出版（昭和十一年）するにあたり、当時帝室博物館美術課監査官であった秋山光夫はその解説で、「邦人の支那画に対する好尚

図8　蕭雲従「秋山行旅図巻」（清・順治14年（1657）、東京国立博物館、TA-93）昭和6年購入

は往昔より宋、元に偏し、明清に就いては漫然これを軽視する傾向があった（中略）」とし、祇園南海や池大雅など江戸の文人画家たちが版刻画でしか見られなかったものが、今はその「真面目」に接することができ、「覚醒途上にある現代南画を啓発するところも大なるべし」と新渡り中国絵画の価値を主張している。[22] しかしながらそのコレクション全体の質量は、当時すでに形成されていた山本悌二郎や阿部房次郎などには遥かに及ばない。公的コレクションの形成が民間コレクションを追い越すことができないのは必然ともいえるが、戦後これらの民間コレクションが寄贈されることによって公私の博物館・美術館の収蔵は充実し、日本の中国書画コレクションは新しい段階に向かうのである。

福井利吉郎は、この頃の状況を指して「古筆と講座のあいだ」[23]とよんでいる。この時期に江戸時代以来存在し、美術の主要な担い手であった民間の鑑識家（古筆）から、「講座」（大学卒業の職業〝美術史家〟たち）が「美術」業界（博物館と古社寺保存会（文化財保護委員会）等）の職域を独占していく時期にあたるという意味である。以下、この転換期の具体的な様相についてみてみたい。

図9　瀧精一箱書（昭和7年）（呂文英「売玩郎図」（明、東京国立博物館、TA-345））

三、瀧精一の「美術史学」
――様式論による東アジア美術の再編

一九一〇年に内藤湖南とともに北京に赴いた瀧精一（一八七三～一九四五、号は拙庵）は、大正三年（一九一四）に東京帝国大学に美学第二講座として美術史の講座をひらき、その初代教授となった。瀧は南画家であった和亭のもと東京に生まれたが、先行する専門家職集団を母体として精一が生まれたことの意味は大きいだろう。ここでなぜ帝大に進学したのか／できたのかは不明であるが、明治三十年（一八九七）東京帝国大学文科大学を卒業、同大学大学院に入学し、美学講座で学んだ。東京美術学校で美学を講じ、京都帝国大学、東京帝国大学等の講師を経て、明治四十五年（一九一二）に東京帝国大学より欧米出張を命ぜられ、大正三年（一九一四）には東京帝国大学教授として美術史の講座をひらいた。その後、古社寺保存会、国宝保存会の委員、重要美術品等調査会を創設して同委員となり、文化財保存事業に重要な足跡を残した。瀧精一がそれまでの美術史、特に岡倉天心などの第一世代、今泉雄作や内藤湖南などの第二世代とも全く違っていたのは、その題跋や箱書が非常に少ないことで（図9）、これは自身の意見発表の手段が論文に変化し、その読者もコレクターや文化人ではなく、同じ環境にいる研究者たちになったことと関係があろう[24]。

先述したように東京美術学校と東京帝室博物館の間でまず生起した「美術」への学問と職位は、瀧精一の登場によって帝大へも移植されていくこととなる。瀧精一の美術史を特徴づけるのは、大量の部分図版を使った「様式論」的な研究手法である。「様式論」の受容については、すでに明治四十五年にベルリン、ミュンヘンに渡り、美術史家ハインリヒ・ヴェルフリンによる講義を聴講した澤木四方吉（一八八六～一九三〇）や、児島喜久雄（一八八七～一九五〇）などの西洋美術史研究の萌芽を中心に研究が行われており[25]、まさに一九一〇年代は様式論受容の黄金時代であったと言える。瀧精一はこのような最新の様式論の方法を東洋美術研究の中心に据えた。

例えば「東寺七祖画像の研究」（『國華』三四四・三五五号、一九一九年）では、作品調査を前提に、文献史料の再確認と、

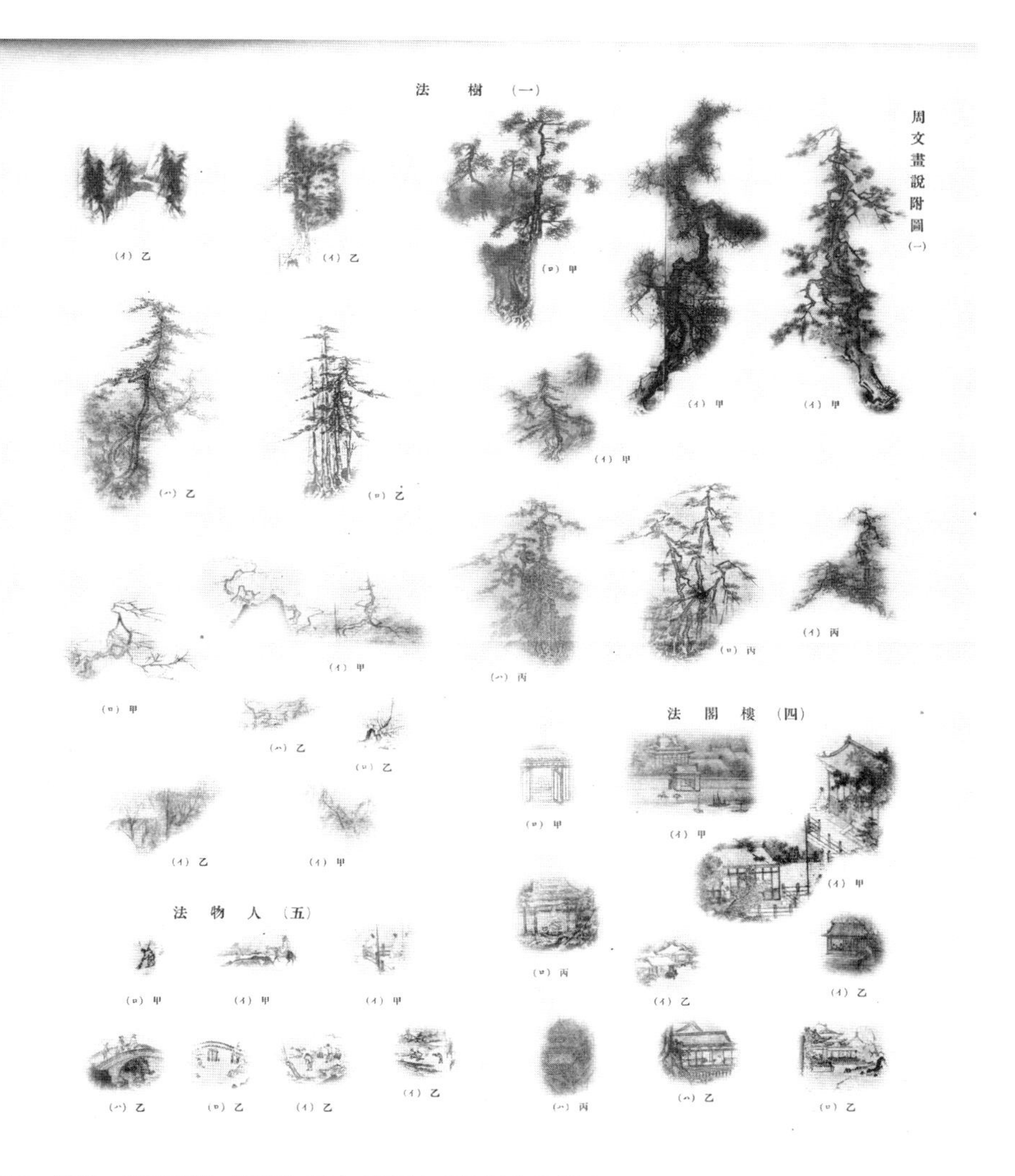

図10　瀧精一「周文画説」（『國華』304・305号、1915年）の挿図

唐の宮廷画家・李真とされていた画家の同定（一手か多手か）、かなり後補の多い作品のオリジナル部分の確定を行い、これらによって中国製と日本製の表現差異の問題に言及し、これは「真言七祖画像」の実見、調査および写真撮影がなければ絶対に記述できない内容といえよう。また「周文画説」（『國華』三〇四・三〇五号、一九一五年）では、具体的様式が不明の周文という画家の画風を特定するために大量の図版を使用し（**図10**）、従来までの「落款印章」や鑑

定家の感性、もしくは湖南のような文献考証による判定ではなく、部分図（筆致）の比較によって、誰でもが客観的に判断しうる方法（様式論）を展開している。この時期の瀧が主に論文を発表していたのは岡倉天心が創刊した『國華』だったが、瀧は明治三十四年（一九〇一）から編集に従事し、明治三十八年（一九〇五）に主幹に就任して以来、美術評論や美学論は極力排し、様式論に立脚する論文を採用し続けた。この時期に『國華』は外国に日本美術を紹介する「総合美術誌」から、「美術史」研究の専門雑誌へと変化していったことが指摘されているが[26]、むしろ図版を大量に利用する瀧の研究手法にとって、精緻な大型図版を掲載することができる『國華』は、不可欠なメディアであったとも言えよう。

図11　瀧精一の肖像

このような瀧の様式論は、二人の学生である澤村専太郎（一八八四～一九三〇、号は胡夷）と福井利吉郎（一八八六～一九七二）に継承されることになる。二人はともに京都帝国大学哲学科の出身で美学美術史を専攻していたが（当時、深田康算が欧州留学（～明治四十三年十月）中で不在で松本亦太郎が代理をつとめており、東洋美術史は明治四十二年（一九〇九）二月より瀧精一が講師として講義していた）、澤村は明治四十二年七月に卒業後、東京帝大にうつって瀧のもとで聴講しながら美術史を学び、その推薦で國華社での編集業務を行い、大正八年（一九一九）八月には京都帝国大学文学部の助教授へと転出し、それまで美学が中心のなかではじめての美術史の講座を開くこととなった[27]。また澤村の翌年、明治四十三年（一九一〇）七月に京都帝国大学文科哲学科を卒業した福井利吉郎も瀧精一のもとで聴講し、卒業後は同校副手から明治四十四年に平子鐸嶺の後任として内務省古社寺保存計画調査を嘱託されて多くを学び、大正十二年（一九二三）には欧州に留学、大正十三年（一九二四）十月に東北帝国大学法文学部のなかに「東洋藝術史」の講座を開くこととなる。東京帝大で誕生した（一九一四）の瀧の「様式論美術史」は、瀧の二歳年上で同じく東大史学科で美術史研究をおこなっていた濱田耕作（一八八一～一九三八）が京都帝大に考古学の講座を開く（一九一六）ことで美術考古学の分野を補完し、また澤村と福井を得ることで、京都帝大（一九一九）と東北帝大（一九二四）へと、それぞれ帝大美術史の体制を形成したと言えよう[28]。このように美術批評・文化論ではなく、「様式論美術史」が大学の美術研究の主流となっていったのは、この方法が学生に博物館での職位を与え、卒業後の文化財保護の仕事にとって有利であったからである。

図12　小林古径・前田青邨「模女史箴図巻」（大正12年（1923）、東北大学附属図書館）

さて、このような様式論美術史に不可欠の材料として精緻な図版の収集や写真撮影があったが[29]、白黒の図版よりも原寸大の彩色模本はさらに重要な研究材料となった。國華社や原富太郎の出資を受け、大正六年（一九一七）から荒井寛方、朝井観波ら画家を派遣し、インドのアジャンター石窟壁画の模写事業を開始、完成した模写は東京帝国大学へ寄贈されたが、惜しくも関東大震災で焼失してしまった[30]。そのほかにも京都帝国大学の澤村専太郎は、長谷川路可らに依頼しヨーロッパの博物館に所蔵される敦煌画の模写を行い、これらは現在も京都大学文学部、また重模本などが組み合わされ東大文学部、芸大、東博に分蔵されている[31]。また重要なのは、大正十二年に欧州に留学した際、福井利吉郎も当時日本美術院の派遣で欧州に留学中であった小林古径（当時四十歳）・前田青邨（三十八歳）に依頼して、大英博物館で「女史箴図巻」を模写させていることである（**図12**）。この著名な模写は従来、画家の古典学習や六朝絵画の再発見として語られがちであったが、第一義的には福井利吉郎が依頼し、赴任が予定されていた東北帝国大学の美術史教育の教材であったことを忘れてはならない。その意味で、瀧、澤村らが制作したインドや西域壁画模写と同等の意味を持っており、様式論美術史教育のために不可欠の資料でもあったと言えよう。そして、それを依頼される画家たちにとっては、近代日本画の模索の中で、それまでの筆墨優位の狩野派や文人画、中国絵画の規範を乗り越える新たな意味を持っていた[32]。この美術史家と画家による共同制作は、カラー図版の登場によって一旦役目を終えるが、草創期の美術史家と画家によって、東洋における新しい「古典探し」の共同作業が行われた、幸せな時代であったともいえよう。

このように帝大に美術史講座が設置されて以降、一九三〇年前後からは「講座」出身の「美術史家」が博物館や研究所の職域を独占していく時期となる。田中豊蔵（一八八一～一九四八）は京都に生れ、第三高等学校を経て明治三十八年（一九〇五）東京帝国大学文科に入学した。この時の専攻が「支那文学」であったのはおそらくまだ「美術史学」講座が開講していなかったためで、自身が「元来は漢学育ち」と回顧するように、東京で漢詩人の森春濤の子・槐南（一八六三～一九一二）に師事し、清朝の詩を好み、自身も詩作を行っていた[33]。明治四十一年（一九〇八）に卒業すると同四十五年（一九一二）に瀧精一が主幹をつとめる國華社に入ったことで、「南画新論」以下大量の中国絵画関係の論文を『國華』誌上に発表しはじめ、大正九年（一九二〇）文部省古社寺保存計画調査を嘱託され、翌年慶応義塾大学文学部講師、同十五年（一九二六）東京美術学校講師、昭和二年（一九二七）在外研究員としてインド及び欧米に留学、昭和三年（一九二八）より京城帝国大学教授に任ぜられ、美学美術史第二講座を担当、同十七年（一九四二）の定年退官まで在職した。京城帝国大学は美術史講座のおかれた唯一の海外の官立大学であり、文化財保護と博物館と密接に結びついた美術史の方法論は、こうして植民地朝鮮にも波及したとはいえよう[34]。

さてこのように帝大側で講座が成立し、学生の供給体制が整っていくと、博物館の人事も大きな転機を迎えることとなる。昭和九年（一九三四）六月、杉栄三郎（一八七三～一九六五）総長のもとではじまった東京帝室博物館での「研究員」制度がそれである。これは関東大震災（大正十二年）後の本館の復興にあわせ、専門職員の充実をはかるための制度であり、研究員の資格は「大学令ニヨル大学ノ学部、又ハ専門学校令ニヨル専門学校ニ於テ歴史文学美術若ハ工芸ニ関スル学科ヲ習得シ、之ヲ卒業シタル者」で三十人以内、各課の監査官、学芸委員、監査官補の指導を受け、三年以上の在職者は博物館職員への任命を拒否できないという規定になっていた[35]。ここで「専門学校」を残しているのは、具体的には東京美術学校卒業生を雇用するためであろうが、明確に大学を卒業した専門職を博物館に採用することを定めた規定として注目される。

　昭和九年の研究員制度の第一期生として採用されたのは（やや煩瑣になるが）、昭和七年（一九三二）に東京帝国大学文学部美学美術史学科（以下、東帝大美）を卒業した近藤市太郎（一九一〇～六一、浮世絵）、昭和七年東帝大美卒業の藤岡了一（一九〇九～九一、陶磁史）、昭和九年（一九三四）に東帝大美卒業の岡田譲（一九一一～八一、漆芸史）、昭和八年（一九三三）に京都帝国大学文学部哲学科美学美術史（以下、京帝大美）大学院を中退した伊藤卓治（一九〇一～八二、書道史）、昭和八年に慶応義塾大学美学美術史科卒業の松下隆章（一九〇九～八〇、日本絵画史）、東京美術学校日本画卒業の江間祐寿（生卒年不詳）、東帝大美卒業の渋江二郎（一九〇九～七一、彫刻史）等十名であり、昭和八年に東帝大美卒業の蔵田蔵（一九〇七～七四、仏教工芸史）や岡部長章は歴史課の第一期研究員となった。彼らはその後、監査官補から監査官、課長へと昇進しながら、戦後に至るまで博物館や文化財行政の中心として活躍していくことは承知のとおりである。また、昭和十年（一九三五）には、美術課に早稲田大学理工学部卒業したての太田静六（一九一一～二〇〇九、建築史）、昭和九年に東帝大美卒業の守田公夫（一九〇八～九七、染織史）、飯島勇（一九〇五～、水墨画）、中島敏（生卒年不詳、書法史）、徳川義知（一九一一～九二）などを、歴史課に昭和六年に京帝大美卒業の山辺知行（一九〇六～二〇〇四、染織史）を第二期生として採用、昭和十一年（一九三六）には前田泰次（一九一三～八二、金工史）、昭和五年に東帝大美卒業後、ベルリン大学留学後に帰国した徳川義寛（一九〇六～九六）などを第三期生として採用した。専攻や学歴を偏重することなく（専門分野は採用後に調整されたようである）、博物館の列品の管理・研究に必要な人材をバランスよく採用したことがわかるが、おそらく三年の実習ののちには、彼らを大学卒業の専門職として正式に採用し、のちには奈良や京都の博物館にも派遣しようという思惑がみられる人事となっている。

　当時彼ら新卒の研究員が所属していた昭和十二年の美術課には、監査官課長であった溝口貞次郎、監査官の秋山光夫を筆頭にして、監査官補として吉野富雄（一八八五～一九六一、漆芸史）、北原大輔（一八八九～一九五一、陶磁史）、浜隆一郎（書蹟）、鷹巣豊治（一八九〇～一九六二、陶磁・絵画史、摸本）、小林剛（一九〇三～一九六九、彫刻史）、野間清六（一九〇二～六六、絵画史）、蓮見重康（一九〇四～七九、絵画史）が所属しており、このうち小林、野間は東京帝大美学美術史を、秋山、蓮見が京都帝大美学美術史を卒業しているが、溝口、吉野、北原、鷹巣は主に東京美術学校を卒業した世代であった。博物館の実務としては、ただの文献的様式的な知識のみならず、作品の取り扱い、保存、輸送、展示方法など多分に実技的な技能がどうしても必要になる。研究生たちはこの三年間でこれらの上司から、大学では学び得なかった実技的な知識を補っていたようで、『博物館ノ思出』（一九七二年）には溝口や北浜、吉野らからモノの見方や取扱いを徹底的に叩き込まれたことが楽しい思い出として回顧されている。研究員たちよりもさらに十五歳ほど年上の田中一松（一八九五～八三）は、大正十二年に東京帝大美学美術史学科を卒業し（瀧の在任期間は大正三年～昭和九年）、帝大教授となった田村、澤村、福井について、当時の理想的なキャリアを最初に歩んだ人物と言えるが、帝室博物館ではじまった研究員制度について次のように述べている。

「つい話が横道に反れたので、もとへ戻して研究生諸君の当時を語れば、その給料は当時としても至って低かったようだが、どうせ研究生という名の修業時代であってみれば、かえって自由な雰囲気で勉強にはげむことができたかもしれない。それに官立・私立の別を問わぬ大学卒業の若手ばかりの採用は、帝室の名を冠した宮内畑の伝統には、過ぎたる英断だという賛美の声もあったようだ。[36]」

このようにして、帝室博物館は関東大震災における復興本館の開館（昭和十三年）を機に、明治期までの美術学校の画家や江戸時代までの美術の知識体系を継承する民間の専門職の採用を徐々に廃し、大学卒業生による専門人材の育成と文化財管理体制を構築していったのである。

おわりに
――〝美術〟における「学術知」と「民間知」

以上本稿では、本来は「美術」という多分に感覚的、感性的な存在を、いかに客観性をもった科学として扱い、文化財として公共に意味あるものに位置づけて行くのか、明治から大正、そして昭和初期にかけての多くの試行錯誤が行われてきたことを、美術研究と大学・博物館の職域の関係、そして同時期に民間で蒐集、整理されていった新渡コレクションとの関係に即しながら見てきた。一九三〇年代における職業としての美術史家は、いわば在野の知識をうまく取り込み融合しながら、成立していったと言えよう。

しかしながらこの両者は完全に対立関係にあったわけではない。前述した田中豊蔵につづき、職業美術史家となった米澤嘉圃（一九〇六～一九九三）、島田修二郎（一九〇七～九四）

と同世代の中国美術史家に堂谷憲勇（一九〇〇〜七六、号は昶南）がいる。堂谷は福井県遠敷郡に生まれ、大谷大学で仏教を学んだ後、昭和六年（一九三一）に東北帝国大学文学部東洋芸術史科を卒業、福井利吉郎に学び中国絵画史を専攻、のちに宇都宮大学の教授となる野中退蔵（一八九五〜一九八六）とは同級であったという。昭和十一年（一九三六）から大阪市立美術館の嘱託、学芸員になるが、戦況の悪化とともに昭和十八年（一九四三）に自坊・法順寺に帰った。『倪雲林』（アトリエ社、一九四一年、東洋美術文庫）は倪瓚の評伝で、『支那美術史論』（桑名文星堂、一九四四年）は顧愷之、『歴代名画記』から徐熙、欧陽脩、黄公望「富春山居図」、王蒙など文人画の問題まで論じている。興味深いのは帰郷後、若狭の自坊にあっても学術誌に投稿を続け、福井の文化財委員や花園大学で東洋美術史を講じ、俳句や漢詩、書画をたしなみ（**図13**）、地元の黄老会では老子を講じ、多くの人に慕われたことである。[37] 堂谷の生涯は、近代の美術史が築き上げてきた大学・博物館の体制と、民間の美術愛好や人文的知識への期待の両方に見事に答え得たといえよう。博物館・大学などの職業があれば研究が可能なわけではなく、美術の価値は職業専門職にだけ独占されるものでもない。堂谷の実践から学ぶことはまことに多い。

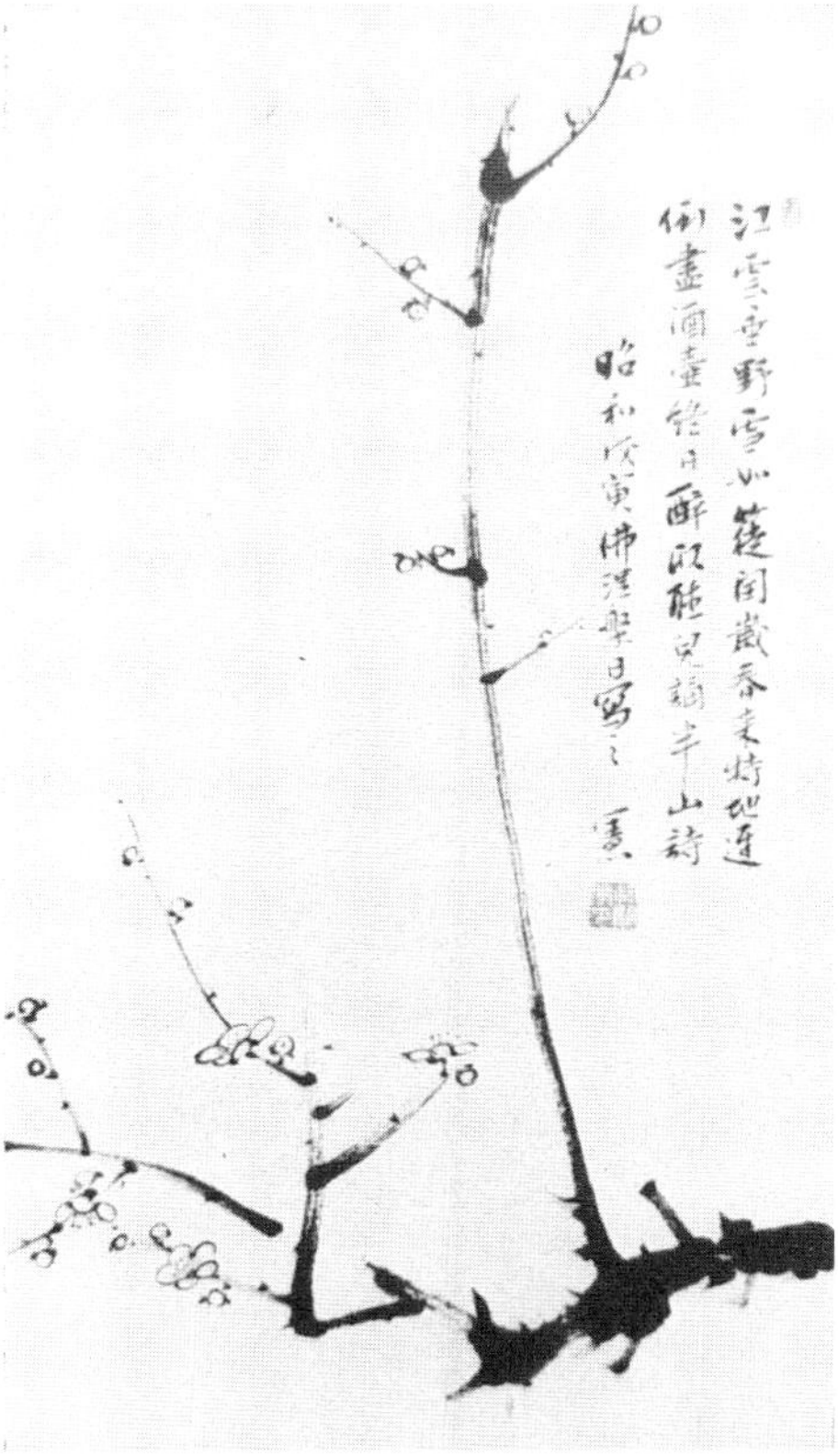

図13　堂谷憲勇「墨梅図」（昭和13年〔1938〕）

　世代論でいえば、一八九〇年代以降に生まれ、すでに帝国大学のなかに「美術史」が置かれていた世代は、その後に美術史や博物館・文化財行政の職域を「美術史」講座の卒業生が独占していく時期となる一方で、一八七〇〜八〇年代に出生した人物の専攻は、英文学、哲学、国史、心理学と様々であった。正直に言って、この時期に生まれて、学生時代にまだ十分に美術史の様式論の教育を受けていない世代の研究者たち、たとえば、会津八一、阿部次郎、児島喜久雄、矢代幸雄や金原省吾の「美術論」は、その後の美術史研究者よりも広い読者層を想定した記述を行っており、その文章は圧倒的に、面白い。インターネットやデータベースの発展によって、従来までのアカデミックによる学術資源が大きく民間の知へと開かれている現在、彼らにとっての「美術」やそれを研究するとは何だったのか、これからの「美術史学」が考えるべき課題は大きいといえよう。

注

（1） 初期の美術史研究の成立と「図版」の重要な関係性については、石守謙（飛田優樹訳）「二十世紀前期の文物調査と中国美術史の発展」（『コレクションとアーカイヴ——東アジア美術研究の可能性』勉誠社、二〇二二年）。

（2） 太田智己「一九一〇～五〇年代におけるアカデミック・コミュニティの形成」（『美術フォーラム21』四八、二〇二三年十二月）、また、同『社会とつながる美術史学——近現代のアカデミズムとメディア・娯楽』（吉川弘文館、二〇一五年）。

（3） 吉田千鶴子「今泉雄作伝」（『五浦論叢』六号、一九九三年）、また、依田徹「茶会記に見る今泉雄作の交友関係——『記事珠』の記述を中心に」（『五浦論叢』二九、二〇二二年）。

（4） 「不動明王像」（明治二十八年（一八九五）、A-1484）は卒業直後の作品で、博物館の模写事業の一環として精密に写されたものであり、明治四十四年の「特別展覧会」の折に写された可能性が高い「花下遊楽図屏風抜写」（A-12357、「狩野長信筆屏風絵抜写　原六郎蔵」）は、すでに監査官となっている時期の模写である。『東京国立博物館の模写・模造——草創期の展示と研究』図録（東京国立博物館、二〇二二年）参照。

（5） この件に関しては、拙稿「市河米庵と董其昌——江戸時代後期における明清文人文化と正統派受容」（『美術史論叢』三六、二〇二〇年三月）、「千年宝藏、多元历史——東京国立博物馆的中国书画收藏和其故事」（『书与画』二〇二一年第八期、二〇二一年）。

（6） 『東京国立博物館百年史』本文編（東京国立博物館、一九七三年、以下同じ）二七八頁。なお、歴史部には「金石文」があり、明治三十年の段階で日本が二一件、中国その他が四件。なお戦前の博物館の職位の変遷については、犬塚康博「制度における学芸員概念——形成過程と問題構造」（『名古屋市博物館研究紀要』第十九巻、一九九六年）を参照。

（7） 『東京藝術大学百年史』第一巻、二一七頁。また、齋藤謙の名で「本邦の油絵について」（『國華』一三八、明治三十四年）、齋藤栗堂の名で「彦根屏」（『國華』一〇八、明治三十一年）、「岩佐又兵衛」（『國華』一〇四、一〇八、一〇九、一一〇、明治三十一年）では所蔵者として『廻国道の記』を紹介し、齋藤は同じく久保田鼎の序文のある『圓山四条派落款印譜』（聚精社、一九一五年）を出版している。

（8） 『東京国立博物館百年史』本文編、二九七頁。

（9） 『東京国立博物館百年史』本文編、三一五—三一六頁。

（10） これら江戸時代における落款資料の蓄積については、杉本欣久「江戸後期の「展観録」と「款録」にみる中国書画」（『古文化研究』一二、二〇一三年三月）を参照。

（11） 野田麻美「巨大組織・江戸狩野派の二五〇年——奥絵師と表絵師に関する諸問題」（『忘れられた江戸絵画史の本流——江

戸狩野派の二五〇年』図録、静岡県立美術館、二〇二一年)。

(12) 古筆家の活躍については、『書を極める：鑑定文化と古筆家の人々』図録(慶應義塾ミュージアム・コモンズ、二〇二二年)を参照。

(13) 『東京国立博物館百年史』本文編、三三三頁。

(14) 白崎秀雄『鈍翁・益田孝』(新潮社、一九八一年)一八一頁。

(15) 瀧精一「支那画に対する鑑識の変化」(『國華』二五〇、一九一一年)。なお、久世夏奈子「『國華』にみる新来の中国絵画——近代日本における中国美術観の一事例として」(『國華』一三九五号、二〇一二年)。

(16) この時期の書画収蔵については、下田章平『清末明初書画碑帖収蔵研究』(知泉書館、二〇二三年)を参照。

(17) 石暁軍「内藤湖南中国絵画題跋に関する再考察——関西大学図書館内藤文庫所蔵資料を中心に」(『姫路獨協大学国際言語文化論集』三)、同「内藤湖南中国絵画題跋に関する再考察——関西大学図書館内藤文庫所蔵資料を中心に」(陶徳民編『国際シンポジウム論文集：内藤湖南研究の最前線』関西大学出版部、二〇二三年)。また、拙稿「内藤湖南与北宋絵画：従観察、文献到題跋」(『典蔵 古美術』二〇二三年十一月号)。

(18) その伝来、美術史的な位置付けについては、板倉聖哲『李公麟「五馬図」』(羽鳥書房、二〇一九年)。なお同様の見解は大村西崖も持っていた。後藤亮子「大村西崖の美術史とその中国絵画観の変遷」(『美術史』一八九、二〇二〇年)を参照。

(19) 杉村邦彦「内藤湖南と山本二峯：澄懐堂収蔵の中国書画をめぐって」(『書学書道史研究』六、一九九六年)、同『墨林談叢』(柳原書店、一九九八年)所収。下田章平「山本二峯の収蔵に関する一考察：関西大学図書館内藤文庫所蔵湖南宛二峯書簡を中心として」(『中国文化：研究と教育』七九、二〇二一年)。

(20) 陶徳民編『大正癸丑蘭亭会への懐古と継承——関西大学図書館内藤文庫所蔵品を中心に』(関西大学出版部、二〇一三年)を参照。

(21) 山本修之助『山本悌二郎先生』(山本悌二郎先生顕彰会、一九六五年)一〇八—一一七頁。

(22) 秋山光夫「蕭尺木と秋山行旅図巻(解説)」(『蕭雲従画秋山行旅図巻』コロタイプ、審美書院、一九三六年)。同『日本美術論攷』(第一書房、一九四三年)。

(23) 福井利吉郎「古筆と講座のあいだ」(『博物館ニュース』151～153、一九五九～六〇年、『福井利吉郎美術史論集 下』中央公論美術出版、二〇〇〇年、所収)。

(24) なお、中国における様式論美術史の確立と軌跡については、拙稿「近代における「中国美術史」の成立とその認識——矢代幸雄・滕固・シックマン」(『北宋絵画史の成立』中央公論美術出版、二〇一六年)、林聖智「反思中國美術史學的建立：「美術」、「藝術」用法的流動與「建築」、「雕塑」研究的興起」(『新史學』二三巻一号、二〇一二年五月)、同「中國美術史學の成立を顧みる」(『日本における「美術」概念の再構築——語彙と理論にまたがる総合的研究』山崎剛等編、科研報告基盤研究報告書、二〇一六年)。また、李趙雪「一九二〇年代の中華民国における「文人画」概念の受容と展開：批判対象から「国画」の理想へ」(『近代画説』二七、二〇一八年)を参照。

(25) 一條和彦「澤木四方吉のヴェルフリン——『美術史の基礎概念』の邦訳とその日本における受容」(『芸術学』一九、二〇一六年)。

(26) この時期の『國華』が大きく編集方針を転換していく背景に「東洋美術史」の意識と、当時の経営問題があることは、角田拓朗「『國華』の確立——瀧精一・辰井梅吉体制下の模索」

(『美術フォーラム21』二八、二〇一三年)、また同「動乱の國華社——『國華』変質の舞台裏」(『近代画説』22、明治美術学会、二〇一三年)を参照。

(27) 京都帝大の美学美術史の成立については、神林恒道編『京の美学者たち』(晃洋書房、二〇〇六年)。また、同『美学事始——芸術学の日本近代』(勁草書房、二〇〇二年)。

(28) この点に関しては、藤原貞朗「日本の東洋美術史と瀧精一」(稲賀繁美編『東洋意識、夢想と現実のあいだ1887-1953』ミネルヴァ書房、二〇一二年)に指摘がある。また、また父親の和亭については、**Rosina Buckland,** ***Painting Nature for the Nation: Taki Katei and the Challenges to Sinophile Culture in Meiji Japan,*** **Brill,2012.**では、瀧精一の和亭への顕彰事業も検証されている。

(29) 増記隆介「『複製画』と美術史教育」(『学問のアルケオロジー』東京大学出版会、一九九七年)。

(30) 稲賀繁美「タゴール、ノンドラル・ボシュと荒井寛方——岡倉覚三没後の展開」(『絵画の臨界——近代東アジア美術史の桎梏と命運』名古屋大学出版会、二〇一四年)。

(31) 臺信祐爾「東京国立博物館保管中央亞細亞画模写と長谷川路可」(『MUSEUM』五七二、二〇〇一年六月)。またこの時期の美術調査については、稲本泰生「龍門石窟への視線と中国文物をめぐる営為——「日本上代美術」基準の文物観から遺跡調査・現地保存へ」(重田みち編『「日本の伝統文化」を問い直す』臨川書店、二〇二四年)を参照。

(32) 辻惟雄「古径・青邨筆 臨顧愷之女史箴巻について——青邨訪問報告記」(『文化』三八巻一・二号、一九七四年十月)。

(33) 田中豊蔵「学徒は気負うところあれ」(『博物館ニュース』一九四八年八月、同『中国美術の研究』二玄社、一九六四年、所収)。

(34) 一九二五年に京城帝国大学に入学し、二九年に美学美術史研究室を卒業した高裕燮(一九〇五~一九四四)はその代表的な人物であり、上野直昭、藤田亮策、田中らの教えを受け、出征した渡辺一をついで助手、のち開城博物館長となったが、その写真を多用した石塔研究は、呉世昌(一八六四~一九五三)『槿域書画徴』(一九二八)等の同時代の書画著作との違いが強調されている。金英那「高裕燮の業績と限界 韓国美術史の泰斗」(同『韓国近代美術の百年』神林恒道監訳、三元社、二〇一一年)。また、同じ研究室に属した中吉功によれば、田中は特に高に目をかけていたという。中吉功「学徳兼備の人・高裕燮学人の死」(『朝鮮美術への道:随想』国書刊行会、一九七九年)。

(35) 「帝室博物館研究員規定」(『東京国立博物館百年史 資料編』)。

(36) 田中一松「回想五十年」(東京国立博物館編『博物館ノ思出』一九七二年)。またこの時期の様子については、田良島哲「東京帝室博物館学芸課日誌(昭和十三~二十年)」(『東京国立博物館紀要』四八、二〇一二年)。

(37) 『堂谷憲勇先生遺芳』(同編集委員会編、法順寺門徒会、一九七八年)には、大美で同僚だった小林太市郎(一九〇一~一九六三)や、同年代の島田修二郎(一九〇七~一九九四)との思い出、大美時代から親交のあった井上靖や若狭の地元の人々にいたるまで多くの文章が寄せられている。

図版出典

図1~4、8、9:国立文化財機構所蔵品統合検索システム(ColBase)、**図6**:『中国絵画総合図録』初編(一九八二年)、**図11**:『東北大学の至宝:資料が語る1世紀』図録、東北大学編(二〇〇七年)、**図12**:『堂谷憲勇先生遺芳』(一九七八年)

【IV アジア踏査】

関野貞と常盤大定――二人の中国調査とその成果

渡辺健哉

戦前の日本を代表する大陸調査の記録として知られる『支那佛教史蹟』・『支那文化史蹟』の執筆者が、関野貞（せきのただし）と常盤大定（ときわだいじょう）である。本稿では、彼らの大陸調査の足跡をたどり、その調査成果を『支那佛教史蹟』としてまとめていく過程を追っていく。以上を踏まえて、彼らの「光」とともに「影」について言及してみたい。

わたなべ・けんや――大阪公立大学文学研究科・教授。専門は元朝史、近代における日中交流史。主な著書に『元大都形成史の研究――首都北京の原型』（東北大学出版会、二〇一七年）、論文に「『満蒙叢書』から『遼海叢書』へ――内藤湖南と金毓黻との「対話」」（古畑徹〔編著〕『高句麗・渤海史の射程』汲古書院、二〇二二年）、同「常盤大定の中国仏教理解――大正時代の活動を手掛かりに」（『歴史科学』二五三、二〇二三年）などがある。

はじめに

戦前の日本人による大陸調査のなかでも、とりわけ有名な成果が、関野貞と常盤大定の手になる『支那佛教史蹟』（支那佛教史蹟研究会、一九二五～二八年、以下、『史蹟』と略記）であることは言を俟たない。この書は刊行とほぼ同時に鈴木大拙の協力を得て英訳が出版され（*Buddhist monuments in China*、支那佛教史蹟研究会、断続的に発行されたため、発行年は後述）、関野の死後、常盤の手によって増補がなされ（『支那文化史蹟』法藏館、一九三九～四一年）、常盤の死後、島田正郎と竹島卓一の手によってさらなる増補を加えて刊行された（『中国文化史蹟・増補』法藏館、一九七五～七六年）。いずれも現在に至るまで繰り返し参照され続け、近年には漢訳版も出版されている（李星明〔主編〕『中国文化史迹（全訳本）』上海辞書出版社、二〇一七年）。

そこに収められた写真には、現在では失われた景観、歴史的建造物、仏像等が記録され、資料的価値は極めて高い。なによりもこの成果は、国家や研究機関がさまざまな利害関係を調整しつつ敢行した調査にもとづくものではなく、著者二人の個人的な取り組みによって完成した点に大きな特徴がある。

以上のように、関野と常盤の手になるこの研究成果は、近代日本における中国学の一つの「光」と見なすことができよう。ただ、強烈に放たれた「光」に対し、我々はそこに生まれた「影」にも目を向ける必要がある。

これまで筆者は常盤大定に関する一連の研究を行ってきた[1]。本稿ではこれまでの筆者の研究成果を踏まえて、そこでは紹介できなかった新たな史料を補いつつ、二人の略歴・調査・その成果物の刊行について整理を行い、その上でそこに見出せる「光」と「影」について、若干の言及を試みたい。なお、史料引用にあたっては以下の修正を施したことを予めお断りしておく。①片仮名は平仮名に、かつ旧字体・旧仮名遣いを新字体・新仮名遣いに改めた。②句読点を補った個所がある。

一、関野貞と常盤の評伝

(1) 関野貞の評伝

まずは二人の横顔を簡述する。

関野貞（一八六八～一九三五）は[2]、現在の新潟県上越市に生まれる。第一高等中学を経て、帝国大学工科大学造家学科に入学、明治二十八年（一八九五）に同校を卒業し、内務省の依頼により、古社寺保存計画調査嘱託として、京都府・奈良県で古建築の調査に従事する。建造物のみならず、彫刻・工芸・装飾に関心を示し、平城京や平城宮の遺跡に関する調査・研究を進めた。明治三十三年元日の『奈良新聞』に掲載された「古の奈良　平城宮大極殿遺址考」と題する長文の記事は、「平城宮址の遺構を学問上本格的に取り上げた、記念碑的論文」と特筆され[3]、平城宮址の重要性を世に知らしめる役割を果たした。

明治三十四年には東京帝国大学工科大学助教授となる。明治四十三年に教授となり、同年には朝鮮総督府の委嘱を受け、朝鮮半島の古建築調査を行う。奈良での調査を振り出しに、その研究はアジア全域に広がっていったのである。昭和三年（一九二八）に東大を定年で退官するも、引き続き、東方文化学院東京研究所で研究を続けた。のちに国宝保存委員を委嘱され、全国を飛び回ったが、昭和十年に死去する。

関野の調査の特徴はどのようなものであったのだろうか。関野の弟子の一人として建築史の研究を進めた藤島亥一郎が、関野の研究手法を以下のように説明する。

建築学者としての先生は実測の方法を建築家らしい方法で科学的な図面に造りあげた。それは完全な測量法により正確な寸尺と方位を図上に示すとともに、等高線の記入で墳丘の形状も正しく図示することができた。このような、いまは常識となっていることも、先生からはじめられたのである。(4)

科学的手法にもとづく関野の調査方式が、極めて先駆的なものであったと藤島は高く評価している。関野は日本における建築史学のパイオニアの一人であった。

（2）常盤大定の評伝

常盤大定（一八七〇～一九四五）、号は榴邱。多景山順忍寺の住職である常盤大宣の次男として現在の宮城県丸森町に生まれた。小学校を終えて宮城県仙台市新寺小路にある道仁寺の住職常盤了然の養子となる。十七歳で上京し、東京の浅草にあった大谷教校より第一高等中学（のちの旧制第一高等学校）を経て東京帝国大学文科大学哲学科に入学、明治三十一年（一八九八）に卒業した。明治四十一年に文学部の講師に就任し、大正十五年（一九二六）に教授へ昇進した。昭和六年（一九三一）三月で東京帝大を定年で退官したのち、東方文化学院（東京）の研究員として活躍し、昭和二十年五月五日、道仁寺で死去する。

研究者として活躍する一方で、真宗大谷派の僧侶として、仏教界と学術界をつなぐ役割を果たした。

二、二人の調査と『支那佛教史蹟』の刊行

（1）両者の調査

はじめに関野と常盤の中国調査を時間軸に沿って整理しておく。

【関野の調査(5)】

第一回　明治三十九年（一九〇六）九月～四十年二月
　河南（龍門石窟）・陝西（唐長安城）など
第二回　明治四十年（一九〇七）九月～四十一年一月
　天津、山東（玉函山、雲門山、霊巌寺）など
第四回　大正二年（一九一三）十月　輯安（＝集安）
第五回　大正七年（一九一八）三月～十月
　奉天、遼陽、北京、雲崗、開封、鞏県、洛陽、太原、山東、江蘇、浙江、上海、蘇州、天台山、天龍山など
第六回　昭和五年（一九三〇）五月
　南京、鎮江、丹陽、蘇州、杭州など
第七回　昭和六年（一九三一）五月～七月
　大同、薊県、易県、北京など
第八回　昭和七年（一九三二）十～十一月
　大連、旅順、奉天、義県、遼陽など

第九回　昭和八年（一九三三）九月～十月
　新京（長春）、奉天、錦州、朝陽、熱河（承徳）
　など
第十回　昭和九年（一九三四）九月　熱河
第十一回　昭和十年（一九三五）六月　輯安

【常盤の調査】
第一回　大正九年（一九二〇）九月～十年一月
　北京、河北、河南、山西、江蘇、浙江など
第二回　大正十年（一九二一）九月～十一年二月
　山東省を中心に河南、湖北、湖南など
第三回　大正十一年（一九二二）九月～十二月　主に江南
第四回　大正十三年（一九二四）十月～十一月　主に山東
第五回　昭和三年（一九二八）十二月～～四年一月　主に広東、福建など。

一見して明らかなように、関野の調査を受けて、一九二〇年代に常盤が調査を行い、昭和期には関野が満洲国で調査を行った。なお、二人は同時に調査を行っていない。この点で誤解があるかもしれないので、念のため注意を促しておく。一九一〇～二〇年代は、辛亥革命を経て、中国のナショナリズムの勃興による排外主義が広がった。危険と隣り合わせの中、二人は大陸調査を敢行したのである。

二人の交流について、常盤による関野の追悼文から振り返ってみる（以下、拙稿Bにもとづく）。二人が知り合いになったのは「明治四十一、二年頃からであったろう」というから[6]、常盤が東京帝国大学に講師として着任した頃であり、関野は東京帝国大学工科大学の助教授として、すでに第一回と第二回の調査を終えていた時期に当たる。そして共著の「機縁」として、常盤は三つの出来事を挙げる。

第一に、関野が所有していた泰山石経の拓本を常盤が譲り受けたことにあった。

第二に、写真撮影の方法を関野から伝授されたことである。「機械の取り扱いから明暗の関係、時間の調節の事まで、事細かに説明」してくれたばかりではなく、常盤を誘って小石川区（現在の文京区）の白山神社で写真撮影の練習を行ったという。

第三に、常盤が調査に先立ち、関野の調査記録を閲覧させてもらい、「兄の踏査せぬ個所に立ち入る場合を除き、兄の既に踏査せられて立派な写真のあるものは、自分で撮影せんとの心も起らなかったので、その部分は単に実地之に接見するだけに止めた」という。つまり、常盤は関野の撮影地の重複を敢えて避けたのである。このような判断が、撮影時間の節約をもたらし、調査を効率よく進めることにつながった。

東京帝大の同僚であったというだけではなく、両者の関心の所在が、専門領域の異なる両者を結びつけ、それに年長の関野が応じたことにより、二人の共同作業が開始される。

（2）成果刊行物の出版

以上の調査を踏まえ、彼らは成果をまとめていく。『史蹟』は写真を印刷した大型の図版と、解説である「評解」に分かれている。図版は一枚ずつ印刷され、「評解」は常盤と関野で分担執筆した。彼らは、関野邸のあった「本郷区東片町（現、文京区向丘）一二八」と、常盤邸のあった「小石川区指ヶ谷町（現、文京区白山）一番地」――直線でわずか一キロメートルほど――を往き来して、図版の選定や評解の執筆にあたって相談を重ねた。この点は『日記』から確認できる。以下、特に断らない限り『日記』にもとづきながら、編集過程をたどっていく（以下、拙稿Aにもとづく）。

大正十三年（一九二四）五月四日、「前八時半常盤君を訪い仏教芸術編纂につき協議。」とあるように、この頃から作業は開始された。以降、ほぼ日曜日を選んで作業を進めていった。六月十一日には、岡倉天心（一八六三～一九一三）の弟子で中国美術を研究していた早崎稉吉（一八七四～一九五六）を訪ね、写真の原板を見せてもらう。

常盤が第三回の調査から帰国した後の大正十四年一月二十六日に常盤邸で「協議」を行い、二月十一日から、「常盤博士と合著の「支那佛教史蹟」本文起稿。」とあるように、評解の執筆に取り組む。『日記』三月末の記述として、「常盤博士と共同の「支那佛教史蹟」の写真の整理及説明の部（ママ）、多忙を極む」とあり、春休みを費やして執筆に取り組んだ。

四月十四日には、「午前、大学へ常盤博士来訪、支那佛教史蹟図版挿入英訳論議。」とある。この段階ですでに英訳が構想されていた。

五月二十五日、まず図版が完成した。同月二十七日の午後五時から常盤邸で記者会見を行う。『読売新聞』（大正十四年五月三十一日）には、「読書界出版界　支那の佛教史蹟　両博士が貧しい私財を擲って踏査結果を発表する」と題する記事が掲載されている。

支那の隋唐時代中心の仏教文化は日本文化の源になっているので、直ぐ隣りの日本が欧米人に先鞭をつけられ指をくわえてぼんやり眺めているのは吾が学界の恥辱であるというので、東大の関野貞、常磐（ママ）大定の二博士は明治三十九年以来二十年間前後七回支那に渡りて苦心の未実地に研究調査して得た資料をまとめ、図版として日英漢文三様の評解をつけ欧米の学界に発表する事になった。定めし世界の学界に反響を与うるだろうと期待されているが、惜しい事には金儲けにならぬ仕事な為め何処の出版屋も引き受けてくれず、仕方なく両博士は豊でない私財をなげ出して此の大事業を完成する計画であると。（以下、略）

「私財を擲って」と題しているように、『史蹟』は出版社を通さない自費出版であった。また、この記者会見の時に配布されたと思しき『史蹟』の「申込書」が残されている。(7)

> 常盤博士は仏教に於て、関野博士は藝術に於て、共に東洋文化研究の権威たり。両博士が、明治三十九年以来二十年間に亘り、前後七回の踏査を累ね、艱苦を忍受して蒐集し、危険を超越して撮影せる山積の資料を苦心整理の後に、辛くも大成せるは、此雄篇なり。

末尾に「附言」として、送金の宛先とともに、「評解の英訳（目下進行中）御希望の方へ実費にて御頒ち申可く候」とあり、「英訳」の完成も間近であったことが分かる。

この英訳本（"*Buddhist monuments in China*"）の翻訳は鈴木大拙によってなされた（詳しくは拙稿Bを参照）。同年八月二十六日付の常盤から鈴木に宛てた書簡からその作業の一端がうかがえる。(8) その書簡によると、「九月十日頃迄に御草案被下候との事　御努力の点を感謝仕候」というから、夏の間に鈴木大拙が下訳の作成を進めていた。英訳本の一冊目は大正十五年二月に完成している。

第二冊の編集は六月二十一日から開始され、翌日には常盤邸で写真の整理を行っている。七月五日も常盤邸で打ち合わせを行った。

大正十四年十一月四日に第二冊の図版が完成した。こののちも評解の執筆は続き、十二月二十九日には「支那佛教史蹟第二冊評解成り、三〇（日）、常盤君に渡す。」とあり、執筆が完了して常盤に渡している。

休む間もなく引き続き第三冊の執筆に取り組み、大正十四年十一月二十一日の午後から編集作業は開始される。大正十五年二月八日には、「支那佛教史蹟第二〔ママ、第三のことか?〕冊評解原稿、常盤君に送る。」とある。七月四日からは第四冊の整理も開始された。第三冊はまだ完成を迎えていないが、作業は順調に進んだと思われ、九月末になると「本月に入り、夜は支那佛教史蹟第三冊評解起草、月末終る。」とあって、第三冊の評解が完成した。

その後の経緯は不明なるも、昭和二年（一九二七）五月九日に「支那佛教史蹟第五冊完了、常盤博士宅にて新聞記者を招き披露。」とあるように完成披露記者発表を行う。『東京朝日新聞』（昭和二年五月二十日）には「『支那佛教史蹟』の完成」と題する記事が掲載されている。

東大教授常盤大定、関野貞両博士が命がけで探検した大著『支那佛教史蹟』は大正十四年第一輯が刊行されて以来日支両国はもとより、世界の学界に迎えられ、第二第三輯を追うて進み、両博士の労苦もむくいられて来た姿であったが、最近第五輯が刊行され、予定の仕事の一段落を告げた。

とある。

以上で述べてきた『史蹟』の出版時期をまとめておく。

【図版】

一：大正十四年五月廿日発行　昭和三年十一月補正発行
二：大正十四年十月卅一日発行　昭和二年九月廿日補正発行
三：大正十五年三月三十日発行　昭和二年七月十日補正発行
四：大正十五年十一月三日発行　昭和二年十二月一日補正発行
五：昭和三年四月廿二日発行
記念集：昭和六年十月十五日発行

【評解】

一：大正十四年六月八日発行
二：大正十五年四月十七日発行
三：昭和元年十二月二十九日発行
四：昭和二年十二月廿五日発行
五：昭和三年三月二十一日発行　跋文昭和三年三月十三日
記念集：昭和六年十一月八日発行

【*Buddhist monuments in China*】

TEXT PART I：大正十五年十一月五日発行
TEXT PART II：昭和五年二月五日発行
TEXT PART III：昭和六年十一月十五日発行
TEXT PART IV：昭和十二年四月十五日発行
TEXT PART V：昭和十三年二月廿五日発行

最終巻の記念集を除き、すべて関野との共著として出版された。

三、晩年の交流

最後に晩年の二人の交流について触れておく。

まず、常盤の長男義成と関野の次女静子が結婚した。前述したように、関野と常盤の間で調査成果を取りまとめる際

図1　ポール・ペリオと常盤大定（東京大学東洋文化研究所所蔵）

に、両者は互いの家を往き来していた。こうした交流の中で、互いの家族を知ることになったのであろう。昭和六年（一九三一）六月二十九日に縁談が成立し、七年十二月四日に杉谷泰山（第二高等学校校長）を媒酌人として結納を行い、八年四月三日に東京神田の学士会館において結婚式・披露宴を行う。九年七月八日には、常盤と関野にとって共通の初孫となる女子が生まれている（以上、『日記』）。晩年のことにはなるが、共同作業を通じて醸成された信頼関係から、二人は姻戚になったのである。

　二人が最後に公けで同席したと確認できる場面がある。昭和十年（一九三五）三月、満洲国から皇帝溥儀が来日する。「彙報」（『東方学報（東京）』六、一九三六年）によれば、それを記念して、東方文化学院東京研究所と日満文化協会による合同の連続講演会が四月九日より毎週火曜日の午後四時半より六時半まで、東大法学部三十番講堂で開催された。四月十六日は、常盤（「儒仏両教交渉史上における金の李屏山」）と関野（「満洲における北魏唐遼時代の文化的遺蹟」）の講演であった。『日記』に記録された最後の交流は、四月二十八日のことで、「足立母子、倉石、常盤両夫妻を招き、家族一同、翠松園にて支那食餐をなす」とあり、上野にあった有名な中華料理店での会食である。

　おそらくこの後に同席する最後の機会になったのではないか、と推測させる写真が最近になって東京大学東洋文化研究所から公表された（**図1**を参照）[9]。

左列でこちらを向いて左手で煙草を握っている真ん中の人物はフランスから来日したポール・ペリオ（一八七八～一九四五）、右列でペリオと向き合っているのが常盤大定である。[10]ペリオの右側でこちらに顔を向けている和装の人物は石田幹之助、左列の左から二人目には江上波夫の姿もみえる。そして、この原板が収められた箱には、「昭和十年六月十三日」との注記がある。

この時、ペリオは「英国皇帝陛下戴冠二十五年記念のために開催さるる支那美術展覧会に出品するものの蒐集及び選択のため支那に来られたのを機会として来遊」した。ペリオは六月十二日に横浜に到着後、東京と京都を駆け足で回り、二十五日には神戸港から帰国したというから、[11]わずか二週間あまりの滞在であった。[12]

おそらくペリオと向き合うべきは旧知の関野貞であったに違いない。しかしながら、関野は遼金時代の建築及び熱河の調査のため日本に不在であった。その関野の代理として、常盤がペリオに対応したのであろう。それからわずか一ヶ月余り後の七月二十九日に関野は六十九歳で急逝する。

おわりに

本稿では、関野と常盤の足跡をたどりつつ、彼らの調査とその成果の刊行について述べてきた。

彼らの取り組みは純粋に学問的な関心にもとづくものであったといえようが、彼らがこうした調査を続けられたのは、当時の日本の置かれた国際環境や、帝国大学教員としての社会的地位など、現在とは全く異なる時代背景があったことを踏まえる必要がある。

たとえば、常盤は中国の仏教に関する史蹟の調査を続けていくなかで、それらが荒廃していく様子を繰り返し伝える。そうした現状を確認するにつけ、荒廃した中国仏教再興の鍵は日本人が握っているとの確信を徐々に深めていく。常盤はその当時の中国仏教の復興のためには、日本人仏教者による救済が必要という意識を抱くようになった（詳しくは拙稿C）。それを現代的価値観から断ずるのは容易である。その背後にある日本人全般の意識――そうした過剰な自負心の芽生えなど――を探っていくことこそが求められよう。

加えて、日本が戦争に傾斜していく一九三〇年代以降になると、彼らの研究が「利用」されていったことにも注意を払う必要がある。この点で示唆を与える興味深い論考が公表された。陳鷲「対外宣伝としての関野貞「雲岡と龍門」――雑誌『ＣＡＮＴＯＮ』掲載をめぐって」[13]は、写真とデザインの制作工房である日本工房が、南支派遣軍の出資により広東で発行した英文グラフ誌『CANTON』に掲載された関野による英文記事「雲岡と龍門」を取り上げ（一九三九年五月刊行）、関野の活動が日本軍による占領地での文化財保護の代表的成果とみなされ、日本対欧米という図式のなかで、中国での権益の正当性を訴える日本の対外宣伝のプロパガンダに関わる文章であったことを明らかにした。

当該論考において、著者は、近代日本の学者による「その学術研究が戦時中のプロパガンダメディアにより東アジアの主導権をめぐる日、中、欧米の争いで前面に出され、それによって、新しい意味を付されて新たに機能」したとする。常盤や関野自身の意思が那辺にあったかは置くとして、当代のアカデミズムを代表する人物として、彼らの研究や彼ら自身が利用されたという事実は重く受け止めなければならない。

本稿でその作成過程をたどった『史蹟』にしても、日中戦争が全面戦争に踏み込んでいく昭和十四年（一九三九）になって、『支那文化史蹟』として装いを新たに刊行される。大部な書籍であるため、発行部数はそれほど多かったわけではなかろうが、当時の時流に乗った販売戦略の一環であったことは想像に難くない。

本稿で述べたように、関野や常盤の研究を論じるに当たっては、「光」だけ見て過度に称賛するのは不当であろうし、また「影」ばかり指弾するのも、やはり本質を見失うことになる。かつてに比べて、史料の閲覧環境が格段に改善されたいま、改めて当時の調査の実態や彼らの意識を問い直し、事実を丁寧に掘り起こす作業を続けていくことで、「光」と「影」とその背景の三者を総体的に探っていくことが求められる。

注

（1）拙稿「常盤大定と関野貞――『支那仏教史蹟』の出版をめぐって」（『関野貞大陸調査と現在（Ⅱ）』東京大学東洋文化研究所、二〇一四年、拙稿Aと略記。以下同じ）、同「常盤大定の中国調査」（『東洋文化研究』一八、二〇一六年、拙稿B）、同「常盤大定の中国仏教理解――大正時代の活動を手掛かりに」（『歴史科学』二五三、二〇二三年、拙稿C）を参照。この他に関連する拙論として、「東北大学附属図書館蔵「玄奘三藏求法像」をめぐって――常盤大定と汪兆銘政府をつなぐ一幅」（『集刊東洋学』一一二、二〇一五年）、「村上専精と常盤大定――東京帝国大学印度哲学講座の開設をめぐって」（オリオン・クラウタウ〔編著〕『村上専精と日本近代仏教』（法藏館、二〇二一年）、「モンゴル時代の石碑を探して――桑原隲蔵と常盤大定の調査記録から」（櫻井智美ほか〔編著〕『元朝の歴史――モンゴル帝国期の東ユーラシア』（勉誠出版、二〇二一年）がある。

（2）関野貞に関する先行研究は数多い。本稿では、藤井恵介（ほか）〔編著〕『関野貞アジア踏査』（東京大学総合研究博物館、二〇〇五年）と、関野に関する基礎的史料といえる、関野貞研究会〔編〕『関野貞日記』（中央公論美術出版、二〇〇九年、以下『日記』と略記）を挙げるに止めておく。

(3) 奈良文化財研究所〔編〕『未来につなぐ平城宮跡――保存運動のあけぼの』（同所、二〇二二年）七―八頁（吉川聡執筆）を参照。

(4) 藤島『古寺再現』（学生社、一九六七年）一五―一六頁を参照。関野と藤島の交流については、拙稿「平泉研究の展開と藤島亥治郎」（『平泉文化研究年報』一九、二〇一九年）を参照。

(5) 関野貞の中国調査については、徐蘇斌「東洋建築史学の成立に見るアカデミーとナショナリズム――関野貞と中国建築史研究」（『日本研究』二六、国際日本文化研究センター、二〇〇二年）を参照。また、関野による天龍山の調査をめぐっては、齋藤龍一「関野貞による山西・天龍山石窟「発見」をめぐって――大判写真集 外村太治郎『天龍山石窟』の刊行を中心に」（『大阪市立美術館紀要』一八、二〇一八年）を参照。

(6) 以下は、常盤大定「兄と共著の思ひ出」（『建築雑誌』四九―六〇五、一九三五年）を参照。

(7) 「2―2．常盤関野両博士支那視察費補給方ノ件」JACAR（アジア歴史資料センター）Ref.B05015214300、補助関係雑件第一巻（H-4-0-0-1_001）（外務省外交史料館）を参照。

(8) 古田紹欽「鈴木大拙宛書翰の中から（一七）」（『鈴木大拙全集 一七』附録「月報」、岩波書店、一九八二年）に引用される常盤書簡を参照。古田氏はこの書簡に「十四年」と記されることから、「昭和十四年」と理解して論を進めているが、書簡の内容（昭和十年で死去している関野に原稿の確認を依頼していること等）から判断して、「大正十四年」と理解しなければ、前後の辻褄が合わない。

(9) 平勢隆郎・野久保雅嗣〔編〕『東方文化学院（東京研究所）――研究の風景』（東京大学東洋文化研究所附属東洋学研究情報センター、二〇一八年）四九頁を参照。なお、図1の掲載にあたっては、平勢隆郎氏の協力を得た。ここに記して謝意を表したい。

(10) この写真については、平勢隆郎「東方文化学院の講演スライド・其の他関連写真」（『明日の東洋学』四〇、二〇一九年）でも解説がなされている。

(11) 以上は、青木富太郎「彙報 内国史界 ○ポール・ペリオ氏の来朝」『史学雑誌』四六―八、一九三五年）にもとづく。また、ペリオの来日については、高田時雄「ポール・ペリオと内藤湖南」（陶徳民〔編著〕『内藤湖南の人脈と影響――関西大学内藤文庫所蔵還暦祝賀及び葬祭関連資料に見る』関西大学出版部、二〇二二年）二〇三―二〇五頁に詳しい。

(12) 牧野元紀「マルコ・ポーロとシルクロード世界遺産の旅――西洋生まれの東洋学」（『学習院大学国際研究教育機構研究年報』一、二〇一五年）五五頁には、ペリオが東洋文庫を訪問した際に撮影された記念写真が掲載されている。

(13) 陳鶯「対外宣伝としての関野貞「雲岡と龍門」――雑誌『CANTON』掲載をめぐって」（『美術史』七三―一、二〇二三年）を参照。

附記 本稿はJSPS科研費JP23H00015、JP21K00886による研究成果の一部である。

鳥居龍蔵の業績が語るもの

――西南中国関連著述の再検討と中国近代学術史研究への応用

吉開将人

鳥居龍蔵は、「帝国」日本の対外拡張の時代に東アジア・極東各地で学術調査を展開した。彼が調査を行なった時代的、政治的背景に加え、半ば独学の人で、後年は在野の学者でもあったため、その人物と業績に対しては批判的な評価も少なくなかった。二十世紀末の日本社会では一時的に関心が高まったが、今やそれも過去のものとなった感がある。ところが、近年新資料の発見や秘蔵資料の公開が相次ぎ、国内外で新たな研究動向が現れ始めている。鳥居を「近代日本の中国学」者としてとらえ、その業績を「中国研究」の関心から見直す試みもその一つである。

はじめに

鳥居龍蔵は、明治末期から昭和初期にかけて活躍した人類学者であり、現在の区分からすれば文化人類学・考古学・歴史学（東洋史・民族史）にまたがる分野を専門とした学者である。一八七〇年に徳島で生まれ、一九五三年に東京で没した。

主要な経歴は以下の通り。学歴は、十二歳で小学校を中退（小学中等科第三級）した後、独学を経て、帝国大学理科大学人類学講座教授の坪井正五郎に師事、一九二一年に論文「満蒙の有史以前」で博士号（文学博士）を取得。職歴は、一八九三年に帝国大学理科大学人類学教室標本整理係、一八九八年に東京帝国大学理科大学助手、一九〇五年に同講師、一九二二年に東京帝国大学理学部助教授（一九二四年辞職）、一九二八年に上智大学文学部教授、一九三九年に北京の燕京大学客座教授（一九五一年退職、同年帰国）、この間、國學院大學講

よしかい・まさと――北海道大学大学院文学研究院教授。専門は中国研究（歴史）。主な論文に「東亜考古学と近代中国」（岸本美緒編『岩波講座「帝国」日本の学知（三）東洋学の磁場』岩波書店、二〇〇六年）、「歴史学者と国土意識」（飯島渉ほか編『シリーズ二十世紀中国史（二）近代性の構造』東京大学出版会、二〇〇九年）、「溥儀の悲憤――「宣統十六年」の紫禁城」（鈴木幸人編『かなしむ人間――人文学で問う生き方』北海道大学出版会、二〇一九年）などがある。

師・教授、東方文化学院東京研究所（外務省主管東方文化事業〔旧対支文化事業〕）研究員なども兼任した。北京赴任前の経歴については、死去前年に書かれた自叙伝『ある老学徒の手記』に詳しい(1)。

図1　徳島市「文学博士鳥居龍蔵先生記念碑」（1953年建立）の肖像レリーフ（2006年11月筆者撮影）

鳥居が残した研究業績は膨大である。刊行されたものとしては、専門家向け学術書、一般向け概説書、学術論文、雑著その他多数あり、鳥居の没後に関係者が編集した『鳥居龍蔵全集』に、そのほとんどが収録されている。関連資料は、帝国大学・東京帝国大学在職中に収集して東京大学理学部人類学教室に所蔵されていたもののうち、民族標本類が大阪府吹田市の国立民族学博物館に、現地撮影した写真（ガラス乾板）が東京大学総合研究資料館（現総合研究博物館）に移管され、さらに鳥居の個人収蔵資料（図書・文書類ほか雑多）約七万点が、鳴門市の鳥居墓所の傍らに設けられていた徳島県立鳥居記念博物館を経て、徳島市に二〇一〇年新設された徳島県立鳥居龍蔵記念博物館に収蔵され、それぞれの機関が分割所蔵するに至っている(2)。

今回、鳥居が「近代日本の中国学の光と影」を主題とする本書の収録対象となったのは、彼が行なった現地調査が日本列島のみならず、中国大陸とその周辺を中心としていたこと、彼の主要な業績がそれらアジア辺境の民族誌と「日本」の民族形成史論であったことによるものだろう。現地調査としては、日本列島各地に加え、海外の遼東・満洲（一八九五年、一九〇五年、一九〇九年、一九二七年、一九二八年、一九三一～一九三三年）、台湾（一八九六～一八九八年、一九〇〇年、一九〇〇年）、北千島（一八九九年）、西南中国（一九〇二～一九〇三年）、蒙古（一九〇六～一九〇八年、一九三〇年、一九三三年、一九三五年）、朝鮮（一九一〇～一九一六年）、東部シベリア（一九一九年、一九二一年、一九二八年）、北樺太（一九二一年）、山東（一九二八）、華北（一九三五年、一九三八年）において行なわれたものが確認できる(3)。

その足跡が「帝国」日本の膨張と軌を一にしていることは、日清戦争講和・三国干渉による遼東返還・台湾領有（一八九五年）、日露戦争講和（一九〇五年）、韓国併合（一九一〇年）、シベリア出兵（一九一八年）、山東出兵（一九二七年、一九二八～一九二九年）、満洲事変（一九三一年）に至る時系列的展開に照らし合わせるなら、一目瞭然である。

　これらの現地調査は、当時のみならず現在においても国際政治の複雑な力学のなかにある係争地域において、それぞれの地域がとりわけ不安定になった時期に行なわれたものである。そしてその成果は、太古の人間の活動の痕跡（先史考古学）、そこに暮らす現今の人々（民族学）と過去との関係（民族史・歴史地理学）という、当時においてそれらの地域を定位する上で重要となる問題に関連づけられる内容のものであった。

　したがって、今回の「近代日本の中国学の光と影」を主題とする企画で、鳥居ほど趣旨に合致する人物はいない。しかも、各地の調査で得られた成果は、鳥居自身によって「日本」の民族形成史論へと集大成され、日本人のアイデンティティ形成に大きく影響を与えた。鳥居が没した後、戦後日本において盛んに行なわれたのは、鳥居その人の評価、その学術の評価をめぐる、まさにこの「光と影」についての議論であった(4)。

　俯瞰的な人物・学問論から、微に入り細を穿つような個人情報の研究まで、先行研究はあまりに膨大であり、すべてに目を通すことはできないが、あえて大別してみるのなら、主に二つの方向性がある。第一は、鳥居による各地での調査と彼の学問形成との関係を軸に、「日本」の学者としての鳥居を論じ、「日本人」「日本文化」論へと説き及ぶものである(5)。第二は、日本人類学・考古学や海外特定地域の民族学・考古学調査など、個別の学術分野の研究史においていかなる位置を占めるかという視点から、それぞれの専門家が鳥居の業績の学術的意義を論じるものである(6)。

　この二つの方向性は誤りではない。しかし、鳥居は一〇〇年以上前の時代を生きた人物であり、その学問的営為は今とはまったく異なる状況下で行なわれたものである。「今日」の立場からその営為を個別的に論評されることは彼自身望んでいないであろう。鳥居は好奇心に導かれて、当時得られる条件を最大限に活用し、世界各地と学問の世界を渡り歩いたのであり、他人の知らないことを最初に明らかにしたいということにひたすら執着心を持つ人であった。現実には集大成としての出版を幾つもしているが、本来の発想として個別の知見を学問的に体系化しなければならないという思いは、鳥居にはなかったと考える(7)。萌芽期特有の鳥居の「学問的無邪気さ」を鑑として今を生きる我々が自らを律する材料とすることには意味があるが、[8] その学問を「今日」の関心で勝手に体系化してそれを論評することは、彼の望むことではないであろう。「今日」は不変ではなく、そこから見た評価は脆く移ろいやすいものである。[9]

　また鳥居は、学問が細分化される前の時代に、文学・史学・哲学などの伝統的学知（中国風に言えば「四部分類」的学問体系）の素養を基礎としながらも、半ば「見よう見まね」で習得した新興の人類学や（先史）考古学の知識を武器に、人間関係の摩擦をいとわず、学問分野の壁を乗り越えて自由に渡り歩いた人である。細分化された現在の学問的枠組みを前提としてその業績を理解することは容易ではなく、そうした立場からの論評もまた鳥居の望むことではないと考える。

　思うに、私たちがやるべきことは、鳥居の業績を、鳥居その人を批評するための材料とすることでもなければ、「今日」から遡上した認識の下で論評することでもなく、それをただ淡々と再検討することのみである。その際、必ずしも現在の私たちの常識としての「日本」、すなわち日本列島に回収する必要はなく、当時の鳥居の対象地域に即してそれを理解するという視点が有効である。そのことは、近年「台湾研究」の関心から展開されている自由で多彩な議論が教えてくれる。[10] 同時に、日本人類学・考古学や海外特定地域の民族学・考古学調査など、個別の学術分野の研究史においていかなる位置を占めるかという従前の視点ではなく、当時の鳥居の関心と視点を重んじ、いったん現在の学問の垣根を取り払ってその業績の意義を論じるという姿勢が有効である。そのことは、近年、鳥居の郷里徳島を中核に展開されている実り豊かな研究成果が教えてくれる。[11]

　以上からすれば、「近代日本の中国学の光と影」という主題の下、鳥居を「近代日本の中国学」者として「中国研究」の関心から再検討することは、理にかなった試みと言えよう。

一、鳥居の西南中国に対する関心の重要性
——近年の研究成果と新たな課題の浮上

　こうした考えから、本稿では、一九〇二年九月から一九〇三年二月にかけての約半年間、現在の中華人民共和国西南部の湖南省西部・貴州省・雲南省・四川省において行なわれた「西南中国」の調査に焦点を絞り、鳥居の残した著述を「中国研究」の関心から検討することにしたい。

　西南中国は現在においても多くの非漢民族（少数民族）が暮らす土地で、中国共産党が言うところの全国五十五の少数民族のうち二十五が、漢族（漢民族）とパッチワーク状に組み合う分布状況を見せている。鳥居はかつて、この西南中

国（チベットを除く）を周回するようにして、広域にわたる調査旅行を行なった。鳥居が現地を調査した二十世紀初めにおいては、現在を生きる我々とは異なり、西南中国は満蒙（満洲・蒙古）などの北方アジアと同様、多くの日本人がフロンティアとして、きわめて現実的な関心から憧れを抱いた土地の一つであり、鳥居を含む明治日本人にとって心理的に身近な地域の一つだったのである。[12]

もっとも、鳥居の研究の足跡において西南中国への調査は若き日のわずか一度の試みであり、期間的にもごく短いものであった。調査成果として世に出た業績も、彼の著述全体から見れば決して多くはない。鳥居の主たる海外調査として広く知られるのは、北方の満蒙・満鮮・極東地域におけるものであり、それらの関連著述が彼の業績のなかでも圧倒的多数を占めている。このため、鳥居に関心を寄せる研究者たちは、当然ながら彼の北方研究における貢献を軸に、「日本」に回収する方向を基本として彼の学問や人物像を論じるのである。[13]鳥居の関心は西南中国から北方研究に重点を移したと理解されることが一般的であり、それは西南中国で所期の成果が得られなかったからであるという推論さえある。[14]こうした理由により、鳥居の業績のなかで特に西南中国調査の意義を評価し、それに関心を向けてきたのは、主に西南中国やその南のインドシナ半島を専門とする国内外の人類学・民族学・歴史学者たち、あるいは当時の調査対象の末裔に相当する現地民族籍の学者たちなど、ごく一部の人々にとどまった。[15]

ところが鳥居自身は、現地から帰国し、フィールドの重心を北方に移し、満蒙・満鮮・極東地域について論著を数多く発表し、専門家として名声を高めていた時期においてなお、南方に対する強い関心を持ち続けていたのである。そのことを示すものとして、以下の記述がある。

> 余は尚ほ調べ残りの福建・広東・広西等から印度支那等の調査も試みて見たい考である。余は以上の苗地〔西南中国〕から帰京して直ちにこれ等地方に赴く考であつたが、或人々に妨止せられて今日まで経過して来たのである。余は尚ほこれ等の地方を調査旅行して見たい、そして未だ暗黒界裡にある西南蛮夷に就て聊かでも光明に導きたい。苗族等の如き印度支那民族は実に南支那から南亜細亜大陸一帯に渉っての基礎的人種であつて、漢民族と欧羅巴系統の印度民族とを除けば彼等は支那の南部から印度支那すべての南亜細亜に固有の文化を形成したものである。[16]
>
> （〔　〕は筆者補足、以下同じ）

これは、現地調査から四半世紀を経た一九二六年に、鳥居が世に出した旅行記『人類学上より見たる西南支那』の巻末追記のなかの一節である。鳥居の「苗族等の如き印度支那民族」に対する関心の強さを知ることができる。

「苗族」という表記を持つ民族は現在の中華人民共和国にも存在し、中国の漢字音によって、日本を含む海外では一般的に「ミャオ族」と呼ばれている。[17]中国共産党が言うところの全国五十五の少数民族のうちの一つで、西南中国を代表する非漢民族だが、鳥居が現地へと向かった時代においては、歴史的に南中国各地に暮らしてきた雑多な系統の非漢民族の総称が「苗族」であった。現地調査においては対象を「狭義」「純粋」の苗族に限定したと鳥居は述べている。しかしそれさえも現在の中国における民族分類を基準にすれば、現在言うところのミャオ族だけでなく、他の複数の近隣諸族を包括するものであった。[18]鳥居の「苗族」への関心とは、西南中国の非漢民族全体に対する関心であったことがわかる。

先に引用した鳥居の後年におけるこうした記述に対しては、旧稿を新刊書にまとめ直した際の一時的懐古、あるいはそれを「妨止」した人々に対する不満の吐露として理解されがちである。ところが近年になり、一九四〇年代の鳥居の研究状況を反映する「未刊原稿群」のなかに、当時の彼の主要な関心事であったことが広く知られている北方民族の遼史研究のファイルに混じって、苗族研究の複数のファイルが存在することが発見されるに至り、[19]従前の理解の見直しが必要となった。最新の研究成果によれば、鳥居は一九二一年に「満蒙の有史以前」で博士号を取得する以前、一九一七年の段階では苗族研究で学位を取得しようと考えていた可能性さえあるという。[20]

要するに、鳥居の西南中国への関心は、誰もが知る満蒙への関心と並立するほどのものであり、苗族研究は彼の終生の研究テーマの一つだったのである。筆者はかねてより鳥居の西南中国研究の意義の大きさを主張し続けてきたが、[21]それはこうした近年の発見によって新たな資料的裏づけを得たことになる。今回、鳥居を対象に「近代日本の中国学の光と影」を論ずる試みとして、常識的に想定される満蒙ではなく、あえて西南中国を対象とすることの意味も理解されることだろう。

二、「日本人」論的関心や「日本の学問」とは無関係な鳥居の西南中国調査の動機

一九〇三年三月に西南中国調査から帰国した鳥居が政府に提出した出張報告書「人類学上取調報告」（以下「報告」）が、同年五月五日の『官報』に掲載されている。鳥居はその目的について、以下のように述べる。

小官ノ今回清国ヲ旅行調査ヲシタル目的ハ、聊カ愚考ノ存スル所ニシテ、之ヲ開陳セハ左ノ如シ。小官ハ大学ノ命ニ依リ、台湾本島及紅頭嶼［現在の蘭嶼島］ニ赴ク都合四回ニ及ヘリ。此四回ノ出張ハ、専ラ台湾ノ生蕃而巳ニ就テ、調査ナシタルモノナリ。台湾生蕃ノ調査ニ就テハ、台湾生蕃人其ノ者ノミヲ調査ナシタリトテ、未タ其人類学的性質ヲ発見スル能ハス。是等蕃人ニ関係アル他ノ蛮族ノ比較調査ヲ待テ、始メテ其性質ノ何タルヲ明ニナスヲ得ヘシ。……欧人中説ヲナスモノアリ、台湾北部ノ生蕃即チ所謂黥面蕃ト称スルモノハ、支那ニ現在スル苗族ト深キ関係アリト。若シモ此説ニシテ事実ナリトセハ、彼ノ黥面蕃ナルモノハ、素南支那ニ棲息セシモノニシテ、其一部分カ台湾ニ移住シ、遂ニ今日ノ黥面蕃ヲナセリト云ハサル可カラス。小官ノ今回清国ニ旅行セシハ、全ク黥面蕃ハ苗族ノ一種ナルカノ疑問ヲ決定セント欲スルニアリシナリ。……小官カ今回ノ旅行中主トシテ調査セシモノハ楊［揚］子江西南ノ蛮族ニシテ即チ苗族、玀猓［現在の彝族］、西番［現在の四川蔵族］ナリトス。小官ハ是等ノ蛮族ニ就テ左ノ如キ調査ヲナシタルナリ。（一）体質上ノ調査……、（二）言語上ノ調査……、（三）土俗上ノ調査……、（四）考古歴史上ノ調査……、（五［］）写真撮影(22)……。（句読点は筆者加筆、以下同じ）

これにより、鳥居の西南中国調査が、それに先立って彼が台湾で行なった「生蕃」（現在の台湾で言う「台湾原住民族」）調査の延長線上に計画されたものであることが明らかである。具体的に言えば、「台湾ノ生蕃」のなかでも「台湾北部ノ生蕃即チ所謂黥面蕃」（現「タイヤル族」）が「支那ニ現在スル苗族」と深い関係を持つという西洋人の学説に刺激を受けて、「黥面蕃」は「南支那」から台湾に渡ってきたのではないかという仮説を立て、それを裏づけるために「苗族」の現地調査に赴いたということである。

つまり、鳥居は台湾生蕃に対する民族史的関心から南中国の非漢民族全般に漠然とした関心を抱いて清国に渡り、現在のミャオ族を中心とする西南中国の非漢民族を調査したことになる。

現在のミャオ族を含め、西南中国に暮らす非漢民族に対しては、一九七〇～九〇年代、日本民族あるいは日本の基層文化の源流を南中国からブータン方面にかけての地域に求めようとする「照葉樹林文化」学説(23)の流行を背景に、日本国内で一時的に関心が高まった。そのため、今に至るまで日本国内では鳥居の西南中国調査に対してもそうした視点で関心を持たれることが少なくない。実はかつての鳥居本人もまた、後に日本列島および海外各地での調査成果を集大成して独自の「日本人」論を世に出した際、西南中国の苗族を「日本人」の系譜の一つとして位置づけ、銅鐸を苗族の一部に見られる青銅製楽器「銅鼓」と関連づけるなどの主張を行なっている(24)。ところが鳥居のそうした主張は、あくまでも西南中国での知見を基礎とした後づけ的な発想に過ぎず、本来的に苗族に注目したのは、新たに「帝国」日本の構成員となった台湾生蕃そのものに対する民族史的関心が理由であったことが、調査当時の記述からわかるのである。しかもその契機を用意したのは、台湾生蕃に関する学説であり、そしてそれは実に西洋人の中国学者の学説であった。そこには「日本の学問」を主眼にしていた形跡は見えず、むしろ西洋学術界に対する鳥居のグローバルな対抗意識が読み取れるのである。

三、鳥居の著述を当時の学問的世界観に照らして理解する

鳥居の著述を、現在の私たちの常識を捨てて理解することの必要性は、以下の事実について検討することによってさらに明白となる。

鳥居は、西南中国から帰国して四年後の一九〇七年に、正式な調査報告書として『苗族調査報告』を刊行する。その末尾には、以下のように述べる。

> 支那ノ古書タル『書経』ヲ繙ク毎ニ、余ガ一種云フ可カラザル感興ヲ以テ読ムハ、彼ノ「三苗」記載ノ條ナリ。漢民族ノ未ダ侵入セザリシ以前ニアリテハ、其地ノ中央部及ビ南部ハ彼等［三苗］ノ盛大ナル居住地ナリシナリ。……昔日ノ三苗ノ国ハ今ヤ悉ク漢民族ノ有ニ帰シ、……支那ノ古代史上ニ於テ、否ナ東亜ノ古代史上ニ於テ最モ著明ナリシ三苗ノ状態ハ実ニ以上記スルモノノ如シ、吾人ハ今筆ヲ投ジテ其当時ノ彼等ヲ推想ス、又豈ニ一種ノ感慨ナキ能ハザランヤ(25)。

これにより、鳥居は西南中国で自らが調査した苗族の民族史を、儒教古典の『書経』のなかの太古の「三苗」に関する記事と結びつけて理解していたことがわかる。儒教古典において太古の帝王として描かれる堯・舜たちと、それに敵対した存在として叙述される「三苗」の関係性を、堯・舜（ひいては黄帝）＝漢族（の祖）と「三苗」＝苗族（の祖）との対立関係として、いわば民族興亡史的に理解していたことがわかる。

注目したいのは、鳥居が苗族の先住地を、自らの調査地であった西南中国辺境とせず、中国大陸の「中央部及ビ南部」

の広大な地域としている点である。鳥居は、「南部」すなわち江南などの長江流域にとどまらず、「中央部」すなわち黄河流域の中原もまた、太古において苗族の暮らした土地であり、中国への「侵入［者］」の漢族がそれを駆逐した結果、現状が形作られた、と理解していた。つまり、中国先史文化の担い手は漢族ではなく苗族であった、そして先住民族の苗族と外来民族の漢族はまったく別の歴史と伝統を持つ民族であって両者は交わることがなかった、というのが当時の鳥居の考え方だったのである（以下「漢族外来／苗族先住説」）。

実は明治日本において、漢族外来／苗族先住説に基づく中国文明論や中国民族史像は、決して鳥居一人の孤立した考え方ではなかった。それは西洋人の中国学者たちに由来する当時最先端の学説で、学校教科書などを通じて日本の社会全般にも広く流布していたのである[26]。

「黄河文明」や「中国何千年の歴史」というイメージを持つ現在の私たちにとって、漢族が中国内地で形作られたという認識や、また中国大陸の土着民族である漢族の祖先が中国先史文化の担い手であったと理解することは、すでに半ば常識となっている。現在までの中国国内の考古学的成果もそれを支持しており、少なくとも漢族外来／苗族先住説を裏づける証拠は何もなく、今となっては、漢族外来／苗族先住説は一昔前の荒唐無稽な学説に過ぎない。

しかしながら、このような現在の常識に照らすだけでは、鳥居の西南中国調査の意義は理解することはできない。同時代における鳥居の学問的世界観に照らして理解するならば、鳥居は台湾生蕃の源流を求めて西南中国に赴いたが、それは苗族が中国大陸の先住民族であると認識していたからであり、その認識を前提に、外来民族の漢族の黄河流域への侵入、黄河流域の先住民族の苗族の南下、そして苗族の台湾への移住という、太古の東アジアにおける壮大な民族史の展開を想定していたからであることがわかる。鳥居の西南中国調査は、要するに中国大陸を舞台とした「有史以前の中国民族史」というべき関心から行なわれたものだったのである[27]。

結局のところ、鳥居は西南中国における苗族調査で、台湾生蕃の源流につながる決定的な発見をすることはできなかった。しかし、苗族の諸文化に中国文化の古層を認め、報告書末尾に先の記述を残すことになった。そして先述のように、日本とのつながりを着想として得て、後に「日本人」論を壮大な学説にまとめ上げる際、西南中国の苗族を「日本人」の系譜の一つとして位置づけるに至ったのである[28]。

四、鳥居の著述から見た中国近代学術史
——清末中国知識人への影響をめぐって

鳥居の著述は、以上のような同時代における鳥居の学問的世界観に照らして読み解くだけではなく、その学術的成果の影響について、同時代における国際環境を踏まえ、日本国外にも目を向けて理解する必要がある。

一九〇三年三月に帰国した鳥居が前掲「報告」を政府に提出し、それが同年五月五日の『官報』に掲載されたことを先に紹介した。鳥居のこの報告に読者として接したのは、日本人だけではなかった。当時の日本に暮らしていた清末中国知識人たちのなかにも、それを読み、注目した者がいたのである。その一人が蔣智由という人物であった。蔣は一九〇二年冬に来日し、一九〇三年二月以降、現在の横浜中華街の一角で、清末の代表的中国知識人の一人、梁啓超とともに、漢文雑誌『新民叢報』の編集・発行を行なっていた(29)。「観雲」という別号（筆名）で同誌の第三一号（明治三十六年［一九〇三］五月十日刊）に発表した「中国上古旧民族之史影」という論文には、以下の記述が見られる。

> わが種族［漢族］の前に中国の主人だったのは誰か。それは苗族である。苗族は、当初中国内地にいたが、その後［漢族に］敗れ退いて凋落し、南中国の辺境に暮らすようになった。苗族が東洋・南洋の各種族と種類［種族］上の関係を持つのか否か、わが種族と血統の混合があるのか否か（近時の熟苗［と呼ばれる民族集団］は華人［漢族］と雑居し通婚する者である）、これは人類学の一つの研究上の問題である。要するに、［中国の］いにしえの民族を研究しようとする者は、必ずやまずは苗族の由来と分散移動を研究しなければならないのである。これによって東洋の人類学に一大発見があるかもしれないが、いまだ明らかではない。……近ごろ日本人の鳥居龍蔵氏は、揚子江西南の蛮族を調査し、その調査地域は湖南の一部分、貴州の全体、雲南の東部、四川の西南部……であった。その調査項目は、（一）体質上の調査……、（二）言語上の調査……、（三）土俗上の調査……、（四）考古歴史上の調査……、（五）写真撮影であった。……苗族は、今日にあって衰退し凋落しているが、往古にあっては広い地域に暮らしており、その勢力はあるいは今日の何百倍であったかもしれない。その文化の有無、および文化の程度がどのようであったかについては、歴史上の謎である(30)。

文中で鳥居の西南中国調査が紹介されているが、その内容

は実に『官報』掲載の前掲「報告」の抜粋と言うべき文章である。五月五日の『官報』記事が五月十日の『新民叢報』に漢訳されていることに驚かずにはいられない。それほどまでに、中国知識人たちは鳥居の西南中国調査の成果に衝撃を受けたのである。

その意味を理解するには、ここに至るまでの中国知識人たちの「自国史」「自民族史」像の変容と、彼らの政治的立場について、若干の説明が必要である。

前近代の中国において、「天下」の広がりやその枠組みを理念的に論じたり、文明の内と外を区別する「華夷の別」（いわゆる「中華思想」）を論じ、それを歴史と結びつけることは盛んに行なわれていたが、そうしたものは西欧近代に由来する「国民国家」的な枠組みを前提とした歴史認識や歴史叙述の方法と本質的には異なるものであった。中国知識人たちは近代以後、海外から中国に流入した書物を通じてすでにそのことを理解し始めていたが、そうした中国の伝統思想や歴史学との落差を深刻な問題として意識するようになったのは、当時衰亡の危機にあった母国から日本に逃れてきた梁啓超や蔣智由たちだったのである。

彼らは明治日本の各種新刊書を通じて、「自国史」「自民族史」構築の参考となる最新の知識を得ることを目指し、伝統思想における「華夷の別」ではなく、新たな「民族」（当時の用語は「種族」）概念により、満洲人が漢人に君臨する清朝国家体制を論じ、現状の当否と将来像を中国の過去の歴史と関連づけて評価しようとした。また、日本を含む列強に侵食されつつある母国の現状に強い危機感を抱き、伝統的な「王朝史」とは異なる近代的な「（自）国史」を新たに世に出すことによって、母国大衆の「愛国心」を鼓舞しようとし、それに役立つ過去の史実を太古の歴史にまで探し求めたのである。[31]

こうした動機による「自国史」「自民族史」の構築に向けた活動のなかで、彼らは明治日本の最新の学説の一つとして漢族外来／苗族先住説に接した。梁啓超は、日本亡命の三年後の一九〇一年に、新たな中国史を構想して伝統的中国史像の問題点を論じた一篇の試論を発表している。蔣智由論文に先立つこと二年、そこに早くも漢族外来／苗族先住説が取り入れられていることが確認できる。

> 今、中国史の範囲のなかの各人種〔現在の「民族」〕について考えると、……第一は苗種で、中国の土族〔先住民族〕であり、今日のアメリカの紅人〔ネイティブアメリカン〕やオーストラリアの黒人〔アボリジニ〕のようなものである。その人種は有史以前において重要な地位を占め

ていたが、漢族が次第に発展するにつれ、苗種はすぐに追いやられ、北から南へと向かい、今では湖南・貴州・雲南・広西地域に余命を保っている。……第二は漢種で、すなわち私たち、現在では国内に遍く存在し、文明の血筋、［太古の帝王とされる］黄帝の子孫と言うところのもの［漢族］である。黄帝は昆崙［伝説上の西方の高山］の地に生まれ、パミール高原から東に向かい、中国に入り、黄河流域に暮らし、［その子孫は］次第に各地へと繁殖し、数千年来にわたって勢力を持ち、世に名声を得てきたのであり、アジアの文明と言うところのものは、いずれも我が種が自ら広げ、自ら実となしたものである。第三はチベット種で、……第四は蒙古種で、……第五は匈奴種で、……第六はツングース族で、今の清朝もまたそこから勃興したものである(32)。

梁啓超が、自らを漢族と見なしてその優勢の歴史を誇る一方、順序としては「漢種」よりも前に「苗種」を置くという構成で新たな中国史像を提示したのは、彼が、鳥居同様、当時の日本で流行していた漢族外来／苗族先住説を信じ込んでいたことを物語っている。そのために、中国大陸最古の先住民族「苗種」を外来民族の「漢種」が圧倒したという筋書きで中国大陸における「優勝劣敗」の歴史を描き出したのである。

そこに折しも鳥居が母国の辺境から現地調査の成果として「苗種」に関係する知見を日本に持ち帰った。そのことに彼らはいち早く注目したのである。真っ先に衝撃を受け、鳥居の「報告」を下敷きに漢訳して紹介記事をまとめ上げ、各地の中国知識人に向けてそれを速報したのが蔣智由であり、それが「中国上古旧民族之史影」という論文だったのである(33)。

現在から見れば荒唐無稽な学説に過ぎない漢族外来／苗族先住説(34)は、鳥居が現地から持ち帰った成果という具体的な裏づけを得て、梁啓超や蔣智由らによる積極的な受容とその流布の試みの結果、当時の中国本土の知識人やその後の中華民国学術界にまで多大な影響を及ぼすことになる。漢族の揺籃としての「黄河（中華）文明」という私たちの現在の常識や、国民党政権下の中国から共産党政権下の中国へと連続した「中国何千年の歴史」という歴史観を柱とする民族主義思潮は、実のところ清末以来の漢族外来／苗族先住説の呪縛からの離脱とその克服という使命感がもたらした過度の反作用の結果と言うべきものである(35)。この点からすれば、鳥居の西南中国調査の影響は、現在を生きる私たちにまで及んでいると考えることもできよう。

おわりに

以上、鳥居の業績を現在の常識から評価しようとする視点に疑問を呈し、彼の西南中国調査を例として、現在とは異なる当時の鳥居の学問的世界観に即してその著述を読み解くことの重要性を論じた。あわせて、鳥居を「近代日本の中国学」者としてとらえ、その業績を「中国研究」の関心から見直すことで、中国近代学術史研究に新たな視点が生み出されることも明らかにした。

今回は紙幅の都合によってここで筆を擱くほかないが、鳥居の残した著述には、単純な記録としても現在の「中国研究」の様々な関心に見合う貴重な現地事情も数多く記され、記事そのものが直接に史料としての価値を持つことも指摘しておきたい。

あるいは、当時の現地事情について地方志・檔案のような官府の手になる各種史料が残っているのだから鳥居の記録はさほどの価値を持たない、と思うかもしれない。ところが、鳥居が旅した清末の中国については、地方志編纂そのものが成し遂げられなかった地域も多く、また地域によって完成度に優劣の差が顕著である。また一般的に、中国史料は膨大にあるとはいえ、かつての中国の人々にとって当たり前のことは記録されないのであり、各地の日常風景のなかにあったものの多くは当時の史料にまとまった記述がなく、むしろ外国人旅行者などが好奇の目で記録した文章や、彼らが現地で撮影した写真が価値を持つことの方が多いのである[36]。

そうした状況にあって、鳥居の記録や写真は、現地史料の空白を埋める内容を含む可能性を持つ。鳥居の記録には、清末・民国期の地方志・檔案にはまったく見えない情報、あるいは共産党政権による公式出版物には意図的に収録されない情報など、現地の歴史や当時の社会事情を知る上できわめて有意義な手がかりが実際に含まれている[37]。そしてこれら現地の各種史料には、鳥居が記録したものに歴史的な裏づけを与える役割を果たすことが期待されるのである。

鳥居を「近代日本の中国学」者としてとらえ、その業績を「中国研究」の関心から見直す試みは、まだ始まったばかりである[38]。多くの志ある者の参入を待つ。

注

(1) 鳥居龍蔵『ある老学徒の手記――考古学とともに六十年』(朝日新聞社、一九五三年)。以上で述べた略歴は、同前書、および鳥居龍蔵『ある老学徒の手記』(岩波書店、二〇一三年)四九五―五〇七頁所収「鳥居龍蔵略年譜」、同『鳥居龍蔵全集』(朝日新聞社、一九七五~一九七七年)の情報を、長谷川賢二「鳥居龍蔵の小学校卒業証書」(『鳥居龍蔵研究』四号、二

○一八年）一―四頁、石井和仁「鳥居龍蔵の第五回台湾調査をめぐって」（『徳島県立鳥居龍蔵記念博物館研究報告』一号、二○一三年）一七一―一八○頁、鳥居龍蔵「北支那通信」（前掲『鳥居龍蔵全集』九巻、五七一―五七六頁）、同「斉の国に就て――支那古代文化の一面」（『支那』二十巻二号、一九二九年）二―一四頁（本著述の存在については、鳥居龍蔵を語る会［天羽利夫］編「鳥居龍蔵研究参考文献・改訂版」［前掲『鳥居龍蔵研究』四号］一八三―二二八頁によって知り得たことを注記しておく）、鳥居喬「鳥居龍蔵の中国山東省調査」（徳島県立鳥居龍蔵記念博物館ほか編『鳥居龍蔵の学問と世界』思文閣出版、二〇二〇年）五〇五―五二二頁、および下田順一「鳥居龍蔵年譜（抄）」（同前書五二三―五三八頁）によって誤伝を補正し、東京帝国大学学術大観編輯全学委員会編『東京帝国大学学術大観――理学部・東京天文台・地震研究所』（東京帝国大学、一九四二年）四七七〜四九〇頁所収「第十二章　人類学科」、東方文化学院編『東方文化学院二十年史』（同院、一九四八年）、および阿部洋『「対支文化事業」の研究――戦前期日中教育文化交流の展開と挫折』（汲古書院、二〇〇四年）によって制度的裏づけを与えたものである。

（2）赤沢威「鳥居龍蔵写真乾板の再生」（『東京大学総合研究資料館ニュース』二一号、一九九一年）二―三頁、東京大学総合研究資料館特別展示実行委員会編『乾板に刻まれた世界――鳥居龍蔵の見たアジア』（同資料館、一九九一年）、国立民族学博物館編『民族学の先覚者――鳥居龍蔵の見たアジア』（財団法人千里文化財団、一九九三年）、原多賀子「徳島県立鳥居記念博物館の収蔵資料について」（『史窓』三四号、二〇〇四年）一九―三六頁、西田素康「新出の鳥居龍蔵関係資料――発見の経緯と知見」同前誌三七―五〇頁、徳島県立鳥居龍蔵記念博物館編『（開館五周年記念企画展）鳥居龍蔵――世界に広がる知の遺産』（同博物館、二〇一六年）、長谷川賢二「鳥居龍蔵研究の課題と方向性――徳島県立鳥居龍蔵記念博物館一〇周年の歩みを中心に」（『鳥居龍蔵研究』五号、二〇二二年）三―一八頁。

（3）前掲注1諸文献。

（4）芹沢長介「鳥居龍蔵論」（『思想の科学』一八号、一九六三年）五八―六四頁、白鳥芳郎「東洋学の系譜（七）鳥居龍蔵」（『月刊しにか』一巻七号、一九九〇年）一〇〇―一〇五頁（江上波夫編『東洋学の系譜』（大修館書店、一九九二年）一〇九―一一九頁再収録）、中薗英助『鳥居龍蔵伝――アジアを走破した人類学者』（岩波書店、一九九五年）、田畑久夫『民族学者鳥居龍蔵――アジア調査の軌跡』（古今書院、一九九七年）ほか。先史日本考古学分野については、鳥居の「影」を強調してきた日本国内の諸論考を中村豊「戦後日本考古学史における鳥居龍蔵の再評価」（前掲注1『鳥居龍蔵の学問と世界』）二二九―二四四頁が列挙し、批評を加えている。

（5）前掲注4諸文献、および福間良明『辺境に映る日本――ナショナリティの融解と再構築』（柏書房、二〇〇三）、野林厚志「鳥居龍蔵の台湾・西南中国調査」（前掲注2『史窓』三四号）五一―六二頁、田畑久夫『鳥居龍蔵のみた日本――日本民族・文化の源流を求めて』（古今書院、二〇〇七年）ほか。

（6）日本人類学史のなかの位置づけとしては、末成道男「鳥居龍蔵――東アジア人類学の先駆者」（綾部恒雄編著『文化人類学群像三〈日本編〉』アカデミア出版会、一九八八年）四七〜六四頁、坂野徹『帝国日本と人類学者――一八八四―一九五二年』（勁草書房、二〇〇五年）、山路勝彦『近代日本の海外学術調査』（山川出版社、二〇〇六年）三六―五二頁、同「日本人類学の歴史的展開」（同編『日本の人類学――植民地主義、異文化研究、学術調査の歴史』(関西学院大学出版会、二〇一一年)一九―二三頁、および中生勝美『近代日本の人類学史――帝国と植民地の記憶』(風響社、二〇一六年)、ヨーゼフ・クライナー編『日本とはなにか――日本民族学の二十世紀』(東京堂出版、二〇一四年)一七―一二三頁ほかがある。日本考古学史のなかの位置づけとしては、前掲注4「戦後日本考古学史における鳥居龍蔵の再評価」がある。アジア各地の調査地域ごとの各分野専門家による論評としては、前掲注2『乾板に刻まれた世界』および『民族学の先覚者』、前掲注1『鳥居龍蔵の学問と世界』がある。特殊な分野として、鳥居の銅鼓研究については、拙稿 "One Century of Bronze Drum Research in Japan", *Transactions of the International Conference of Eastern Studies*, No.49, Tokyo: The Toho Gakkai, 2005, pp. 23-40、同「鳥居龍蔵と銅鼓研究――鳥居を「民族史学者」へと導いたもの」(『徳島県立鳥居龍蔵記念博物館研究報告』一号、二〇一三年)一四九―一六九頁がある。

(7) 鳥居の膨大な業績に圧倒されて書かれた感のある評伝が多いなかで、彼の学問的基礎が実際にはきわめて雑駁なものであり、その成果も体系性を持たないものであったとする現実的な評価がある(前掲注4芹沢長介「鳥居龍蔵論」)。また、鳥居が求められる相手や発せられる場や媒体に応じ、発言や著述の仕方を意識的に変えていたのではないかという指摘がある(鈴木仁麗「モンゴル認識の形成――戦略と「大義名分」の系譜」(伊藤信哉ほか編著『近代日本の対外認識(I)』(彩流社、二〇一五年)一七五―一八二頁)。筆者はこの二つの問題提起に賛同する。なお、鳥居が多くの論著を世に出した時期に「浪人学者」と自嘲しながら生活状況を描いている貴重な文章として、鳥居龍蔵「浪人学者として」(『新小説』三十年九号、一九二五年)二九―三三頁がある(本著述の存在については、前掲注1「鳥居龍蔵研究参考文献・改訂版」によって知り得たことを注記しておく)。

(8) 前掲注6『近代日本の海外学術調査』における、「無邪気なままの好事家」「微妙なグレーゾーン」とする評価に筆者は賛同する。

(9) その顕著な例は、台湾学術界における鳥居の台湾調査に対する評価の、近年における変化の兆候であろう。台湾学術界では、もともと一部の専門家が鳥居の台湾調査の成果の価値を理解するのみであった。二十世紀末から二十一世紀初めにかけての時期、台湾における「台湾原住民(族)」の復権と連動して、それが台湾学術界や社会一般に広く知られるようになり、鳥居は台湾研究の先駆者としての高い評価を現地で獲得するに至ったのである。遠流出版台湾館編『跨越世紀的影像――鳥居龍蔵眼中的台湾原住民』(順益台湾原住民博物館、一九九四年)、黄宣衛主編『人類学家的足跡――台湾人類学百年特展』(中央研究院民族学研究所博物館、二〇一一年、鳥居龍蔵(楊南郡訳註)『探検台湾――鳥居龍蔵的台湾人類学之旅』(遠流出版、一九九六年)および徐如林『連峰縦走――楊南郡的伝奇一生』(晨星出版、二〇一七年)ほかを参照。ところが、実はそうした動きが現れた当初から鳥居にかつて調査対象とされた人々の子孫から異議申し立てがなされていたのであり(孫大川「面対人類学家的心情――「鳥居龍蔵特展」罪言」(前掲『跨越世紀的影像』五三~五五頁)、最近では台湾の一部の若手研究者からも鳥居の調査について学術的疑義が提出されるに至っている(陳偉智「撮影作為民族誌方法――日治台湾殖民地人類学的写真檔案」(『現代美術学報』三三期、二〇一七年)七―三七頁、許明智「当代原住民族面対日治時期学術調査的多重姿態――以原住民族文学為討論視角」(『原住民族文献』五四期、二〇二三年)八―二三頁、陳叔倬ほか(俵寛司訳)「台湾における原住民人骨の収集および研究の歴史」(『東南アジア考古学』四三号、東南アジア考古学会、二〇二四年)九九～一一三頁)。以上の諸問題については、宮岡真央子「台湾原住民族研究の継承と展開」(前掲注6『日本の人類学』七七―一一九頁)にも関連する議論がある。

(10) 前掲注9参照。

(11) 鳥居龍蔵を語る会編『鳥居龍蔵研究』(同会、二〇一一～二〇二二年)創刊号～五号、前掲注1『鳥居龍蔵の学問と世界』、徳島県立鳥居龍蔵記念博物館編『(鳥居龍蔵生誕一五〇周年記念国際シンポジウム)「鳥居龍蔵と現代社会」講演要旨集』(同博物館、二〇二一年)を参照。

(12) 飯倉照平「雲南と日本人」(同編『雲南の民族文化』研文出版、一九八三年)一八七―二一二頁。

(13) 前掲注6『日本とはなにか』ほか。

(14) 前掲注5「鳥居龍蔵の台湾・西南中国調査」ほか。

(15) 大林太良「解説」(鳥居龍蔵『中国の少数民族地帯をゆく』朝日新聞社、一九八〇年)二九七―三一〇頁、前掲注4「東洋学の系譜(七) 鳥居龍蔵」、曽士才「鳥居龍蔵の西南中国調査」(前掲注2『乾板に刻まれた世界』)一三七―一三九頁、塚田誠之「鳥居龍蔵の西南中国調査」(前掲注2『民族学の先覚者』)五六―六〇頁、黄才貴『影印在老照片上的文化――鳥居龍蔵博士的貴州人類学研究』(貴州民族出版社、二〇〇〇年)、楊志強ほか「二十世紀初鳥居龍蔵在中国西南地区的人類学調査及其影響」(『民族研究』六期、二〇一六年)五一―六〇頁、鳥居龍蔵著(楊志強訳)『西南中国行紀』(商務印書館、二〇二〇年)ほか。

(16) 鳥居龍蔵『人類学上より見たる西南支那』(冨山房、一九二六年)七九四―七九五頁(前掲注15『中国の少数民族地帯をゆく』および『西南中国行紀』の原典)。

(17) 現在のミャオ族については、曽士才「ミャオ――交差する民族エリートたちの思いと願い」(末成道男ほか編『講座 世界の先住民族――ファースト・ピープルズの現在 〇一 東アジア』明石書店、二〇〇五年)二四四―二五九頁を参照。

(18) 楊志強「鳥居龍蔵的苗族観――論近代民族集団的形成過程」(『貴州社会科学』二期、二〇〇八年)三八―四三頁。

(19) 徳島県立鳥居龍蔵記念博物館「まぼろしの著作――未完原稿の意義」(前掲注2『鳥居龍蔵――世界に広がる知の遺産』)四二頁、長谷川賢二「鳥居龍蔵の未刊原稿群と学知のあり方――中国からの帰国時作成目録に注目して」(前掲注1『鳥居龍蔵の学問と世界』)四六四―四八一頁、前掲注2「鳥居龍蔵研究の課題と方向性」を参照。

(20) 前掲注2「鳥居龍蔵研究の課題と方向性」一六頁。

(21) 拙稿「北方と南方――鳥居龍蔵・北海道帝国大学と「南支那」」(北海道大学大学院文学研究科「北方研究の構築と展開」プロジェクト編『北大文学研究科公開シンポジウム「北方的――北方研究の構築と展開」報告書』同研究科、二〇〇七年)一九―二二頁、同「歴史学者と「南支那」」(松浦正孝編『昭和・アジア主義の実像――帝国日本と台湾・「南洋」・「南支那」』ミネルヴァ書房、二〇〇七年)五四―七七頁、同「苗族史の近代――漢族西来説と多民族史観」(『北海道大学文学研究科紀要』一二四号、二〇〇八年)二五―五五頁、同「鳥居龍蔵と東アジア――歴史学説と心象地理」(北村清彦編『北方を旅する』北海道大学出版会、二〇一〇年)一四四―一七〇頁、同『「人類学上より見たる西南支那」を読む――中国近代史研究史料としての鳥居龍蔵の旅日記」(前掲注1『鳥居龍蔵の学問と世界』)一三五―一五八頁、同「鳥居龍蔵の学術遺産と中国研究――成果の紹介と若干の提言」(前掲注11『鳥居龍蔵と現代社会』講演要旨集』)二〇―三〇頁ほか。

(22) 鳥居龍蔵「人類学上取調報告」(『官報』五九四九号、一九〇三年五月五日)七五―七八頁。

(23) 小山修三「縄文のまなざし――佐々木高明と特別研究「日本民族文化の源流の比較研究」」(前掲注6『日本とはなにか』)三五六―三七六頁ほか。

(24) 鳥居龍蔵「古代の日本民族移住発展の経路」(『新日本』六巻一〇号、一九一六年)一八九―二〇一頁、および同『有史以前乃日本』(磯部甲陽堂、一九一八年)ほか。銅鼓と鳥居との関係については、前掲注6拙稿を参照。

(25) 鳥居龍蔵『苗族調査報告(人類学教室研究報告　第二編)』(東京帝国大学、一九〇七年)。

(26) 前掲注21拙稿「苗族史の近代」、および同「中国近代学術史上の良渚考古学――中国文明多元論、〝長江文明論〟の歴史的系譜」(中村慎一ほか編『河姆渡と良渚――中国稲作文明の起源』雄山閣、二〇二〇年)八九―一〇〇頁ほか。

(27) 前掲注21諸研究。鳥居が漢人(現在の漢族)に対して学問的に冷淡な無関心さがあり、上述のとおり鳥居の晩年に至るまでの研究テーマとなった対象が、漢人世界を外から征服した遼と、漢人に征服され衰亡したと考えられていた苗という、南北二つの非漢民族であったことは、以上述べた鳥居の当時の中国民族史観によって説明することができよう。

(28) 前掲注21文献、および前掲注6拙稿「鳥居龍蔵と銅鼓研究」。

(29) 蔣智由その人については施方『蔣智由伝』(浙江工商大学出版社、二〇一八年)があり、その文集としては王敏紅ほか編註『蔣智由全集』(浙江大学出版社、二〇二一年)がある。彼が日本で連携した梁啓超については先行研究も多く、ここではその邦訳文集である梁啓超(岡本隆司ほか編訳)『梁啓超文集』(岩波書店、二〇二〇年)を挙げるにとどめる。

(30) 観雲(蔣智由)「中国上古旧民族之史影」(『新民叢報』三一号、一九〇三年五月十日)二九―四一頁。

(31) この問題について関連研究は膨大であり、ここでは留日知識人たちの歴史叙述について論じた吉澤誠一郎『愛国主義の創成――ナショナリズムから近代中国をみる』(岩波書店、二〇〇三年)を挙げるにとどめる。

(32) 任公(梁啓超)「中国史叙論」(『清議報』九十冊、一九〇一年)一―五頁。

(33) 拙稿「苗族史の近代(続篇)」(『北海道大学文学研究科紀要』一二七号、二〇〇九年)八一―一二一頁、および同「鳥居龍蔵の苗族論と清末中国知識人――鳥居の業績を同時代の中国人はどのように読んだか」(『鳥居龍蔵研究』創刊号、二〇一一年)一二九―一四一頁を参照。

(34) 漢族外来/苗族先住説のうち、漢族外来説の清末中国知識人に対する影響についての先行研究は膨大であり、ここでは石川禎浩「二十世紀初頭中国における「黄帝」熱――排満・肖像・西方起源説」(『二十世紀研究』三号、二〇〇二年)一―二二頁を挙げるにとどめる。石川氏には、中国人類学の系譜を論じた「辛亥革命時期的種族主義与中国人類学的興起」(中国史学会編『辛亥革命与二十世紀的中国』中央文献出版社、二〇〇二年)九九八―一〇二〇頁もあり、鳥居の業績がそれに与えた影響について言及が見られる。

(35) 拙稿「苗族史の近代(三)」(『北海道大学文学研究科紀要

（以下「紀要二」）』一二九号、二〇〇九年）二九―八四頁、「同（四）」（『紀要』一三〇号、二〇一〇年）一―六一頁、「同（五）」（『紀要』一三一号、二〇一〇年）一〜五一頁、「同（六）」（『紀要』一三二号、二〇一〇年）四九―一三八頁、同「民族起源学説在二十世紀中国」（『復旦学報（社会科学版）』五期、二〇一二年）三〇―四〇頁、および同「中国民族史像と考古・民族ナショナリズム」（『歴史と地理』六七九号［世界史の研究（二四一）］、二〇一四年）一―一四頁。これら筆者の研究成果に対する論評としては葛兆光「在歴史、政治、民族与国家之間的民族史――読吉開将人《苗族史の近代》有感」（同『側看成峯――葛兆光海外学術論著評論集』中華書局、二〇二〇年）一六九―一八一頁（初出は二〇一二年）があり、同（辻康吾監訳）『完本　中国再考――領域・民族・文化』（岩波書店、二〇二一年）八一―一一四頁（初出は二〇一四年）、李沛容（飯田直美訳）「古史伝説における漢・「苗」関係と近代中国における国族構築のプロセス」（『中国二一』四九巻、二〇一九年）一五七―一七二頁、および呉昕璇「従東洋史到中国民族史――以近代中日知識界的苗族史論為中心的探討」（『福建論壇（人文社会科学版）』六期、二〇二三年）一五五―一六九頁など、筆者の研究成果を下敷きに書かれた論考も現れているので、中国国内ではそれが一定の支持を得ているものと理解される。

（36）田口一郎「解説」（W・G・ウォルシュ（田口訳）『清国作法指南』平凡社、二〇一〇年）三〇六頁。

（37）前掲注21拙稿「『人類学上より見たる西南支那』を読む」および「鳥居龍蔵が西南中国で記録した碑文――抹殺された石碑をめぐる物語」（『鳥居龍蔵研究』五号、二〇二二年）二五―三五頁。

（38）本稿の内容は、前掲注21拙稿「『人類学上より見たる西南支那』を読む」および「鳥居龍蔵の学術遺産と中国研究」で述べたものと一部重複するところがある。

【IV アジア踏査】

大谷光瑞の光と影

柴田幹夫

しばた・みきお――立命館大学社会システム研究所客員協力研究員。元新潟大学グローバル教育センター准教授。前台湾国立高雄大学兼任教授。博士（学術）。専門は東洋史。主な著書に『大谷光瑞とアジア――知られざるアジア主義者の軌跡』（編著、勉誠出版、二〇一〇年）、『大谷光瑞の研究』（勉誠出版、二〇一四年）、『興亜揚佛：大谷光瑞與西本願寺的海外事業』（台湾・博揚文化、二〇一七年）などがある。

「アジア人にして仏子」であった大谷光瑞にとって、仏教伝来の故地である中央アジア探検は必要不可欠であった。多くの出土文物を持ち帰り、日本の「敦煌学」を生み出した。しかし、文物を収奪し、スパイ活動に従事したという負の遺産をも背負った。また台湾の産業振興では、熱帯農業を展開させたが、植民地主義者のレッテルを貼られたこともあった。光瑞自身の「光と影」を考えてみた。

はじめに

かつて「敦煌は中国にあるが、敦煌学は国外にある」（藤枝晃）(1)といわれた時代があった。このことは取りもなおさず中国以外の国々において敦煌学が隆盛を極めたということに外ならない。日本もまた早くから「敦煌学」が盛んに研究されていた。では日本では、その「敦煌学」の起点はどこに（誰に）求めたらいいのであろうか？ これはいうまでもなく大谷光瑞（おおたにこうずい）（一八七六～一九四八）が組織した「大谷探検隊」が将来した出土文物研究がその嚆矢となったのである。

光瑞は、本願寺（以下本願寺といえば西本願寺を指す）の別荘である神戸二楽荘において将来品の展示を行うとともに、辛亥革命の戦火から逃げ出し、日本に亡命してきた羅振玉（一八六六～一九四〇）、王国維（一八七七～一九二七）を神戸の二楽荘(2)に招き、調査研究の便宜をはかったのである。また光瑞は、当時京都帝国大学の教授であった内藤湖南（一八六六～一九三四）たちに研究の委託を行ったのである。まさにこのことが「敦煌学」の始まりとなった。

しばしば強調されているように大谷光瑞を特色付けるのは、仏教伝来の道を探索した「大谷探検隊」(白須淨眞氏の言葉に従えば、アジア広域調査活動)[3]を組織して自ら活動に参加したことであることは間違いのないことであろう。しかしながらその探険事業は大谷光瑞の長期にわたる活動総体から見ればほんの一部に過ぎない。したがって大谷光瑞像の総体を求めるには、「大谷探検隊」とともに、彼個人の行動そのものを追求すべきである。すなわち大谷光瑞を「敦煌学」の創始人としてとどめるのではなく、アジアを駆け抜けた一人の巨人として位置付けたいと考えている。つまり「大谷探検隊」は、大谷光瑞のアジア広域調査活動の一コマに過ぎないのである。

ここでは、「敦煌学」の創始人である大谷光瑞の活動とアジア広域活動の一つとして中国やトルコの革命を支援し、また東南アジア諸国や台湾において行った産業支援を取り上げ、彼の光と影の部分を考えようというものである。

一、「大谷探検隊」の栄光と暗翳

(1) 大谷光瑞とは

大谷光瑞は、一八七六年(明治九)十二月に浄土真宗本願寺派二十一世宗主(しゅうしゅ)大谷光尊(明如上人、一八五〇~一九〇三)の長男として京都本願寺に生まれた。光尊の時代は明治維新という大変革の時代を経て新しい近代国家を完成させようとした時代でもあった。本願寺とて例外ではなく、光尊は、新しい時代の中で本願寺の改革に手を染めたのであった。この本願寺の改革においては、島地黙雷(しまじもくらい)や赤松連城(あかまつれんじょう)たちを広く海外に派遣し、宗教事情を調査させ、また神仏混淆の弊を改め、大教院分離を画し、さらに学事の振興、布教の発展に力を注ぎ、護持会を設置し、教学資金の充実を図るとともに、寺法の制定や集会の設置など教団の近代化に精力的に取り組んだ。さらに「大日本仏教慈善会」を創設し福祉事業にも関心を示した。さらに特筆すべき点は鹿児島、北海道、沖縄、台湾、朝鮮をはじめ中国、ロシアなどの海外開教にも尽力したことである。[4]ただ総じていえば、明治期における日本仏教界は国家に対して異常に忖度をし、廃仏毀釈の影響下、明治新国家に適合する庶民育成に力を貸し、それによって仏教が国益であることを国家に承認させて立場の回復を図ろうと行動していた。[5]

(2) 青年時代

光瑞は、学習院で勉強するために、上京し、築地別院に寓することになるが、学習院の教育にはなじめず、退学することになった。そして本願寺内(山科本願寺内学問所)で伝統的な宗学（真宗学）などを信楽哲乗や前田慧雲などに学んだ。

長じて光瑞は、九条道孝の第三女である籌子と結婚することとなった。周知の通り、この婚姻は、九条家と本願寺の密接な関係を示すものでもあった。また、大正天皇の后である貞明皇后は籌子の妹であったため、後に天皇家とも深いつながりを有した。

図1　1901年ロンドン留学時の大谷光瑞

(3) 初めての外遊とインド仏跡旅行

「アジア人にして仏子」（徳富蘇峰）である光瑞にとってアジアの大国中国は、どうしても訪ねなければならないところであった。同様にインドはまた仏教の故地であり、今後の仏教を考える上でどうしても避けることの出来ないところでもあった。

一八九九年（明治三十二）一月、光瑞は、初めて清国巡遊の旅に出た。その主たる目的は「国家の前途と宗教の将来を考える」ということであった。この数ヶ月に及ぶ旅行は、光瑞にとって「国家や社会の在り方を考える」兆しとなったのである。(6)

同年十二月には、インド仏跡旅行に出かけた。前述したように「仏子」として仏教の故郷であるインド訪問は必然的なことであった。鹿野苑の旧跡、ブッダガヤの大塔を参拝するなど精力的に仏跡を訪れた。

その後ほどなくして光瑞はヨーロッパ遊学に出かけ、当地からロシアを経由して中央アジア探検の旅に赴くのである。

(4) 中央アジア探検

大谷光瑞の名を国内外に高めたのは、「大谷探検隊」の組織と自らの探検への参加であった。「アジア人にして仏子」であった光瑞にとっては、中央アジア探検は当然のことであった。中央アジア探検の目的について、光瑞は自ら次のように語っている。

西域は仏教が交流し、三宝（仏・宝・僧）が流通した古址である。ことに新疆の地は、インドとシナとの通路のあたり、両国の文化が接触したところで、また実に仏教東漸の要地であった。しかしながらこの地域における仏教の衰亡はすでに久しい以前のことで、昔日の状況は、今や知ろうとしても知ることはできない。私はつとにこの地域を始め、いわゆる中央アジアに対する学術的踏査のゆるがせにすべきでないことは知っていたが、その実行の機会は久しくつかむことができなかった。明治三十五年八月、私はたまたまイギリスのロンドンに遊び、日本に帰ろうとした時、ふとこの帰途を利用して、私の素志の一端を達すべきであると考えた。そこでついに決心して、みずから西域の聖跡を歴訪し、別に人を派遣して。新疆の内地を訪れさせた。この旅行の結果は、私にますます中央アジア探求が必要であることを悟らせた。[7]（後略）

この探検活動は、一九〇二年から一九一四年までの三次にわたって行われた。ロンドン滞在中に、中央アジアに対するヨーロッパ学界の最新情報を察知、入手して、光瑞みずからも第一次探検隊には参加している。

「大谷探検隊」の大きな特徴としては①ヨーロッパの探検隊のように国家が派遣したのではなく、本願寺がみずからの財力を以て派遣したこと、②仏教伝来のルートの調査ということ、すなわち仏教徒として探検を行ったという二点が挙げられよう。

（5）中央アジア探検の成果

三次にわたる探検の成果は、辛亥革命の戦火を避けて日本に亡命してきた羅振玉（らしんぎょく）やその女婿であった王国維（おうこくい）、そして京都帝国大学の内藤湖南たちによって調査、研究されたのである。

羅振玉たちの日本への亡命は、大谷光瑞が勧めたようである。羅振玉は、「ある日、日本本願寺の教主大谷伯（光瑞）が、北京にいる本願寺の僧侶某君をよこした。その法主は言うには、私を日本に行かせようと勧めるのである。また住吉駅二楽荘に私の親族を住ませると言うのである。私は大谷伯とは面識がないのであるが、その好意には感じるところがあった[8]」といっているが、羅振玉は、光瑞と面識がなかったので、簡単には光瑞の申し出を受けなかったのである。羅振玉と光瑞の仲介役となったのは前述した内藤湖南たちであった[9]。

内藤湖南が中央アジアに興味関心を持っていたことはよく知られているが、仏教についても早くから関心を持っていた。早くも一八九〇年（明治二十三）には「亜細亜大陸の探検」と題する一文を書いている。その主要な点を列挙すれば、①ヨーロッパ人がアジア人の地たる中央アジア探検に精を出すのは、宜しくないということ、②日本の天職として気勢を東洋に張らなければならないということ、③日本人としての真骨頂を出すために中央アジア探検に踏み込まなければならない。という三点を挙げている。ここで注目すべきは、「日本人たる者、何ぞ蹶起せざる」[10]とゲキを飛ばしていることである。果たしてこの湖南のゲキに応じたのは、誰あろう大谷光瑞であった。

大谷光瑞もまた、アジア人のことはアジア人の中で考えるべきであるというアジア主義的な考えを持っていた[11]。中国革命に関心を持ち、トルコ革命を援助したり、ビルマの反英闘争を支援したりしていた。とくに仏教徒として仏教の聖地である中央アジアをヨーロッパ人に荒らされてはならぬという意識が光瑞にあったに違いない。従って「仏子にしてアジア人」たる光瑞が仏教東漸の道を探るということは当然のことであった。中国はすでに教えが廃れてしまっているので、日本の方から過去とは逆に仏教を伝えなくてはならない仏教西漸」という壮大な意気込みが感じられよう。また仏教徒としての強烈な自負があったに違いない。そのことが大谷光瑞をして中央アジアに行かしめたのではなかろうか。

大谷光瑞が組織した「大谷探検隊」がもたらしたおびただしい文物は、中央アジア学術研究の端緒を開いた。「敦煌学」の創始人といわれる所以である。『中外日報』は「大谷探検隊」の快挙を以下のように伝えた。「此等の発掘物が我が東洋学、殊に仏教研究史上に一大光明を與ふべき価値あるものなるに至りては、両氏（橘瑞超、野村栄三郎―筆者注）の功績を不朽に伝ふべきのみならず、西本願寺が多額の費用をも厭わず、斯る壮挙を企てて、其効果空しからざりしを喜び、同法主に対し満腔の熱誠を以て謝意を表し、慶賀讃歎の辞を呈するに吝ならざる所以なり[12]」とあり、学術界における貢献大なるものであった。

ここで大谷光瑞と内藤湖南との接点について考えてみよう。前述したように中央アジアに対する双方の関心がその橋梁になることは間違いないが、いつ頃から交際があったのかは不明である。ただ一九〇八年（明治四十一）の稲葉岩吉宛書簡によると「大谷光瑞伯より那珂博士遺著遺書引受けたしとの申出あり機敏といふべし。これにつきては出京の際白鳥博士御相談可致つもり也[13]」とある。確かに両者が出会ったのは、本願寺で行われた「史学研究会」第一回総会（一九〇八年十二月六日）である。湖南は、そこで光瑞の講演を聞いているからである。この模様を「本月六日の史学研究会は本願寺にて開会光瑞法主の講演有之大体の東洋史研究上の意見なりしもとにかくその精博は時として専門家の壘を摩し申候。当日陳列の印度新彊の遺物六朝の碑本は随分珍しきもの有之……本願寺へは蒙古より突厥回鶻の碑文送来目下借覧中に御座候これは露人ラドロフの已に研究致候ものながら実物に接するは又一段の喜びに御座候」[14]と稲葉岩吉に書き伝えている。探検隊の発掘品を待ちこがれている湖南の姿を見ることが出来る。

大谷光瑞探検隊の将来品の調査については、光瑞は『西域考古図譜』序文で将来品を託した研究者として当時の京都文科大学教授榊亮三郎や内藤湖南、羽田亨、富岡謙蔵などを挙げている。第二次大谷光瑞探検隊の橘瑞超、野村栄郎の将来

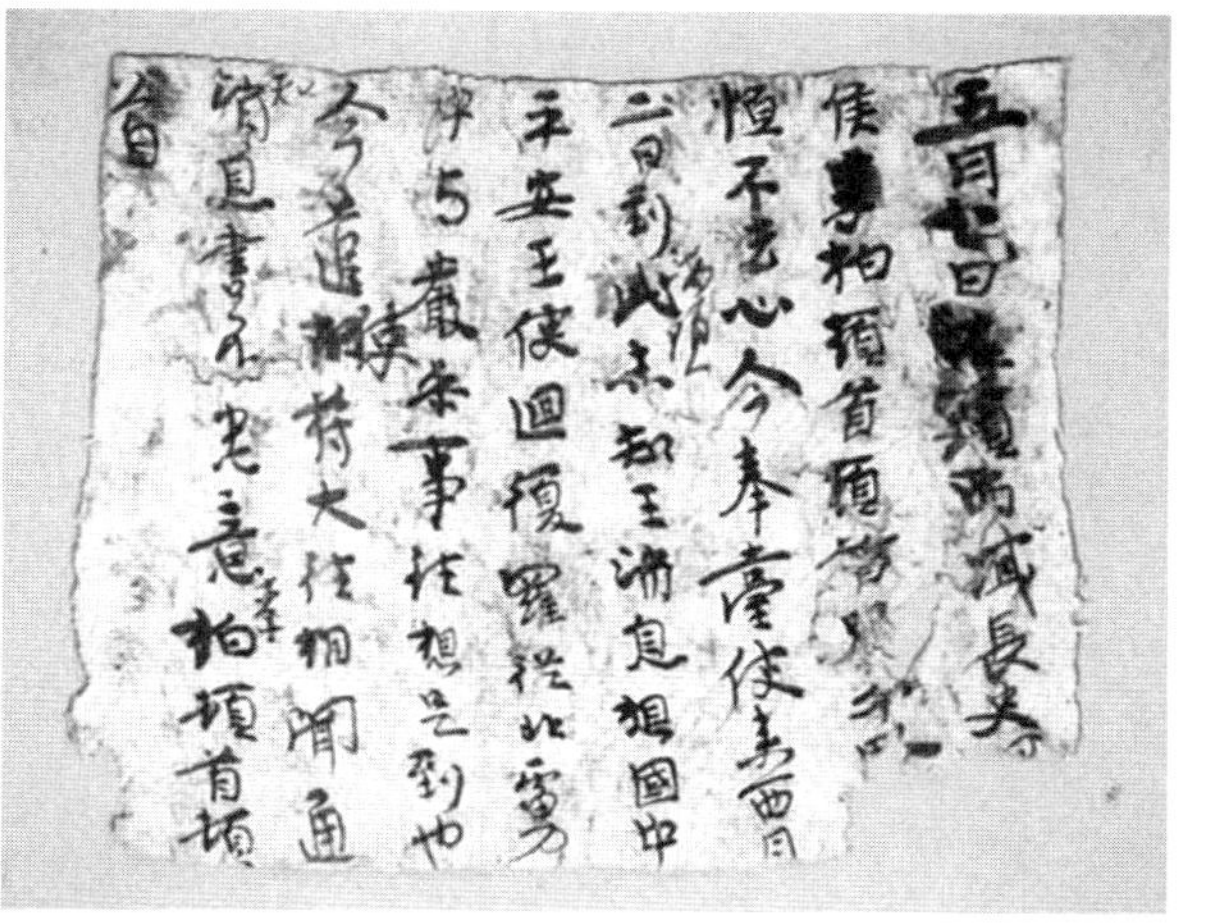

図2　李柏文書（龍谷大学大宮図書館蔵）

した古文書、古写経、古画、漢字以外の各種文字の経文文書、泥塑の像、古印銭類、矢の根の類を指す。とくに古文書『李柏文書』については「歴史上極めて重要な拠になる文字と謂って宜い」[15]という貴重なものであった。

三次にわたる中央アジア探検を成し遂げた「大谷探検隊」は、中国古代史、西域仏教史、仏教交流史、美術史、言語学など学術界に多大な貢献をなしたことは言を俟たない。ただその反面、「大谷探検隊」には探検当初から現代に到るまで「スパイ疑惑」がつきまとっていた。

(6)「大谷探検隊」批判

従来から中国では「大谷探検隊」に対する評価は高くなかった。探検の先陣を切った活動に対して、文物の窃盗者もしくは軍事スパイ[16]としているとの評価があった。また『絲綢之路上的外国魔鬼』（（英）彼得・霍普科克著・楊漢章訳、甘粛人民出版社（Peter Hopkirk）一九八三）では、事実イギリス政府とロシア政府は、第二次探検隊のメンバーであった橘瑞超、野村栄三郎の活動に過敏に反応し、彼らを密かに監視し、彼らの身分、活動範囲などの面から日本政府のスパイである可能性があると判断していたという。「袈裟を纏った軍国主義分子大谷光瑞」（天津編訳中心編『日本軍国主義侵華人物』、文史出版社、一九九四年（平成六））では、「大谷光瑞の探検は軍事

性質の目的を持っているのは疑いのないことである」という、また第三次探検隊の吉川小一郎を派遣し、敦煌文物を略奪したという。さらに『大連市史（文化志）』（大連市史志辦公室、大連出版社、二〇〇二年）においては、「大谷光瑞は、学者、探検隊の面目で現れ、内閣に参加し、政治に関与し、日本植民当局の侵略拡張、略奪政策を支援してきた先兵である」と厳しく糾弾している。ただ近年「大谷探検隊」の評価も一様ではなくなった。例えば陸慶夫、王冀青編『中外敦煌学家評伝』（甘粛教育出版社、二〇〇二年）では、「大谷探検隊は、中央アジア探検史においては提起しなければならない人物である。光瑞がいなければ大谷探検隊はもちろん、今日の日本敦煌学も決してない（中略）学術上、大谷の収集品は西域文化の謎を解く重大な価値があり、光瑞および大谷探検隊が残した貴重な遺産である」といっている。[17] 文物泥棒、軍事スパイから西域文化の謎を解く重大な価値を有する人物というように変化してきたのである。さらに、周知のように大谷光瑞はアジアとヨーロッパを結ぶ鉄道計画を構想していた。[18]「欧亜連絡鉄道計画」と呼ばれるものである。今の中国は習近平の号令一下「一帯一路」計画が進行している。陸路と海路でアジア、中東そして欧州を結ぶ巨大な経済圏を作ろうとする計画である。「一帯一路」に先立つこと八十年、大谷光瑞が構想した計画と類似している。光瑞評価の変化との関係はないだろうか。

二、アジア広域活動における革命支援と産業振興

次にアジア各国における政治体制への関わりと産業振興について見ていきたい。ただ光瑞のアジア広域における諸活動は、時代や活動内容も多岐にわたるので、ここでは辛亥革命への関わりと、台湾での産業振興について考えていきたい。

(1) 辛亥革命と大谷光瑞

よく知られているように辛亥革命は、一九一一年（明治四十四）十月の武昌蜂起に端を発する。武装蜂起した軍隊（新軍）の指導者は黎元洪（れいげんこう）であった。その時孫文は、アメリカに居たが、革命の一報を聞くや直ぐに帰国し、翌年一月一日に臨時大総統に選出され、南京を首都として中華民国臨時政府を成立させたのである。

本願寺は辛亥革命勃発当初から教団を挙げてこの革命に積極的に関わった。「特設臨時部」を教団内に設置して中国通の僧侶を中清の地に数多く派遣し、革命の戦乱で負傷した兵士の救護活動や死屍の収容まで行い、また在留邦人や日本の派遣軍隊に対しては布教とともに慰問活動も展開させた。

漢口に出張所を設置した本願寺が、中国内陸部の動静を、独自に直接、しかも即座に掌握したことは説明を要しない。この革命の動向は、本願寺の漢口開教だけでなく、対中国開教総体に、さらには日本という「国家の前途」にも係わる重大な事件、当初からそうした認識に貫かれていたのである。

この革命期に遭遇した日本の一仏教教団・本願寺とその法主大谷光瑞は、教団という特異な存在形態を背景として積極的に辛亥革命・官革両勢力と関わって、革命後の中国政局に一定の発言力を持つようになったことは疑いない。

辛亥革命に関わった大谷光瑞及び本願寺教団は、孫文一行を本願寺に招いた。そして大谷光瑞は孫文政府の最高顧問に就任した。[19]このことはとりもなおさず、孫文と光瑞の関係を示すものであろう。

(2)台湾での産業振興

大谷光瑞の目指したものは、アジアを中心とした一大ネットワークの構築であると考える。このネットワークは、中国のみならずアジア全域に拡がり、当然仏教がその紐帯の役割を果たすものであった。それゆえに積極的に海外開教を推し進めた。ただ対華二十一か条要求や、五・四運動の高揚は、中国に軍閥割拠と反日運動を激化させ、このような状況下では、新たな布教活動を展開することは容易ではなかった。したがって光瑞の関心は、国内外の産業開発構想や「帝国の相談役」となり、新たな方向性を模索するのであった。

具体的には、台湾を中心とした「茶園」、「バナナ農園」、「パイナップル農園」などの「熱帯農業」に関わり、台湾の近代化にかかる提案などに見ることができよう。近代化とは、産業の発展を中心として、それに関連した政治的・社会的・文化的その他、さまざまな変化の総体を指すものであるが、ここでいう台湾の近代化といえば、日本統治時代における産業の発達を指す。

(3)台湾高雄でのパイナップル農園について

台湾南部の都市高雄郊外に九曲堂というところがある。大谷光瑞は九曲堂で一九三八年(昭和十三)からパイナップル畑の買収に取りかかり、一九四〇年(昭和十五)には買収を完了させている。土地の買収に関する史料は、『昭和一三年三月大谷光瑞猊下買収書類』である。

この史料は、高雄市鳳山地政事務所が所蔵する地域の土地所有権に関する登記簿であり、そこには土壌、苗畑、農作物、支出などが記載されていた。さらに土地購入に関する所有権移転登記など、土地の所在地や地番・地目・甲数(土地の面)・所有者の名前および住所・概要なども詳しく記載されていた。

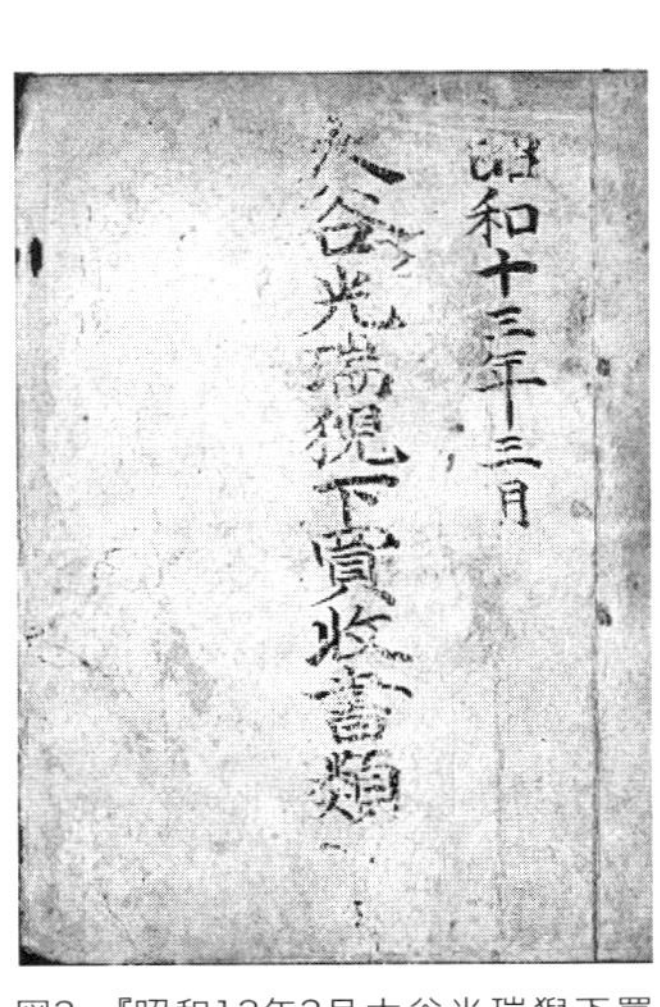

図3 『昭和13年3月大谷光瑞猊下買収書類』(高雄市鳳山地政事務所蔵)

また、熱帯果樹試作農園とされた土地の範囲図も併せて附記されていた。ただ光瑞は直接土地を買収せず、高雄州庁に該地を買収してもらい、その後、高雄州庁から土地を買うということをしている。したがってこの史料には高雄州庁の役人の名前が数人見える。光瑞の土地買収に関して高雄州庁が絡んでいることがわかる。ただなぜそのような迂回までして購入しなければならなかったのかはよくわからない。光瑞は台湾の熱帯農業のあり方に非常に関心を持っていた。彼はパイナップルのみならず、自身の居宅「逍遙園」[20]の周りに大谷農園と呼ばれる農園を作り、ゴム、コーヒー、マンゴー、アボガド、サポジラ(チューインガムの原料となる樹木)、ライチ、柑橘類などを栽培していた。さらに南投県魚池には茶園を開いていた。「熱」と「光」は台湾に無限に与えられていた天賦の賜物であり、それを利用することによって台湾産業の発展に寄与できると考えていたようである。

さて九曲堂のパイナップル農地であるが、前述したように一九三八年(昭和十三)から高雄州庁によって大谷光瑞のためにパイナップル畑が買収されたのである。

その経緯については、「大坪頂部部落ハ極メテ健康地ニシテ現在約二〇〇戸三〇〇〇余人居住シ居レルモ耕作面積二七二甲、而モ全部畑ニシテ内約百甲が一〇〇枚カ普通畑ニシテ其他ハ全部鳳梨ナリ」[21]とあり、この辺り一帯はパイナップル畑だったことがわかる。さらに購入目的としては、熱帯性果樹試作園敷地の購入であり、これは果樹の試作施策のための農園であった。土地購入に際して光瑞は、高雄州知事の内海忠司[22]に対し電報を送り、「大樹土地ノ件ニ就キ御配慮謝ス。委任状六十枚今日送ツタ。登記来月初迄御待チ願フ」[23]と感謝の意を表している。登記については、代金の未払いなどもあり遅れたが、一九四〇年(昭和十五)十月には完了した。「土地所有権取得登記ニ関スル件」と題する公文によれば「豫テ御依頼ノ鳳山郡大樹庄下土地買収地中左記土地ハ相続人決定セス所有権取得登記不能ノ処漸ク去ル十五日手続ヲ完了シ地代金支払ノ手続を致シ居条、此如御通知申上候。尚ホ本件ヲ以テ全部ノ登記完了致候条申添候」[24]とあり、光瑞の買収した大樹の土地の登記は終了したのである。

高雄大港埔の「逍遙園」が竣工したのは一九四〇年（昭和十五）の十一月であったが、「逍遙園」の周りには「大谷農場」と呼ばれる大きな農場が点在していた。

もちろんここでは熱帯農業と呼ばれるものが栽培されていたのである。ただこの当時は「逍遙園」と大樹の「パイナップル農園」は併存していたのである。

さてその後の大樹にあったパイナップル畑はどうなったのか、興味のあるところだが、一九四二年（昭和十七）五月十三日に東京都隅田町二丁目一六一二番地にあった鐘渕紡績（鐘紡）に土地を売却している。売却の経緯は明らかではないが、大谷光瑞をはじめ「大谷学生」の帰国を考えれば、売却も考えられる対応であろう。当時の鐘紡の社長は津田信吾[25]（一八八一～一九四八）で光瑞とは交流があった。推測の域を出ないが、高雄の土地が鐘紡に売却されるのはトップ同士の交流の深さと考えられるのかもしれない[26]。

その後日本の敗戦により台湾にあった日本の権益などはすべて台湾省政府によって接収されたのである。

(4) 植民地主義者としての大谷光瑞

光瑞は生まれながらにして宗祖親鸞聖人の法灯と血統を二つながらにして継承し、日本の仏教教団として最大規模の本願寺を率いることと定められていた。本願寺は京都市と同じ予算規模を誇っており、「大谷探検隊」は、国家の援助を一切受けず、本願寺の財力だけで成し遂げたものであった。さて光瑞の国家主義的な思想を表すものとして、『支那論』（民友社、一九二三年）および『帝国の前途』（大乗社東京支部、一九二九年）を紹介しつつ、光瑞の国家観を考えていきたい。一九二三年（大正十二）に上辞された『支那論』と一九二九年（昭和四）に書かれた『帝国の前途』である。前者『支那論』は、「最近の支那の状況は、殆ど言ふに忍びざるものあり。紀綱弛廢し、桀驁威を擅にし、盗賊横行し、政令行はれず、居民一日の安きなし。然れども支那國民自ら招ける禍にして、如何ともすべからず[27]」という書き出しではじまり、全編にわたり、中国批判の書であるが、この時期の中国の混乱、腐敗ぶりはまさに光瑞の指摘したとおりであった。

『帝国の前途』は、日本の世界における地位をまず論じ、世界列強の間にあって優越する地位であることを確認している。また当時の就職難を論じ、都会集中の弊害を語り、帰農を勧めている。工業、商業、水産などにも独自の観点から意見を発露している。また欧米崇拝を戒め、外交の無策を批判する。そして結論として、権力闘争に明け暮れることなく、強力な政府を作ることが肝要であり、外には国威を発揚させるべきであるという。このような対外硬を主張する光瑞はまたアジア主義者でもあった。李大釗は「大亜細亜主義與新亜細亜主義」のなかで、痛烈に光瑞たちのアジア主義を批判する。「日本では近ごろ一部の連中が、大アジア主義を唱えている。われわれアジア人はこの名称を聞くと、かえって気がかりである。この主義を唱えている人には、建部遯吾、大谷光瑞、徳富蘇峰、小寺謙吉がいる」としたうえで、大アジア主義は中国を侵略するための隠語であり、表面上は、同文同種という親しみのある言葉であるが、実際上は、独り占めする悪巧みが含まれている。また大アジア主義は、大日本主義の名を変えただけであり、アジアの民族はすべて日本の指揮下に入り、アジアの問題はすべて日本人によって解決され、日本はアジアの盟主となり、アジアは日本人の舞台となるといい、そのときにはアジアは欧米人のアジアではなく、またアジア人のアジアでもない。すっかり日本人のアジアになってしまう。(28)と警告を発している。

孫文や中国革命に親近感を持ち、またアジアの各地で起こった革命運動に協力を惜しまなかった光瑞と、対外硬路線であった光瑞という人物をどうとらえるかがこれからの大きな課題の一つであろう。

「台湾の産業は平均三十点」と手厳しい評価を下した大谷光瑞であるが、自分の使命を「国策上台湾産業振興のため、一生懸命尽力しているわけである」(『台湾日日新報』一九三六年三月九日)といい、産業振興に力を入れた。ただ台湾の工業化にはあまり関心を示さず、「熱帯農業」を中心とした産業振興、つまり糖業、茶業、バナナ、パイナップル缶詰、柑橘類、コーヒー、カカオ、水産物、塩業などの振興策を積極的に述べ、道路、鉄道網の整備などに見られる社会資本の充実などを声高に述べている。

光瑞は、台湾を帝国の「如意宝珠の島」(29)と呼んだ。光瑞の台湾に対する認識は、帝国の行方にあったといってもよいだろう。つねに「国家の前途」を考えていた光瑞にとって、台湾は最後の仕事場であった。

最後に、台湾と縁の深い陳舜臣(ちんしゅんしん)(一九二四～二〇一五)の言葉を紹介して、筆を擱くことにしたい。

「戦前学生時代の私は、大谷光瑞という人物を、なんとなく好きになれなかった。東南アジアでゴム園を経営したり、台湾を視察したり、どうも「植民地主義者」ではあるまいか、という気がしたのである。むろん、彼に会ったこともなければ、彼の「経論」を読んだこともない。彼に『台湾島之現在』という、革装幀のデラックスな著作がある。これはむしろ学術的な解説書に近い。四十日で書き上げたというが、六百五十頁の大冊を、月余で書くのはまず不可能であろう。大谷門下のスタッフが協力したのはいうまでもない。もっぱら気象や土壌、動植物などを論じたこの著作から、私は植民地主義者のにおいを嗅ぎ出すことはできなかったが、——台湾島は我が帝国の如意宝珠なり。などと書かれると。植民地台湾の出身者である私としては、「良い気なものだ」と思わざるを得ない」[30]。

おわりに

陽があれば陰があり、光があれば影がある。ものごとにはすべて二面性がある。もちろんこの論文の主人公である大谷光瑞もまた然りである。「大谷探検隊」の活動を以て、学術界に貢献したことと、辛亥革命に多大な協力を惜しまなかったこと、そして台湾の産業振興とくに熱帯農業に従事したことなどはもちろんプラスの部分として大いに評価されるべきことであろう。ただその反面、時代の制約などがあったとはいえ、文物窃盗、軍事スパイなどの汚名を着せられ、また植民地主義者として扱われたことも見逃してはならない。「蓋棺事定」とあるように、人間の真価は死んでから決まるという。大谷光瑞が亡くなってすでに七十有余年が経つが、まだまだ評価の定まらない人である。

注

(1) 藤枝晃によれば、「中国天津市の南開大学に招かれて「敦煌学」を講義を行った際、「敦煌在中国、敦煌学在国外」といったという。『敦煌学とその周辺』(なにわ塾叢書五一、ブレーンセンター、一九九九年)五頁。

(2) 神戸須磨月見山にあった大谷家の別邸が、宮内省に買い上げられることになったため、それに代わるものとして、六甲山の中腹に新しい別邸を作った。これが二楽荘である。海と山の二つの景観を楽しむという意味でこの名が付けられたという。二楽荘について詳しくは、和田秀寿編『二楽荘史談』(国書刊行会、二〇一四年)を参照。

(3) 白須淨眞『大谷探検隊研究の新たな地平——アジア広域調査活動と外務省外交記録』(勉誠出版、二〇一二年)。

(4) 柴田幹夫「大谷光瑞の生涯」(柴田幹夫編『大谷光瑞とアジア——知られざるアジア主義者の軌跡』勉誠出版、二〇一〇年)二二一—二三頁。

(5) 小島勝、木場明志『アジアの開教と教育』(龍谷大学仏教文化研究叢書Ⅲ、一九九二年)。

(6) 柴田幹夫編『大谷光瑞——国家の前途を考える』(アジア遊学一五六号、勉誠出版、二〇一二年)。

(7) 大谷光瑞「大谷探検隊の概要と業績」(香川黙識編『西域考古図譜』国華社、一九一五年)。

(8) 『羅雪堂先生全集』五編(一)(台湾大通書局有限公司、一九七三年)三三一頁。

(9) 白須淨眞「大谷光瑞と羅振玉」(高田時雄編『草創期の敦煌学』知泉書館、二〇〇二年)一五頁。

(10) 『内藤湖南全集』一巻(筑摩書房、一九九六年復刊)五三五頁。

(11) 中国共産党の創始者の一人であった李大釗（一八八九〜一九二七）は、その論文「大亜細亜主義與新亜細亜主義」のなかで、大谷光瑞のことをアジア主義者としている。

(12)『中外日報』一九一〇年（明治四十三）六月十四日。

(13)『内藤湖南全集』一四巻（「稲葉岩吉宛書簡」、筑摩書房、一九九六年）四四四頁。

(14)『内藤湖南全集』一四巻（「稲葉岩吉宛書簡」、筑摩書房、一九九六年）四五六頁。

(15)『内藤湖南全集』一二巻（「西本願寺の発掘物」、筑摩書房、一九九六年）二一二―二一三頁。

(16) 白須淨眞『大谷探検隊研究の新たな地平――アジア広域調査活動と外務省外交記録』（勉誠出版、二〇一二年、一四三頁）においてことさら強調しているのは、インド政庁（イギリス）側が、日本政府が大谷隊を使って内陸アジアで情報収集活動に従事しているとして入国を拒否したというのである。さらに『産経新聞』二〇二三年（令和五）七月十一日号には、フォークシンガーのさだまさしさんの祖父の伝える話として、「祖父は腕っぷしが強く、どうやらその後、軍に見込まれてスパイ（軍事探偵）になったようですね。「肩書き」はいっぱいあって、新聞記者となったり、大谷探検隊（大谷光瑞が中央アジアに派遣した学術探検隊）の先遣隊としてウルムチ（現中国・新疆ウイグル自治区）調査をやったり（後略）」とある。事の真偽は確認できないが、このような話が流布するのはやはりスパイまがいの活動をしていたからではなかろうか。

(17) ここに記した一連の大谷光瑞、「大谷探検隊」批判は王娜「中国の大谷光瑞像及びその研究について」（柴田幹夫編『大谷光瑞――国家の前途を考える』アジア遊学一五六号所収、勉誠出版、二〇一二年）を参考にした。

(18) 大谷光瑞『大谷光瑞興亜計画』四（大乗社、一九三九年（昭和九））。「欧亜連絡鉄道計画」と呼ばれるものである。また愛知大学名誉教授の三好章先生から「大東亜鉄道の建設計画」（『華鉄』五号、一九四三年三月、華中鐵道共栄会）を提供していただいた。記して感謝致します。

(19)『鏡如上人年譜』（本願寺鏡如上人七回忌法要事務所、一九五四年、八一頁）。なお鏡如とは大谷光瑞の法名である。

(20) 逍遙園は、昭和十五年（一九四〇）に大谷光瑞によって建てられた別荘であり、周りには「大谷農園」と呼ばれる熱帯農園があり、光瑞の学生たちが農業に従事していた。およそ一万七〇〇〇坪の敷地に、建坪二五〇坪余りであり、建物は、二層式の和洋折衷住宅で、鉄骨と木造の梁によって支えられ、一階の防空壕は、周囲をセメントで固められていた。建築資材の大半は、京都三夜荘（本願寺大谷家の別荘）より運搬されたものであり、また三夜荘の一部が移築された。

(21)『昭和十三年三月大谷光瑞猊下買収書類』。

(22) 内海忠司（一八八四〜一九六八）京都府生まれ。京都帝国大学法科卒業。一九二八年に台湾総督府に転じ、台北市長や新竹州知事を経て高雄州知事になる。近藤正巳・北村嘉恵編『内海忠司日記』（京都大学学術出版会、二〇一二年）がある。

(23)『昭和十三年三月大谷光瑞猊下買収書類』。

(24)『昭和十三年三月大谷光瑞猊下買収書類』。

(25) 津田信吾（一八八一〜一九四一）愛知県岡崎生まれ。慶應義塾大学政治科に入学し、在学中から紡績に関心を持ち、卒業後は鐘紡に入社した。その後社長に就任し、軍部の方針に沿い大陸政策と侵略主義に加担し、一九三八年（昭和十三）には鐘紡実業を設立し、重化学工業、金属工業、そして航空工業などに進出した。また中国大陸にも積極的に進出した。一九四二年

(昭和十七)二月には「大東亜建設審議会」委員となっている。大谷光瑞も同様に委員となっていたので、彼らの交流はここから始まったのかもしれない。戦後戦犯として巣鴨拘置所に収容されたが、一九四八年(昭和二十三)四月十八日大阪の自宅で息を引きとった。

(26)『鐘紡百年史』(鐘紡社史編纂室、一九八八年十月)三二二頁には、津田信吾の国家観がわかる箇所がある。すなわち「国家のためになること、鐘紡の将来の飛躍につながることについて、時には産業人としての常軌を超えて積極的に時代をリードする気概を示した。単なる一商人の域に止まることを許さないような気宇壮大な展開を行ない(中略)国策的事業を展開した」とある。また同書四一五頁にも「企業は、社会、国家のためにあり、社会国家なくして企業は存立しない」といい、大谷光瑞の「国家の前途を考える」ということと一脈通ずるものがあるかもしれない。

(27)大谷光瑞『支那論』(民友社、一九二三年)一頁。

(28)李大釗「大亜細亜主義與新亜細亜主義」ここでは伊東昭雄訳「大アジア主義と新アジア主義」によった。ただ訳者の伊東によると、李大釗がとりあげているのがどの著書または論文であるかは、今のところは不明である、とのことである(『中国人の日本観』編集委員会編『中国人の日本観』第二巻(社会評論社、二〇一二年)。

(29)大谷光瑞『台湾島之現在』(有光社、一九三五年)六四六頁。

(30)陳舜臣『人物・日本史記』(「大谷光瑞」文春文庫、一九八七年)二八八頁。

日中仏教交流と日本の中国侵略

――水野梅暁に潜む「光と影」

広中一成

ひろなか・いっせい――愛知学院大学文学部歴史学科准教授。専門は中国近現代史、日中戦争史。主な著書・論文に『冀東政権と日中関係』（汲古書院、二〇一七年）、「日中戦争初期華北における仏教同願会の成立と対日協力」（『東洋史研究』第七十七巻第二号、二〇一八年）、『後期日中戦争　華北戦線』（KADOKAWA、二〇二四年）などがある。

僧侶であり、かつ戦前中国問題専門のジャーナリストとして活躍した水野梅暁は、太虚ら中国側若手改革派僧侶とともに日中仏教交流に尽力し、関東大震災の犠牲者を追悼する「幽冥鐘」の寄贈や、東亜仏教大会の開催などに携わった。その一方で、彼は根津一の薫陶を受けたアジア主義者であり、日本の満洲権益の確保や、満洲国の成立を支持した。この相反する二面性は、結果として日中仏教関係に亀裂を生むこととなった

一、水野梅暁略歴

一八七七年一月四日、(1)旧福山藩士金谷俊三の四男として広島県深津郡福山町（現福山市）に生まれる。(2)母マツの影響で幼い頃から仏門の道に進むことを志し、七、八歳頃、広島県神石郡父木野村（現神石高原町）の曹洞宗法雲寺住職の水野桂巌の門弟となり、姓も水野とする。十三歳で出家し得度した。まもなく、桂巌の紹介で京都紫野大徳寺高桐院の高見祖厚のもとで修行する。

一八九四年、高見のもとを離れ上京し、私立哲学館（現東洋大学）の夜学に入る。一九〇一年、貴族院議長で東亜同文会会長の近衛篤麿の勧めで、上海に渡り、東亜同文書院で学ぶ。

〇二年八月、中国禅宗五山のひとつである浙江省天童寺を訪れ、名僧敬安（寄禅）と出会う。〇三年、湖南省長沙に移り、同省の郷紳らの援助のもと、開福寺に湖南僧学堂を開設

し、僧侶を養成するとともに、布教活動に入る。〇四年に僧学堂閉鎖後も長沙に留まり、内藤湖南と手紙のやり取りや、同地を訪れた西本願寺法主の大谷光瑞と交流を重ねた。このとき、水野は僧籍を曹洞宗から西本願寺へと移す。

一一年十月、辛亥革命が始まると、黄興ら革命家を支援する。さらに、一三年、二次革命が起きると、袁世凱に敗れて日本に逃れた彼らを助けた。一四年、東方通信社調査部長となって雑誌『東方通信』を主宰する。以後、中国問題のジャーナリストとしても活躍していく。その後、同社は改組の末、二四年に支那時報社が成立し、水野は社長となり、『支那時報』を創刊する。

二五年十一月、東京芝の増上寺で東亜仏教大会が開催されると、水野は通訳を務めるほか、大会の運営に関わる。さらに二六年、日本仏教団の中国訪問を立案し、彼らとともに中

図1　寄贈された「幽冥鐘」の前に立つ水野梅暁（左から2人目）と王一亭（右から2人目）（広中一成・長谷川怜・松下佐知子編著『鳥居観音所蔵　水野梅暁写真集』、社会評論社、2016年、30頁）

図2　長沙における水野（前掲『鳥居観音所蔵　水野梅暁写真集』、21頁）

国を訪問した。

満洲事変後の三三年、満洲国で日満文化協会が成立すると、内藤湖南らとともに理事に就任し、満洲国に残る文化財の保存にあたる。

三五年、脳溢血で倒れ療養生活に入る。四九年十月死去。

二、はじめに

東京都墨田区の都立横網町公園にある鐘楼には、「幽冥鐘」と呼ばれる梵鐘が現在保管されている。これは、今から一〇一年前の一九二三年九月一日に発生した関東大震災の犠牲者を弔うために鋳造されたものだ。関東大震災は、相模湾北西部を震源とするマグニチュード七・九の大地震で、直接死・行方不明者あわせて約十万五〇〇〇人、全壊・全焼家屋がおよそ二十九万棟、経済被害の総額が、日本の国内総生産（GDP）の三七パーセントにあたる約五十五億円に達した[3]。

横網町公園のある場所は、もともと陸軍被服本廠の敷地であった。関東大震災では、火災で焼け出された近隣の住民らが、広くて安全と思われたここに一時避難をしていた。しかし、火の手は徐々に本廠の四方まで迫り、また隅田川対岸から火災旋風が本廠側にまで流れ込み住民らを襲ったのである。この災害で命を落とした住民はおよそ三万八〇〇〇人に及んだ[4]。「幽冥鐘」がこの地に安置されたのは、以上の由縁があるためだ。

この梵鐘を造り、そして当時の東京市に寄贈したのは、中国仏教界の僧侶らによって組織された「仏教普済日災会」である[5]。彼らは中国四大名山である峨眉山・九華山・五台山・普陀山をはじめ、中国各地で関東大震災の犠牲者を追悼する法要を開催した。そのなかで梵鐘鋳造の計画が進んだ。杭州で造られた梵鐘は、上海を経由し、一九二五年初春、日本へ運ばれた。その後、東京震災記念事業協会が梵鐘を置く鐘楼の建設を決定し、一九三〇年十月、汪栄宝駐日中華民国公使臨席のもと、落成式が執り行われた。

この「幽冥鐘」の寄贈について、日中両国の折衝に尽力したのが、日本人僧侶で、かつ中国問題を専門とするジャーナリストとしても活動していた水野梅暁（みずのばいぎょう）である。一九一五年の対華二十一ヶ条要求以降、悪化の一途をたどっていた日中関係のなかで、両国の間をとりもった彼の功績は注目に値する。このほか、本論で取り上げる一九二四年に江西省盧山で結成された世界仏教聯合会や、続く一九二五年の日中両国仏教関係者が一堂に会した東亜仏教大会の実施についても、水野が大きく関与した。これらを成功させた水野とは、はたしていかなる人物だったのか。

本論に入る前に、先行研究を振り返ろう。二〇〇一年に「水野梅暁と日満文化協会」(『佛教史研究』第三八号所収)を発表した柴田幹夫は、水野梅暁が一民間人として近代日中両国の文化交流に深く関わったが、「水野自体が日中間の政治や経済、外交といったような表舞台に立つこともなく、また文化交流といっても、多くはその裏方として活躍していたので、研究者を含め多くの人々から忘れ去られたのであろう」[6]と、裏方に徹した活動がゆえの水野に対する研究者らの関心の薄さを吐露した。

その後も、二〇〇〇年代は、辻村志のぶ[7]が近代日中仏教交流の研究で中国における水野の布教活動を論じた以外は、研究の進展があまりみられなかった。

この状況に変化が起きたのは、二〇一六年、愛知大学東亜同文書院大学記念センターの研究グループが、水野が遺した史資料を保管する埼玉県飯能市の鳥居観音を調査し、そのなかの写真史料を一冊にして刊行したことによる[8]。同書は厳密には研究書でないが、写真をとおして水野の半生をわかりやすくまとめており、研究者だけでなく、広く一般にも水野の存在を知らせたという点で学術的価値を有する。

その後、二〇一七年に藤谷浩悦[9]が、二〇一八年に簡冠釗[10]がそれぞれ研究を発表するなど、研究成果が徐々に蓄積されてきた。筆者も二〇一五年に満洲事変を支持した水野梅暁について、その背景にあった彼の思想的背景について検討した[11]。これらを踏まえ、今後さらに研究が深化することにより、水野の人物像や活動の実態がより明確になるだろう[12]。

ところで、上述で柴田が水野は近代日中関係のなかで表に立たなかったと評したが、これはある一面において正確とはいえない。すなわち、水野は中国問題を専ら論じるジャーナリストとして、一九一四年より東京の東方通信社発行の月刊誌『支那時事』を主宰し、停刊後、一九二四年十月に『支那時報』として引き継がれてからも、その誌上で活発な言論活動を行い、当時最新の中国問題を日本人に伝えたのである。その記事には多分に水野の独特の観点が表出されており、読者の中国観を大いに刺激した。このように、ジャーナリストの側面から見ると、水野は長く表舞台に立っていたのである。上述の雑誌は、水野と中国との関係を探るうえで重要な史料となるため、本稿で取り上げていく。

本書は「光と影」がキーワードだが、「幽冥鐘」の寄贈や東亜仏教大会をめぐる水野の日中仏教交流が彼にとっての「光」と仮定するなら、相対する「影」はいったい何か。仏教を通した日中友好に寄与するなかで、水野はいかなる問題を抱えていたのか。それが日中関係とどう関わったのか検討していく。

三、日本仏教の中国布教権問題

前述の略歴のとおり、水野は中国へ渡ってからの一九〇三年から辛亥革命が終わるまでのおよそ九年弱、長沙を拠点に布教活動や各界との交流を続けた。そのなかで、水野は中国をどのように見て、何を感じ取っていたのか。このときの経験が、後の「光と影」といかにつながるのか。まずは、一九〇五年に水野がまとめた「湖南仏教視察報告」[13]を取り上げよう。

同報告は、水野が東亜同文会の調査依頼を受けて作成された。この調査には、湖南省進出の機会をうかがっていた東亜同文会会員で日清汽船会社社長の白岩龍平が大きく関わっていた[14]。水野の調査対象は中国（清朝）の国教・祭祀・風俗の三点で、これらと仏教との関係を分析している[15]。

水野によると、明代までに没落した中国仏教は、清代初期に入ると、仏教を重視した清朝によって復興をとげていく。しかし、乾隆時代の十八世紀半ば頃になると、儒教や道教、さらに考証学が重んじられたことで、仏教は次のような問題を生んだという。

> 士大夫の眼を仏教に注ぐ人漸く減じたるの結果、僧侶は内に挫け、人心は外に離れたるに之に加るに道光以来、内憂外患交々起り、更に西学の輸入あり、仏教の位置は其旧時に比すれば、実に憐むべきに似たり[16]。

このような中国仏教の現状を打開するために、水野は次のように述べて日中両国の仏教交流の必要性を訴えた。

> 夫れ仏教の現状、僧侶の意向、人民の信仰、如是なるを以て、我国の仏教は立って之が結合を計り（ママ）、進んでは彼等の師友となり、退ては我国仏教の発展をなすの秋、今日を措て他に其好期あるを見ず[17]。

そして、水野は仏教の信仰が篤いとされた[18]湖南省を活動の拠点に選んだのである。

しかし、湖南省に入った水野は、将来の中国仏教を担う若い僧侶を育てていた僧学堂を設立からわずか一年で閉鎖してしまう。これはなぜか。水野によると、僧学堂を開設したところ、「湖南の官憲は日本僧侶が支那寺院に来りて布教及び教育するの権利なしとの理由」[19]で漢口の日本領事に水野の退去を要求したという。そして、領事から現地調査が終わるまで活動を停止するよう命じられる。その後、領事と湖南官憲との交渉の末、一九〇四年に僧学堂は湖南学務所の監督のもとに置かれることとなった。しかし、それからも水野は湖南官憲から活動を妨害され続けた。なぜそのような事態となったのか。水野はこう述べる。

我日本が欧米列国の如く支那に於ける布教権を獲得せば如此き面倒なく自由に活動し得るにも拘はらず、我外務当局は最恵国条約に均霑するが故に別に条約を締結せざるも列国と均霑して支那内地に布教すべしと楽観し居りし結果今日の悔を貽したるは遺憾に堪へず。[20]

水野のいう布教権とは、一八六〇年六月に清がイギリスとフランスとそれぞれ交わした北京条約で明文化された中国の開港場以外でのキリスト教の布教権のことだ。アメリカとロシアも最恵国待遇によって権利を得た。同権はこの二年前の一八五八年六月に清とイギリスで結ばれた天津条約で定められていたが、清が批准を拒んだため、同年十月、英仏連合軍が北京を攻撃し、条約の履行を迫っていた。[21]

布教権が認められたことにより、キリスト教宣教師らは開港場から中国内部へと進み、教会の建設や布教活動により勢力を広げていく。たとえば、プロテスタント系の伝道会は、布教権が認められる前、中国国内に三十五ヶ所の教会を有していたが、布教権獲得後の一九〇〇年になると、教会数が四九八ヶ所と獲得前の十五倍近くまで増大した。[22]これにともない、中国各地では、教案と呼ばれるキリスト教の進出に対する現地住民の反対運動が発生する。

一方、日本は一八七六年に浄土真宗大谷派が六人の開教師を上海に派遣し、中国での活動拠点として東本願寺上海別院を設立した。[23]そして、日清戦争勝利後の一八九五年に結ばれた日清講和条約（下関条約）第六条で、日本は列強と同じく清に対し最恵国待遇を認めさせた。

しかし、その後も清は日本へ布教権を与えようとしなかった。それは、列強がすでにキリスト教の布教権を利権拡張の手段として利用しており、これ以上布教権所有国を増やすことは清にとって望ましくなかったためだったという。[24]

水野は辛亥革命中の一九一一年十二月二十七日、「対支那伝導政策」を執筆し、布教権についての自身の考えをまとめた。このなかで水野は、日本の仏教徒が欧米の宣教師と比べて中国での布教活動に後れをとっている原因は布教権にあるとし、今後、日本仏教が中国で布教権を得ることで、欧米の宣教師と同一の立場になり、かつ日中親善の先駆にもなれるとした。[25]また、日本の仏教徒が中国仏教の歩んできた道を振り返って、彼らへの同情を生むことにより、「かくして日本仏教徒の好意は自ら支那国民に感激するの暁は民国政府者たるもの豈に不条理なる清国政府の故轍を踏んで日本仏教徒のみを虐待せんや」と述べ、日本仏教が革命派を支援することで、清に代わって将来中国に成立する新政権に布教権を認めさせようとしたのだ。

水野は日本に布教権がなかったために湖南省で活動を妨害されたという苦い経験があったとはいえ、なぜこれほどまでに布教権獲得にこだわったのか。この問いを検討するために、いまいちど水野の生い立ちまでさかのぼってみていく。

四、アジア主義者としての水野

冒頭の略歴のとおり、水野は一八七七年一月四日、広島県深津郡福山町に旧福山藩士の四男として生まれる。幼くして父親と旧知の曹洞宗寺院の門弟となり、十三歳で出家し得度した。その後、京都に移って修行を重ね、一八九四年、上京して私立哲学館で学ぶ。哲学館は一八八七年、仏教哲学者の井上円了によって、東京市本郷区湯島(現東京都文京区湯島)に開設された私立学校である。

水野は勉学に励みながら、時間を見つけては各界要人のもとを訪れて教えを乞い交流を重ねた。そのなかのひとりが当時貴族院議長を務めていた近衛篤麿だ[26]。近衛は若くして欧米を歴訪して見聞を広め、帝国議会では旧来の藩閥政治を批判し、憲政政治を推進するなど、開明的な人物として知られた。その一方で外交、特に東アジアの問題に関しては、日清戦争後のロシアの東アジア進出に対する中国の保全(支那保全)を主張した[27]。

アジア諸国の連帯を目指した[28]、このいわゆるアジア主義は、後に日本が朝鮮半島から中国大陸へ進出するにともない変質し、結果的にアジア太平洋戦争におけるアジア諸民族への抑圧を引き起こしていく。

一九〇一年、水野は近衛の援助で、東亜同文書院院長の根津一の書生として初めて中国へ渡る[29]。東亜同文書院は、近衛が一八九八年に組織したアジア主義団体の東亜同文会が上海に設立した日本の高等専門学校で、中国保全の考えに基づき、中国を強くし、日中提携の基礎を固めるための人材育成を目的とした[30]。根津も近衛と同じくアジア主義者で、一八八九年、日中提携の貿易実務者を養成する目的で上海に開設された日清貿易研究所の運営に携わる[31]。同所は財政難などにより一八九四年に閉鎖されたが、根津をはじめ一部関係者は、東亜同文書院の設立に参加し、引き続き学生の教育にあたった。

一八九五年、根津は帰国すると、中国で命を落とした日清貿易研究所の教え子らを弔うため、京都で参禅の日々に入った。そこへ京都に戻った水野が現れ、二人の交流が始まる[32]。その関係は「根津と水野は一心同体だ。真に根津を継承した者は水野より外はない[33]」と言われるほどであった。

一九一六年一月、水野は「支那刻下の動乱と列国の利害関係」と題する論考を発表し、列強と肩を並べるため、日本は満蒙権益を確保するための出兵を検討すべきであると提言した。[34]

このように僧侶であると同時にアジア主義者でもあった水野にとって、中国における日本仏教の布教権の獲得は、単に日中の仏教交流という目的でなく、キリスト教による列強の中国進出をいかに防ぎ、そして中国をどのように保全するかという点に主眼が置かれていたのだ。

柴田幹夫は研究のなかで水野を「僧衣の下に鎧を着けた人物であることだけは言えるであろう」[35]と評したが、その「鎧」はアジア主義であり、それを水野に取りつけたのは近衛と根津ではなかろうか。

その「鎧」をまとった水野が、いかにして一九二〇年代の日中仏教交流に「光」をもたらしたのか。そこに潜む「影」は何だったのかみていこう。

五、日中仏教交流に輝く「光」

水野は前述のとおり、湖南省での調査で清代乾隆帝以後、中国仏教は再び衰退し、第八代道光帝の頃になると、内憂外患や西洋思想の流入などでさらに没落していったと分析した。[36]道光帝が治世していたとき、アヘン戦争が発生し、列強の中国進出の端を開いた。宗教面では、その前の第七代嘉慶帝の十八世紀末から十九世紀初めにかけて、中国では宗教結社の白蓮教の反乱が全省に及び、仏教を迫害していく。

そして、道光帝の一八五一年には、キリスト教に感化された洪秀全を指導者とする太平天国の乱が発生した。これには三〇〇万人以上の民衆が参加し、一八六四年に滅ぼされるまでのおよそ十三年間、中国を混乱に陥れた。彼らはキリスト教を冒瀆するものとして仏教に攻撃の的を定め、寺院や仏典を徹底的に破壊しつくした。

さらに、中華民国期に入ると、民権を主張する共和政治のもと、信仰や思想の自由が許され、これまでの封建主義を打破するための社会改革が試みられた。そのなかでも、一九一五年、北京大学教授の陳独秀らによって進められた新文化運動では、旧来の思想や文化が排斥され、旧体制の象徴として、仏教もますます追い詰められていった。

この中国仏教の危機に対し、居士の楊仁山や水野も出会った天童寺住職の敬安らが立ち上がって、仏教復興に向けた動きを起こす。そのなかでも中心的人物として活躍したひとりが敬安の弟子で、南京毘盧寺僧侶の太虚だった。

太虚は、敬安が創設した中国仏教総会のもとで中国仏教の改革に乗り出し、『海潮音』をはじめとする仏教機関誌を次々と刊行し、改革運動を広めていく[37]。

侯坤宏によると、太虚の中国仏教改革のテーマは大きく分けてふたつあった。ひとつは現代中国僧制の設立、もうひとつは世界仏学の創設だ[38]。前者で太虚は一九一五年に「整理僧伽制度論」、一九二一年に「僧制今論」を著し、中国仏教の改革のため、中国全土に二十七万ヶ所ある寺廟と、七十四万人の僧尼をどのように整理し、どのように活用して現代に適応できる新たな僧制を構築していくかという問題を論じた[39]。

図3　東亜仏教大会のために来日した太虚と水野の記念写真（前掲『鳥居観音所蔵　水野梅暁写真集』、36頁）

一方、後者は世界各国の仏学者が集まって討論を重ね、時代や民族を超越した世界仏学を完成させることを目指した。太虚は、仏教の縁起の考えのもと、各国が対立を解消し世界平和へと向かうことで、結果的に中国も安定し、中国仏教も繁栄できると考えた。太虚のこの取り組みを世界仏教運動（仏法救世運動）と呼ばれた[40]。

一九二二年、太虚は江西省廬山に登る。廬山は古くから中国仏教の名山のひとつであったが、清末以降ここにもキリスト教の影響が広がり、大きな教会や別荘など、欧米人の避暑地となっていた。ここに太虚は小屋を建てて、そこに「世界仏教聯合会」の文字を掲げて、興味をもって近づいてきた欧米人らに仏教の説法を始めた。同時に、太虚はそこを訪れた日本外務省在九江領事の江戸千太郎を通して日本側に聯合会開催に向けて講師を派遣するよう求めた。水野も太虚から個人的に参加を求められ出席した[41]。

一九二四年七月、太虚は水野ら廬山に集った日中両国の僧侶とともに世界仏教聯合会の宣言書を発表した。このなかで太虚は仏教を世界に広めることにより、「地欧亜米澳比を分つことなく、人は黄白紅黒を分たず、凡そ含識あるもの（心の働きがある者。あらゆる人々のこと―引用者注）は、皆来り会すべきものである」[42]として、仏教のもとで地域や人種の違いを解消することを説いたのである。

この太虚による世界仏教運動を水野は次のように評価した。（世界仏教運動を進めることにより―引用者注）「従ってその結果は、世界の人々とも交り易き感じを与うることを得るものなれば、此の点に於ては、支那の国土に於て、支那の仏教徒によりて、先づ之を発揚せしむる事が、最も捷徑であるといふ事を、一言して、之が総結となするとと同時に、斯くして開拓せられたる世界の教田に対しては、吾人中日両国の同朋は、共に之を耕作して仏果を成ぜしめねばならぬものである」[43]。

水野は、中国に渡って以来、アジア主義の考えのもと、キリスト教の中国進出に対抗するために、日本仏教の中国布教権の獲得を目指していた。しかし、それは清から辛亥革命をへて中華民国に変わってからも実現できずにいた。そのなかで、日中仏教徒が提携し、仏教で世界の国や人種を包含する世界仏教運動は、彼が懸案とした布教権問題を一気に解決できる手段として映ったのではないか。そのため、水野にとって日中仏教の提携は、何よりもまず進めなければならなかった。そのひとつの形が、翌一九二五年十一月に東京で開催された東亜仏教大会だったのだ。

六、僧衣の中にあった「影」

ここで改めて、ジャーナリストとしての水野を見ていこう。廬山で世界仏教聯合会が成立してから三ヶ月後の一九二四年十月、水野は東京で支那時報社社長となって、中国専門月刊誌の『支那時報』を創刊した。同誌は中国の政治経済から外交教育、さらには宗教など多岐にわたる問題を取り上げ、その現状を伝えるとともに、独自の観点から論評を加えた。そのなかでも水野は中国問題を論じるオピニオンリーダーとして健筆を振るった。

水野は当時の中国の状況について何を考えていたか。このときの中国は、コミンテルンの協力のもと中国共産党員が一個人の資格で中国国民党に加わる、第一次国共合作が成立していた。その一方で、軍閥の争乱は激しさを増し、九月には直隷派と奉天派による第一次直奉戦争が起きていた。

これらに対し、水野は『支那時報』第一巻第一号で次のように論じた。

（中国国内の混乱に対し―引用者注）吾人は予て『支那の事は支那人に解決せしむべし』との方針に基づき、敢て支那人以上に支那の事を過慮すべき性質のものに非ずして、至公至平に時局の推移を注視し、一切の干渉と個人又は片面的に援助を与ふる事は避く可である。[44]

しかし、この中国に対する民族自決的視点は、翌一九二五年五月三十日、上海で起きた反帝国主義運動、通称五・三〇事件の発生によって一転する。たまたまその場に居合わせた[45]水野は、次のように批判する。

> 予は毎号本誌に於て、力めて諸種の謡言を排撃し、極めて公平なる態度を以て正当なる批判を下し、支那の前途を祝福し、且楽観したものであった。然るに不幸にも所謂五月三十日事件の発生に由りて、吾人の期待は遺憾ながら裏切られ、内外に対する支那の形勢には重大なる変化を来たし、千載一遇の好機は之が為に逸し去られんとするの虞あるは、支那の為否東方大局の為に之を悲しまねばならぬ。[46]

そして、水野は五・三〇事件が起こった原因は中華民国を率いる中央政府が無力であるためとし、政府が力を持たない限り混乱は続くと論じた。[47]

その後も水野は中国政治、特に国共両党や軍閥に対し、厳しい批判を繰り返した。[48]特に一九二六年より始まった北伐戦争で北京政府を牛耳っていた張作霖率いる奉天軍閥が劣勢に立たされると、水野は次のように述べて非難した。

> 張氏が一朝にして北京を退却せし場合は、満洲の治安は必ず脅かさるゝものなれば、我国は満洲に於ける治安を維持して、我在留十万の同胞を保護し、其の在満の経済的施設を保維する上より云ふも、前後数回に亘る弄火犯人にも等しき張氏の帰奉は、我国々民の名に於て、断然之を拒否すべきものである。[49]

ジャーナリストとしての水野は、アジア主義者の立場を保ちつつ、従来の日本の満蒙権益の保護を主張し続けていた。ここに太虚との世界仏教運動でみせた国や人種の垣根をこえた仏教による融和という視点はまったくない。水野は僧侶とジャーナリストとしての立場をはっきり分けていたのではないか。

日中仏教の提携、世界仏教の実現を説く僧衣を着た水野が「光」とするなら、アジア主義や満蒙権益のこだわりを露わにした水野は、僧衣を脱ぎ「鎧」をむき出しにした「影」の一面であった。

おわりに――日中仏教の必然的決裂

最後に本格的な日本の中国侵略となった満洲事変について、水野と太虚の反応を見たい。一九三一年九月十八日、満洲事変が始まると、太虚は十月、「瀋陽事件のために台湾朝鮮日本の四千万の仏教民衆に告げる書」を発し、満洲を侵略した日本は「十悪五逆」を犯したと非難し、台湾・朝鮮・日本の仏教徒に対し日本の不法行為を止めるためにすぐに立ち上がるよう呼びかけた(50)。十悪五逆とは仏教徒として犯してはならないきわめて悪い行為をいう。仏教の縁起を通して世界を平和へと導こうとした太虚にとって、日本の侵略行為は当然許してはいけない罪業だった。

一方、水野は満洲国成立後の一九三二年三月二十五日、「満洲国の出現と我等の待望」を執筆し、争いの絶えない中華民国に対し、「新たに産まれたる新国家は、其の元号に示せるが如く、真実なる『大同』の治を行ふて、将さに其の本土に於て失はれんとする東方文化の精神を復活して、独り満蒙の民衆を救ふのみならず、延ひては四億の民衆を救済せられんことを待望するのである」と、満洲国ができた意義を強調した。

その後、水野は一九三三年に成立した日満文化協会の理事として、満洲に残る遺物の蒐集や保管に携わる。特に仏教については、貴重な満洲語『大蔵経』の保存に尽力したり(51)、満洲国執政溥儀の真影と真筆を鶴見総持寺に寄贈する式典に参列するなどした(52)。

仏教とアジア主義という自身の持つ対極的な二面性を持つ水野にとって、満洲国の成立を支持し、かつそれに関わることは当然の選択であった。一方で、それは満洲事変を「十悪五逆」と否定した太虚との決裂だけでなく、ふたりが主導した日中仏教の友好関係を打ち崩すことにもなった。しかし、水野が「鎧」を身にまとっている以上、この結果は必然だったのである。

注

(1) 外務省記録「在清国本邦布教者ノ布教状態取調ノ件」(外務省外交史料館所蔵、アジア歴史資料センター、Ref:B12081606700)。

(2) 「水野梅暁師略歴」(松田江畔編『水野梅暁追懐録』私家版、一九七四年、五頁)では、水野は一九七八年一月二日に福山市東町で生まれたとある。出生年月日は前掲「在清国本邦布教者ノ布教状態取調ノ件」が公的記録であるため、それにならった。なお、出生地の福山町で市制が成立したのは一九一六年である。

(3) 「二〇二三年　関東大震災一〇〇年」、「内閣府　防災情報のページ」(内閣府ホームページ、https://www.bousai.go.jp/kantou100/　二〇二三年十二月二十九日閲覧)。

(4) 「特集　関東大震災から一〇〇年②〜あの時その場所で何が起きていたのか〜」(同上、https://www.bousai.go.jp/kohou/kouhoubousai/r05/107/special_01.html　二〇二三年十二月二十九日閲覧)。

(5) 「幽冥鐘」の鋳造から東京市へ寄贈されるまでの経緯は、長谷川怜「関東大震災と中華民国」(広中一成・長谷川怜・松下佐知子編『《愛知大学東亜同文書院大学記念センターシリーズ》鳥居観音所蔵水野梅暁写真集――仏教を通じた日中提携の模索』社会評論社、二〇一六年、二九頁）を参照。

（6）柴田幹夫「水野梅暁と日満文化協会」（『佛教史研究』第三八号、龍谷大学仏教史学会、二〇〇一年十月、四六―六九頁）。なお、同論文は柴田幹夫『大谷光瑞の研究　アジア広域における諸活動』（勉誠出版、二〇一四年）に修正のうえ収録されている。拙稿ではさしあたり後者を用いる。

（7）辻村志のぶ「近代日本仏教と中国仏教の間で――『布教使』水野梅暁を中心に」（洗健・田中滋編『国家と宗教――宗教から見る近現代日本』法蔵館書店、二〇〇八年）。

（8）前掲『鳥居観音所蔵水野梅暁写真集』。

（9）藤谷浩悦「中国僧の訪日と水野梅暁――楊度の批判を中心に」（『社会文化史学』第六〇号、社会文化史学会、二〇一七年三月）一―二九頁。

（10）簡冠釗「大陸布教と対外策をめぐる議論の展開――水野梅暁の思想と行動を例として」（『求真』第二四巻、求真会、二〇一八年）四三―六〇頁。

（11）広中一成「日本の中国侵略と水野梅暁」（『愛知大学国際問題研究所紀要』第一四六号、愛知大学国際問題研究所、二〇一五年十一月）三九―六二頁。

（12）また、劉暁軍は二〇二三年に水野梅暁を研究するうえで有用な史料の紹介をしている（劉暁軍「水野梅暁とその関係資料」、陶徳民・吾妻重二・永田知之編『アジア遊学二九二　中国学の近代的展開と日中交渉』勉誠社、二〇二三年、二二六―二三一頁）。

（13）水野梅暁「湖南仏教視察報告」（安井正太郎編『湖南』、博文館、一九〇五年）五六七―六二四頁。

（14）前掲「大陸布教と対外策をめぐる議論の展開」（『求真』第二四巻）四五頁。

（15）前掲「湖南仏教視察報告」、『湖南』、五六七頁。なお、分析にあたり、水野は中国の国教をさしあたり儒教としている（同書、五六八頁）。

（16）同右、五九七頁。

（17）同右、六二〇頁。

（18）同右、六一八頁。

（19）水野梅暁「支那布教権の起源及現状」（『新仏教』第一六巻第六号、新仏教徒同志会、一九一五年六月）五五五頁。

（20）同右、五五六頁。

（21）歴史学研究会編『世界史史料9　帝国主義と各地の抵抗Ⅱ』（岩波書店、二〇〇八年）四七―五〇頁。

（22）呉利明・鄭児玉・閔庚培・土肥昭夫『アジア・キリスト教史（1）――中国、台湾、韓国、日本』（教文社、一九九五年）二七頁。

（23）蕭平『近代中国仏教的復興』（広東人民出版社、二〇〇三年）六七―六八頁。

（24）前掲「大陸布教と対外策をめぐる議論の展開」（『求真』第二四巻）四三頁。

（25）広中一成「日本の中国侵略と水野梅暁」（『愛知大学国際問題研究所紀要』第一四六号、愛知大学国際問題研究所、二〇一五年一一月）四六―四七頁。

（26）松田江畔『鳥居観音と水野梅暁』（鳥居観音、一九七九年）七頁。

（27）相原茂樹「近衛篤磨と支那保全論」（岡本幸治編『MINERVA日本史ライブラリー5　近代日本のアジア観』ミネルヴァ書房、一九九八年）六五―六六頁。

（28）竹内好「アジア主義の展望」（竹内好編『現代日本思想大

系9　アジア主義』筑摩書房、一九六三年）一四頁。
(29) 前掲『鳥居観音と水野梅暁』鳥居観音、七頁。
(30) 大学史編纂委員会編『東亜同文書院大学史』（滬友会、一九八二年）七〇頁。
(31) 藤田佳久『日中に懸ける　東亜同文書院の群像』（中日新聞社、二〇一二年）三五―三八頁。
(32) 仰止生「精進院根津一先生」（『支那時報』第四巻第一号、支那時報社、一九二六年一月）一〇〇頁。仰止生は水野のこと。
(33) 「編集メモ」（松田江畔編『水野梅暁追懐録』私家版、一九七四年）一三八頁。
(34) 水野梅暁「支那刻下の動乱と列国の利害関係」（『欧洲戦争実記』第五一号、博文館、一九一六年一月）六八頁。
(35) 前掲「水野梅暁と日満文化協会」（『佛教史研究』第三八号）六六頁。
(36) 以下、清末民初の中国仏教の動向については、道端良秀『中国仏教史全集』第一巻（書苑、一九八五年）三四七―三五八頁参照。
(37) 同右、三六四頁。
(38) 侯坤宏『太虚時代：多維視角下的民国仏教（1912―1949）』（政大出版社、二〇一八年）四七九―四八〇頁。
(39) 前掲『中国仏教史全集』第一巻、三六三頁。
(40) 羅同兵『太虚対中国仏教現代化道路的抉択』（巴蜀書社、二〇〇三年）一七頁。
(41) 水野梅暁『支那時報叢書第二輯　支那仏教の現状に就て』（支那時報社、一九二六年）八九―九二頁。
(42) 同右、九三頁。
(43) 同右、一〇〇頁。
(44) 水野生「時事評論」（『支那時報』第一巻第一号、支那時報社）三頁。
(45) 水野は一九二五年六月一日に上海に到着し、七月一〇日頃まで南京、漢口（現武漢）、鄭州、開封、北京、天津、奉天（現瀋陽）などを巡り、要人らを訪問していた（「水野社長の行程」、『支那時報』第三巻第一号、支那時報社、一九二五年七月、八三頁）。
(46) 水野梅暁「排外罷業に直面して」（『支那時報』第三巻第一号、一九二五年七月）一五頁。
(47) 「排外罷業の根本解決策」、同右、巻頭頁。
(48) 前掲「日本の中国侵略と水野梅暁」（『愛知大学国際問題研究所紀要』第一四六号）五一―五五頁。
(49) 水野梅暁「大局上より張氏の下野を高調す」（『支那時報』第七巻第一号、支那時報社、一九二七年七月）六頁。
(50) 釈印順編著『太虚法師年譜』（宗教文化出版社、一九九五年）一八〇―一八二頁。
(51) 長谷川怜「『水野氏の殊勲』　水野梅暁の満洲語大蔵経〝発見〟」（前掲『鳥居観音所蔵水野梅暁写真集』）一四八頁。
(52) 前掲『鳥居観音所蔵水野梅暁写真集』、一五二―一五三頁。

在野の中国演劇研究——辻武雄・村田孜郎・波多野乾一

森平崇文

もりだいら・たかふみ——立教大学外国語教育研究センター教授。専門は中国演劇、上海史。主な著書に『社会主義的改造下の上海演劇』（研文出版、二〇一五年）、論文に「湯筆花の上海メディア遍歴——小報、ラジオ、越劇」（『Jun Cture——超域的日本文化研究』第一三号、二〇二二年）などがある。

日本人による実演を含んだ中国演劇の紹介と研究においてその先鞭を付けたのは、いずれも現地に長く滞在して劇場に足繁く通い、劇界の人士とも深く交わった、在野の「支那通」と呼ばれる人たちであった。本稿では、辻武雄、村田孜郎、波多野乾一の三人のジャーナリストの足跡をたどりながら、その中国演劇研究に残した功績について紹介する。

はじめに

演劇研究は、シナリオを対象とする劇文学研究と、舞台上で演じられたパフォーマンスを対象とする実演研究とに大別できる。前者が文献学的アプローチを主とするのに対し、後者においては演技のみならず、役者、演出、劇団、劇場、観衆等に対するフィールドワーク的手法が必要となる。もちろんこの両者は決して対立的なものでなく、例えば上演された演目を対象とする場合は、演目をシナリオと実演のそれぞれの側面から分析することが求められる。

近代日本の中国演劇研究において、劇文学研究を担ったのが主に日本国内のアカデミズムであったのに対し、実演研究の方をリードしたのは在野の、主として中国在住のジャーナリストや駐在員たちであった。本稿で取り上げる辻武雄（筆名は剣堂、聴花、本稿では原文の引用を除き、武雄に統一）、村田孜郎（別称は烏江）、波多野乾一（別称は榛原茂樹）は、何れも中国滞在歴の長いジャーナリストであり、記者として同時代中国の各分野における動向に目を配る傍ら、中国演劇に強く魅了されて足繁く劇場に通い、役者を含む劇界の関係者と深く交わる経験を有した点で共通している。そして辻であれば『中国劇』（一九二〇年）、村田であれば『支那劇と梅蘭芳（メイランファン）』（一九一九年）、波多野であれば『支那劇と其名優』（一九二五年）、といった中国演劇に関する専著も上梓しており、日本における中国演劇紹介の先駆的存在ともいえる。本稿では本書のテーマである「近代日本の中国学の光と影」に沿い、近代日本における中国演劇の研究と紹介をリードした辻武雄、村田孜郎、波多野乾一の事績とその中国演劇論の特徴につき考察していきたい。

図1　辻武雄、『中国戯曲』1925年

一、辻武雄（一八六八～一九三一）

（1）一身にして二生を経る

辻武雄は一八六八年六月に肥後国飽田郡（あきたぐん）（現在の熊本市）に出生した。士族の出で、一八八八年に慶應義塾正科に入学する。[1] 卒業後は親戚の辻敬之が東京で経営する教育関係の出版社「開発社」に入社し、同社が刊行する教育誌『教育時論』の編集者となった。同誌にて漢詩を発表し、幕末の漢詩人である梁川星巌（やながわせいがん）・紅蘭（こうらん）夫妻に私淑するなど、まだ中国との直接の接点はないものの、すでに漢文や漢詩に対し素養があった。この時期の著作として児童向けに熊本の歴史をつづった『肥後史談』などがある。[2]

中国との関わりは一八九八年に『教育時論』編輯主任として清国へ教育視察のため派遣されたことに始まる。当時清国では変法運動が開始されたばかりで、今回の視察では教育の分野でも起こりつつある変化をこの目で確かめ、中国教育ビジネスへの参入の可能性を探ることを企図していた。[3] 九月に長崎から天津に渡り、北京、上海、南京、武漢、蘇州、杭州などを訪れ、翌一八九九年二月に帰国している。視察の成果として、「清国教育改革案」、「清国両江学政方案私議」等を発表した。[4] さらに辻は視察から戻ると地誌や地理の教科書を相次いで刊行している。地誌として『新編東亜三国地誌（上下）』、『五大洲志（上中下）』、地理の教科書として『中国地理課本』、『万国地理課本』がある。いずれも漢文で執筆され、当時日本国内で一般的だった「支那」ではなく「中国」と表記するなど、中国人読者を意識して編集している。[5]

一九〇五年、辻はその中国の教育に対する識見と中国向け地理テキスト編集の実績が評価され、羅振玉（らしんぎょく）が創刊した教育誌『教育世界』（一九〇一年創刊）に編集者として招かれ、上海に渡った。同誌では日本語の教育関連記事等の翻訳に従事したが、一九〇六年には羅振玉が監督を務める江蘇師範学堂の教習として蘇州に移っている。その後、一九一〇年まで南京の江南高等実業学堂で教壇に立った。南京では当地の名所旧跡を紹介する日本人向けのガイドブック『金陵古蹟小志』を著している。[6] 五年を超える上海、蘇州、南京の江南地方での生活では中国式の徹底を志向していたようで、「支那人のみの住居地に、純粋の支那家屋に住み、純粋の支那料理を食い、其僅かな器具までも、殆ど支那式のみを用いて居る」と語っている。[7]

一九一〇年、病を得て先に帰国した妻の看病のため中国を離れた辻であるが、郷里熊本にて一九一一年一月に結成された「東亜同志会」の一員となり、日中間を行き来していた。[8]

同年には辛亥革命が起こり、翌一九一二年一月には中華民国が樹立されるなど、中国も風雲急を告げていた。一九一二年十月、妻を看取った辻は『順天時報』記者として北京に拠点を移す。辻の順天時報社入社に関しては、同じ慶應義塾出身の亀井陸良（ろくろう）の第四代社長就任と時期が重なっており、亀井との関係からという推測が成り立つであろう。[9] 辻は同社に一九一二年から同紙が廃刊された一九三〇年まで在籍し、劇評や漢詩を同紙文芸欄に発表し続けた。この間、中国演劇を漢文にて体系的に紹介した主著『中国劇』（一九二〇年、一九二五年に『中国戯曲』と書名を変更）、その日本語版である『支那芝居（上下）』（一九二四年）、「支那の常識」叢書として『支那料理の話』（一九二五年）、『支那の北と南』（一九二六年）などを公刊している。『順天時報』廃刊後も北京に留まり、一九三一年に客死した。

辻の生涯は辛亥革命を境に大きく二分できる。清朝時代は教育誌の編集者や教師として主に中国の教育に関する記事を発表し、地誌や地理テキストを編集している。一時帰国を経て、中華民国以降は新聞記者として劇評等を発表、当時中国演劇に最も通じた日本人としての地位を確立した。

(2) 中国演劇研究の先駆者

辻武雄と中国演劇の関係は一八九八年から一八九九年にか

けての教育視察に始まる。蘇州を訪れた際、現地の日本領事館にいた同郷の片山敏彦に案内されたのがその出会いであった。片山は一九〇五年に早世するが、「支那劇を好み、支那の戯曲並に俳優等のことに精通し、俳優の後援等には自己の身分を超越して所謂支那劇ファンの本領を発揮」すると評価される程中国演劇に傾倒していた人物である。[10]片山の手ほどきがよかったためか、日本では歌舞音曲に全く縁のなかった辻が一九〇五年に江南に渡ると、「五年間というものは、上海、蘇州、南京の三地に於いて、断えずこれ（中国演劇―筆者注）を見続け、其の度数を云ったら、到底百度詣位ではなかった」、と述べるほど中国演劇に深入りするようになった。[11]特に家族が帰国して一人で生活していた南京時代には病膏肓に入り、「僕は南京に於て、いろいろな調査をした。即ち劇や俳優の性質内容は勿論のこと、その営業のことに就ても、楊氏（南京の慶昇茶園主人で広東人―筆者注）から帳面を引用しつつ、頗る詳細に説明して貰った。その外では、劇場の建築に就き、舞台から楽屋、見物席から帳場に至るまで尺度もて詳しく寸法面積を測り、又之を一枚のおかしな絵図面に造」るなど、観劇に止まらずその舞台裏にまで足を踏み入れ調査するようになっていた。[12]さらに辻は芝居小屋の主人を通じて立役の汪笑儂と時慧宝、敵役の劉永春ら役者とも懇意となり中国演劇界とのつながりはさらに強まっていった。辻の中国演劇に関する初の著書『中国劇』には南京時代に撮影された汪笑儂と辻の写真が収められており、その交誼の深さが窺える。

文人が贔屓する役者を詩文にて賞讃するのではなく、劇場公演における役者の演技や演目をレビューするタイプの劇評が中国で普及するのは辛亥革命前後のことであり、それには新聞業の発展が大きく関係していた。上海では辛亥革命勃発から中華民国成立までの数カ月間で、四十を超える新聞が創刊されている。[13]それと呼応するように劇評も、上海の代表紙『申報』掲載の劇評を例にとると、一八七二年の創刊から一九一〇年までは年間二十を超えることはなかったが、一九一一年には一〇八、一九一二年には三一六と激増している。[14]この時期の上海では、鄭正秋が一九一〇年から一九一四年にかけ、『民立報』と『民権報』にて定期的に劇評を発表し続け、さらに演劇専門紙『図画劇報』（一九一二～一九一七年）、呉下健児撰述の台本集『戯考』（一九一二～一九二五年）、特定の俳優を対象とした「特刊」として柳亜子編纂『春航集』（一九一三年）、馮叔鸞の劇評集『嘯虹軒劇談』（一九一四年）等、演劇の各ジャンルでその嚆矢となる刊行物が相次いで世に出ている。[15]辻の『順天時報』における劇評は一九一三年十月三十一日より連載が開始しており、新聞掲載の劇評としては最初期のものでは決してないが、同紙が廃刊となった一九三〇年三月二十七日まで続いたのであるから、その特定の新聞における連載期間としては他を圧倒していたといえよう。

辻は草創期にあたる中国の劇評に関し、「劇の内容や、役者の真実伎倆や、舞台との調和や、又は劇場の構造、舞台の設備、或は興行の方法などについて、詳細深刻に、評論するものは、まだ殆んど無い。最近に至り、劇場のことや、興行の方法などのことにつき、多少意見を発表するものもあるが、真実に価値のあるのは、至って少い」、と厳しく評している。[16]ただ一方の辻の劇評に関しても同時代の中国人には、「辻の漢文は文章の筋があまり通っておらず、筆をとり文を草することが好きなだけで、その劇評には可笑しな所が多々見られる。しかし辻自身はその見苦しさに気付いていない」、などの厳しい評価が出されている。[17]実際、辻は日本時代から歌舞音曲に親しんだわけではなく、芸事に関し見巧者といえるほどの見識があったとは言い難い。中国の演劇人や見巧者からすれば、外国人である辻が漢文で著す劇評には、いかにも半可通に映るものが多かったであろうことは頷ける。ただ、人の出入りの激しい北京のメディアにおいて、長期間にわたり劇評の欄を担い劇界の定点観測を続け、『順天時報』紙上にて役者の人気投票を企画し、何より賤業とされていた役者たちを励まし続けるなど、その北京劇壇への貢献は同時代の中国人記者と比肩しうるものといえるであろう。一九二九年七月北京にて辻の還暦を祝う宴席が開催された際に出席した京劇役者で、その後京劇史に名を刻んだものに、立役の李万春と譚富英（たんふえい）、女形の尚小雲（しょうしょううん）と小翠花（しょうすいか）がいる。[18]

そして何より辻武雄の主著『中国劇』である。同書は一九一九年に脱稿し、一九二〇年に漢文で刊行された。「支那の芝居を稍組織的解剖的に説明すると共に、邦人や西洋人に、支那芝居についての概念を与え、同時に支那の国民性の一部分がどうであるかということをも略ぼ知らせようという微衷を有って」いたと語るように、[19]中国の演劇人や劇通からすれば周知のことであったとしても、中国演劇を解さない外国人にも分かるようにあえて体系的に概説することを企図していた。その言及の対象は、中国演劇の歴史、演目、役柄、演技、衣装、囃子方、興行形態、楽屋裏の様子、劇場の構造、客席、役者の養成など多岐に渡り、役者の写真など図版資料も充実している。当初、漢文、日本語、英語の三種を同時に出版する予定であったが適当な出版社が見つからず漢文版を先行させ、[20]その後日本語版は一九二三年と一九二四年に上下巻に分け刊行されたが、英語版は未刊に終わった。辻は前述の『新編東亜三国地誌（上下）』でも日中韓の読者を想定し漢文で出版していたが、『中国劇』では西洋人までをも読者に想定していたようである。従って、『中国劇』は狭く中国の演劇関係者に向けた専門書ではなく、外国人に向けて中国演劇の全体像を概観することを通じ中国理解の一助となることを目指す概説書と位置付けられる。一九二〇年代後半から一九三〇年代にかけ、京劇の女形梅蘭芳のブレーンを務めた斉如山（さいじょさん）が、『中国劇之組織』や『戯班』などを著し、中国人には自明な中国演劇のこともあえて外部の視点から概説するようになったが、辻の『中国劇』はその先駆的業績といえる。

二、村田孜郎（?～一九四五）と波多野乾一（一八九〇～一九六三）

村田孜郎と波多野乾一は東亜同文書院政治科の同期であり、在学中にはともに中国の時事問題を研究する団体「黄会」のメンバーでもあった。同会は書院初のストライキに際し、「点火者」の役割も担っている。[21] 出身地も村田が佐賀、波多野は大分と同じ九州である。卒業後、大阪毎日では同僚となり、その後複数の新聞社を渡り歩いた点も共通している。共著者としては、『大支那大系　第十二巻』で村田が「支那映画の過去と現在」、波多野が「現代の支那劇」を、『昭和十年版　最新支那年鑑』で村田が「辺境」と「華僑」、波多野が「中国共産党及び紅軍」を、『支那の全貌』で村田が「支那の財政」、波多野が「共産党の支那」を、それぞれ分担している。[22] 日中戦争の最中には、ともに編輯顧問として興亜書局より中国小説を数点翻訳もしており、その同志的関係は最晩年まで続いた。本項では村田、波多野の順でその事績を紹介していきたい。[23]

（1）上海から上海へ

村田孜郎はまずその生年が不詳である。東亜同文書院同期の波多野の生年が一八九〇年であり、「黄会」メンバーである八期生の大西斎（おおにしいつき）（朝日新聞社記者）が一八八七年、米内山庸夫（よないやまつねお）（外交官）が一八八八年であるから、村田の生年が彼らと大差ないことだけは確かである。また敗戦直後の一九四五年八月末に外地上海で客死したことも関係し、死亡記事や追悼文等も管見の限りなく、その生涯についても不明な点が多い。村田に関しては現段階において、やはり盟友波多野の以下の紹介が最も詳しい。

村田孜郎（佐賀）は（号烏江）龍造寺の客分の家だという。父はフランス文をやった人だ。中学時代日露戦争が起り、軍艦に密航して艦長のボーイになったという。それから長崎の東洋日の出新聞（社長鈴木天眼）の給仕をや

図2　村田孜郎（前右一）、二列目中央は孫文（1922年、上海にて）（波多博『中国と六十年』1965年）

りつつ中学を出た。卒業後順天時報に入り、中国劇に凝り、少年俳優白牡丹（いまの荀慧生）と友人になったりした。のち大連の泰東日報に転じ、また北京に帰った野満四郎の共同通信に入った。そのうち一九一九年、梅蘭芳一行が東京の帝劇に出演するに当り、その東道として来朝した。そのとき波多野が東京日日にいて、村田を大毎に紹介したが、当時社会部長をしていた奥村不染は一見して村田の新聞記者としての適格性をみとめて入社をゆるした。そうして一九二〇年一躍上海特派員に抜いた。村田の才筆は一時に花を開き、その電報は紙上に異彩を放った。ちょうど芥川龍之介が東日社友の資格で中国に遊び、村田が上海での東道をつとめ、それ以来一見旧のごとく、毎日は新聞記者らしからざる、しかも有能な記者である村田のような人物を、よくも上海に置いたと歎賞したものである。帰社したのはいつごろであったか？やがて一九三一年、その七月ごろ、村田は社名で満洲にあらわれ、沿線各地から打電したが、当時の逼迫した情勢はよくかれの電報に見え、なにかあるのではないかと読者に半信半疑させた。二月ならずして満洲事変が勃発したのであった。村田はついで東日論説委員に転じ、どういうわけか退社、読売東亜部長になった。一九三九年退社して上海市政府顧問、ついで大使館嘱託兼靖亜会専務理事在任中、一九四五年八月病没した。著書「支那劇と梅蘭芳」「支那の左翼戦線」「支那女人絵巻」等。一生殉情。永遠の青年といわれ、友人からは親しみの念をこめて「支那紅蓮洞」と呼ばれる。(24)

図3　波多野乾一『支那劇五百番』書影、蘭陵王の絵は辻武雄画

波多野の紹介にある、中学時代の日露戦争の際に密航して軍艦のボーイとなったエピソードなどは、後の好奇心が旺盛で行動力のあった村田の記者生活を予兆させるものである。また村田が在中国の日系紙記者から大阪毎日、東京日日、読売と日本国内の大手メディアを渡り歩くことになったきっかけが、京劇女形梅蘭芳の一回目の訪日公演アテンドで帰国した際の、波多野による紹介であった点も興味深い。実は村田と波多野は東亜同文書院に第八期生として一九〇八年八月に入学しながら、卒業間際に落第し、第九期生として中華民国誕生後の一九一二年八月に卒業していた。(25) 同書院の政治科学生は各期十名に満たず、もともと結束は固かったが、揃って落第した村田と波多野は他の同期生以上に強い同志的意識を相手に抱き続けていたことであろう。二人は同書院の名物であった大旅行にも病気を理由に揃って参加していない。(26)

村田の順天時報社入社が卒業後の一九一二年八月以降であるとすれば、辻武雄の同社入社とほぼ同時期ということになる。村田の唯一の中国演劇の専著である『支那劇と梅蘭芳』に辻は序文を寄せ、「友人村田烏江君、梅蘭芳の一書を著わす、善く其の時機を得たるもの、況んや君が一隻の慧眼と、一枝の霊筆とは蘭芳をして書中に躍如せしめ、支那劇の特色を紹介するに、毫も遺憾なし」と記しており、(27) 村田が順天時報社を離れた後も関係は続いていたようである。波多野の前述の紹介によれば、村田はこの北京時代、後に梅蘭芳らとともに「四大女形」と称せられ、京劇流派「荀派」を創始した役者荀慧生（じゅんけいせい）（当時の芸名は白牡丹）と懇意にしていた。荀慧生は一九〇〇年生まれであるから当時役者としてはまだ十代である。村田も、「白牡丹という当時十六歳の花旦がいた、牡丹はそのころ美しい女形として満城の人気を集めていた、ふとした機会から牡丹を識るようになった私は舞台を下りた彼れを引っ張り廻すことがこの上もなく得意であった」と告白している。[28]その後上海特派員時代、村田は同じく京劇の女形で当時やはり十代であった緑牡丹の楽屋に芥川龍之介を案内しており、売出し中の若手女形を贔屓する点は北京時代と同様であった。ただ緑牡丹は一九二五年に訪日公演を行うが、そのアテンドをしたのは主に作家村松梢風であり、村田の積極的関与は窺えない。この時点ですでに村田は若き日に傾倒した中国演劇に対する情熱はなくなり、同時代中国の他の分野へ関心が分散していったようである。村田の中国演劇に関する著作は『支那劇と梅蘭芳』一書に止まっている。

『支那劇と梅蘭芳』は一九一九年四月から五月にかけての梅蘭芳第一回訪日公演に合わせる方で同年五月に刊行された。中国演劇に関する専著としては最も早いものである。同年九月に梅蘭芳の訪日公演の印象記である『品梅記』も公刊されたが、同書が複数の日本人識者による観劇の印象記を集めたものであるのに対し、村田は梅蘭芳の略歴、演目の筋書き、内外の梅蘭芳評、さらに京劇の概説と、京劇に通じたジャーナリストらしく、多面的構成となっている。日本人読者向けでありながら最後の「詠梅集」は中国人芝居通の梅蘭芳評を原文のまま載せており、刊行時期を訪日公演に合わせる関係で翻訳はスケジュール的に難しかったのではと推察できる。

大阪毎日新聞社で上海特派員となった村田孜郎は同社が一九二九年に設立した東亜調査会の理事となり、一九三一年の満洲事件に際しては東亜通信部副部長として現地に派遣され、「各地の排日状況を調査し、遠く洮南とチチハルに中村少佐ら遭難の跡を訪い、一行の最期を初めて詳報して全国民の義憤に訴えた」。[29]波多野の紹介にある、大阪毎日から東京日日の論説委員への移籍に関しては、移籍の時期も含め現段階では不明である。ただ波多野の記事も含めて先行研究では言及されていないが、村田は一九三四年より、前年に対モンゴル友好工作機関として設立された財団法人「善隣協会」の東京本部内の調査部部長となって『蒙古年鑑』などの編輯を行っていた。[30]その後、読売新聞社が一九三七年に外報部から東亜部を独立させると、初代の東亜部長に就任している。[31]ただこれもわずか二年で退職、その後上海市政府顧問や大使館嘱託の身分で上海に滞在し、一九四五年に同地で客死した。最晩年となる一九四一年、東亜同文会の機関誌『支那』に「「孤島」上海の点描」という記事を発表しているが、執筆者紹介の欄で他の執筆者が元職も含め肩書きを載せるなか、村田はただ「在上海」とのみ記しており、過去の自分と縁を切り、出発点である上海で隠棲しようという姿勢が読み取れる。[32]読売新聞社を去り上海に移り住んだ経緯に関しては、時局に対する何らかの不満があったのではないだろうか。上海での学生生活から始まった村田孜郎の中国との関わりであるが、その最期を迎えた場所も上海となった。

(2) 芝居・政党・麻雀

波多野乾一のジャーナリストとしての足跡は、辻武雄や村田孜郎に比してまことに順風であったといえるであろう。一八九〇年に大分の「田舎儒者」の家に生まれ、一九一二年に東亜同文書院を卒業した。書院時代の「黄会」のメンバーである大西斎を通じた中野正剛と、父の友人であった土屋元作の紹介で一九一三年に大阪朝日新聞に入社、牧巻次郎の下で通信部員となる。同期入社には風見章がいた。大阪朝日では北京留学生、地方版編輯、大阪支那課員を務め、一九一九年に東京日日新聞に移籍、一九二〇年に北京特派員となる。一九二三年に同社を退社後、北京新聞主幹を経て、時事新報では北京特派員と論説委員を歴任した。一九三二年からは外務省情報部、興亜院、大東亜省、外務省の嘱託となりながら「閉戸支那研究に没頭」し、敗戦を迎える。戦後は一九四六年より世界日報論説委員、サンケイ新聞論説委員を務め、また一九五三年に創設された「アジア政経学会」では理事にも就任、一九六三年に東京にて死去した。[33]

波多野の著作は大きく四つに分けることができる。同時代中国の政治社会に関するもの、中国の政党に関するもの、麻雀に関するもの、そして中国演劇に関するもの、である。単著だけでも、同時代中国の政治社会に関するものとして、『現代支那之記録』(一九二四~一九三二年)、『現代支那――解説と提唱』(一九二一年)、『支那展望――一九二九年支那史』(一九三〇年)、『支那関税会議』(一九二五年)、『支那の排日運動』(一九三二年)、『満州事変外交史』(一九三二年)、『現代支那の政治と人物』(一九三七年)、『赤色支那の究明』(一九四一年)、『ソ連と中共』(一九五三年)、中国の政党に関するものとして、『支那の政党』(一九一九年)、『支那政党系統表』(一九二三年)、『中国共産党概観』(一九三二年)、『中国国民党通史』(一九四三年)、『毛沢東と中国の紅星』(一九四六年)、『毛沢東――中共を担ふ人々』(一九四九年)、『中国の国民党と共産党』(一九五五年)、『資料集成中国共産党史』(一九六一年)、麻雀に関するものとして、『麻雀』(一九二八年)、『麻雀の話』(一九二九年)、『麻雀精通』(一九三一年)、中国演劇に関するものとして、『支那劇五百番』(一九二二年)、『支那劇と其俳優』(一九二五年)、『支那劇大観』(一九四〇年)などがある。

波多野乾一の著作群を眺めていくと、資料集的なものの作

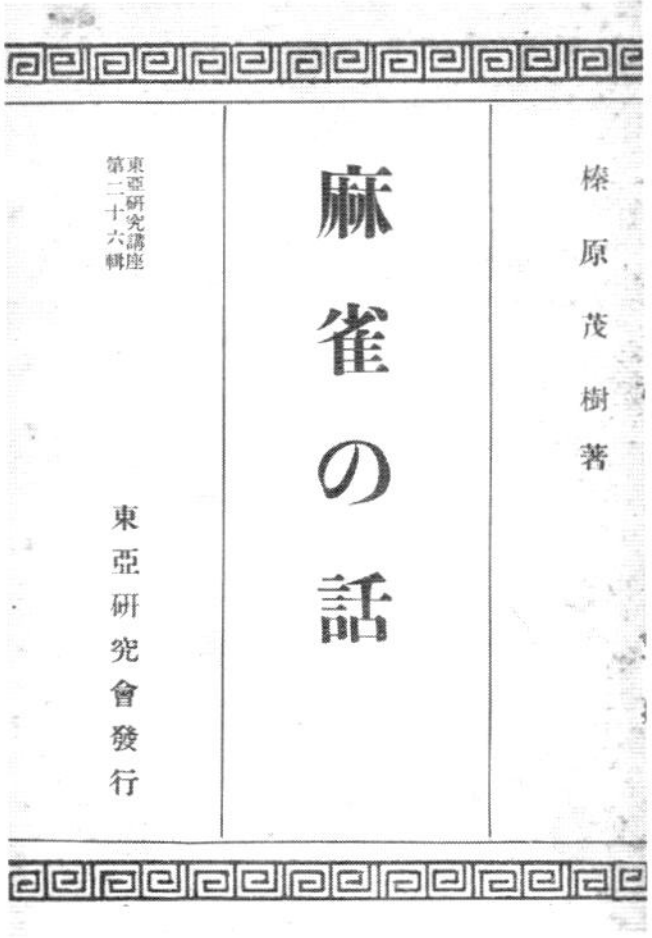

成に非常に熱心であったことが分かる。『資料集成中国共産党史』全七巻などがその代表であるが、『現代支那之記録』も同時代の中国語記事の集成であるし、『支那劇五百番』と『支那劇大観』は刊行時期と収録された演目によって書名は異なるが、何れも京劇の演目を時代ごとに分類しその梗概を、当時中国で刊行された脚本集『戯考』付録の梗概を参考に編集したものである。麻雀に関する資料集は編集されなかったが、資料をまとめて残すということに波多野のジャーナリストとしての特性がある。波多野の特性に関しては、東亜同文書院時代からの友人である大西斎も、「支那趣味に関しても、頗る造詣が深い。一度麻雀をやりだすと、あらゆる文献まで渉猟し、同君一流の麻雀理論を組み立てなければ満足のできない凝り屋である」と評している[34]。

図4　榛原茂樹（波多野乾一）『麻雀の話』書影

波多野乾一の『支那劇と其俳優』は一九二五年に東京の新作社から公刊された。清朝乾隆帝の時代に京劇が北京に進出してから現在までを、役者の評伝を中心に概説したもので、翌一九二六年には上海の啓智印務公司より鹿原学人の訳にて中国語版が『京劇二百年歴史』のタイトルで出版されている。波多野が個人的に特に贔屓にしていたのが敵役の京劇役者郝寿臣である。郝は男性の剛強な性格を表現する敵役の中でも、特に歌唱より演技を重視する「副浄」という役柄で、三国演義の曹操役で定評があった。同書で波多野は一節を郝寿臣にあて、「彼は副浄の京劇に於ける地位を高むべく、天から北京劇界に与えられた選手であり、或点までそれに成功している」、と激賞している[35]。同書が刊行された時期に上海の日本人駐在員が中心となり活動していた「支那劇研究会」のメンバーであった竹内良男も「副浄の持つ悪の美」という文章を発表し、副浄という役柄の「渋く苦がく太く誠に不思議な世界」について持論を展開している[36]。立役や女形に比べ中国劇界では地味で評価の高くない敵役の魅力を、外国人である二人の日本人が期せずしてほぼ同時期に指摘している点も、外からの視点で中国演劇を論じる意義の一つであろう。

おわりに

日本人が中国の劇場で芝居を見物するという体験は近代に入り、日中間の往来が活発となって以降可能となったものである。それを先行してできたのが居留した外交官、駐在員、ジャーナリスト、留学生らであった。現地で観劇すること、舞台裏を覗くこと、演劇人と交流することは、中国演劇に対する理解の深さ、実演研究における精度の高さにおいて圧倒的に有利な条件といえる。近代日本において中国演劇の実演研究の先駆けとなったのが、辻武雄、村田孜郎、波多野乾一のように、中国演劇に深く魅せられた現地在住の「支那通」と呼ばれるジャーナリストたちであったのはむしろ当然ともいえる。

しかしながら辻武雄がいみじくも「僕が二十年来、支那劇や、支那役者のことについて、多少研究しているのも、矢張此の支那に於ける人文研究の一部分として、注意もし、研究もしているのであって、決して僕が支那に関する研究の全体ではない」、と語ったように、(37) 彼らの多くは中国演劇に惑溺し、中国演劇の権威として一目置かれ、中国演劇人と交流してそれで満足していたわけでは決してない。彼らの最終的な目的は中国及び中国人を理解することにあり、演劇はそのための一つのツールに過ぎなかった。それゆえ彼らの関心は演劇に留まらず、辻であれば地理や料理、村田孜郎であれば辺境や文学、波多野乾一であれば政党や麻雀など、演劇以外の複数のジャンルに対しても情報収集を怠らず、断続的に日本の読者に向けて情報を発信していった。

ただ在中国のジャーナリストたちによる中国演劇研究に対する日本国内での評価は決して高いものとはいえなかった。辻武雄の『中国劇』は当初、日中英各言語の版を同時に刊行する予定であったが、「品物は善さそうだが、出版したって、とても沢山急に売れ捌けそうに無い」、との理由で複数の出版社から日本語版の出版を断られている。(38) 最終的に日本語版は漢文版の刊行から四年後、北京にある「支那風物研究会」から同会の叢書の一つとして世に出された。

また日本国内のアカデミズムにおいても辻武雄らの研究成果は適当な評価を受けてこなかった。京都支那学の泰斗である青木正児は辻に対し、「私を落胆させたことは、先生（辻武雄―筆者注）は京劇通ではあるが京戯一本槍の頑固なる戯迷で、崑曲に対しては理解も同情も無く、我が師と頼むに足らなかった」、と記している。(39) これは単に嗜好の違いによる低評価といえるであろう。同じく京都支那学を代表する吉川幸次郎も、「ぼくは北京に行くときに戒めを二つ立てた。芝居を見ない、つまり劇通にはなるまい。それから料理の名前は覚えまい、料理の通になるまい。両方ともそれをふりまわすいわゆる「支那通」がいたので、それへの反撥としてね」、と語っている。[40] ここで吉川が頭に浮かべた「支那通」に辻武雄、村田孜郎、波多野乾一らが含まれていたのかは不明であるが、吉川の芝居と料理に関し熱く語る在野の「支那通」に対する印象は、当時の日本国内のアカデミズムにおいて広く共有されていたものであろう。劇場に通うということは必然的に劇場の開設されている紅灯の巷に出入りすることになり、劇界の人士との付き合いには酒席の場が伴う。とすれば自然と酒肴や飲食文化にも詳しくなっていくであろう。吉川のようにアカデミズムの人間がそれらを不浄なものとして拒絶し、実際には一括りにはできないものの、中国の演劇や料理を語る「支那通」と呼ばれる人士の振る舞いにいかがわしさを感じ、時に反発を抱いていたことは想像に難くない。その結果として在野の中国演劇研究が「支那通」にまとわる負の印象によって、その評価がゆがめられ、不当に低く評価されてしまった。

　辻武雄、村田孜郎、波多野乾一などを代表とする大正、昭和初期の在野における中国演劇研究は、日本の敗戦とその後の日中間の国交断絶により、居留者が激減してその系譜は強制的に絶たれてしまった。ではあるが、彼らの貴重な研究成果は残されており、劇文学研究と実演研究とを問わず、現在の中国演劇研究においても、「支那通」というバイアスにとらわれることなく、先行研究として真摯に向き合うべきであろう。

注

(1) 辻の足跡に関しては、以下を参照。中村忠行「中国劇評家としての辻聴花」(中国戯劇研究会『老朋友』(第二号より『新中国』と改称)第一号~第三号、一九五五~一九五七年)、周閲「辻聴花の中国劇研究」(『一九二〇年代東アジアの文化交流II』思文閣出版、二〇一一年)七二―九三頁、田村容子「『順天時報』と劇評家辻聴花初探」(『第二回日中伝統芸能研究交流会報告書　都市のメディア空間と伝統芸能』大阪市立大学文学研究科、二〇一二年)三〇―五四頁、相田洋「芥川龍之介を驚嘆させた稀代の戯迷(京劇狂)・辻聴花」(『シナに魅せられた人々――シナ通列伝』研文出版、二〇一四年)二五九―三〇六頁、李莉薇「辻聴花対京劇的研究与推介」(『近代日本対京劇的接受与研究』広東高等教育出版社、二〇一八年)一二二―一六八頁。

(2) 普及舎、一八九四年。この他綴り方のテキストである『(尋常科高等科)習字帖草稿写』(普及舎、一八九三年)もある。

(3) 「清国教育問題の研究を促す」(『教育時論』第四七九号、一八九八年八月五日)一―四頁。

(4) 『教育時論』第五七一号(一九〇一年二月二十五日)六―

八頁、同第五九七号（一九〇一年十一月十五日）五―七頁。

（5）『新編東亜三国地誌（上下）』は普及舎、一九〇〇年、『五大洲志（上中下）』は泰東同文局、一九〇二年、『中国地理課本』は普及舎、一九〇三年、『万国地理課本』は泰東同文局、一九〇四年で出版地は何れも東京である。地理テキストに関しては『万国地理課本』の「凡例」において、新設された中国の小中学堂生向けであることを明記している。この時期の辻の地理論を対象とした論考に、浅沼千恵「明治末日本における中国教育に関する言説――『教育時論』と辻武雄を中心に」（『教育思想』第四五号、二〇一八年）一〇三―一一七頁がある。

（6）宝来館（南京）、一九一〇年。

（7）「上海に於ける衣住食（四）」（『教育時論』第七五四号、一九〇六年三月二十五日）二二頁。

（8）東亜同志会に関しては、齋藤仁志「辛亥革命期における東亜同志会の活動――外務大臣内田康哉との関係を中心に」（『立命館大学人文科学研究所紀要』No.一三三、二〇二二年）三九―六〇頁を参照。

（9）亀井の社長就任時期に関しては、青山治世「『順天時報』とその社論・論説について――形態と執筆者の変遷を中心に」（『『順天時報』社論・論説目録』東洋文庫、二〇一七年）三〇四―三〇七頁、辻の入社の経緯に関しては、「橋川時雄先生を囲んで」（『東方学回想VI　学問の思い出（2）』刀水書房、二〇〇〇年）一二二頁を、それぞれ参照。

（10）「片山敏彦」（『東亜先覚志士記伝』原書房、一九六六年）一二三〇頁。

（11）「支那劇及び脚本」（『歌舞伎』第一二三号、一九一〇年）五〇頁。

（12）「僕と支那劇」（五）（『新支那』第一六四号、一九一五年九月十二日）。

（13）馬光仁『上海新聞史（一八五〇―一九四九）』（復旦大学出版社、一九九六年）三九四―三九五頁。

（14）倪百賢・王潮鳳編「《申報》戯曲文章索引」（『上海戯曲史料薈萃』第四集、上海芸術研究所、一九八七年）一―二〇頁。辛亥革命前後の時期に新聞で劇評が激増した時代背景に関し、社会の名士たちが社交の場において新聞掲載の劇評から得た劇界の動向・楽屋話を話題にするようになったという指摘がある（松浦恆雄「中国都市演劇における特刊の役割――民国初年の特刊を中心に」（『野草』第八五号、二〇一〇年）二〇頁）。

（15）鄭正秋の劇評に関しては、拙稿「劇評家鄭正秋――『民立報』と『民権報』を中心に」（『饕餮』第二〇号、二〇一二年）八―二六頁を参照。またこの時期の劇評を対象とした研究成果に、趙海霞『近代報刊劇評研究（一八七二―一九一九）』（斉魯書社、二〇一七年）があり、辻も第四章第五節の「二」にて単独で紹介されている（二七八―二八八頁）。同書で言及された劇評家は辻の他、馮叔鸞、張厚載、鄭正秋、周剣雲、黄遠生、徐凌霄、穆辰生であるが、辻の紹介に関しては誤った記述もあり、『順天時報』掲載の辻の劇評も一九一九年までとなっている。

（16）辻聴花『支那芝居　下巻』支那風物研究会、一九二四年、一五一頁。

（17）老老「關於辻聽花」『中華画報』第一巻第四十七期、一九三一年八月二十一日。この記事は辻の死の直後に発表されたものである。

（18）『順天時報』一九二九年七月十三日五版には、宴席の参加者による集合写真が掲載されている。同紙の「聴花寿記（下）」で辻は、四大女形の一人である尚小雲とその弟で同じく京劇役者であった尚富霞の二人が中座しその撮影に加われなかったことを「殊の外遺憾であった」と記している。

(19)「自序」『支那芝居　上巻』(支那風物研究会、一九二三年)一頁。

(20) 同上。

(21) 滬友会『東亜同文書院大学史』(滬友会、一九五五年)一三〇頁。ストライキの顛末は、予定されていた卒業生宗方小太郎の講演会が教職員のビリヤード大会と重なり中止されたことを知り、黄会のメンバーである大西斎(のち朝日新聞社)、米内山庸夫(外務省)、賀来敏夫(大倉組)、村田孜郎、波多野乾一らが抗議し、寮監らの退職を求めたということであった。この箇所の執筆者は波多野乾一と蔵居良造である。

(22)『大支那大系　第十二巻』(萬里閣書房、一九三〇年)、東亜同文会研究編纂部『昭和十年版　最新支那年鑑』(東亜同文会、一九三五年)、竹内夏積『支那の全貌』(信正社、一九三七年)。

(23) 村田孜郎に関しては以下の研究成果がある。姚紅「日本の知識人と京劇――村田孜郎を中心に」(『言語・文学研究論集』第十四号、二〇一四年)四五―五六頁、高橋龍夫「村田孜郎　中日文化交流の先駆者」(和田博文他編『〈異郷〉としての大連・上海・台北』勉誠出版、二〇一五年)二二一―二三七頁、秦剛「芥川龍之介中国視察の案内人――村田孜郎、波多野乾一に関する資料拾遺」(『芥川龍之介研究』第十五号、二〇二一年)四九―五七頁、川尻文彦「大阪毎日新聞上海特派員村田孜郎について――一九二一年四月、上海フランス租界での李漢俊(李人傑)と芥川龍之介の面談を設定した背景を探る」(『人文学研究所報』第七十号、二〇二三年)五五―七三頁。また中国語による近年の研究成果として、李莉薇「村田烏江、井上紅梅対京劇的伝播」(前掲『近代日本対京劇的接受与研究』)二四四―二七六頁、秦剛「芥川龍之介的中国京劇縁――曽協助梅蘭芳訪日的日本戯通的橋梁作用」(『梅蘭芳学刊』第三輯、二〇二〇年)五三―六五頁、などがある。

(24) 前掲『東亜同文書院大学史』、一三一―一三二頁。なお「紅蓮洞」とは奇癖、逸話の多かった文壇の名物男坂本紅蓮洞を指すと推察される。

(25) 波多野乾一「撃天荘時代(風見・中野・緒方)」(『大陸』一九四〇年十月号)一八八頁。前掲『東亜同文書院大学史』の「卒業生並びに在籍者名簿」にも、村田孜郎の名前は第八期、第九期それぞれに掲載されている。それに対し同書編集時存命であった波多野は第九期にのみ掲載されていて興味深い(三〇七―三〇八頁)。

(26) 前掲『東亜同文書院大学史』、一八九頁。

(27) 玄文社、一九一九年。

(28) 村田孜郎「戯迷時代」(『支那の左翼戦線』万里閣書房、一九三〇年)二九六頁。

(29) 荒木利一郎編『大阪毎日新聞五十年』(大阪毎日新聞社、一九三二年)四四六頁。

(30) 読売新聞一〇〇年史編集委員会編『読売新聞一〇〇年史別冊　資料・年表』(読売新聞社、一九七六年)二七一頁。

(31) 善隣会編『善隣協会史――内蒙古における文化活動』(社団法人日本モンゴル協会、一九八一年)ii、二六八、二七八頁。

(32) 村田の最期に関しては前掲の秦剛「芥川龍之介中国視察の案内人――村田孜郎、波多野乾一に関する資料拾遺」で指摘されたように、朝日新聞記者須田禎一の自伝『独弦のペン・交響のペン――ジャーナリスト三〇年』(勁草書房、一九六九年)六五頁に須田が上海で死に水を取ったことが記されている。

(33) 波多野乾一の略歴に関しては、前掲『東亜同文書院大学史』一三二頁、「同じ著者に依りて」（波多野乾一『現代支那の政治と人物』改造社、一九三七年）をそれぞれ参照。波多野に関する研究成果に、波多野眞矢「民国初期の北京における日本人京劇通――波多野乾一を中心として」（『人文研紀要（中央大学人文科学研究所）』二〇一〇年）二五一四七頁、及び李莉薇「波多野乾一対京劇的研究」（前掲『近代日本対京劇的接受与研究』）二二三―二四三頁がある。

（34）大西斎「波多野乾一著　支那劇大観」『朝日新聞』一九四一年四月五日。

（35）『支那劇と其名優』二八一頁。

（36）胡児「副浄の持つ悪の美」（『支那劇研究』第一輯、一九二四年）一六―一七頁。胡児は支那劇研究会のメンバーで当時三菱公司の上海駐在員であった竹内良男の筆名。

（37）「支那に来てから（上）」（『支那問題』一九二三年十月号）五四六―五四七頁。

（38）前掲「自序」『支那芝居　上巻』四頁。

（39）青木正児「聴花語るに足らず」（『新中国：演劇・文学・芸術』一九五六・新春号、中国戯劇研究会、一九五六年二月）四九頁。

（40）吉川幸次郎『遊華記録：わが留学記』（筑摩書房、一九七九年）一〇一頁。ちなみに吉川の中国留学期間は辻が在世中の一九二八年から一九三一年にかけてで、「中国の芝居はあまり好きではないいな。いま考えると、もっと見ておいたらよかったと思うけれども」、とも語っている（同上）。

V　ジャーナリストの目に映った中国

橘樸と中国――「大正知識人」の光と影

谷　雪妮

こく・せつに――北京師範大学歴史学部・講師。専門は東アジア思想史、国際関係史。主な論文に「橘樸による「自我」の探求と中国評論――日中思想界の同時代性と差異に注目して」（『史林』第一〇四巻第五号、二〇二一年）、「橘樸における「生存権」のデモクラシーと中国――一九二〇年代を中心」（『社会思想史研究』第四六号、二〇二二年）などがある。

本稿は従来中国問題研究家のみとして知られてきた橘樸を、明治末期の「煩悶青年」に出自をもつ「大正知識人」として捉えなおし、「自我」と「社会」の発見という二つの角度から考察する。また、一九二〇年代初期までの彼の思想形成と中国評論を考察する。また、その中国評論は同時代中国の新文化運動と社会改造の実態とどのように合致、あるいは乖離したのかを検討することによって、その中国論の光と影を明らかにする。

はじめに

橘樸（一八八一～一九四五）は日露戦争後の一九〇六年に大連に渡り、四五年に瀋陽で客死するまで生涯の大半を中国大陸で過ごした中国問題の研究家、ジャーナリスト、思想家である。

橘は長い間、日本思想史のアウトサイダーと目され、「日本の中国認識」という角度のみから検討されてきた。山本秀夫による橘伝を含めた先行研究は橘の言説を同時代のコンテクストから切り離して、事後的な観点から、その中国革命論や社会論の是非を外在的に批評する傾向をもつ。それに対し、筆者は橘が生きた同時代の思想史・精神史の流れを踏まえたうえで、橘の思想形成を考察し、その人生観、社会観、デモクラシー論などを含めた人物像を再構成することを試みてきた[1]。その際、大いに参照となったのは、日本思想史における知識人の世代論である。

日本では社会環境や知的基盤などの移り変わりにより、明治、大正、昭和期の青年知識人層はそれぞれ異なる特徴を持っていた。内田義彦は「明治初年の動乱から自由民権をへて二十年のナショナリズムに至る時代に、モラル・バックボーンを形成された」明治青年の特徴は、明治国家の建設に参入する「政治的能動性」をもつことであると指摘した[2]。日本の「支那学者」でいえば、政教社を代表とする明治二十年代の文化ナショナリズムの薫陶を受けて成長した内藤湖南（一八六六～一九三四）はこの世代に分類することができる[3]。

それに対し、橘は次の世代、つまり「日清戦争前後に物心がつき、日露戦争前後の軍国主義の雰囲気の中で自我の覚醒を与えられた[4]」世代に属す。当時明治の国家機構の建設が完了し、社会生活はルーティン化し始めた。明治の旧世代にみられた、国家をいかに作っていくかを自分の使命とする課題意識が後退し、逆に明治国家とそれを支える倫理道徳が「自我」を束縛する桎梏と感じられた。既存社会に自らの存在根拠を見失う煩悶する青年が続出した。飯田泰三によれば、「煩悶青年」の登場は日本のトータルな知性構造に変化をもたらした。明治の旧世代に見られる「国家」に集中された課題意識が解体され、一九一〇年代から二〇年代前半にかけての大正期において、一方では内面的な「自我」の発見とそこから出発する哲学・文学・宗教的な関心、他方では生きづらさを解決するための「社会問題」に対する関心と社会科学の受容に分化していったという。飯田はこうした明治末期の「煩悶青年」に出自をもつ知識人集団を「大正知識人」と呼んだ[5]。

本稿は上述の知識人論を参照しつつ、また中国を拠点としていた橘の独自性にも留意し、「自我」と「社会」の発見という二つの角度から、「大正知識人」としての橘像を提示したい。そして、こうした「大正的」な思想状況が彼の中国評論にいかに投影されたのか、またその中国評論は同時代中国の新文化運動と社会改造の実態とどのように合致、あるいは乖離したのかを検討することによって、その中国論の光と影を明らかにしたい。こうした作業は「大正知識人」と、次の昭和期におけるマルクス主義の流行やファシズムの状況との関係性を考えるうえでも有益だと考える。

なお、紙面が限られているため、各節の詳細な考察については注（1）で挙げた拙稿も合わせて参照されたい。

一、「自我」の発見と中国哲学

（1）大正思潮の吸収

橘は若きころ、身体と内面の両方が厳しく管理される学校

教育になじめず、一九〇一年にトップの成績で熊本第五高等学校に入学しても、一年足らずで退学させられた。一方、五高にいる間、熊本の「支那熱」から影響を受けて、中国問題に関心を抱き始めた。

橘が五高をやめて、東京で放浪していた頃、ちょうど第一高等学校の学生だった藤村操が「万有の真相」は「不可解」なりと書き残して華厳滝に身を投じた事件が発生した。この事件は大々的に報道され、これを機に青年学生の煩悶は社会現象となった。こうした精神的雰囲気の中で青年期を過ごした橘は、のちに「青年時代に人生の意義を知りたいと苦労したことがある」と振り返った[6]。立身出世の保証となる「進学ルート」から外された橘は、日露戦争後の日本の大陸進出にともなう記者の需要に、自らの進路を見出した。

図1　熊本五高時代の橘樸（山本秀夫『橘樸』中央公論社、1977年、16頁）

図2　済南の橘樸宅にて。左から橘夫人・すみ、長男・順、八重（『楠』第5号、1975年9月、52頁）

橘は一九〇六年から一三年まで『遼東新報』の記者をつとめ、一三年七月に北京に転居し、週刊『日華公論』の主筆となった。一八年九月に、日本のシベリア出兵の従軍記者となったが、その途中で脳溢血で倒れ、満洲里の病院で三か月以上の闘病生活を送った。第一次世界大戦後の激変する世界状況の中で、また死に近づいた経験から、橘は次第に内省的になり、人生哲学の問題を思索するようになった[7]。

病気から回復した橘は、一九年から天津と北京で刊行された日本語新聞『京津日日新聞』の主筆をつとめ、二〇年から二二年まで山東省に赴任し、東方通信社の特派員をつとめていた。そこで五高時代の友人福冨卯一郎と再会し、その妻・八重とも知り合った。八重は、兄・宿南昌吉をはじめ、兄と親交のあった阿部次郎らとの交流の中で少女時代を過ごしており、いわば旧制高等学校出身の教養派知識人の雰囲気に浸かっていた。阿部が自らの煩悶と成長を記録した大正のベストセラー『三太郎の日記』にも登場した人物だった。この八重は橘と知り合った後、生涯にわたって橘と親交を続け、彼を師として慕った。

八重が残した橘関連の日記、回想、書簡は、橘の内面を知るうえで重要な資料である。八重によると、済南にいた頃の橘は「閑散時代」にあり、毎日「読書三昧」だった。『青島新報』に「神経衰弱日記」を連載していたようだ。中国にける日本語書籍の流通網が整備しつつある中で、橘は中国にいながらも、日本思想界の最新の動向を吸収できた。その読書ぶりについて、八重は「次から次と買い入れてはまたたく間に読みつくす」と語った。読書の対象は哲学、文学、美術、社会学、心理学など多分野にわたっていた。文学はドストエフスキーなどロシア文学の作品が多かった。哲学は、阿部次郎の『人格主義』やショーペンハウアーの哲学、美術は日本の古美術からフランス絵画史、社会学はクロポトキン『相互扶助論』などがあった[8]。中国問題研究家のみとして知られてきた橘は、実は洋の東西を問わない幅広い読書により、「人格」の向上につとめる大正期日本の教養知識人の側面を持っていた。

また、橘は「自我」の内奥に「宇宙の人格者」という個人を超える普遍的なものを想定し、そこに自らの「安心立命」の根拠を置いた[9]。大正期の文芸・思想界では、「自我」の内奥に個人の存在を超えた「宇宙の生命」を想定する生命主義が流行していた[10]。橘はショーペンハウアーやベルクソンの「生の哲学」、永井潜の生理学のような「生命の不思議」を論じたロマン主義的な生命科学に関する著書を読んでおり、こうした「生命主義」の影響を受けていた。「生命主義」は主知主義と合理主義に対抗して、あるがままの生を肯定し、理性に対する感情・直観・体験の優位を重視していた。こうしたロマン主義的な思考は橘の中国評論にも反映されていく。

（2）「知るは難く、行うは易し」の哲学

橘は一九二二年に『京津日日新聞』の主筆に再任した。そこで、中国の社会評論のみならず、人生論や女性論も次々と発表した。二三年四月十一日の「孫文の人生哲学」と題する記事の中で、橘は孫文の人生哲学を批評しながら、自らの人生哲学を論じた。孫文は一九一九年に『孫文学説』を刊行し、「知るは難く、行うは易し」という人生哲学を披露した。それは、原理に対する知識を持たなくても、実際に行動することによって、経験的な知識を得て、さらにこれを合理知へと発展させることを意味する実践哲学である。橘は孫文の主張を王陽明の唯心論的な「知行合一」の延長線上に捉えたうえ

で、経験を重視する孫文の実践哲学を「主意主義的プラグマテスト」と解釈し、そこに自らの人生観を代弁してくれる哲学を見出した[11]。

橘はさらに「知るといふこと」という論説の中で、感情を人間の心理活動における最も基礎的なものと位置付け、理知もその派生物にすぎないと主張した。そのうえで、感情を媒介とする「体験」を通じて、外在的な知識を内面化し、「人格」に統合されれば、それが実践意志を生み出し、今後の実践（「行」）もたやすくなると説いた。これが彼のいう「知るは難く、行うは易し」の骨子であった[12]。

こうした橘の人生哲学を日本の思想界に位置付けるならば、大正期日本のアカデミズムの哲学はカントから新カント派に移行していった。それに対して、プラグマティズムはジャーナリズム、さらにもっと広く在野の学界に迎えられていった。同時代に社会評論家として活躍した生田長江・中澤臨川によると、「プラグマティズムとは人本主義、主情意主義を地盤として発生した哲学上の一新傾向で絶対主義、主知主義に反対するもの、どこまでも人間の要求を本意として、真理も実在もそれによって改造して行く可き」と主張する「一新人生観」である[13]。橘のいう「主意主義的プラグマテスト」もその一例といえよう。

ただし、留意すべきことは、大正期の日本におけるプラグマティズムは、生田らが指摘したように、「主情意主義」の傾向を持っていた。橘も自らの主意主義上の経験主義と、実行による結果のみを重視する「浅薄」なプラグマティズムとを区別していた。以下で述べるように、新文化運動期の中国の思想動向について、橘はアメリカでプラグマティズムを学んだ胡適の科学的な「実験主義」よりも、「生の哲学」を取り入れて「体験」と「直観」を重視した梁啓超らの「東方文化派」に親近感を抱いていた。

（3）新文化運動に対する観察

一九一五年から始まる中国の新文化運動は伝統的な儒教を批判し、新しい人間形成に向けての「人生問題」を提起した一方、古い価値にかわる安定した価値観念を提示することができなかった。多くの青年知識人は人生の意味付けに切迫されながら、それを容易に見出せなかった。一九年に北京大学の学生が自殺した事件が起こり、これを機に青年の「煩悶」と「自殺」が社会問題となった[14]。新文化運動期の中国は新旧価値の過渡期にあり、明治末期から大正期にかけての日本と相似した思想・精神状況にあった。

中国の思想界では、一九一〇年代後半から、「東西文化問題論戦」が起こり、さらに二〇年代前半にかけて、「科学と人生観論戦」へと発展した。一方で、梁啓超、梁漱溟らは「生の哲学」を根拠に、人間の心理において重要な役割を果たすのは知識でなく、情と意にあるとして、「直観」により人間の内的生命を把握すべきであると主張した。また、中国文化の長所がこの「直観」にあるとして、中国文化による西洋文明の救済を唱えた。他方では、胡適や丁文江が率いる「科学派」は、実証主義と科学主義の立場に立ち、「科学の方法」はあらゆる学問分野に適用できるとして、客観的論理と事実に基づく「科学」に東西に共通する普遍的な原理があると主張した。[15]

橘は北京と天津という新文化運動が繰り広げられる渦中において中国の思想動向を観察していた。中国の新思想家の中で、橘は蔡元培の唱える「美育」を高く評価し、蔡が芸術教育による感情の涵養を重視したことは、二十世紀文明の「最大特色」である「主情的傾向」と合致しており、それが「革命家として及び教育者としての彼の強みでなくてはならぬ」という。[16]

一方、中国では一部の急進的青年がマルクス主義の影響を受けて、すべての宗教を「迷信」とする「非宗教運動」を展開した。それに対し、橘は彼等が「科学的迷信を以て宗教的迷信に代えよ」と主張しているにすぎないと批判した。また、「理知」の認識力は皮相にとどまり、核心には到達できないとしたうえで、「感情の体験」を通じて、「民衆の心持」に寄り添うことを説いた。[17] 先行研究は新文化運動に対する橘の共感を主張してきた。しかし、理性に対する感情の働きを重視する橘の人生哲学は、「科学万能」を掲げる中国の一部の新思想家の主張とは相いれないものがあった。彼がこの時期に行った中国の道教研究も、実は中国の急進的青年の行った「非宗教運動」へのアンチ・テーゼの側面を持っている。

（4）老子哲学における「自然」

「東西文化の契合点」という記事の中で、橘は「亜米利加仕込みのプラグマチスト」である胡適の中国の思想界への影響を認めながら、梁啓超の人生哲学の意味を説いた。橘からみれば、機械的な因果律を追求するあまりに煩悶と憂鬱に陥ってしまうという現代社会の問題を解決できるのは、胡適の徹底した科学的な「実験主義」ではなく、中国文化の中に「生の哲学」の側面を見出し、人間の非合理的な内面に光を照らした梁啓超ら「東方文化派」の人生哲学であった。ただし、橘は「東方文化派」の主張のすべてに賛同したのではない。とくに「孔子又は原始儒教を以て一切の支那思想を代表させようとする所」に不満を感じ、老荘哲学こそが中国文化の長所を代表していると主張した。[18]

二五年に刊行された『道教』の中で、橘は老子の哲学に対する自らの見解を示した。橘からみれば、老子哲学の奥義は「自然」にあり、つまり「現象を只だ其のあるが儘にみること」である。その人生哲学は「現象なり、運命なりの動くが儘に、無邪気に従つて行くこと」である。[19] 橘が解釈した「自然」は、ベルクソンのいう絶え間なく流れていく生命を内容とする「純粋持続」と、それをあるがままに記述する「直観」を彷彿させる。生命主義の影響を受けた橘は、老子の「自然」に共感し、そこに中国文化の長所である「人生観」を代表するものを見出したのである。

しかし、二〇年代半ば以降の中国は、「懐疑」の時代から「科学」の時代に移った。「非宗教運動」に見られる中国の急進的青年の宗教に対する強烈な批判意識は、逆説的にも「科学」というもう一つの「信仰」の確立につながった。[20] 多くの「煩悶青年」は「国家」の運命と「社会」の制度を改善できない限り、「自我」の問題も解決できないと認識するようになり、マルクス主義こそが社会を動かし、歴史への解釈法を提示し、人生観を支配する唯一の真理であると捉えるようになった。[21] したがって、本項で検討した橘の中国の思想界における「主智的」な傾向への批判と、老子哲学への傾倒は、科学と革命を新たな「信仰」として掲げる一九二〇年代後半からの中国の時代潮流との乖離を示すものでもあった。

二、「社会」の発見と中国改造

(1)「相互扶助」的社会像

以上では明治末期の「煩悶青年」だった橘が大正期日本で流行していた教養主義や生命主義などの諸思潮および、孫文の人生哲学を吸収することによって、「自我」を確立するための哲学的・主観的根拠を得たことを確認した。他方、「自我」と外部環境たる「社会」とのかかわりについて、橘はクロポトキンの相互扶助論に依拠し、人間の「ソリダリティーの本能」を強調した。こうした本能は蟻や蜂など集団生活をしている動物でさえ持っており、それと比べて人間は「利他的行為が直接又は間接に利己的欲求を満足させる所以だと云ふことを意識する能力」を持っていることから、「一層高い利他本能発揮」ができるという。橘はクロポトキンによる「相互扶助的利他的本能」の主張は「現代思潮に美しさと温かみを与えた」と評価した。[22]

クロポトキンの相互扶助論は第一次大戦後に日本の論壇で流行していた。従来のダーウィン的な社会進化論は人間の「利己心」にもとづく「生存競争」を強調し、それが結局一元的国家観につながるのに対し、クロポトキンが提示した生物進化論的な「互助」観念は、大正期の知識人に人間の共存の可能性を示し、国家の統制から自律した「社会」の発見を可能にした。同時期の橘の中国評論に目を向けると、橘は第一次大戦以降の上海総商会をはじめとする中国の商人団体の改造運動を追う中で、中国特有の「ギルド」組織およびそれによって構成される「社会」を発見するに至った。以下ではその過程を紹介する。

(2) 中国商人団体の改造運動

まず一九一〇年代後半から二〇年代前半期にかけての中国の政治状況を紹介すると、中央政治は軍閥間の戦争と南北対立で混迷していた。内戦の頻発は社会の秩序を乱し、民衆に多大な損失を与えた。また、北京政府は軍事費を捻出するために公債を無計画に発行し、雑多な税を商人に課したため、中国商人は政府に対する不満を高めた。上海総商会をはじめとする中国の商人団体は、第一次大戦がもたらした軽工業の勃興期の中で勢力を伸ばし、大戦後のデモクラシーの思潮から影響を受け、「直接民権」を掲げ、軍備縮小、財政整理、憲法制定、地方自治などを内容とする民治運動を推し進めた。また、民国以来の議会政治の失敗を受けて、二二年には全国の商会、農会などの職業団体を集めた「国是会議」を開催し、二三年には「民治委員会」という新たな民意機関を組織しようとした。[23]

橘は五四運動以来の商人団体の活躍に注目し、各省の総商会に代表される商人団体は「対内的にも対外的にも此民族運動の中心勢力とするに最も多くの資格を持つもの」と考察した。[24] そして、上海の『時事新報』などの中国語新聞と『ノースチャイナ・デイリー・ニューズ』をはじめとする英字新聞を通じて、中国各地の同業・同郷団体、さらに全国商会聯合会や全国銀行公会などの聯合団体の動向を追い、それを『京津日日新聞』で紹介した。橘からみれば、労働者の多数がまだ「プロレタリヤ革命」を意識せずにいる中で、学生の目指す「プロレタリヤ革命」は時期尚早であるが、商人団体はすでに「ブールジョア革命を意識して行動して居るやうに見える」。そして、商人団体が労働者の利益を代表する学生団体と手を組んで軍人と官僚に立ち向かうことは、フランス革命における第三階級の商工者と第四階級の労働者が連携して第一と第二の特権階級を打倒することと同様なものであった。[25]

一九二三年の四月から五月にかけて、内債基金問題、臨城事件をめぐる中国商人と北京政府との対立の深化は、橘に中国のブルジョア革命が実行期に入ったと確信させた。橘は上海における同業・同郷団体が保衛団や義勇団などの自衛団体を組織して軍人と官僚の弊害に対抗し、また外国と交渉して北京政府への援助を中止させようとした動向に注目し、「支那商人の大同団結を作りこれに労働者及び学生を加えた交渉団体を列国が承認して、それに剰余金を渡し且つ裁兵其の他必要な資金をドシ〳〵貸しつける」という案を当時駐中国の代理公使・吉田伊三郎に建言した[26]。

このような中国の商人団体による政府組織を支持する橘の論調は、同時代の日本では極めて特殊だった。当時中国をめぐる日本の新聞報道は、中央政府の政争や軍閥の地盤争いに関する電報で溢れている[27]。内地にいる日本の知識人は、中国各地方の同業団体の動向について知る由もなかった。北京と天津を拠点とした橘は、内地の知識人より遥かに多くの情報源を持ち、日々中国で刊行された各種の中国語新聞、英字新聞を確認しているからこそ、商人団体の動きを追うことができたのであろう。また、当時欧米人中国通の中で「商人政府」を唱える議論があった[28]。橘はしばしば欧米人中国通の「商人政府」論を紹介しており、それを参照していたと推察される[29]。

(3)「ギルド」の発見

橘は上海総商会の動向を追う中で、さらに商人団体などの同業自治の組織にも注目するようになった。一九一〇年代後半から二〇年代前半期にかけての中国は中央政治が混迷していた一方、中央政府の管理が緩慢であるがゆえに、言論と結社の自由度が比較的に高く、各種の民間団体が活発に機能しており、公共的秩序を維持していた[30]。橘もこうした中央政治の混迷とは対照的な職業団体の活力に目を向けていた。

橘は当初中国商人の動向を紹介する際に、「商人団体」「商会」「同業組合」などの言葉を使っていた。管見のかぎり、橘が初めて中国の同業団体を「ギルド」と呼んだのは、一二三年一月に連載された章士釗の英文の著書『聯業救国論』に対する批評記事の中であった。章は第一次大戦後に訪欧し、ギルド社会主義の影響を受け、中国固有の同業団体という「ギルドシステム」と、士農工商という身分制をもとに、「職業代表制」を提唱した。橘は章のいう身分制にもとづく代表制には賛同しなかったが、章の著書を通じて中国の同業団体が欧米の「ギルド」に相当するものであると認識するようになった。また、章が言及した中国の「ギルド」に関する英文の著書や、東京『時事新報』の上海特派員・小山清次の『支那労働者研究』などを通じて、中国の商人、労働者の「ギルド」に関する知識を深めた。

中国の伝統的な自治組織は権威政治をもとに行われており、個人の自由を主張する近代的デモクラシーと抵触するところがあった。橘は労働者の「幇」における「親方」の「徒弟」に対する人格と自由の規制に気付き、また近世資本主義の影響により伝統的な「ギルド」の慣習が脅かされつつあり、「親分子分関係」は労働者の意識の覚醒によって消滅する運命を持っていると認めた。一方、橘は労働者の闘争組織としての「ギルド」の団結力と戦闘力を強調し、近代的合理主義者やマルクス主義者のように理屈にこだわるのではなく、「支那で社会革命を起こすとしたらロシア流のソビエト組織よりも支那流の親分子分関係をそのまゝ承認してこゝに労働者の団結力及び戦闘力の基礎を置くべきであろう」と論じた。さらに、商人の起こすブルジョア革命にせよ、次に来る労働者の起こす社会革命にせよ、「支那の改造運動に働くギルドの力が非常に重要だ」と説いた[31]。

こうした一連の考察を通じて、橘は「支那のギルドを研究する事によつてそこに政治とは全く離れた、時としては却つてそれに対抗する所の組織が民衆即ち商人及び職人の間に遍在して居る」こと、またそれによって「支那が民族的社会的一大ユニット」を構成していることを発見するに至ったと語った。さらに、西欧などの先進国は「国家民族及び社会が大体に於て同一物となつて居る」のに対し、中国では「国家」に対して「社会」は「ギルド」を組織して対抗しているという「風変りな事実」こそが「支那改造の前途に関して最も重大なる役目を演ずる」と主張するに至った[32]。

中国の民衆が「ギルド」などの自治団体を組織して、秩序を形成するとともに公権力に対抗していくという橘の中国「社会」像は、清末以降の中国の都市で商人団体が自治の領域を拡大して、公権力による介入を排除した「市民社会」を形成する契機があったという一九八〇年代以降の欧米の中国史研究者の議論と近似性をもっている。しかし、中国の自治団体は多くの場合決して橘が言うように体制に対抗する志向を持つのでなく、ときには公権力と絡み合い、自らに必要な資源と権力を手に入れようとした[33]。橘のいう「国家」対「社会」の二元構造は中国の自治団体と公権力との複雑な関係を単純化してしまった。

(4) 広東の商団事件に対する見方

橘が期待した同業団体の政治参加と自治は一九二四年の広東省の商団事件を転機に大きく後退した。広東省の商団は上海総商会よりも早く「商人政府」を目指しており、銀行、学校、議事堂、電話網などを設け、さらに新式の武器も購入し、武装化を進めていた。一方、孫文を軍閥と結託した勢力と見なし、広東軍政府が成立した当初から不信感を抱いていた。広東軍政府と商団は税の徴収などをめぐって対立し、さらに武力衝突に発展した。政府軍は他省の軍閥と連携して、商団

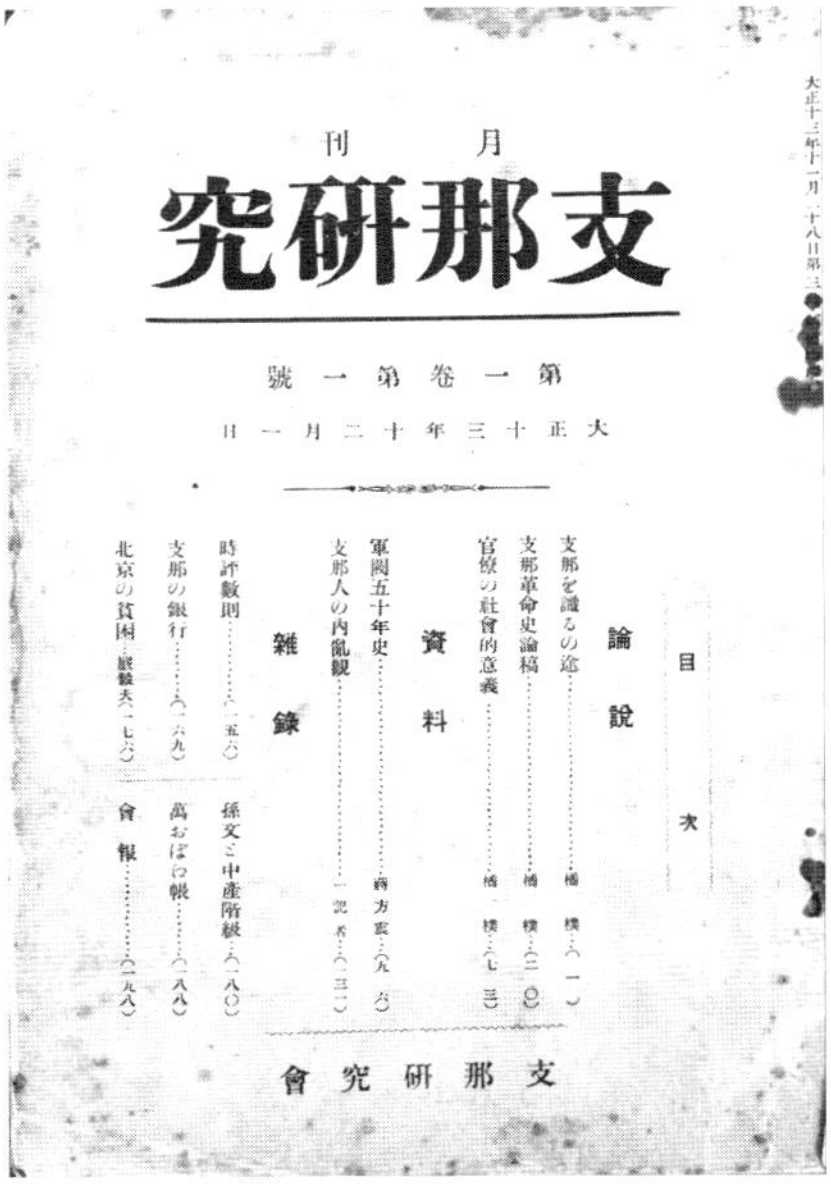

図3 『月刊支那研究』創刊号

の軍隊を鎮圧し、商団を解散させた。この事件はそれ以降の国共合作下の広東軍政府による中国統一のメルクマールとなり、それは従来の「都市自治・市民自治を育成することによる地域レベルから国家建設を進める路線」が破棄されたことを意味した(34)。

しかし、橘はこうした展開を読み取ることができなかった。彼は一九二四年に旅順で『月刊支那研究』を創刊し、それまでの中国論を理論化していった。その「中産階級」革命論は、それまでの中国商人の改造運動に対する観察をもとに、商人を含めた「中産者」が各種「ギルド」を組織して支配階級である軍閥官僚に対抗していく構図だった。広東の商団事件について、橘は「支那人気質の階級別的考察」という論説の中で、広州の商団の主導のもとで形成された保衛団大連合に、「他日支那民族が彼の民族国家を建設する過程の雛形」を見出した。こうした認識は広東の商団事件の意味および国民革命の実態とは大きく離れていった。

『京津日日新聞』時代の橘は近代資本主義の進展により伝統的な「ギルド」が解体されることを見込み、また「ギルド」内部の権威政治と近代的デモクラシーとの矛盾を意識していたが、こうした認識は上記の論説の中で大きく後退した。橘は家族政治と「ギルド」政治を切り離して、前者は血縁関係にもとづいた父権政治であるのに対し、後者は「相互扶助の対等なる道徳意識が夫れの精神的基礎を形造る」と主張した。また、「ギルド」を中国の商工業者の固有の経験と「気質」と見なし、「ギルド」の中で行われた「専制的自治」は「共通利益を確保する為に必須且有効な手段」と捉えた。さらに、こうした「ギルド」政治とその「相互扶助」的な機能を近代的なデモクラシーと時代の要求を超越した「亜細亜的デモクラシー」と主張するに至った(35)。これは中国社会の実態を考察しているというよりは、当為としての「相互扶助」的社会像を追求する思考が目立つ。中国の「ギルド」を「気質」と解釈する相対主義、本質主義的なまなざしと、互助的社会像への憧憬は橘の中国社会に対する科学分析の深化を阻み、満洲事変以降の彼による「東洋的共同社会」の析出につながっていく。

おわりに

本稿は「自我」と「社会」の発見という二つの角度から、一九二〇年代前半までの橘の思想形成と中国評論を考察した。

橘は大正期日本で流行していた教養主義、生命主義などの思潮、そして孫文の「知るは難く、行うは易し」の哲学を吸収したうえで、感情および実践意志を重視する人生哲学を打ち出した。こうした橘の人生哲学は、新文化運動の中の「東方文化派」の立場と近かった。ただ、「東方文化派」は儒学に中国文化の長所である「人生観」を見出したのに対し、橘はそれを老荘の哲学に求めた。一方、橘は「非宗教運動」に見られた中国の新思想家による「科学万能」の主張を批判した。こうした中国の思想界における「主智的」な傾向への批判と、老子哲学への傾倒は、科学と革命を新たな「信仰」として掲げる一九二〇年代後半からの中国の時代潮流との乖離を示すものであった。

橘の一九二〇年代初期の中国社会に関する時評は、同時代中国の職業団体の政治的覚醒と政治参加、各種自治団体による公共的秩序の形成といった、「単線」的な建国と革命の物語に対する「複線」的な歴史を示した。橘は第一次世界大戦以降の上海総商会をはじめとする中国の商人団体の政治参加の動向に対する観察から、また上海の『時事新報』の新聞報道や欧米の中国通の言説を参照しながら、自らの中国改造論および「ギルド」を構成単位とする中国「社会」論を打ち出した。こうした中国社会像は彼の国民革命論の下地となり、それ以降彼の中国論の方向性を規定した。

橘は科学的中国研究を提唱する先駆者として知られてきたが、本稿で明らかにしたように、彼はまた二十世紀文明の特徴を「主情的」と捉えており、「科学」や合理主義の有限性を意識し、外在的な真理よりも感情を媒介とする「体験」を重視した。したがって、彼のいう「科学」は一種の経験主義的な科学と見なしたほうが妥当である。民衆の気持ちに寄りそうこと、そして民族の長い歴史の中で形成された慣習や経験が重視された。一方、普遍的な規範が欠如し、また「体験」などのロマン主義的な概念の混入、「相互扶助的」な「共同体社会」への憧憬は、彼の中国に対する社会科学分析の深化を阻んだ。

満洲事変以降、橘は知性を中心に結合する西洋の「利益社会」と、情意を中心に結合する東洋の「共同体社会」とを対峙させて、後者の優位を唱えるアジア主義的な言説を打ち出すに至ったが、本稿で考察したように、「情意」の強調および「亜細亜的」な「共同体」への追求といった点は、すでに一九二〇年代初期の彼の中国評論に現れていた。この意味で、彼の中国学における「影」の部分は、大正期のヒューマニズムとデモクラシーが「昭和ファシズム」に転換していく流れを考えるうえで、示唆的である。

注

(1) 拙稿「橘樸による「自我」の探求と中国評論――日中思想界の同時代性と差異に注目して」(『史林』第一〇四巻第五号、二〇二一年)三二―六八頁、「橘樸による中国「社会」の発見――第一次世界大戦後の中国商人の民治運動に対する観察をもとに」(村上衛編『転換期中国における社会経済制度』京都大学人文科学研究所、二〇二一年)三四一―三八一頁、「橘樸における「生存権」のデモクラシーと中国――一九二〇年代を中心」(『社会思想史研究』第四六号、二〇二二年)八八―一〇七頁。

(2) 内田義彦『日本資本主義の思想像』(岩波書店、一九六七年)一〇五―一四九頁。

(3) 朱琳「中国史像と政治構想――内藤湖南の場合(一)」(『国家学会雑誌』第一二三巻第九号・第一〇号、二〇一〇年)一―五六頁。

(4) 内田前掲書、一〇五頁。

(5) 飯田泰三『大正知識人の思想風景――「自我」と「社会」の発見とそのゆくえ』(法政大学出版局、二〇一七年)を参照。

(6) 「人生観序説」山本秀夫編『甦る橘樸』(龍渓書舎、一九八一年)二二四頁。

(7) 『京津日日新聞』一九二三年六月連載の「垣間見の記」、『新天地』一九二八年連載の自伝「手」は橘の闘病生活における内面の変化を記している。

(8) 宿南八重関連資料から橘の蔵書・読書歴については前掲拙稿「橘樸による「自我」の探求と中国評論」四四頁を参照。

(9) 八重「黙想」(『楠』(第一二号、一九七八年)八七頁。

(10) 鈴木貞美編『大正生命主義と現代』(河出書房、一九九五年)を参照。

(11) 「孫文の人生哲学」山田辰雄・家近亮子・浜口裕子編『橘樸　翻刻と研究――『京津日日新聞』』(慶応義塾大学出版会、二〇〇五年)(以下『翻刻と研究』と表記)三八七―三八八頁。

(12) 慶応義塾大学三田メディアセンター「橘樸文庫」四三に所収、田中武夫による写し。

(13) 生田長江・中沢臨川『近代思想十六講』(新潮社、一九一五年)三五五頁。

(14) 森川裕貫「煩悶青年からその「良師益友」へ――『学生雑誌』における楊賢江」(『東方学報』第九一冊、二〇一六年)一〇一―一四七頁。

(15) 汪暉「従文化論戦到科玄論戦――科学譜系的現代分化與東西文化問題」(『学人』第九輯、一九九六年)一三一―一八九頁。

(16) 「蔡氏の性格及思想」『翻刻と研究』一七二頁。

(17) 「非基教運動」『翻刻と研究』五―七頁。

(18) 「東西文化の契合点(上)・(下)」『翻刻と研究』四五一―四五六頁。

(19) 『道教』(支那風物研究会、一九二五年)一三頁。

(20) 石川禎浩「一九二〇年代中国における「信仰」のゆくえ 一九二二年の反キリスト教運動の意味するもの」（狭間直樹編『一九二〇年代の中国』汲古書院、一九九五年）六七―九五頁。

(21) 王汎森「煩悶的本質是什麼？「主義」與中國近代私人領域的政治化」（『思想史』創刊号、二〇一三年）八五―一三七頁。

(22) 「若い女性たちへ」（『楠』第一二号、一九七八年）『京津日日新聞』一九二三年七月頃の連載。

(23) 徐鼎新、銭小明『上海総商会史（一九〇二―一九二九）』（上海社会科学院出版社、一九九一年）二八九―三二四頁。

(24) 「支那統一論（十二）」『翻刻と研究』三一一頁。

(25) 「ブールジョア革命」『翻刻と研究』二三五頁。

(26) 「革命は実行期に入る」『翻刻と研究』五〇四―五〇七頁。

(27) 伊藤武雄『満鉄に生きて』（勁草書房、一九六四年）七九頁。

(28) Bergère, Marie-Claire, "The Chinese bourgeoisie, 1911–37", in Fairbank, John (ed.), *The Cambridge History of China*, Volume 12: Republican China, 1912-1949, Part I, Cambridge: Cambridge University Press, 1983, pp. 775-777.

(29) たとえば、「英人の支那観（一）」『翻刻と研究』四三二―四三三頁。

(30) Strand, David, *Rickshaw Beijing: City People and Politics in the 1920s*, Berkeley: University of California Press, 1989.

(31) 「ギルドの戦闘力（上）」「ギルドと改造運動」『翻刻と研究』二六〇―二六一頁、二九三―二九五頁。

(32) 「英人の支那観（四）」『翻刻と研究』四四〇頁。

(33) 吉澤誠一郎『天津の近代 清末都市における政治文化と社会統合』（名古屋大学出版会、二〇〇二年）一―三五頁。

(34) 敖光旭「『商人政府』之夢 広東商団及『大商団主義』的歴史考査」（『近代史研究』第四号、二〇〇三年）一七七―二二三頁。塩出浩和「広東商団事件——第三次広州政権と市民的自治の分裂」（『東洋学報』第八一巻第二号、一九九九年）八一―八二頁。

(35) 「支那人気質の階級別的考察 付官僚の政治と中産階級の政治」（『月刊支那研究』第二巻第一号、一九二五年）四二―五三頁。

〔V　ジャーナリストの目に映った中国〕

太田宇之助と尾崎秀実――一九三〇年代における東京朝日新聞社中国専門記者の中国認識

島田大輔

しまだ・だいすけ――公益財団法人東洋文庫奨励研究員。専門は日中関係史、メディア史。主な論文に「一九三〇年代における太田宇之助の中国統一援助論」（『東アジア近代史』第二四号、二〇二〇年）、「日中戦争期における吉岡文六（東京日日新聞）の中国認識――蔣介石観を中心に」（『東洋学報』第一〇六巻第二号、二〇二四年）、著書に『中国専門記者の日中関係史――太田宇之助を中心に』（法政大学出版局、二〇二五年予定）などがある。

一九三〇年代の東京朝日新聞社において、上司部下の関係で勤務した中国専門記者である太田宇之助と尾崎秀実は、日中戦争前後の論壇において盛んに持論を発表した。両者の認識は従来の侮蔑的な中国論（中国非国家論）を批判する新傾向を示した点では一致したものの、中国の将来像（統一主体）については全く異なる視座を有していた。

はじめに

本稿は、大阪朝日新聞社上海支局でともに働き、帰国後は東京朝日新聞東亜問題調査会でともに勤務した太田宇之助、尾崎秀実という二人の中国専門記者について、主に一九三〇年代を対象として、その対照的な中国認識を紹介するものである。

一九三〇年代の太田は、国民政府による中国統一を至当とし、日本がこれに積極的に援助することにより日中提携を実現することを持論として言論活動を行なった。日本の中国政策転換の必要を提言している。反面、中国共産党、抗日民族統一戦線は支持しなかった。革命参加経験（一九一六年第三革命）があり、中国国民党にシンパシーと人脈を有していた太田は、終生「国民政府を対手」にし続けた点に特徴がある。

対して、マルクス主義に立つ尾崎は、中国がいまだ半封建・半植民地段階にあると規定し、その経済的矛盾と、中国民族運動、中国をめぐる国際関係に注目した。そして、中国の労働者・農民（労農）層が主軸となる抗日民族統一戦線、そして、それを指導する中国共産党を中国統一主体として期待した。

平たく言えば、太田は中国国民党、国民政府を、尾崎は中国共産党を、それぞれ中国統一主体として着目していたのである。両者は家族ぐるみの付き合いもあり、人間関係は良好であった。(1) しかし、両者は、ともに日本国内に蔓延していた「中国非国家論」(中国が近代国家としての実質を持たず、統治能力を欠如している特殊国家であると見なす論)、そしてそれをもとにした中国侵略政策に批判的であったものの、その中国認識は相容れないものがあったのである。

本稿では、太田と尾崎の略歴、中国認識について説明していくが、筆者は太田の専門家であり、尾崎については専門外である。かつ、尾崎については研究蓄積が十二分にあること(2)から、尾崎については先行研究に依拠する部分が多いこと、太田を主とし尾崎を従とする配分となることを予め断っておく。

一、太田と尾崎の略歴

(1) 太田宇之助の略歴

太田宇之助(一八九一〜一九八六)は、兵庫県揖保(いぼ)郡網干(あぼし)町(現姫路市)に乾物商の四男として生まれ、苦学の末、一九一七年に早稲田大学専門部政治経済科を卒業している。早大在学中の一九一六年、上海に渡り孫文率いる中華革命党(中国国民党の前身)による中国第三革命(「策電」艦襲撃事件)に参加している。これが、太田の中国体験の初発であった。早大卒業後の一九一七年に大阪朝日新聞社に入社(のち、東京朝日に転籍)。入社後四ヶ月で中国に派遣され、以後、北京・上海通信員などを歴任した。第三革命参加により、中国国民党に強い人脈を有していた太田は、国民党、国民政府関係者への取材を次々と成功させていった。一九二五年の孫文の死去をスクープしたのは太田であり、一九二八年に日本人記者ではじめて蔣介石と単独会見したのも太田であった。一九三〇年代には、日本との関係悪化で接触が難しかった時期(満洲事変後)の国民政府の指導者蔣介石、汪兆銘などとも単独会見を成功させている。

一九二九年九月に大阪朝日新聞社は上海支局を開設し、太田が初代局長となった。従来の通信部から支局への昇格に伴い人員は増員し、尾崎秀実、宮崎世龍(せりゅう)、久住悌三(くすみていぞう)、野村宣(のぶる)らが太田の部下となった。

一九三四年に東京朝日新聞東亜問題調査会中国問題主査に就任して以降、論壇の寵児となり社外の雑誌への寄稿を加速させる。三九年には論説委員に就任し、『東京朝日新聞』の中国関係の社説も担当するようになる。四〇年七月に支那派遣軍総司令部に嘱託として招聘され、南京と東京を一ヶ月ごとに往復しながら、同年三月に成立した中華民国国民政府（汪兆銘政権）の強化策にコミットしていく。四一年七月に任期満了に伴い、嘱託から解職されるが、東亜連盟中国総会顧問として南京に残留した。そして、四三年四月に汪政権江蘇省経済顧問に就任し、同時に朝日新聞社を退社している。南京・蘇州において、汪政権強化策に関わった太田は、東京出張中に終戦を迎えている。戦後は、中国人経営メディアである『中華日報』（のち『内外タイムス』）に主筆として迎えられ、二十年ほど在籍したものの、論壇からの原稿依頼はほぼなくなってしまった。一九八六年の死後、遺言により、東京都杉並区久我山の自宅敷地は、東京都に寄贈され、中国人留学生寮（東京都太田記念館）となった。(3)

図1　太田宇之助（『朝日新聞社員写真帳』朝日新聞社、1934年）

(2) 尾崎秀実の略歴

尾崎秀実（一九〇一～一九四四）は東京府東京市芝区（現東京都港区）に新聞記者の次男として生まれ、直後に父の勤務する植民地台湾に渡った。台北で中学校まで学んだのち、東京の第一高等学校に進み、東京帝国大学法学部に進学した。大学院まで進んだのち、一九二六年東京朝日新聞社に入社した。入社後、社会部、学芸部、支那部に配属されたのち、一九二八年に上海に派遣された。以後、一九三二年まで上海に支局員として駐在した。尾崎にとって、上海赴任は中国問題に触れる契機となり、左翼運動に関与する端緒ともなった。(4)特に、リヒャルト・ゾルゲに接触したことは尾崎の運命を変えることになった。ゾルゲはソ連のスパイであり、尾崎は一

図2　尾崎秀実（『朝日新聞社員写真帳』朝日新聞社、1934年）

九三四年以降ゾルゲの諜報団の一員として活動し、日本の機密情報をゾルゲに流すことになる。

一九三二年の帰国後は東京朝日新聞東亜問題調査会に太田と同じく属したのち、太田と同じく社外雑誌への寄稿依頼が殺到した。三七年四月には近衛文麿（のち首相）のブレーン集団である昭和研究会に加わり、同年六月第一次近衛内閣成立後は、同会支那問題部会の責任者となった。日中戦争勃発後の一九三八年七月に朝日新聞社を退社し、第一次近衛内閣の内閣嘱託となっている。三九年一月の近衛内閣総辞職とともに、内閣嘱託を解任されたのち、同年六月に南満洲鉄道株式会社調査部嘱託となった。朝日新聞退社後も論壇で盛んに活躍していたが、ゾルゲ事件により四一年十月に逮捕され、一九四四年十一月に刑死することになる。(5)

二、一九三〇年代における中国認識の三極構造

一九三一年九月に勃発した満洲事変は、満洲国の成立（三二年三月）、日本の国際連盟脱退（三三年三月）を経て、塘沽（タンクー）停戦協定（三三年五月）を以て、一応の終結を見た。しかし、日中間の紛争は以後も続いた。一九三五年以降、日本陸軍は華北分離工作を推進し、華北地域に勢力を伸ばし、国民政府の全国統一を妨害しようとした。逆に同時期、外務省は広田弘毅外相のもと和協外交を推進し、対立する日中関係の調整を試みた。また、蒋介石率いる南京国民政府は満洲事変後、中央集権化、近代化政策を推進し、全国を把握出来る実力をつけつつあった。

尾崎と太田は一九三二年に相次いで上海支局から日本に帰任。待機ポストを経て、三四年九月に新設された東京朝日新聞東亜問題調査会にともに所属した。同会の中心人物は、大西斎（いつき）（幹事）と太田（中国問題主査）であった。太田の回顧によると東亜問題調査会はあまり仕事がなかった。(6) そのため、太田と尾崎は社外の雑誌（総合雑誌、『外交時報』、『支那』など）への寄稿を積極化させた。同時期に評論活動を積極化する二人だが、両者は対照的な中国認識を有していた。

日中戦争前夜における日本国内の中国認識の様相を、尾崎は以下のように分類している。

> 支那に対する見方には現在世界に二つの対立した傾向がある。その一つは支那を相も変らぬ「東洋社会」と見て紛乱と無秩序に支配せられていて、土匪と軍閥と、貪婪（どんらん）と、迷信の支配する封建社会だと見る見方であり、他の一つは、支那が資本主義的発展の道をまっしぐらに進みつつあり、国民党の手の下に「統一」と「建設」とが

着々遂行されて居り、支那がやがて国力充実せる近代国家として立ち現われ来るであろうとの期待を持つものである。(7)

尾崎の挙げた二種の中国認識は、①中国非国家論、②中国近代国家論(「中国再認識論」)と言い換え出来よう。「中国非国家論」は日本国内(日本陸軍、政財界、論壇一般、民衆など)に広く流布していた考え方であり、あえて代表的論者を挙げるとすると、矢野仁一(京都帝国大学教授)がいた。(8)対して、代表的な「中国近代国家論」者には矢内原(やないはら)忠雄(東京帝国大学教授/矢内原については第四節にて後述する)(9)や太田宇之助などがいた。そして、尾崎自身は「科学的に冷静に支那の現実を批判する第三の立場」を標榜した。これは、次に述べる、一九三〇年代の中国認識の三極構造のうちのマルキストに相当する。

尾崎は、以上の主張と同様の観点に立った論文を日中戦争勃発後に発表している。「支那論の貧困と事変の認識」(『セルパン』一九三七年十月号)において、「支那研究における方法論の欠如」を問題視し、「東洋的支那論」(支那通)と「日華経済提携論(中国再認識論)」を批判し、科学的分析の必要を主張した。尾崎は「日本に於いて今日憂ふべきは、支那研究の不足ではない、寧ろ支那に関する個々の知識については、多過ぎる位存在しているのである。真に問題にすべき点は、支那研究における方法論の欠如である」と述べ、「東洋的支那論」(中国非国家論)と「中国再認識論」(中国近代国家論)を再び俎上に上げ、両者に科学的方法が欠如していることを批判した。尾崎が用いる「東洋的支那論」は太田の言う「支那通」に該当する。「東洋的支那論」=「支那通」に対する批判は、太田と尾崎は共通している。ただし、尾崎が批判する「中国再認識論」は中国国民党による全国統一と国家建設を看取し従来の中国政策への修正を図るものとされ、これはまさしく太田の立場であった。尾崎は、「中国再認識論」による中国政策修正の方向は日華経済提携論となるが、経済提携論は中国を原料供給地および市場、日本を工業国として非対称の関係に置くものであり、本質的には侵略的であると批判している。(10)尾崎の主張する科学的方法の確立とは、マルキシズム的方法によると見てよいだろう。

その一年後、太田は「新支那認識への道」(『中央公論』一九三八年十一月号)を執筆し、このなかで、「旧派」(支那通)と「新派」(マルキスト)を批判した。南京陥落前後までの日中戦争の動向分析において、本来対敵専門家であるはずの中国通が、中国軍、および国民政府、民衆の動向に関する判断を見誤ったことについて、太田は彼等の中国認識に欠陥があったと指摘した。太田が問題にしたのは、第一に、個人に重点を置き、中国の政治を軍閥・政客の陰謀として見る傾向の強い旧派（「支那通」軍人ないし「支那浪人」）であり、第二に、マルクス主義的理論を以て中国を解剖しようとする新派（マルキスト学生、左翼評論家）であった。前者旧派は「支那の政治的動きを人物中心に考へることは、支那の皮相を知って真の大勢の動きを、支那の核心を、把握せぬ」点に問題があり、後者新派は、「マルキストの対支観の一部分に真理が認められてゐるにしても之を仔細に検討を加へる時は種々の矛盾が発見され、彼等が主義目的のために著しく誇張した支那の実情とは、甚だ距離がある」点に問題があった[11]。太田は、マルキストは教条的であり公式をあてはめるため現実の中国を見失っていると批判したのである。ただし、これは尾崎その人への批判ではない点に注意を要する。

この尾崎と太田の論文は、日中戦争期の日本において、中国認識のあり方として、三つの観点（支那通、マルキスト、中国再認識論）を設定した点で共通している。この三つの観点を三極構造として図示すれば、以下の通りとなる。

①中国非国家論に立ち、中国に侮蔑的な支那通（軍人や多くの評論家）。

②マルクス主義に基づいた「科学的分析」を用い、中国共産党、抗日民族統一戦線に期待する尾崎秀実、中西功（つとむ）らのマルキスト。

③中国近代国家論に立ち、国民政府への統一援助と日華経済提携を主張する矢内原忠雄や太田宇之助らの中国再認識論者。

太田は③の代表格であり、尾崎は②の代表格であった。両者の中国認識（統一主体や方法論）はまるで異なる。三極のうちの二つのそれぞれ代表格といっていい。なお、③については、矢内原忠雄がその代表と見なされがちであるが、太田の方が先駆的（四年早い）かつ一貫して主張している点を以て、太田を代表格としておきたい。

両者の相違は、中国国民党、中国共産党いずれに期待したのかという点が焦点となっていた。次節以降では、太田と尾崎の中国への関心の相違について、より詳しく分析していこう。

三、太田宇之助の中国認識

太田は、一九三二年上海支局長から東京に帰任し、新設された東京朝日新聞東亜問題調査会の中国問題主査（部長待遇）となった。以後、社内外の媒体への寄稿を活発化させる。

太田が東京に帰任した一九三三年以降、南京国民政府は蔣介石と汪兆銘の合作（汪蔣合作政権）のもと、「安内攘外」をスローガンとして、内治（共産党対策含む）優先政策に転じた。国民政府は、勦共（そうきょう）（共産党鎮圧）や地方の半独立政権（福建人民政府や西南派など）の鎮圧・中央化を推進し、また幣制改革（三五年一一月）などにより経済的にも集権化を推し進めた。日本国内でも、国民政府の統一を看取し、その観察をもとに対華政策を改めるべきだという声が上がり、一九三七年以降、「中国統一化論争」「中国再認識論」が行なわれた。[12]

太田は、一九二〇年代においても中国ナショナリズムに対し宥和的な傾向があったが、[13]満洲事変後その傾向は更に強まることになった。満洲事変後、国民政府の中央集権化と統一進展の傾向を看取し、これに期待し支持を与えていく（「中国統一援助論」[14]）。太田の中国統一援助論は一九三三年一月に現れる。ここで、満洲国独立という状況がかえって中国本土の統一を促進したと観察し、現南京政府の統一工作に対する積極的援助を通じて、日満中の関係調整を図るべきだと主張した。[15]「中国統一援助論」の内容は先に述べた「中国再認識論」（三七年初頭）とほぼ同じであるが、太田は四年前から一貫して主張していたのである。

ところで、太田が、満洲事変を境に中国ナショナリズムへの評価を高めたのは、「満洲事変からは抗日思想が主調となつて、挙国一致の救国策が唱へられ、国民党並に国民政府の措置に対し不平があつても、多数は之に従った」[16]という事実に目を向けたこともある。「今日の支那統一の新形勢を生んだ原因が抗日にあ」るとも述べており、要するに、満洲事変に対し中国民衆が抗日で一致したことに、中国統一の契機を見出したのである。太田は「満洲事変後まだ数年を経ない現在、親日を求める方が無理である」[17]とも述べているように抗日意識に対し一定の理解・評価を与えていた。この点は、当時の他の論者と一線を画している。ただし、抗日意識が持続することは欲しておらず、日本が中国の統一を認め、これに対する好意と援助を与えることで抗日運動の緩和・消滅に努めるべきだとした。[18]抗日民族統一戦線はいつか解散すべきものと見なされ、したがって、これを中国統一の主体と見なす視角は太田には欠如していた。

太田にとって、中国統一の主体はあくまで国民政府が担うべきものと観察され、この観察は、満洲事変後に南京国民政府が着々と統制力を強めていくにつれて、確信へと変わっていった。ここにおいて、国民政府の中央集権・統一政策を積極的に支持するようになった。

特に一九三五〜三七年における「中国統一援助論」では、太田は国民政府を擁護し、日中経済提携を強く主張した。[19]太田の、当該時期の中国論は、日本国内では対華融和的性格をとりわけ強く持ったものであり、かつ一九三七年初頭に日本で行なわれた矢内原忠雄らの「中国再認識論」の主張を先取りしたものと位置づけられる。

太田は同時代の中国通言論人と比較して、日中関係の改善、中国の統一と独立に対する強い関心を持っていた。中国を近代国家と見なし、「半植民地・半封建」といった見方はしていない。反面、中国共産党を評価せず、国共接近の可能性も否定し続ける。ただし、当時の中国評論でありがちな対中侮蔑論、蔣介石独裁批判などとも距離を有していた。

日中戦争勃発後の太田は、持論を白紙にした日中全面戦争という事態に一時絶望するが、国民党を背景とした汪兆銘が重慶を脱出すると、これに期待する言論を活発化させるに至る。太田は「国民政府」であれば汪兆銘政権でも可というスタンスであった。戦争中は汪政権強化策と重慶政権との全面和平論を掲げている（なお、太田は汪兆銘工作にはコミットしていない）。汪政権に期待したのは、同政権が、重慶政権と同じく、国民党を地盤としたものだからであった。太田の関心は、汪政権の強化を行ない、独立自主の政権とすることで、重慶と南京の合流を促し、全面和平を成し遂げることで一貫している。中国共産党については戦前期に引き続き徹底的に敵視をしており、重慶政権が共産党と袂を分かつことに期待した。この新たな持論・理想を掲げて支那派遣軍総司令部嘱託、江蘇省経済顧問として日本占領下の中国に渡った太田であるが、現地陸軍の頑迷な姿勢に妨げられ、失意のなか終戦を迎えることになる。[20]

四、尾崎秀実の中国認識

尾崎の最初期の評論活動は、上海からの帰国後の一九三二年七月に始まる中国共産軍の動向に関する一連の著作であり、白川次郎の筆名を以て行なわれた。[21]この中で、尾崎は、国民政府による鎮圧（勦共）を以てしても共産軍の根絶は出来ない、として、その将来性を高く見積もっている。[22]尾崎による中国共産党への高い評価はその評論活動の最初期から現れていたのである。

尾崎の中国論の最大の特徴は、労農層を支持基盤とする中国共産党の実力や将来性を早期から見抜いたことにある。中国の現状を半封建・半植民地と規定し、その経済的矛盾と列強の動向を注視した。中国国民政府（蔣介石）に批判的であり評価の対象としなかった。尾崎が、マルクス主義の方法論に立ちながら、教条主義、公式論に陥らず、中国情勢（民族運動と国際関係）の動態的分析（生きた分析）を行なっていたことは、野村浩一が指摘するところである。[23]これは第二節で述べた、太田のマルキスト一般への認識と齟齬がある。

その尾崎の筆名を高めたのは西安事変（一九三六年十二月）の推移と結果（蔣介石の生存、中国統一化の盤石、中国共産党の影響力増、国民党を含めた抗日民族統一戦線の成立と日本との対峙）を事件勃発直後に予想し得たためであった。[24]西安事変は、西安で勦共を命じられていた張学良が、中国共産党が提唱する抗日民族統一戦線に共鳴して、督戦に来た蔣介石を監禁した事件である。そして、事変勃発直後、情報は錯綜しており、真相は謎であった。

対して、太田は、蔣の生死に関わらず中国統一は盤石という点は持論の「中国統一援助論」のままに主張したものの、蔣の生死は予測できなかった。[25]また、第二次国共合作については、国民党の五期三中全会（国共の妥協＝第二次国共合作がなったと報じられた）以後においても、その可能性を否定し、蔣が容共政策を取るわけがないとした。[26]これらは、太田の反共姿勢、抗日民族統一戦線への低評価が表出したものであった。太田は西安事変により、中国国民党の統一は盤石であり既定路線であるとして、盧溝橋事件直前まで、「再認識論」、日華経済提携論に基づいた日中関係改善を目指し言論活動を展開している。西安事変に対する分析の相違は、両者の中国認識の相違が如実に反映されている。

尾崎の中国論は、中国統一化論争においても如実に現れる。中国統一化論争とは、一九三七年二月に発表された矢内原忠雄「支那問題の所在」（『中央公論』一九三七年二月号）を契機とした、中国再認識＝対華政策見直しに関する議論である。国民政府が、浙江財閥の財力、幣制改革による幣制統一により「半植民地状態」を脱し、近代国家として脱皮したことを認め、中国統一の主体として国民政府の役割を認めたものである。矢内原は、満洲国の成立による東北地域の分離が中国本土の統一を「単純化」したとも述べている。そして、中国に対して「統一援助」「平等互恵」「経済提携」を謳い、日中間の緊張緩和を計ったものである。[27]先に述べた通り、矢内原は太田ときわめて近い対中認識を有していた。

国民政府よりも抗日民族統一戦線の力量を評価する立場にあった尾崎は、矢内原を批判し、中国統一化論争に発展した。尾崎は、矢内原に旧来の「支那通」と異なる穏健性を認めていた。だが、満洲国独立が中国統一を促進したという矢内原の見解は誤りであり、中国は外国資本（日本・英国）の帝国主義的侵略により逆に存亡の危機にあること、また、統一の主体として中国共産党の指導する労農大衆層による抗日民族統一戦線に対する注意を欠いているとの批判が行なわれた。[28]

論争のなかで主敵とされたのは矢内原であったが、太田に関して言及をしていないわけではない。実際、尾崎の論文「日支経済提携批判」では、太田は矢内原などとともに日中経済提携論者の代表として槍玉に挙げられている[29]。同論文における、尾崎の批判の眼目は、経済提携論は結局中国への経済侵略に他ならず、抗日民族運動および列強（特に英国）の反発を受けることについても無頓着ではないか、という点にあった。

　こうした中国統一化論争は、一九三七年七月の盧溝橋事件により雲散霧消することになる。抗日民族統一戦線を高く評価し、その抗戦力を最初から確信していた尾崎は、長期持久戦となることを最初から見抜いていた[30]。より厳密に言うと、日本軍は国民政府の正規軍には勝利するだろうが、中国共産党の指導する抗日ゲリラ勢力には苦戦すること、そうした事態のなか、国民政府の地盤沈下が起き、代わって中国共産党が主導権を握るに至ると展望していた。尾崎は日中戦争が第二次世界大戦へと発展すること、その世界大戦のなかで中国と日本の社会主義革命が進展すると展望していた[31]。

　日中戦争中には、武漢作戦および第二次近衛声明（一九三八年十一月）を契機に、「東亜協同体論」、「国民再組織論」にコミットした。その真意は、革新政策を推進する近衛内閣を利用して、総力戦体制下日本の社会改造を行ない、日本の帝国主義体制を変革して、社会主義化を推進することにあった[32]。尾崎は、ゾルゲ事件の司法警察官尋問において、戦争を通じた日本の社会主義化と、ソ連、中共が主導権を握った中国との提携（「東亜新秩序社会」）の展望を行なっていたことを供述している[33]。

　汪兆銘政権には一定の評価を与えたが、その弱体、民心の乖離から積極的な評価は与えなかった[34]。汪政権の独立自主政権への育成により、蔣政権の敵愾心を減じさせ、国共分離と蔣汪合流による「全面和平」を構想した太田とはやはり距離がある。

おわりに

　最後に戦後の太田宇之助の状況について附言しておきたい[35]。太田は華僑経営新聞『中華日報』（のち『内外タイムス』）に勤めたものの、経営上の理由で風俗娯楽紙と化していった同紙のなかで居場所を失っていった。それに加えて、戦後の主要論壇誌（『中央公論』『文藝春秋』『世界』など）からの依頼原稿が来なくなった。戦前期では、多い時は月に三本ほど論文を発表することになったことを考えると隔世の感がある。これは、戦後論壇が左派優位になったことと無関係ではない。

「敗戦直後、中国論の担い手は、それまでのシノロジスト、現地調査派、「支那通」、軍部の中国謀略論者、中国記者などの複数集団から、日共系親中共論者へほぼ一本化された」[36]と馬場公彦が指摘するように、戦後日本の中国論壇は、野坂参三や中西功といった親中共系マルキストによって占められるようになり、太田のような戦前派の中国通は、戦後日本の中国論壇から退場を余儀なくされていた[37]。

戦後日本のマルキストの中国分析は、理論が現実に優先するかのような理論偏重であり、中国共産党の声明や毛沢東の著作を教典のように尊重する傾向があり、必ずしも中国の現状を踏まえたものではなかったものの、新中国の思潮として読者に歓迎された[38]。逆に、太田のように理論に頼らず実地で中国を観察し、中共礼賛をしない評論家は歓迎されなくなったのであろう。また、戦前派の中国通は、中国に対する認識を誤り侵略の片棒を担いだとして一律否定あるいは忘却の対象となっていった[39]。

本稿第二節において、尾崎と太田の「中国通」論を整理するなかで、一九三〇年代日本における中国通の三類型として、「支那通」「マルキスト」「中国再認識論」の三種を提示した。戦後直後において「マルキスト」のみが持てはやされるようになり、本来中国侵略を抑制していたはずの「中国再認識論」は、戦前派中国通として「支那通」と一緒くたにされ追放される憂き目に遭ったのである。

太田は急速に忘却されていくことになったのである。こういった意味で、「太田宇之助日記」一九四五年十一月七日条の尾崎秀実の一周忌の記述は示唆的である。

尾崎君が死刑になって丁度一週年の今日、旧宅で告別式をかねて紀念追悼会が開かれた。未亡人が一昨日岐阜から楊子さん〔尾崎の長女〕を連れて引上げて帰って来てゐた。参会者は友人多数で多くは左翼の連中である。時代は急転して共産主義者も来会して大いに気勢を上げさせるやうになった程とて、尾崎君も益々英雄になるらしい。結局不幸な男ではなかった[40]。

この記述の通り、尾崎は左翼研究者によって祭り上げられていく。戦後中国論壇で活躍するのは尾崎の衣鉢を継ぐ左翼評論家であった。結局不幸だったのは、尾崎ではなく、長い間忘れられることになった太田だったのかもしれない。ただし、戦後も八十年を迎えようとする今日、中国侵略政策を批判し中国の統一と日中の和平を論じ続けた太田の名前と業績を尾崎とともに銘記すべきだと筆者は考える。

注

（1）太田宇之助「上海時代の尾崎君」（『尾崎秀実著作集』第三巻月報、勁草書房、一九七七年）。
（2）尾崎の中国研究に関する専論として、今井清一／藤井昇三編『尾崎秀実の中国研究』（アジア経済研究所、一九八三年）があり、様々な角度からその評論が分析されている。尾崎の時評の分析としては、米谷匡史「解説」（同編『尾崎秀実時評集――日中戦争期の東アジア』平凡社、二〇〇四年）が優れており、本稿でも依拠した。田中悦子による、言論分析も貴重である（田中悦子「昭和九―一〇年の尾崎秀実――初期評論をめぐって」『日本歴史』第四六六号、一九八七年。同「尾崎秀実の中国情勢の分析――昭和一二～一三年国民再編成運動との関連から」『日本歴史』第五五七号、一九九四年。同「尾崎秀実の汪兆銘工作観――昭和十四年～十六年中国情勢観をめぐって」『日本歴史』第五九二号、一九九七年。同「上海時代の尾崎秀実――「上海特電」を中心に」『日本歴史』第六〇五号、一九九八年）。また、浅田喬二『日本知識人の植民地認識』（校倉書房、一九八五年）や野村浩一『近代日本の中国認識――アジアへの航跡』（研文出版、一九八一年）でも、尾崎の中国研究にかなりの紙幅が割かれている。
（3）太田の略歴については、太田宇之助『生涯――一新聞人の歩んだ道』（行政問題出版局、一九八一年）が詳しいほか、島田大輔『中国専門記者の日中関係史――太田宇之助を中心に』（法政大学出版局、二〇二五年刊行予定）で詳しく分析する。
（4）尾崎の上海時代については、異母弟尾崎秀樹が記した『上海一九三〇年』（岩波新書、一九八九年）が詳しい。
（5）尾崎の略歴については、風間道太郎『尾崎秀実伝』（法政大学出版局、一九六八年）が詳しい。
（6）前掲、太田『生涯』、一六〇頁。
（7）尾崎秀実「西安事件以後の新情勢」（『社会及国家』一九三七年二月号）一六頁。
（8）久保亨「同時代日本の中華民国認識――矢野仁一の中国認識を中心に」（同ほか編著『中華民国の憲政と独裁――一九一二―一九四九』慶應義塾大学出版会、二〇一一年）。
（9）小林文男「戦前日本知識人の中国認識――日中戦争をめぐる矢内原忠雄の対応を中心に」（阿部洋編『日中関係と文化摩擦』巌南堂書店、一九八二年）。
（10）尾崎秀実「支那論の貧困と事変の認識」（『セルパン』一九三七年十月号）。
（11）太田宇之助「新支那認識への道」（『中央公論』一九三八年十一月号）。
（12）西村成雄「日中戦争前夜の中国分析――「再認識論」と「統一化論争」」（岸本美緒編『岩波講座「帝国」日本の学知第三巻　東洋学の磁場』岩波書店、二〇〇六年）。前掲、小林「戦前日本知識人の中国認識」。
（13）島田大輔「ある中国専門記者の誕生――一九一〇、二〇年代における太田宇之助の中国経験と中国認識」（『メディア史研究』第四四号、二〇一八年）。
（14）島田大輔「一九三〇年代における太田宇之助の中国統一援助論」（『東アジア近代史』第二四号、二〇二〇年）。
（15）太田宇之助「日支満関係の調整を策せ」（『外交時報』第六七四号、一九三三年一月）。
（16）太田宇之助「支那統一と我が対支政策」（『外交時報』第七六二号、一九三六年九月）。
（17）同右。

(18) 同右。

(19) このテーマに関わる、太田の代表的論文として、①「支那の統一を助けよ」(『外交時報』第七二五号、一九三五年二月)、②「日支調整より提携へ」(『支那』一九三五年三月号)、③「日支提携と対支経済援助」(『大亜細亜主義』一九三五年四月号)、④「日支経済関係の進路」(『外交時報』第七四〇号、一九三五年十月)、⑤前掲、「支那統一と我が対支政策」などがある。

(20) 以上、日中戦争期の太田については、島田大輔「日中戦争期における中国専門記者の認識と活動――太田宇之助を中心に」(片山慶隆編著『アジア・太平洋戦争と日本の対外危機――満洲事変から敗戦に至る政治・社会・メディア』ミネルヴァ書房、二〇二一年)を参照。本稿本節前半部も同稿の記述の一部を修正して用いている。

(21) 白川次郎「支那共産軍の問題」(『社会及国家』第一九六号、一九三二年七月)、同「ソヴェート支那最近の経済施設」(『自由通商』第七巻一一号、一九三四年十一月)、同「共産軍の西方移動と今後の支那政局」(『国際評論』一九三四年十二月号)。

(22) 前掲、米谷「解説」、四五一―四五二頁。

(23) 野村浩一「尾崎秀実と中国」(前掲、野村『近代日本の中国認識』)一八四頁。

(24) 尾崎秀実「張学良クーデターの意義――支那社会の内部矛盾の爆発」(『中央公論』一九三七年一月号)。

(25) 太田宇之助「風雲児・張学良」(『中央公論』一九三七年一月号)。なお、太田が西安事変の予測を誤り、尾崎が予測を的中させたことは当時の論壇時評(尾瀬介人「支那通メンタル・テスト――学良事件をめぐつて」『日本評論』一九三七年二月号)に詳しい。

(26) 太田宇之助「支那は容共か防共か」(『国際知識及評論』一九三七年四月号)。

(27) 前掲、小林「戦前日本知識人の中国認識」、一九八二年。

(28) 前掲、米谷「解説」、四五五―四五六頁。

(29) 尾崎秀実「日支経済提携批判」(『改造』一九三七年五月号)。

(30) 尾崎秀実「北支問題の新段階」(『改造』一九三七年八月号)。

(31) 以上、前掲、米谷「解説」四五八―四五九頁参照。

(32) 同右、四六〇―四六一頁。

(33) 「「東亜新秩序社会」について」(一九四二年二月一四日付司法警察官尋問調書より)(前掲、米谷編『尾崎秀実時評集』)。

(34) 尾崎秀実「汪精衛政権の基礎」(『公論』一九三九年十一月号)。

(35) 太田の戦後に関しては、島田大輔「中国専門記者太田宇之助の戦後」(中村元哉・村田雄二郎・山口早苗編『戦後日本と中華圏の人物交流史――日中国交正常化まで』東洋文庫、二〇二四年)が詳しい。本稿「おわりに」の記述は同稿記述の一部を修正したものを用いている。

(36) 馬場公彦『戦後日本人の中国像――日本敗戦から文化大革命・日中復交まで』(新曜社、二〇一〇年)一二九頁。

(37) 同右、七三―九二頁では、終戦直後、戦前派の中国専門家が論壇から姿を消す状況が描かれているが、太田の退場もこの一例として考えられる。

(38) 同右、一二九―一三〇頁。

(39) 同右、八〇頁。

(40) 「太田宇之助日記」一九四五年一一月七日条。太田宇之助(望月雅士翻刻)「太田宇之助日記 昭和二〇年六―一二月」(『横浜開港資料館紀要』第二八号、二〇一〇年)。

〔V ジャーナリストの目に映った中国〕

橋川時雄——北京三十年

朱 琳

本稿は民国期の「中国通」橋川時雄の北京三十年に焦点をしぼり、その足跡をたどりながら近代日中文化交流の一側面を探ってみるものである。具体的に、①ジャーナリストとしての出発——順天時報社入社前後と『文字同盟』の時代、②深く傾倒していた三人の人物——陶淵明・屈原・王国維、③橋川あっての二大事業——『續修四庫全書提要』と『中國文化界人物總鑑』、④橋川における日中の「交流」——政治と文化のあいだ、という四つの方面から検討を加え、橋川時雄における中国像の虚実およびその意味を問い直してみる。

しゅ・りん——東北大学大学院国際文化研究科准教授。専門はアジア政治思想史、東アジア文化交流史。主な論文に「中国史像と政治構想——内藤湖南の場合（一）～（五・完）」（『國家學會雜誌』第一二三巻第九・一〇号～第一二四巻第五・六号、二〇一〇年十月～二〇一一年六月）、「内藤湖南的中国史像——日本文脈中的時代劃分論」（汪暉・王中忱編『区域：亜洲研究論叢』総第六輯、北京：社会科学文献出版社、二〇一七年）などがある。

はじめに

卅載京華久滞淹　　卅載幽燕（北京のこと）久しく滞淹し
自甘労苦吏儒兼　　自ら甘んず　労苦吏儒を兼ぬるを
人間百事乗除尽　　人間の百事　乗除しつくして
未買青山未曰潜　　いまだ青山を買わず　いまだ潜といわず(1)

これは終戦後日本に戻った橋川時雄が北京三十年の生活を懐かしく詠った漢詩の一首であり、本人が大のお気に入りのものである。「官吏と儒者の中間をぶらついて、男ざかりの半生を過ごしてきた」と彼は当時のことを振り返りながら述懐している。

今日、橋川時雄という名を知っている人がどれだけいるだろうか(2)。しかし、一九二〇～四〇年代の北京の学芸界なら、おそらく橋川を知らない人がいないほどであった。その交友

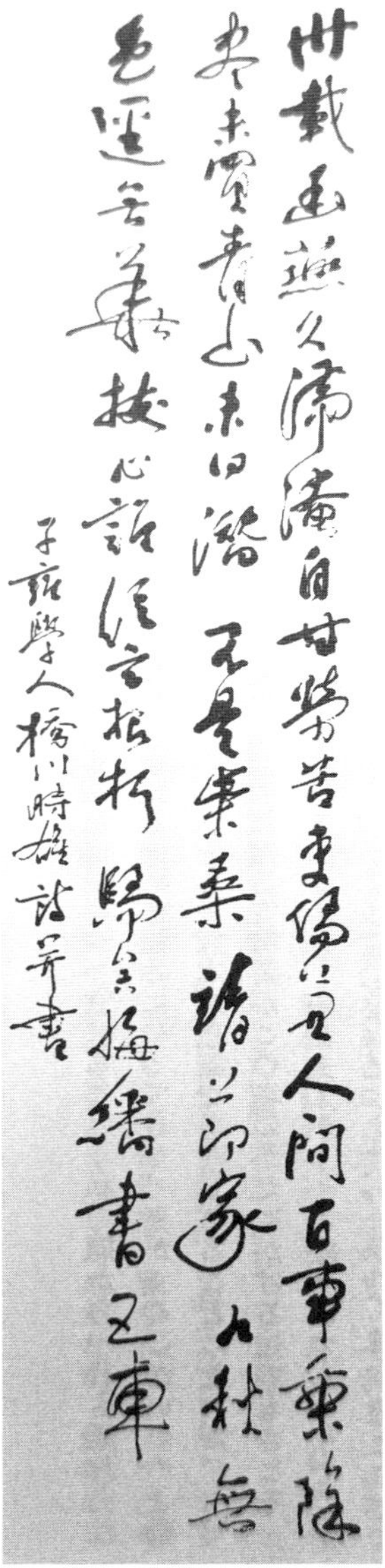

圏を見渡すと、かなり広汎にわたっている。端正な風貌で英語をまじえてさわやかに話す胡適、堂々たる文人の風格で流暢な日本語で語る楊樹達、家族ぐるみの付き合いで庭の藤花を摘んで作った「藤蘿餅」をご馳走してくれた鄧之誠、仙人を思わせる飄々とした姿で火腿という料理を肩から提げ新婚祝いに訪ねてきた斉白石、日本に親しみを持ち様々な出版の相談をしてきた周作人、生まれてきた長男の名前に潜という字を選んでくれた柯劭忞、清華園西院の寓居への訪問を二十回以上も受け入れ扇面だけでも十七枚ほど書いてくれた王国維、いつも自作の英詩を歌った口でそのまま漢詩に詠みかえて示してくれた辜鴻銘、などがその常客であった。一方で、中国の学者・文人・芸術家・名優だけでなく、正木直彦らに協力し中国人収蔵家の出品を説得した「唐宋元明名画展覧会」の下準備、日本からの学生旅行団や教育視察団の案内、倉石武四郎・吉川幸次郎などの留学生の世話、斎藤茂吉らによる詩集・詩論と類纂の書の購入の指南、「宋本、宋本」と言って一枚の宋本を記念に求めては帰る来客への応対、などのように、北京に来た日本側の人々もずいぶん橋川を頼ってきた。「当時、北京を訪れたものは、先ず橋川先生の所に行って中国の学問研究の現況を知ったものであり、留学生の間では、北京に行ったら先ず先生の教えを請えといわれたほどである」[3]。その意味で、民国期の日中交流において、「中国通」の橋川はまさしくハブの位置にある中枢的な存在だったと言えよう。

図1　子雍学人橋川時雄詩幷書
（『追憶』、63頁）

橋川時雄（一八九四～一九八二）、字は子雍、号は酔軒、別号または署名に既酔生、酔軒幽人、酔軒潜夫、酔軒釣叟、采菊詩屋主人、北平七略盦主人、餘園主人、白羊詠帰舎、巷歩などが見られる。橋川の生涯を大きく分けるとおおむね下記の三つの時期になる。

① 一八九四年三月[4]〜一九一八年三月　漢学者を目指して修業する福井時代。

② 一九一八年四月〜一九四六年四月　中国渡航（四月八日に大連到着、五月初旬北京到着）から終戦後の引揚げ（四月十三日に北京を去る）までの北京（「北平」と呼ばれた時期もあるが、本文中基本的に「北京」に統一する）時代。

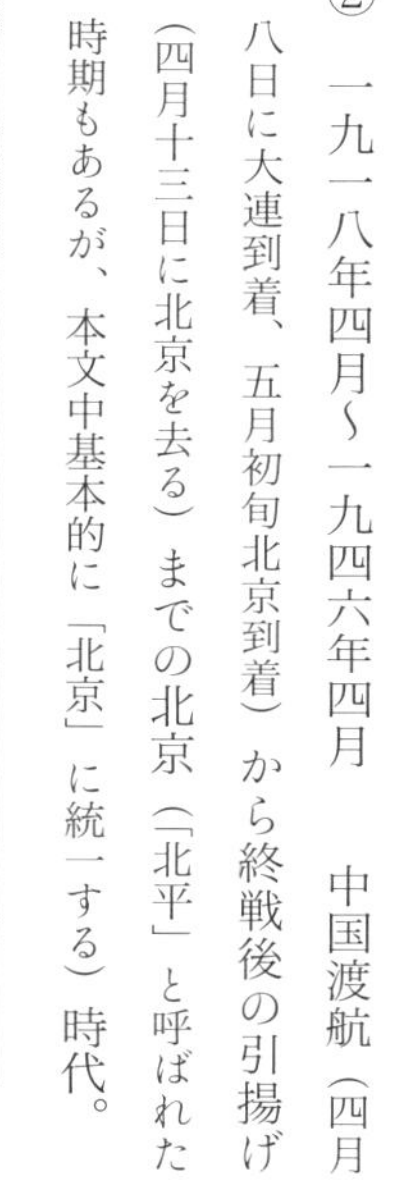

③ 一九四六年五月〜一九八二年十月　日本に戻って家族の疎開先であった熊本で暮らし、その後に大学の教壇に立って（京都女子専門学校（のちに京都女子大学）、大阪市立大学、二松学舎大学などで教授を歴任[5]）中国の古典文学を教えた京阪・東京時代。

これらのうち、明治・大正・昭和の三時代を生きた橋川にとって、北京三十年は間違いなく最も充実した時代である。

図2　前列左端に橋川時雄、一人を置いて京劇の名女形梅蘭芳（メーランファン）、後列右端に京劇の作家・研究者の斉如山（『追憶』、92頁）

図3　山羊とともに　1953年頃、妻の淑と自宅前にて（『追憶』、475頁）

と同時に、その時代は、五四運動、北伐戦争、満洲事変（のちに満洲国成立）、盧溝橋事件、太平洋戦争などが相次いで勃発し、中国社会、日中関係ないし世界情勢に激変をもたらした時代でもある。橋川はこの激動の時代を北京で実見したのである。

本稿では橋川時雄の北京三十年に焦点をしぼり、その足跡をたどりながら近代日中文化交流の一側面を探ってみる。

一、ジャーナリストとしての出発
——順天時報社入社前後と『文字同盟』の時代

（1）順天時報社入社前後——良質な人脈の構築

一九一八年春、神戸から出発した橋川時雄は念願の中国行を果たした。大連に滞在していた最初の三週間あまりの間、父の学友で日系漢字新聞『泰東日報』・振東学社を主宰する金子平吉（号は雪斎）を訪ね、順天時報社社長の渡辺哲信（かつて大谷探検隊隊員の一人）あての紹介状をもらい、その後天津経由で北京に赴いた。後年、橋川は渡航当初を「半肩の行李」を担いで「孤棹」「書剣飄然中国に流落」したと形容する。大正時代のツーリズムや「支那趣味」など大陸への時代的な関心とどこか重なる部分があっただろうが、漢学の修養を本場で試そうとしたやや単純な遊学の思いで足を踏み入れたこの土地で、まさかその後約三十年間も暮らし続けていくことをこの時点で橋川は夢にも思わなかったであろう。

「社内はまだゴタゴタしているので、しばらく待ってくれ」という理由で、すぐには社長が交代したばかりの順天時報社に入らず、渡辺新社長の紹介でまず翻訳記者として共同通信社（社主：野満四郎、社長：小口五郎）に入社し、月給三十元で生計を立てた。そのかたわら大日本支那語同学会で中国語を学び、総統府顧問の有賀長雄の尽力で北京大学の聴講生となり、校長蔡元培と文学科長陳独秀に紹介された。その後、なるべく早く旅費を作って陶淵明の遺跡を探査する旅に出たいという一心から、同じ福井県出身で審計院顧問の土屋禎二の紹介で、給料が二倍になる大和倶楽部の書記として就職した。約一年間勤めて退職し、その退職金をもって一九二〇年八月にやっと南遊の途についた。遊歴後、十二月にいったん帰国したが、陶淵明関連の評伝や論文を執筆したらしい。そして、翻訳なども行い、その成果として、のちに「現代支那学術叢書」として梁啓超『清代學術概論』と胡適『輓近の支那文學』を出版したが、周樹人（魯迅）『支那小説史』は近刊予告が出されたものの結局出版に至らなかった。[6]

詳細は不明であるが、その間、新支那社（社主：安藤万吉、主筆：藤原鎌兄）にも入社した。月給が一〇〇元あり、そ

の初月給を充てて『二十四史』を一一五元で購入したらしい。夫人の回想では、橋川の多忙な仕事の合間の一つの楽し

梁啓超著　橋川時雄譯

現代支那學術叢書第一編　清代學術概論　價、二圓半　送、十錢

著者梁啓超の現支那の學界政界に於ける聲と價とは、今更の紹介するまでもない。本書は清代三百年の學術を系統明晰に說明したるもの、學界は此種の好著の出現を翹望することもすでに久しい。篇末には、譯者の手になつた入念なる補遺と注解が附錄されて居る。

北京大學教授　胡適著　橋川時雄譯

現代支那學術叢書第二編　輓近の支那文學　價、二圓　送、十錢

新文化新文學の母たる胡適教授によつて記敍された最近五十ケ年（一八七二―一九二二）の支那文學の大勢は、實に近代支那の文化運動の全部である。原著は未だ世に出て居らない、譯者は特に著者からその稿本を得て、逸早くわが學界に提供し得たことをよろこぶ。

東京府下中澁谷道玄坂五七五　東華社發行　振替東京三三〇五七　電話芝六七一

北京大學教授　周樹人著　橋川時雄譯

現代支那學術叢書第三編　支那小說史　（近刊）價、二圓　送、十錢

最近の支那に、一たび文學革命の曙光が閃いてくると、數千年來文壇塢を壟斷してあつた古文辭や文言詩は、その多くは迂腐近づくべからざる、一種のにせ骨董と見做されて、白話文學が提倡され、今や白話は燎原の勢を以て學界の全野をおふつてゐる。そしてまた極めて久しき間、その眞價を埋められて、文學の餘孽と卑下されてあつた支那小說に對する研究の風潮は澎湃と漲つて來た。

本書は、現に北京大學及び北京高等師範學校の講壇に於いて、青年學徒から異常の興味を以て傾耳されつつある周樹人教授の講義錄を、更らに、校定增補して譯者に與へられたもの、千載朽蠹の文學の外支那文學なしと思ひつつある漢學先生たちは速かに此の書によつてその蒙を啓ったまへ、又支那並びに支那學の研究者には、どうしても除外し得ざる書であることを明言しておく。

東京府下中澁谷道玄坂五七五　東華社發行　振替東京三三〇五七　電話芝六七一

図4　発行の広告（『追憶』、246頁）

みは「古書・書画・骨董などの店の立ち並ぶ琉璃廠に出かけ、その店をのぞき、必要な漢籍があれば求め」ることであり、「時には一か月の報酬全部を費やして求めたことも」あったそうである。旧いものの収集癖は恐らくこの時期あたりからすでに始まったのであろう。

結局橋川が順天時報社に入社したのは一九二二年九月十三日である（日系漢字新聞『順天時報』：一九〇一年十二月一日、創刊号～一九三〇年三月二十七日、九二八五号で終刊）。「しばらく好きなことをやっておきなさい。今の編集局長が近いうちにやめて日本に帰ることになっている。その後を君に任せるから、その間遊んでいていい」と渡辺社長に言われ、橋川は高い月給をもらいながら、古書などを手あたり次第に買ってきて読み、中国の様々な文化人と盛んに付き合うようになった。そのなかで、とりわけ胡適・李大釗・周作人とは親しくなったが、魯迅は顔だけ知っていたものの交際せずに過ごしてしまったことを橋川は後年になっても残念に思っている。

そして、社内でも内藤湖南の推薦で少し先に入社した松浦嘉三郎と親しくなり、京都帝国大学での講義内容を熱心に語り聞かせてもらい、憧れた諸先生の講義を直接聞いているような楽しい日々を送ったという。また、劇評家の辻聴花（本名は辻武雄）とも意気投合し、辻がほぼ独占的に担ってい

図5 『文字同盟』創刊号の表紙（東北大学附属図書館所蔵）

た文芸欄に橋川の詩文なども掲載されるようになった。辻聴花を介して柯劭忞・胡玉縉と、藤塚鄰を介して呉虞とも知り合うようになり、旧学・新学、旧派・新派を問わず、橋川は読書も交友も多方面にわたり幅広い知識と人脈を持つようになった。さらに、特筆すべき一点は、呉虞や周作人などに寄稿を依頼し、編集長に就任した一、二か月後には華やかな紙面の『順天時報』記念号（第七千号、一九二三年八月三十日）を世に送り出したことである。[7]

良質な人脈にジャーナリストとしての経験で鍛えられた観察眼と洞察力が加わり、これで後の個人誌の運営と東方文化事業総委員会での仕事のための基礎準備が図らずも整うことになった。

(2)『文字同盟』の時代——日中読書人の「攻守同盟」の結成

機が熟したか、一九二七年三月に、橋川は「いささか感ずるところがあつてだしぬけに[8]」四年半ほど勤めた順天時報社を辞職し、独力で文芸誌『文字同盟』（創刊号、同年四月二十三日[9]）を立ち上げた。橋川にとって新雑誌の創刊は「ただこの地の新旧学徒から寄せられた同情をたのみにまつたくの文無しでとりかかつたしごとである[10]」。

『文字同盟』の表紙に、因縁のある伏羲の画像および漢代の曹全（字は景完）碑から臨模した誌名の四字が採用されている。創刊号の巻頭を飾る「宣言」において、漢字を媒介に学芸における日中両国の「攻守同盟」の結成を目標に掲げ、詩文応酬の「倶楽部」、先哲時賢の人格・学問および学芸界の消息の「紹介者」、漢文・漢詩と日文を学習する「参考書」として少しでも役立つよう願うことが記されている。上段に漢文、下段に日本語訳文（第二一号以降はすべて漢文）という体裁を取る『文字同盟』は、「世界唯一の日文漢文合璧の月刊雑誌」だと自称しており、「写字的（筆耕者）」として一人の旗人出身者を雇い入れ手伝わせたほかは、文章の翻訳を含め編集のすべてを橋川一人が担当したため、正真正銘の個人誌だったと言える。漢詩文の交流、学者の顕彰、希少本の紹介にとりわけ注力した誌面から、学芸の世界にかけた橋川の意気込みが窺える。いつも薄暗いランプの下で『文字同盟』の仕事に没頭する橋川にとって、本場で漢文学を学びたいと考えた当初の目標を、ここである程度達成できたと言えよう。

一九二〇年代後半の高まる排日風潮の中で、『文字同盟』は創刊より一九三一年七月（第五年第四・五・六号合刊）に停刊するまで併せて三七号が発行された。順天時報社時代に築いた人脈を活かし、順天時報社の渡辺社長に印刷費の便宜をはかってもらっただけでなく、中国の文人らとの個人的な縁を『文字同盟』時代にさらに発展させた。[11] そして、学芸欄担当の記者として取材し続けた経験から、常に日中両国の学界・出版界の動向に注目した。「学藝大事記」欄を設け、学芸的提携を視野に入れた独自の視点による編集は異彩を放ち、そのスタイルは後の学術動向の報告にも受け継がれていた。[12] 単発の特集として第四号の「王国維特別号」、第一二号の「鄭文焯特別号」、第一八・一九・二〇号合刊の「朱桂辛啓鈐之文化事業一斑」[13] などがあり、後に多忙になったためか、後期になるほどしばしば特集ではなく附刊（陶鴻慶『読諸子札記』の老荘・管子・淮南子・墨子・韓非子・荀子の各種、第二一号の史玄『舊京遺事』、第三一号（第四年第六号）の懐圃居士輯・鄧之誠序『柳如是事輯』、第三二号（第五年第一号）の郭焯瑩『読騷大例』など）として刊行し、しかも合刊が増え、発刊頻度も定期的でなくなった。橋川自身が直接関わったものとしては、『陶集鄭批録』（橋川時雄校補、第二八号（第四年第三号）附刊、一九三〇年）、『陶集版本源流攷』（橋川時雄著、第三五・三六・三七号（第五年第四・五・六号合刊）附刊、彫龍叢鈔之一、一九三一年）が挙げられる。[14] 民国期における伝統的学術のありかたや当時北京の学術文化界の動向を知る意味で、『文字同盟』は今日から見ても貴重な資料である。

橋川および『文字同盟』について、瀬川浅之進東方文化事業総委員会総務委員から岡部長景文化事業部長あての公文が外務省記録に残っている。

> 当地ニ於テ文字同盟ト称スル月刊雑誌ヲ発行セル橋川時雄ハ、漢学ノ素養モ相当ニ有之、且ツ勤勉篤実ニシテ当地著名ノ支那学者トモ広ク交際シ居ルカ故ニ、従来本邦ヨリ当地ニ遊歴シ来ル観察家ニシテ支那学者ニ接触セントスルモノハ、概ネ橋川ノ紹介ニヨルコト多ク、……将来東方文化事業ノ進行上並ニ支那学者ト聯絡上ニ就テモ亦、同人ノ助力ニ待ツモノ多々可有之ト存候[15]……。

漢学の素養の高さおよび現地の中国人学者との交際の広汎さから、橋川が今後の東方文化事業を推進する上で不可欠な人材として強く推薦されたことがわかる。後述するように、『文字同盟』の編集のかたわら橋川は一九二九年一月から同委員会に形式上「庶務担当」として勤務し、逐次その活動の重点をこれに移すことになる。[16]とりわけ一九三二年十月に「瀬川委員帰朝し、総務委員を辞す。その後橋川時雄総務委員署理に任す」[17]とあるように、橋川は瀬川からバトンタッチを受け実務を担当し、翌年十二月に「総務委員署理」（職名は文化事業部書記官岩村成允（しげみつ）の提案による。[18]「署理」とは、暫行・代理の意味である）に就任し、同委員会および北京人文科学研究所・図書館の経営にあたった。以降終戦までの十余年にわたり、橋川は東方文化事業総委員会および北京人文科学研究所の実質的な責任者として中心事業の『續修四庫全書提要』編纂を推進していった。

二、深く傾倒していた三人の人物
——陶淵明・屈原・王国維

（1）原点としての陶淵明——「酔ひて笑ひて語らす」

中国古典文学の研究に没頭した橋川から見れば、「自然と人間の世界が文学では二つであつて一つ」であり、進歩と変化を求めるために歴史や思想は厳しい風のように自然と人間の世界に「波紋」を描き、それこそが「文学」である。[19]文学を追求する橋川は、斉白石から贈られた蟹の絵に「文章横行天下」の六字を題した書画をいつも傍らに置き、「私は私なりの古典の穴を掘る蟹であつてよい」と語った。[20]文学の世界では、「その作者と対座して、ともに話しあう、よろこびあう平等な立場であるべきだが、見識の高下だけはその評訳者の筆で染めつき（ママ）（け）されなくてはならない」と語り、彼なりの「染めつけ」で翻訳したのが『杜甫——詩と生涯』である。[21]そして、「文学は忘れた会話のうちにない、討論や紋切型の交渉のうちにもない」といい、「中国の文学におけるかぎりは、話しあう、歌いあう、そしてよろこびあう、ということが、その原始から本質的な大筋にもなつて、組成され、変貌され、発展してきた歴史がある」と強調し、その基本的な文学観を示している。[22]

橋川の学問的興味は六朝（りくちょう）文学にあり、『文選』・王羲之・『三謝詩』にも詳しいが、「中国古今を通じて、詩人のうちでは何といっても陶淵明だ、と私は来るひとに話しかけている」というように、とりわけ陶淵明への傾倒が深く、その陶淵明研究も評価されている。[23]陶淵明の詩文、それともその生活様式、あるいは人物そのものに惹かれたのか、はっきりと区別できないが、あるいはそのすべてに価値を見出している。橋川にとって、陶淵明は「〈うれい〉の文学を、モラルの純正を古にたどって、生命のまじめさを追求した〈いこい〉の文学におちつかしめた作者」であり、「松菊をふかく見つめてそこから人間のありかたを見だした」人である[24]。

漢文学に大きな関心を寄せた橋川にとって陶淵明はその中国行の原点であり、最初の南方への旅も陶淵明遺跡探査を中心にしていた。早くも旅費を作った橋川は一九二〇年八月に念願の旅に出た。北京を出発し天津から海路で向かったが、途中大連で金子平吉、青島で渋川玄耳に会い、そして、漢口で総領事の瀬川浅之進と知り合った[25]。後述するように、瀬川との出会いが後年に橋川が東方文化事業総委員会にかかわる遠因の一つとなる。そして、陶淵明関連の遺跡を一週間ほど歩きまわった。後に橋川はこの旅を振り返って、「曾是夢遊地　今来喜欲顚」と、淵明が酔臥した「酔石」の上に寝転んで夕日が赤く照り返してくるまで放歌していたことを印象深く回想し、この目で陶淵明ゆかりの地を確認できたことの無上の喜びを語っている[26]。その後、南京で留学中の岡崎文夫に邂逅し、蘇州で葉徳輝、上海で康有為を訪ねた。かつて琉璃廠で、共同通信社の初月給をもって鄭文焯が陶澍の『靖節先生集』に手批を加えたもの（後に『陶集鄭批録』として付印した）を購入したが、今回の旅で橋川は陶澍の故宅にも泊まることができ、かなり充実した日々を過ごした[27]。紀行文の最後に「漢学の妙は、哲学文学倫理と謂はず、政治も経済も美術も総懸りになつて研究してゆくところにある、而してその極意は、天と人と、物と我と、相融けあつた心境、即ち、広漠の野、無何有の郷、桃源に逍遥するにある」とあり、ここから漢文学に情熱を注いだ橋川が陶淵明に傾倒した理由を垣間見ることができるだろう[28]。

同年十二月末に日本に一時帰国したが、帰国後『陶淵明評伝』を書いたらしい。一九二一年の暮れごろから中野正剛の紹介で三宅雪嶺・杉浦重剛と話し合った結果、この評伝は雪嶺の序を添えて政教社から上・中・下の三冊に分けて出版する運びとなったが、印刷に手間取り、いよいよ発刊しようとするときに残念ながら関東大震災に遭遇して、原稿も組版も焼失し烏有に帰した[29]。その後、十年がかりでぼつぼつとその草稿を復元し、また『文字同盟』終刊号に掲載された学問的代表作『陶集版本源流攷』（漢文）は名著として高く評価される。

若い頃から陶淵明の人生に共鳴した橋川は、心のどこかに隠逸の夢がある。一九七二年九月に長野の野尻湖高原で土地を購入し山荘を建て、世を去るまでの十年間は毎年春から秋までこの静寂な山荘に滞在した。自然を満喫しながら、「俗世から解脱された飄々たるお姿で落葉松の林を散歩」し、「詩作にふけ」り、旧稿に目を通し陶淵明研究を一冊にまとめて「ここで死ねたらいい」、「この高原の林は、かつて青年の日に訪れた陶淵明の故里とよく似ているというのがうれしかった」と語っていた。[30]「思ひ見る陶淵明と先生と　酔ひて笑ひて語らす様を　黒姫の山懐（やまふところ）に淵明と　笑み交（かは）しつつ酒酌（く）ますらむ」というのは松枝茂夫が橋川を偲んだ際に寄せた歌の一節である。[31]橋川は「常に陶淵明と語り合」い、しかも「常に原稿紙を新たに」し、「二人の交わりは、いつも新鮮な展開をしていた」と見られる。出版間際の評伝の焼失は惜しいことであるが、「あるいは、二人の語らいに一往のまとまりをつけることをさへ、天はなおいまだしとしたのか」とまで言われる。[32]陶淵明研究者として最もふさわしい土地で人生の最後を過ごすことができた意味で、橋川にとって陶淵明はその研究の出発点であり帰着点でもある。

(2) 屈原と「今屈原」王国維
――端午の節句のたびに思い出す

一九二七年五月二十九日、初夏の微風に揺れる新緑の柳並木が続く清華学校内の道を一輌の馬車が走っている。それがある白塁の質素な平屋の前に止まった。応接室に通され、茶菓子のもてなしを受けながら、来客と主人は話に花が咲いた。三時間ほど続いた話は学問や時事など多岐にわたり、先月長沙の大学者葉徳輝が惨殺されたことを主客ともに痛憤している。しかし、思いがけず数日後、その主人が北京西郊の頤和園昆明湖魚藻軒の前で入水自殺を図った一報が大々的に発表された。後に思えば、訪問当日主人が来客を強いて止めて一緒に夕食まで共にした時点で、すでに決心がついていたのだろう。ここの主客は王国維と橋川時雄のことである。[33]

「湖南の碩儒」葉徳輝の処刑および「一代の明哲」王国維の自殺について、橋川はいずれも「天日なき」という言葉を用いて暗黒な世相を形容する。「楚屈の遺事を緬想すべき」端午の節句直前の出来事だったため、橋川は王国維の学才と学徳を称え、「楚屈の遺訓」に従って「凛烈なる死」を果たした「儒侠」であり、王国維を「今屈原」だと捉える。[34]『文字同盟』第四号（一九二七年七月十五日）はいち早く「王国維特別号」を組み、その後にも関連記事を陸続して掲載し、王国維の生涯や学問の紹介およびその顕彰に注力した。この特別号を出した七月は「私〔橋川〕の生涯での最苦境にあったよう〔で〕感情のきずなが切れて大哭を発したこともある」と橋川は後年になって回想する。『大公報』（天津）や『国学月報』が『文字同盟』を紹介する際にいずれもこの特別号に言及したことからして、王国維死去当時の貴重な資料として取り扱われていたことが窺える。[35]

自殺の原因について種々な推測があったが、橋川の見るところでは「学問生活の根底からふきとばしてしも〔ま〕うほどはげしい世変の嵐が襲いかかってきた」ため、「明日の歴史に暗いものを感じ次第に自分の住む世界が見失われてきた」ことが理由であり、死へと向かうほどに種々なる「世変」（遺書中の言葉）に向き合ったその姿勢から、「おう〔お〕まかに時代の犠牲であったことを歴史として認めらるべきであろう」と言う。中国で敬服すべき新旧の人物と交際を広めたなかで、橋川は「人間としての大物」の李大釗（一九二七年四月二十八日、処刑）と「学問として偉大なる」人物としての王国維の二人に対する感銘が最も深く、「王国維と李大釗」という命題でこの両人物を素描してみようとまで考えていた。(36)

橋川が初めて王国維に会ったのは、一九二三年の夏に順天時報社の同僚の辻聴花と北京留学中の今西龍とともに王を訪れたときである。いま何を学んでいるかと王に聞かれ、橋川は前年葉徳輝から示唆を受け、『説文解字』を片手に『離騒』を一字一字読み始めていると答えた。そして、「南書房行走」として上京した王国維の官職に興味を持って聞き調べにかかったことが、橋川が清史とその時代の掌古研究に手を付ける動機となり、のちに『縉紳録』を多く収集するようになった。橋川は『文字同盟』の毎号の編集を一両日で片づけ、あとはもっぱら王国維のもとに入門し学究生活に勤しもうとしたことがあると語っている。そして、東方文化事業が動き出したころ来遊した服部宇之吉・狩野直喜に、橋川が王国維の招聘を力説したところ、「服部博士からは私（橋川）にもゆくゆくこの事業に協力してくれとの話があった」ため、これが後に橋川が『續修四庫全書提要』の編纂事業を主宰するきっかけともなった。

ところで、前述した陶淵明の詩文以外に、橋川がもう一つ注力したことは、いわゆる「読騒工作」（「離騒」を読む仕事）である。橋川から見れば、屈原という人物の実在性はそれほど重要なことではなく、「離騒」は「歌の憲法」であり、屈原物語はその「枕詞」である。(37) 橋川は衣食を切り詰めて百種以上の評注本を購入し虱潰しに読んだだけでなく、屈原の遺跡を伝える地方に遊び、植物を採取し、「古法の采風」を試み、北京の書室でその香草を栽培する苦労までした。半生をかけた橋川のこの取り組みは戦後になって『陶集版本源流攷』の姉妹編をなす『読騒篇』に結実したが、自分の「離騒」の評釈は王国維に啓発されたところが最も多いと橋川は回顧している。(38)

太平洋戦争中、橋川は北京の北海の一隅にひきこもり、約二か月をかけて生涯唯一の日本語著書『楚辞』を一気に書き上げた。「自序」（一九四二年八月十五日付）において、「身を汨羅の淵に沈めた楚国の詩豪屈原」という「汨羅の神」と、「真珠湾底に沈みませる神神（ママ）」が「聯想の絲にたぐられてくる」と告白した箇所からは、戦争末期の著作ならではの「異例な気焔」を感じざるを得ない。(39)

橋川は屈原の「離騒」の賦を秦の始皇帝の「焚書行」を前奏した時代革命の進行楽曲と捉えると同時に、王国維の「頤和園詞」（一九一二年三月作、亡命先の京都にて）を彼の「離騒」の賦として読み、学問的業績を積みながら思いあまって「屈原を物語る行事の端午近くに、彼（王国維）は頤和園への投湖行が詠まれた」のであり、「歴史はついに彼王国維を殺した」とする。「好ましからざる変の時代」における「一死」の意義および憂いの世界観（内美）をともに持つ点で、橋川から見れば、屈原は「今一つの王国維」であり、「彼王国維もまた今屈原」なのである。

端午の節句が間近に迫ると、街では門に菖蒲を挿し粽を食べ屈原を物語る行事が進められるようになるが、橋川にとって、それは屈原およびかつての親友だった「今屈原」王国維に哀惜の思いを馳せる特別な時でもある。

三、橋川あっての二大事業――『續修四庫全書提要』と『中國文化界人物總鑑』

（1）『續修四庫全書提要』――文化事業としての歴史文献の再録

橋川の北京三十年を見渡すと、その人生や内面に深遠な意味を与えた重要な旅が少なくとも二つある。一つは前述した中国遊学の原点とも言える念願の陶淵明探しの旅（一九二〇年八月）であり、いま一つは十数年間北京に住んだ後、北京以外の中国学界の状況を視察し、『續修四庫全書提要』（以下『提要』と略記）という大事業の実現可能性を探る旅である（一九三一年七月二十一日～九月十八日）。後者の成果は『天津、濟南及長江地方學事視察報告書』（外務省文化事業部、一九三一年十月。以下、『報告書』と略記。引用は『學術界』による）に結実している。

橋川が東方文化事業総委員会に正式に勤務しはじめたのは一九二九年一月であり、『文字同盟』の編集・発刊も継続しているため、ここからまさに「吏儒兼（吏儒を兼ぬる）」（本稿冒頭で紹介した橋川の詩句の語）の生活を始めたと言えよう。しかし、同年五月三日の済南事件を受け中国ナショナリズムが勃興し、中国側委員が総辞職する事態にまで発展した結果、文化事業自体は一時頓挫するようになった。その後様々な試行錯誤を経て、一九三一年の南方への旅の後に「書目編纂」から「提要編纂」へと事業を転換し、中国側の若手研究者を嘱託の名目で抜擢し、提要の執筆を依頼して研究態勢を建て直したことで、編纂事業をようやく本格的に推進できるようになった[40]。

南方へ向かったこのときの学界考察の旅は、実は同年四月に橋川が江瀚・胡玉縉の訪日に随行した際に、東方文化事業に関与した服部宇之吉・狩野直喜両委員と協議した結果である[41]。『提要』の編纂にあたって、執筆者全員を北京に招致することは不可能であったため、各自に自宅で執筆してもらえるよう、南方の権威ある学者たちに依頼する目的で橋川の南方への旅が決まったのである。橋川の「此行の使命は、私人資格を以て支那各地に存する潜儒碩学を歴訪し、其閲歴、著述、生活等を取調ぶることに在り」、さらに、存命でない学者の行状や遺著の所在の確認、蔵書家への訪問、学校図書館・書肆などの視察も兼ね、とりわけ『四庫全書』およびその提要の撰著・編纂に特別な注意を払って調査することになっていた。北京の各大学の教授の紹介状を四十数件携帯して橋川は出発した。

図6　東方文化事業総委員会／北京人文科学研究所の門（『追憶』、174頁）

「本報告書中には個人の毀誉に叙及し、無遠慮に筆者の批判を為したる処なきにあらず。此記録は他見を憚るものなり」と「緒言」に書いてあるように、日記風に率直に綴ったものを公表する予定は当初はなかったため、外務省が「秘」の印を押しながらそれを印刷して関係各所に配布したことに橋川は大変困惑したようであり、後年になっても不満をこぼしていた。しかし、結果として、中国の学界の事情に詳しい橋川は、その時代の学術文化や学界の人物の動向に関する重要な記録を残し、外務省の文化事業の具体的な計画の青写真を描いて、『提要』の編纂事業を一歩前進させたと言えよう。上海で章炳麟を訪問した際のことが印象的だったようであり、筆談記録が後に雑誌に掲載された[42]。長い旅を経た橋川が北京に帰着したのは一九三一年九月十八日であり、奇しくも満洲事変が勃発した日である。一九三二年十月に総務委員の瀬川浅之進が帰国したため、その後橋川は総務委員署理として実務担当となり、終戦まで一貫して編纂事業を最も重要な仕事として心をくだいた。当時の日中関係の厳しい状況に鑑みれば、下記の傅増湘の評は決して溢美の言ではないだろう。

> 近くは續修四庫全書提要を主宰し、汲々として文献の徴求につとめ、その交友は益々広く、その見聞は益々博し。およそ旧都の耆宿英年の学徒に対しては身を傾けて接近し、その情誼は殷拳をきはめ、わが国の士大夫また多く楽しんで友交を訂して、これが事業のために争つてその力を尽さむことをもとめた。ここに君の名声は日に盛んに、君の学業は日に閎達してきた[43]。

済南事件後の中国側委員の総辞職、予算削減・相場変動による深刻な経済的影響、盧溝橋事件がもたらした停頓状態など様々な紆余曲折があったものの、そのたびに危機を乗り越え、最後まで編纂事業を放棄することなく、細々と終戦まで続けられた。中国伝統社会の学問は地縁・血縁的人間関係の枠組みの中で継承・伝授されることをよく知る橋川は、事業の「牽引車的役割」を果たし、個人の交誼に頼ることで総勢八十六名から編纂事業への協力を得て、『提要』という貴重な文化遺産を残したのである[44]。

(2)『中國文化界人物總鑑』
――一個人による学術現状の調査

橋川が成し遂げた大事業として、前述した『提要』のほか、『中國文化界人物總鑑』（北京：中華法令編印館、一九四〇年）（以下『總鑑』と略記）も挙げられる。前者では歴史上の人物の業績を中心に歴史文献として再録したのに対し、後者では存命中の人物や学術の現状調査にあたった。『提要』と『總鑑』との関連について、「編者の二十年に及ぶ北京滞在、ことに一九三四年以来の『續修四庫全書提要』の大事業の主宰が、地道にこの大冊（『總鑑』）を育てていた[45]」というように、日本外務省の文化事業の一環として前者を推進していた過程で、橋川は一個人の事業として後者を完成させた。鴻儒碩彦との親密な交誼で築いた人脈を活かして編纂したのが『提要』であるが、「中国の文化人はこの続修提要の編纂事業には終始協力的で、会（東方文化事業総委員会）外の人でありながら多くの自版の図書まで寄贈」した人も少なくなかったため、「そうした中国文化界の人々に対する感謝の気持ち」を込めて編纂したのがもう一方の人物事典『總鑑』であった[46]。『總鑑』は、民国元年（大正元年・一九一二）以来在世で学芸の才能があり、「文化教育の事業に従事し、学術の研究にたづさはり、文芸作家、劇作家、そのほか文化界人物としてふさはしい経歴を有つひと」で、特に生存している人を中心にして、その生没・郷里・経歴・著述または人物の時代性、地方性、将来の予想まで記した。また、文化界で活躍していたおよそ四五〇〇～四六〇〇名の人物（女性も含まれる）の略伝をまとめ、そのうち外間（がいかん）よく伝わらない約四〇〇名については肖像も掲げている。『總鑑』は様々な分野にわたって中国の文化人に関する情報を網羅的に収めた人物事典であるが、それは同時に橋川の個人的な学術交流史そのものでもある。ほぼ半数は橋川が親しく接した人であり、長い間に直接当人より聴収した資料のほか、できるだけ他の伝聞・記録など各種の資料を広く集めたところにこそ特色があり、『總鑑』は戦前期中国の文化人の履歴を知る参考書として長らく参照されてきた(47)。まさに「一たびこの書を披けば、近世人物の消長、風気の変遷、学術の源流、政教の発展及びその梗概について知ることができよう(48)」。十年以上の知り合いだった前教育総長傅増湘が寄せた「序」では、「君が究学に精勤なる、事務を処辨するに勇敢なる、その人に接することの温和真摯なる、けだし智力果敢なるものあつてその才識また俊敏の士である」とあるが、この賛嘆は決してただの社交辞令ではない(49)。

〔前教育總長傅沅叔序〕
子雍學人橋川時雄君は、日本から來て久しく北京に客居、予と相識る十餘年に及ぶ。ついで東方文化事業總委員會の任に就き、予と屢々往來するに至つた。君が究學に精勤なる、事務を處辨するに勇敢なる、その人に接することの温和眞摯なる、けだし智力果敢なるものあつてその才識また俊敏の士である。近くは續修四庫全書提要を主宰し、汲々として文獻の徴求考究につとめ、その交遊は益々廣く、その見聞益々博し。およそ舊都の耆宿英年の學徒に對しては身を傾けて接近し、その情誼は殷摯をきはめ、わが國の士大夫また多く樂んで友交を訂して、これが事業のために爭つてその力を盡さむことをもとめた。こゝに、君の名聲は日に盛んに、君の學業は日に聞達してきた。けだし君の志業は、夙に東方文化を傳播發揚することによつて、日支兩國の敦睦に基礎づけむとするにあるのである。

中國文化界人物總鑑序
子雍橋川君自東瀛來久居燕京相知十餘年矣嗣以從事東方文化總會与余過從尤數其為學也勤其治事也勇其接人也和以摯蓋智力强果而才識閎敏之士也近歲以來續脩四庫全書提要汲汲以徵文考獻為務交游益廣聞見益博凡故都耆宿新學英流靡不傾身延接氣誼殷摯而吾國人士亦多樂与訂交而爭為之盡力由是君之名日以盛君之業亦日以聞蓋君之志夙以播揚東方文化為中日兩國敦睦之基者也日者以新撰鉅帙見

図7　傅増湘「序」（橋川時雄『中國文化界人物總鑑』北京：中華法令編印館、1940年）

『總鑑』本文の最後に「附録一　近百年中國文化界大事記表」、「付録二　中國國内大學學院表」、「附録三　海外留學著名學校略表」を加え、九五〇頁ほどを一人でわずか半年足らずのうちに執筆・編纂を終えたことを考えると、かなり精力的な労作だったと言わざるを得ない。一方で、この人物事典は華北文化事業協会の指示と資金援助を受けて推進した国策がらみの事業の一つであり、少し複雑な性格を持ち合わせている(50)。日中戦争の最中におけるこの人物事典の編纂は「日本の拡張政策と呼応しており、情報活動の参考となる条件を提供している」のであり、橋川は「日本側に「文化情報」を提供する媒介」者であったとの指摘も無視できない。[51] さらに、同時代の中で見ると、橋川のみならず、新城新蔵(しんじょうしんぞう)が主宰する雑誌『中國文化情報』(一九三七〜一九四一年)の「戦時文藝界と一般文化界の動向」・「文化界著名人の動静」欄に見られるように、上海自然科学研究所も人物情報の蒐集作業を行っていた。

四、橋川における日中の「交流」
——政治と文化のあいだ

(1)「攻守同盟」の変質

一九二七年に『文字同盟』を創刊した際に、橋川が「日中読書人の「攻守同盟」の結成」という目標を前面に打ち出したことは前述したとおりである。その試みはある程度成果を挙げたものの、一九三一年の満洲事変を境にこの個人誌は事実上停刊した。さらに、一九三七年の盧溝橋事件で日中両国が全面戦争に突入し、北京在住の多くの知識人が南遷するようになると、橋川は北京の文化の衰退を嘆息してその維持・保存を呼びかけつつ、「東方文化の精神」のために両国が提携することにこそ今の戦争の目的があると主張し、両国の新たな「文化同盟」を模索するようになった。北京王府井大街東廠胡同(トンチャンフートン)一号にある東方文化事業部は元黎元洪大総統の旧邸の広大な敷地(約一四四〇坪)内にあるが、橋川は「東方文化昌明の意を取り、廠字を昌字に改めたがよからう、廠昌二字は字音も近いから」と提言したため、巷名が一時「東昌胡同」に改名された。[52]

そして、一九三八年九月に成立した「東亜文化協議会」(会長:湯爾和)の評議員の名簿に橋川は名を連ね、総務部長代理として協議会の執務暫行規程の草案を作成し、また九月六日には協議会成立の意義について北京放送局から内地向けの放送で講演を行うなど大いに活躍した。「世界文化に寄与」すべき「両国ノ文化提携」を協議会の使命・公約として、「日支両国ノ文化ニ於ケル攻守同盟」の締結を呼びかけたのである。[53] そのほか、橋川は「大興学会」の賛助員や「国立新民学院」の教授、「北京地方維持会」の顧問などとして戦時中の各組織においても要職を務めた。[54] しかし、「攻守同盟」という同じ文言が使われているが、戦争前後におけるそれは、時代を色濃く反映して明らかに意味が変質している。

橋川は「交流」という言葉を最初に言い出したのは自分だと主張し、中国文化が日本文化の母国であり、そこに互いに「血と心の流れが流通している」と言った。[55] そして、「文化」

および「文化交流」に対する彼自身の見解を次のように述べている。

定義づけられてゐる、研究の対象とされてゐる「文化」の意義がどうあらうと、「文化」とはその国なり民族なりの、特異なる生活と観念に根ざしたものである。文化

図8　新民学院の正門（小沼勝衛編『東亜の現勢』（東洋文化史大系第七巻）誠文堂新光社、1939年、283頁）

物の移入だけで両国の文化が交流した事象とは見られない。両国の文化交流とは一国の文化の移入に作用されて、それから他の一国民の生活と観念とに、培成されて新文化が生起されてきた事象をいふ。「論語」「千字文」がいつもたらされたか、白楽天が生けるときその詩集がわれに伝へられたなどいふことは、単なる文化の移入で、未だ文化の交渉とはいへない。(56)

それぞれの国家や民族の独自な生活と観念に重点を置き、移入された文化と元の文化とが新しい文化を創出することこそが文化交流だと橋川は言う。「各国各民族の文化とは各国各民族の生活である、その生活即ちその文化、生活即ち文化の全野」なのであり、しかも日中両国の文化はおのおのその独自性をもつばかりでなく、西洋文化に対して共通の独自性があると橋川は考えていた。

要するに、両国文化の独自性と民族の生活の「互助協同」の二点が強調されている。一見したところ当時盛んだった同文同種の論調と一線を画したようであるが、橋川の考えによると、もし日本を中国の「文化的附庸国」と見るならば、大いに力を得た「文化的附庸国」の日本が本国に対して「文化的侵略」をすることを事実として容認せざるを得ない結論になり、中国にとって忌々(いまいま)しいことになる。しかし一方で、

「もし、両国がおのおの文化的独自性を確認するならば、その両国民両民族の生活のあるかぎり、その文化は侵略もされず、長〔し〕へに滅びないのである」。この意味で、各国各民族の文化の独自性を確認することは、「文化的侵略」を否定する論理にもなっている。(57) しかし、厳しい戦時下にあって、主権が侵害された側から見れば、ここでいう両国の「文化的互助・握手」は虫が良すぎる一方的なものに過ぎなかった。

この時期、橋川の関心は文化と政治との両方にまたがっていたが、その特色は政治の「文化」化であると言えよう。ところが、橋川が直面していた同時代の中国においては、戦争によってナショナリズムが高まり、文化の「政治」化の傾向が強まる一方であった。橋川の理論が同時代の中国の分析にそのまま持ち込まれたとき、彼の「文化」概念そのものが必然的に強い政治的性格を帯びるものになり、彼が唱えた「攻守同盟」も変質していった。「文化」が政治の付属品となる宿命から免れない時代に、橋川の言論が帯びている問題性は明白である。

(2)「薔薇の花」と「太平花」
——日本・中国、文明の東西、そして平和

一九二〇年に南遊する橋川に餞別の言葉を送る際、辜鴻銘は「薔薇の花」の詩を詠んだ。(58) 美しいバラの花(日本文明)がふと自分の根元に顔を向け、自分の育っているジメジメした汚い苗床(中国文明)を見ていやになり顔を振り上げ空を見たところ、通りかかった一人に剪られ花束(ヨーロッパ文明)の中に入れられてしまった。すなわち、日本文明は中国文明から生じたものの、中国文明から離れヨーロッパ文明に逃げ込もうとしたという比喩である。

戦後の橋川が、日中関係の厳しい時期に中国における彼自身の文化活動や果たした役割をどう見ていたのかについて、本人の口で直接語る公開資料は現時点ではほとんど見当たらない。しかし、ふるさとである福井の文化史について書いた著作に内省めいた言葉が少し残されており、引用してみる。

> ふたたび北京にもどつてきたとき〔一九二一年あるいは前年〕は、〔辜鴻銘〕翁はいたつて不機嫌であつた。街頭でであつてもよそよそしく顔をそむけられることがあつた。私はここで満腔の慙惶をもつて告白しておきたい、それはほかでもない、私はシナの文化にあこがれて大陸に落ちのびてゆいた一介の学徒であつた。幸なことには、彼の碩学鴻儒たちは私にむかつて親切な誘導の手をさしのべてくれた、清新な論考をもつて学生をよろこばせていた教授たちとも、兄とよび弟とよび、私にはその門を叩き気ままにその書室に出入りすることを許された。にも

かかわらず、その多くあるうちの二三のうちには、辜翁におけるごとく、何の気まずいことがあつたか知らないが、次第にその顔をそむけられたのである。長いあいだの北京生活で、もし私に不快なことがあつたとすればそれはそれだけのことである。がそれは、すべて私が自分の不自覚からまねいたことである。ほかの人がしたことではない、きれいな薔薇の花がその根もとの醜い土くれに厭気して、その根につながるものを見失うたからである。——と、はじめて自ら内に省みて知られたのは、終戦のショックにおののいていた一九四七年の夏であつた。[59]

一九二〇年代の辜鴻銘もさることながら、日中関係が悪化し次第に戦争に突入していくにつれて、橋川に対して「次第にその顔をそむけ」た中国の文化人がきっと増えたであろう。「きれいな薔薇の花がその根もとの醜い土くれに厭気して、その根につながるものを見失うた」ように、日本文明が中国文明に対して嫌気が差し、日本が文化の母国を見失ってしまったことを自覚できなかったことに、橋川は終戦のショックでやっと気づいたのである。

そして、同じ一九四七年に、書室の餘園に覆いかぶさっている落葉を踏みながら橋川が口ずさんだ一首が下記のものである。

不是柴桑靖節家　これは柴桑靖節（淵明のおくりな）の家にならず
九秋無色遥無花　九秋に色なく　遥に花なし
抜心誰信玄根朽　心を抜いて誰か信ぜん玄根の朽つるを
帰矣悔繙書五車　かえらんか　悔いてひもどかん書の五車[60]

背骨が抜かれて痛いものの、ふるい根は朽ちないと橋川は強調する。海を隔ててはいるが、日本は中国と文化的には陸続きで根がつながっており、日本文明はそこから根を分けて生起・成長した。中国が根の国であり、「根の国は文化の母国」である。さらに橋川は、「東西の異同を論ず」という題で講演する辜鴻銘と「アジアは一つだ」と唱える岡倉天心の名を挙げ、この二人が「東は東、西は西であるが、より高い理想においては一つになることをさけんだ」ことには深い真理があるとし、胡適が予言する「世界の哲学」も夢ではない話だとする。

比喩的意味を持つ「薔薇の花」のほか、もう一つ橋川がこだわりを見せたのは「平和を表徴する花卉」としての「太平花」である。順天時報社に入社したことを報告しに藤塚鄰の北京の寓居を訪れた際、橋川はたまたまその棚に積まれてい

た李慈銘の『越縵堂日記』を見かけ、それがきっかけでこの日記を索引まで作って読み込んだ。そのことについて橋川は、「中国人たちのモノの考えかたに心洗われる思いをもたらした。今の宅に植えられている太平花の所在も、もともとこの日記のうちに見いだされたのである」と書いている。[61]『越縵堂日記』を読みふけった際にすでに清朝内廷の御花園の太平花のありかたに注目していたが、一九三〇年五月に故宮博物院が内外の賓客を招き、咲きほころぶ太平花の前で園遊会を開催した際、橋川は太平花をこの目で見た。そのうちに清朝の皇族だった奉寛と知り合い、挿し木法による移植の仕方を知ったことで、自宅の庭前だけでなく、その後は服部宇之吉の懇願で一株を湯島聖堂大成殿の階右に植え、両三株を郷里に分植した。しかし、「帰り来てみれば戦災震火の幾浩劫を経て、一株すらとりのこされて居らない。人花ともに砕けたのさえある。この花とともに酔い、ともに歩んできた私の生涯は、これから小書屋の前に幾たびの開花を迎えられることだろうか、そして幾首の詩句が書けるだろう」と橋川は長太息した。[62]このとき橋川の頭を掠めたのは過去に対する複雑な感情であろう。三十年近い北京生活に対する懐かしさや北京風物の象徴としての太平花への愛着もあれば、「平和を表徴する花卉」としての太平花を目の前にして先の戦争への反省と平和祈願の意も少し込められているかもしれない。

図9　右から順に：胡適、瀧川政次郎、橋川時雄。撮影者：福井康順。撮影年度：1932年（前掲『東亜の現勢』、215頁）

（3）「昭和の晁衡」あるいは「第二の内藤湖南」
——「吏」と「儒」を兼ねる

終戦後、国民政府が遣わした接収委員の沈兼士は橋川に餞別の詩を贈った。かつて服部宇之吉・狩野直喜に贈った旧作を写して小序をつけたものではあるが、その中の一句「晁衡帰帆賤（ママ）〔餞〕春日、太白摩詰同涙眷」が目を惹く。[63]「晁衡」は遣唐使の阿倍仲麻呂の唐名である。阿倍仲麻呂は唐の朝廷に重用されて官吏の道を順調に歩んだ一方で、文学畑で李白・杜甫ら数多くの唐の詩人とも親交があった。この意味で、文化事業の実質的推進者で多面的な活躍を見せ、中国文芸界の多くの人士と交流を持った橋川は「昭和の晁衡」と言ってもよい。[64] しかし、もし「東方文化に廿余年もこつ〳〵と書斎に埋つてゐた橋川時雄氏は第二の内藤湖南[65]」だとする評価もあることを知ったら、橋川はもっと喜ぶであろう。

> 内藤〔湖南〕史学と狩野〔直喜〕文学とは、私には詩である。両博士のしごとは、わが国の支那学界にきずかれた世紀の金字塔である、いつまでも旧都にのこされた魯霊光殿的存在である、などと賛詞を呈してみても何の味けもない。これほど特異な啓示を与えてくれるものもほかにない。[66]

「私は〝学、常師なし〟です[67]」と言う橋川ではあるが、一貫して内藤湖南と狩野直喜の二人を尊敬すべき師と仰ぎ、とりわけ内藤から学問上の影響を大きく受けた。初めての中国行の前に、橋川は内藤を訪問した。当時の情景を後年になっても臨場感あふれる言葉で回想している。

> 師範同窓の上田三平の紹介で、湖南を訪ねた。和服で書物包を手にしてぬっと玄関に立っておられた。「これから大学に講義に出かけるので、会っておれない。師範出には往々馬鹿な男がいる。君もモノになるかも知れない、しっかり勉強してくるのだね」と微笑された。その後について、その宅を辞したのです。師範出といえば、湖南自身もそうであり、湖南に就いた稲葉君山〔本名は稲葉岩吉〕も師範で校長排斥をして退学を命ぜられたひと。[68]

秋田師範学校出身の内藤はジャーナリストを経て京都帝国大学教授となり、東洋史の大家として名を馳せていた。その異色な経歴は、福井師範学校出身で本場の中国で漢文学を究めようとする橋川にとっては間違いなく大きな励ましであっただろう。[69] 順天時報社入社後編集の仕事を受け持つまで橋川は、少し先に入社した松浦嘉三郎と読書に明け暮れていたが、松浦は「時おり、〔内藤湖南〕博士からうけた講述を私の前に復演して聞かせ」、「私は松浦氏のお蔭で居ながらにして、内藤史学のかおり高い空気を食べることが出来た」と橋川は回顧している。[70]

橋川と内藤の共通点は単に師範学校出身、ジャーナリストの経験、中国研究者など表面的なことにとどまらず、中国を日本の文化的母国として捉える点や「文化中心移動説」、日中の提携による「東方文化の精神」の発揚など思想の深層にも似通ったところが多く見られる。[71] アカデミズムに入った後も内藤は相変わらず同時代の中国に注目し続け、政治と学問との両方にまたがったその生き方は、時にはディレンマに陥ることもあった。これは、中国古典文学を研鑽すると同時に文化事業における対中交渉の最前線で活躍した橋川も、同じく直面していた問題である。
「昭和の晁衡」にしろ「第二の内藤湖南」にしろ、橋川の形容として当を得ている。橋川も晁衡・内藤湖南もある意味で「吏」と「儒」を兼ねており、政治との深いかかわりの中で学問を究め、学問を通じて政治に働きかける面があったことが否めないからである。しかも、その政治的見解が学問によって裏打ちされることで、「中国通」としての権威はより高まり、そのことでさらにその政治的役割は強化されたのであった。

おわりに

来しかたをふりかえってみると、二十三四の若さで〝山色を貪るがために危邦に入る〔為貪山色入危邦〕〟とうたい、軍閥戦争のただなかにあった民国初年、中国に渡る。北京に根を下ろして一去三十年する、その根がぶち切られて、帰国してからも早や二十余年の歳月が流れようとしている。(72)

これは一九六〇年代に橋川時雄がかつての「東方民俗研究会」のメンバーの本のために書いた一節である。三十年近くも北京に根を下ろし、戦時期にも北京の文化界に深く関与し続けた橋川は、『北京三十年』を書けと言われたが結局書けずにいた。(73)「長い北京生活がふりかえりみされている私には、過去があって現在がない」というように、北京のことを思い出すと万感の思いがこみあげるのであろうか、橋川は自らの心情を表す一句「燕都残夢多帰載、籬落西陽称一觴」を書き残している。(74)北京に二年半ほど留学した倉石武四郎は、帰国の際に漢字や漢文を玄界灘（げんかいなだ）に投げ捨ててきたと言われるが、北京で三十年を過ごした橋川は、帰国の船からこれまで使いふるしたハサミと糊とを塘沽（タンクー）沖で投げ捨てて「もとの黙阿弥となつて身軽になつて」帰ってきたと宣言する。(75)全力を傾けて戦後処理まで全うし得たが、完成間近で頓挫した事業への心残りがあったのであろう。

終戦後の橋川は一九四六年五月に当時の外務大臣吉田茂あての報告書を書き上げ、六月に上京して外務省に提出した。その中に次の一節がある。

本員は去る十（ママ）〔五〕月三日、半肩の行李をを荷ふて悠然帰国したるも、此次の歴史的大変革に遭ひ、具さに事象を読むことを得、吾が多年論究に対して其の結論を体得し得たるを以て、儲へても半分なく、一頁の著稿も一冊の図書をも携行出来ざりしも、何等遺憾とする所なし。而かも中国の土と人と、及び其歴史とに対する敬意と愛情に至りては終始寸毫もかはることなし。中国と其の歴史に敬意と愛情とを喪ふものは、吾が祖国日本と其歴史に対しても希望を放棄するものなればなり。[76]

橋川から見れば、「中国の研究をするならば中国人になりきってやるべきである」[77]。小鳥の籠を持ち木陰（こかげ）に腰を下ろした辮髪（べんぱつ）の老人や、穀物を背に鈴を鳴らしながら胡同（フートン）を歩いて朝靄（あさもや）の中に消えていく駱駝など、妻の淑が情緒豊かな筆致で描写した北京の日常は、橋川一家にとって「見るものすべてが風物詩」であった[78]。三十年も住み慣れた北京で橋川は中国の学芸界の雰囲気を身近に体感し、その動向を注意深く観察し、老儒・新人を問わず多彩な学者たちと交流を深め、広い人脈を活かしながら『提要』の編纂事業をはじめ八面六臂（はちめんろっぴ）の活躍を見せた。また、北京の文化や北京の学芸界に特に注目し、北京学にも興味を持ち、関連資料の収集に力を入れ、戦時期には北京の古跡保護に一定の役割を果たした[79]。身体ごと現地に投じて責任ある仕事に携わったのであるから、多忙な日々で心身とも疲労したであろうが、充実感と愉快さも十分に味わったに違いない。「一生の光陰その過半を北京に送ったことが、生けるものとしての幸福と思ふ」と書いている[80]。

橋川時雄とはどのような人物であろうか。彼自身は「守蔵室の一吏」であり、「中国の文学書をよみ、その世界に住んでいる老書生」であると自己定義する[81]。そして、橋川と接したことのある人は、「背が高く額が広くて色白大柄の瘠せ気味で丸いロイド眼鏡をかけた低音の優しい先生」であり、「該博な学識に加うるに、細事にこだわらぬ悠揚迫らざる風格、まことに先生は汲めども尽きぬ人間的魅力をそなえておられた」と回想する[82]。北京で橋川に会った林芙美子は「橋川氏の東方文化事業のお仕事は根の据った立派な仕事だと思った」と述べる[83]。あるいは、「橋川時雄という中国学者の特異なところが、まさに五四運動から日中戦争の全期間にわたる激動の時代を北京ですごし、その間数えきれぬほどの学者や文人と、ともかくにも学術・文化上の交渉の糸を繋ぎとめ、戦争の最後の瞬間までその場をもちこたえた経歴にある」とも評価される[84]。これは実に肯綮（こうけい）にあたる総括である。

ここで、北京で三十年ほど過ごし、「老北京（ラオペイチン）」という格別の名を橋川と分け合ったもう一人の人物を思い浮かべる。それはすなわち、中江兆民の息子で中国古代政治思想史を研究した中江丑吉（うしきち）（一八八九～一九四二）である[85]。「故国離脱者」として終始一民間人の立場に立ち、日本の対外膨張を自覚的に否定し「開明的敗戦主義」という態度をとった中江丑吉と、表向きは政治に無関心な学芸三昧の漢文学徒でありながら、積極的に当時の体制に協力し「文化侵略」と捉えられがちな文化事業に深入りした橋川時雄とは、ある意味で好対照をなしている。(86) 狂瀾怒涛の渦巻く世相の中で時局に便乗した学者は少なからずいたが、日中交流のハブに位置する橋川は、むしろ時代のしぶきを受け、日本帝国の国策に便乗されながら大奮闘をしていたとも言えよう。

戦後、橋川あてに狩野直喜からの一通の手紙（一九四六年六月十九日付）が届いた。『提要』がとにかく出来上がったことに触れ、たとえ接収されても「我国の事業につき、心あるものは感謝致し、文化進〔侵〕略などと悪口を為さざる可く、かく申すものありても聞すてにして、後世の批判を待つべく存候」と述べている。(87) 今日、橋川時雄という人物およびその北京三十年をどう評価するかは決して簡単なことではないが、そこに「光」と「影」が併存することだけは間違いないのである。

注

（1）はしかわ・ときを「述懐詩二篇」（『見聞』第一号、福井：世論新報社、一九四七年九月）（「述懐詩二篇――敗戦後の余生」に改題され、今村与志雄編『橋川時雄の詩文と追憶』汲古書院、二〇〇六年に収録、六一頁）。漢詩の書き下しは橋川による。なお、今村与志雄は橋川の長女濯の夫である。

（2）橋川時雄関連の基本的資料として、橋川時雄主編・今村与志雄編『文字同盟』（全三巻、汲古書院、一九九〇年。以下、『影印本』と略記）、今村与志雄編『橋川時雄の詩文と追憶』（汲古書院、二〇〇六年。以下、『追憶』と略記）、高田時雄編『橋川時雄　民國期の學術界』（臨川書店、二〇一六年。以下、『學術界』と略記。中国語版：高田時雄編・樊昕訳『民国時期的学術界』北京大学出版社、二〇二三年）が挙げられる。とりわけ『追憶』に収録された東方学会企画の座談会（一九六七年六月）および阿部洋らが行ったインタビュー（一九八〇年七月）は、橋川が自らの口でそれまでの人生を語った貴重な記録である。そのほか、中国国家図書館所蔵（「橋川時雄友朋函札」一〇〇通：日本人より七十四通、中国人より二十六通）および高田時雄個人所蔵（約三〇〇通）の橋川関連の書簡類など未公開の一次資料の存在が知られ、今後資料の公開と研究の一層の深化が期待される。なお、橋川の経歴などについては、本稿は『追憶』に負うところが大きいが、紙幅の関係で注記は必要最小限にとどめる。以下、書名・論文名を除き引用した資料の旧字体はすべて新字体に改めたが、旧仮名づかいは底本のままとした。〔　〕内は引用者による。

（3）小尾郊一「陶集版本源流攷　解説」（『影印本』第三巻）五五三頁。

（4）橋川夫人淑によると、「主人は生年月日が二つありましてね。本当は、明治二十八年四月二十二日生まれ。ところが戸籍の上では明治二十七年三月二十二日になっています」（『追憶』三七八頁）というが、ここでは今村与志雄編著「橋川時雄年譜」（『追憶』四八五頁）と同様に戸籍の方にしたがう。

（5）一九五九年四月に二松学舎大学教授になり図書館長も兼任した。その縁で後に橋川の旧蔵書三三〇〇冊（主に漢籍）が「酔軒文庫」として同大学附属図書館に収められている。

（6）書誌情報として、梁啓超著・橋川時雄訳補『清代學術概論』（現代支那学術叢書第一編、東京：東華社、一九二二年十

一月）、胡適著・橋川時雄訳『輓近の支那文學』（現代支那学術叢書第二編、東京：東華社、一九二三年二月）とあるが、実情はとても複雑である（『追憶』二四五―二四六頁、四九〇頁、四九二―四九三頁）。版元が東京の東華社とあるが、実際は東華社が発行したように奥書まで順天印字局（橋川が在籍している順天時報社の印刷所）が印刷し、小包みで日本に送ったのである。書物の売上ですぐに印刷費を支払うという小野華堂の最初の約束とは異なり、後に東華社から何の消息もなかったため、最終的に印刷費を橋川の月給より毎月差し引く形となった。

梁啓超著『清代學術概論』の場合は、橋川は本人と知り合いになり、「共学社史学叢書」の一冊である『清代學術概論』（商務印書館、一九二一年二月）を底本に翻訳したと見られ、出版後梁啓超はこの訳本の存在が気になっていたようである。一九二三年一月二十九日、長女梁思順あての書簡では「日本人は私の近年の著作を何点も翻訳している。我々が六角で売っているものを、彼らは二円五十銭で売っている。ビックリだ」（丁文江・趙豊田編、島田虔次編訳『梁啓超年譜長編』第五巻、岩波書店、二〇〇四年、一〇頁、三五四頁）とある。現存の訳本のうち、橋川の訳本のみ定価がこの値段となっているため、書簡で言及されたのは橋川の訳本である。

胡適著『輓近の支那文學』の場合は、橋川は一九二二年十月二十九日に本人を訪れて直接原稿（原題「五十年来之中國文學」）を受け取り、一週間のうちに翻訳をし終え原稿を返却したらしい。しかも、訳しながら印刷所にまわして印刷を急がせたようである。日本語版のために胡適が書いた序「日本訳中國五十年来之文學序」の日付は翌年の三月七日となっており、三月十八日午後に橋川の訳書を受け取ったと周作人が日記に記していたため、実際の刊行はその間になるだろう。先に印刷済みの本文に「序」を付けるとすぐに装訂・発送したのだと推測しておく。なお、日本語版とほぼ同時期に発表された胡適「五十年来之中國文學」（『最近之五十年』上海：申報館、一九二三年二月）がのちに単行本（胡適『五十年来之中國文學』（申報五十周年記念刊）、上海：申報館、一九二四年三月）としても出版された。十年後、橋川は「胡適の支那文學論」（『日本及日本人』第二七二号、政教社、一九三三年五月）の冒頭に「左に掲ぐるは胡適が「最近五十年間の支那文学」と題して論ぜるもの、大いに参考に資すべきものあり、左に訳載す」と説明し、その原文の第一章～第四章の訳文を掲載させている。

魯迅著『支那小説史』の場合は、弟の周作人が魯迅の原稿の謄写版刷りを橋川に送って日本語訳で印刷してよいと伝えたため、橋川は途中までとりかかったらしい。「〔原稿の翻訳は〕六朝小説まで及んで、あとは王国維の『宋元劇(ママ)〔戯〕曲史』をよんでから、と、それに沈潜一年しているうちに、邦訳『中国小説史略』の予告さえしておきながら、魯迅をはなれて彼〔王国維〕に一遍倒、彼の学問の醇酒に酔われて、清水の持味には醒まされなかつたことを告白しておく」（「今屈原王國維先生のことども――近稿『讀騷篇』附録の二」『古代学』第三巻第三号、大阪：古代学協会、一九五四年六月、一三六頁）と橋川は回想している。なお、魯迅『中國小説史略』（北大一院新潮社、一九二四年六月）の初版は日本語訳の「近刊予告」の一年あまり後に出版された。

（7）全十六面に清宣統帝の褒語（「輝光照國」）、黎元洪・段祺瑞の題字（それぞれ「聞者足戒」、「力持正義」）、溥傑の祝詩、林長民の詩、王正廷や徐佛蘇の祝辞などが並ぶなかで、王国維の書「立言不朽」、および李大釗「報与史」、周作人「親日派」（四年前に『晨報』に寄稿した旧作。旧作を送った理由を説明する直筆書簡が西泠印社二〇二二年春季オークションに出品されており、「既酔先生：嘱為《順天時報》作文、値在病中、未能応命、只能将旧文一首抄上、祈察収裁酌為幸。順頌近安。八月廿日、周作人」とある）、汪栄宝「転注説」、呉虞「荀子之天論与辟禨祥」（作者の小さい写真付き　未完）などの論考やエッセーも掲載されている。なお、橋川の編集長就任は一九二三年六月（あるいは七月）であり、退任はおそらく一九二四年九月ごろ（年末もしくは翌年初めの可能性もある）だとされる（『追憶』四九五頁、四九八頁）。

（8）橋川が順天時報社を辞職した原因ははっきりしない。ただし、友人の周作人が一九二五年前後から『順天時報』をはじめとする日系漢字新聞に対して痛烈な批判を繰り返したことがよく知られており、橋川はそれを読まなかったはずがない。むろん辞職の要因はかなり複雑であろうが、周作人による『順天時報』批判から橋川は何か感じることがあったかもしれない。例えば、後年橋川は「私が『順天時報』の編輯にあつた際事件〔溥儀出宮〕の写真をとつて新聞に載せて同人や読者を驚かしたことは二ど」あると当時のことを自慢げに回想し、その中の一つは「一九二四年の秋ごろだつたか、宣統廃帝の溥儀が憑〔馮〕玉祥のために紫禁城をたちのかされて醇親王府に遷つた日の早朝、私は逸はやく王府にかけつけた。この門前には私の見知つた遺老たちの顔が出そろうていた。茫然自失、為すところを知らない。そこを写真のレンズに収めてから、私だけが門内に入つていつた。それを拒んだ男から、廃帝はあの室に藤椅子にかけて居る、その片隅に一人がすすり泣きしている、という風景を説明してくれた。今の私にもそれが私が実際に見たかのように錯覚されている。その室の一人というのが彼〔王国維〕であつたからである」（前掲「今屈原王國維先生のことども」一三七―一三八頁）とある。一方で、「清朝的玉璽」（『語絲』第一号、一九二四年十一月十七日）、「日本與中国」（『京報副刊』一九二五年十月十日）、「日本浪人與順天時報」（『語絲』第五一号、一九二五年十一月二日）において、王政復活の危機を防ぐ意味で「溥儀出宮」をよいこととして歓迎する周作人は、とりわけ「溥儀出宮事件」（一九二四年十一月）に関する『順天時報』の論調を問題視したが、彼の批判の矛先には橋川も関わっていた報道が入るであろう。順天時報社を辞職し『文字同盟』を創刊した後にもこの二人の良好な関係が継続したことは、『文字同盟』の誌面（周作人の訳文の掲載（『徒然草』の一部やその新刊の紹介（『冥土旅行』・『両条血痕』・『談龍集』）など）から看取できる。なお、数年後の一九三〇年三月末に、中国ナショナリズム勃興の影響を受け『順天時報』はついに廃刊にいたった。

（9）第一号に発行年月日の記載がないが、第二号で「〔四月〕二十三日『文字同盟』第一号出づ。琉璃廠の書肆述文堂から各方に送らせた」（「待暁廬雑記」『文字同盟』第二号、『影印本』第一巻、一二三頁）とある。文字同盟社からは「待暁廬叢書」として第一輯の『老荘札記』（陶鴻慶著、一九二七年）、第二輯の『陶集鄭批録』（鄭文焯著・橋川時雄校補、一九三〇年）などが出版された。なお、「待暁廬」はもともと橋川の書斎名であるが、後に弟の浚の書斎の名前に用いられた（『追憶』二八頁、一三七頁）。橋川浚は「夜起待暁の四字を愛し」た満洲国国務総理の鄭孝胥から「待暁廬の三字を書斎名として賜ふ。毎夜半起き出でて、東窓に端坐し暁を待つ姿を想ふべし」（橋川浚『待暁廬随筆』、非売品、一九八七年）と回想している。橋川浚（一八九八～一九七二）は兄の後を追って一九一八年五月に北京に渡り、北京の『順天時報』、大連の『泰東日報』、青島の『新民報』と北方中国で三十年間ほど日系漢字新聞の編集にあたった。一時大総統顧問坂西利八郎中将公館に秘書「書簡係」として勤務したこともあり、後年その実務を参考に集大成した尺牘（せきとく）手引書『支那書翰文初歩』（岡本正文と共著、東京：大阪屋号書店、一九二四年）を出版し、終戦まで三五版を重ねた。知遇を受けた人に「両江」（中江丑吉と鈴江言一）がいる。一九二八～一九三〇年の三年間、中江丑吉のもとに通い、マクドガールの社会心理学の原本を教科書に英語の教授を受けた。そして、鈴木の媒酌で結婚し、暇あるごとにドイツ語の手ほどきを受けた。また、五四運動をきっかけに中国婦人解放運動に着目しはじめ、資料を博捜し原稿（原稿用紙二千枚ほどにのぼる）を書いたものの現存しない（「橋川浚略歴」前掲『待暁廬随筆』八〇―八四頁）。ほかに、周作人ほか編著・橋川浚編訳『徐文長物語』（東京：大阪屋号書店、一九四三年）があり、「柳橋無復清泠水、梅市空餘暗淡山。唯有南街田水月、口碑長在里人間。辛巳臘八日為羽皐散人題《徐文長物語》。知堂（印：知堂五十五歳後所作）」（句読点は引用者による）という周作人の題辞が巻頭に飾られている。青島の『新民報』に勤務した際には民間伝承の採集に注力し、「文長故事を数多く採集し、それに訳注を施して「徐文長物語」と題して東京の大阪屋号書店から発刊した」（橋川浚「辛亥革命直後の中国青年の表情」前掲『待暁廬随筆』五〇頁）という。弟を追悼した「わが弟奈何ぞ我れに先んじて逝ける」において、「彼は中国にあつて、私とほぼ同じ道を歩んで苦労を共にしてきた」（『追憶』一三六頁）と橋川は述べている。

（10）前掲「今屆原王國維先生のことども」一三五頁。

（11）座談会で橋川は「印刷は順天時報の印刷部でやってもろ(ママ)〔ら〕う、毎月五十元ぐらいかかっているが、一向に請求がない、順天時報が閉社するまで。順天をやめても何彼と世話をかけるから、アレははじめから君に差上げることにしていたと渡辺社長の話」（橋川時雄・小野忍・目加田誠「学問の思い出　橋川時雄先生を囲んで（座談会）」『東方学』第三五輯、東方学会、一九六八年。「橋川時雄回想録〔その一〕学問の思い出」と改題され『追憶』に収録、二五七頁）と述べている。

（12）例えば、東方文化事業総委員会総務委員署理として、時系列に沿って中国の学界の出来事を細やかに記述した公務報告書、「昭和九（民國二十三）年度支那文化大事記」（北平：東方文化事業総委員会、一九三四年十二月）、「昭和十（民國二十四）年一月至八月支那學界大事記」（北平：人文科学研究所、一九三五年九月）がある。また、橋川時雄『中國文化界人物總鑑』（北京：中華法令編印館、一九四〇年）の巻末資料として、「附録一　近百年中國文化界大事記表」がある。

（13）朱啓鈐は『営造法式』の発見・校正・出版でよく知られており、一九三〇年に彼が注力した中国営造学社の創立にあって、橋川は梁思成・林徽因らとともに「参校」となる。なお、橋川は幅広い関心の持ち主であるため、個人誌『文字同盟』の運営のほかにも多くの活動に参加していた。例えば、橋川は『遼東詩壇』に積極的に寄稿し、詩作を通じて文人の交流を図り（王弘「一九二〇～三〇年代の大連詩壇における日中文人交流――李文権を通して見る詩壇の変遷」『日本漢文学研究』第一八号、二〇二三年三月）、また、民衆の日常生活にも関心を寄せ、民俗学的関心から「主として北京内外の民俗調査や伝説採集」を行う「民風社」を、「従来の興味本位の「支那通」式なものでなく、新しいフォークロアの方法による実証的研究を理念とした」「東方民俗研究会」に発展的に改組・改称し、同人らと『東俗叢』を発行した。一九四三年十月三日に開会式を執り行い、幹事長の橋川は講演を行った。名誉会員は周作人・別所孝太郎・永井潛・柳田國男・折口信夫の五名である（大田由紀夫『東俗叢』について」『鹿児島大学法文学部紀要人文学科論集』第八四号、二〇一七年二月。澤田瑞穂「東方民俗研究会のことなど――橋川子雍先生回憶の一節」『追憶』四二七―四三三頁）。後年、夏の休暇に千葉・茨城・福島などへ鵜の道の足跡の調査に出かけ、中国から日本に鵜が伝来してきた経路を実証的に研究したこともこうした関心からきたものであろう（橋川時雄による特別講演「シルクロードをめぐる鵜の道――日本古代史の片面観」二松学舎創立八十三周年の式典にて、一九六〇年十月。巷歩「魚鷹捕魚――鵜のはなし」『中国菜』第三号、東京：書籍文物流通会、一九六一年七月）。「〔一九四九年ころ〕『ウの道物語』（別名『鸕鷀賦』）を書いてみようかという気もちになっていた」（橋川時雄「白石追憶――「環翠亭詩話より」」杉村勇造『画人・齊白石』求竜堂、一九六七年、一一三頁）と橋川は述べている。江上波夫・三宅俊成・水島直文・佐佐木鐘三郎・橋川淑はいずれも橋川を追憶する際に取り立ててこの鵜の道の研究に言及し（『追憶』四一八頁、四四六頁、四五七頁、四六〇頁、四七六頁）、江上は橋川が「単なる漢学者ではなく、幅広い見地に立つ古代東亜民族・文化の研究者であった」（江上波夫「橋川時雄先生の思い出」『追憶』四一九頁）とする。さらに、辛亥革命後、中国青年の「到民間去（民間へ行こう）」という運動の中、地方誌の再検討が行われ、「戦前、わが満鉄図書館でも、中国学界のこの風潮に乗って、柿沼介館長の下に松崎鶴雄（故人）〔、〕橋川時雄らの手で方志蒐集の業が進められ、書庫に相当の業績があげられていた」（橋川浚「辛亥革命直後の中国青年の表情」前掲『待暁廬随筆』二二三―二二五頁）。その成果として橋川時雄編『北平人文科學研究所購蔵方志善本書目』が残されている。橋川は「地方志そのものは、その内容がその省その県に於ける万般の事項に及んで居り、各県公署執務便覧にもあたり、官民共に必備のものであった」（『満洲・支那地方志概観』南満洲鉄道調査部、一九四二年）と述べている。また、「北京も、陶淵明も、橋川先生を慰めきれないものがあった。故郷の山川への思慕である。あの白山姫の住む山から流れて越の国をつらぬく九頭龍川こそ、先生の幼時体験をはぐくみ、長じていよいよ思いまさらせるものであった」（平岡武夫「橋川先生と『九頭龍川河譜』」『追憶』四二二頁）というように、故郷の福井について、橋川は『郷土松岡』（福井：松岡町誌編纂会、一九四七年）や『九頭龍川河譜：ふるさとの小文化史』（福井宗教文化協会、一九五〇年）といった地方史を執筆した。

（14）『順天時報』に掲載された文章を、後に『文字同盟』特別号などに発展させることがよく行われた。例えば、鄭文焯（号は大鶴山人）を顕彰するために、鄭の手批を加えた『陶淵明集』に小序をつけたものを「鄭文焯陶集眉批」という題で『順天時報』（一九二四年十二月六～七日、九～十二日、六回連載）に掲載した。また、後に鄭文焯の小伝と著作目録を紹介した『文字同盟』第一二号「鄭文焯特別号」（一九二八年三月）が組まれた。さらに、鄭文焯の顕彰活動の延長として『順天時報』所載の文章を補訂した『陶集鄭批録』（橋川時雄校補、文字同盟社）もかなり早い時期から出版予告がなされたが、実際に刊行されたのは一九三〇年である。なお、これまで『舊京書影提要』（第二四・二五号合刊、一九二九年）は橋川時雄・倉石武四郎の編集で、提要の執筆は橋川によるものだとされてきた。その根拠としては書誌学者の長澤規矩也の関連記述などが挙げられる（『追憶』五〇九頁）が、橋本秀美らは橋川著者説に異議を唱え（橋本秀美・宋紅「出版説明」『舊京書影、北平圖書館善本書目』人民文学出版社、二〇一一年、二頁）、林振岳は東京大学東洋文化研究所「倉石文庫」で『舊京書影提要』の手稿を発見し、その編纂および提要の執筆は倉石によるものだと断定した（林振岳「倉石武四郎《舊京書影提要》稿本述要」『中国古籍文化研究：稲畑耕一郎教授退休記念論集』上巻、東方書店、二〇一八年）。似たような状況は『舊京書影提要』と「強い関係」にあり「姉妹本として構想された」もう一冊の写真集『明版戯曲小説留真譜』についても言える。長澤規矩也『支那書籍解題』（文求堂、一九四〇年）はこれについても橋川時雄・倉石武四郎の編集とするが、近年の研究では「本写真集における橋川の関与度は低く、実質的な企画者は倉石武四郎であった」と指摘されている（稲森雅子『開戦前夜の日中学術交流――民国北京の大学人と日本留学生』九州大学出版会、二〇二一年、一四〇頁、一五三頁）。

(15) 瀬川委員より岡部部長あて「文字同盟社主橋川時雄補助ニ関シ稟請ノ件」一九二八年八月十日付、『文化施設及び状況調査関係雑件　在外ノ部』（引用は阿部洋『「対支文化事業」の研究――戦前期日中教育文化交流の展開と挫折』汲古書院、二〇〇四年、四六二頁による）。

(16) 橋川の東方文化事業総委員会勤務時期については、「昭和三年（一九二八）一月より」と「昭和四年（一九二九）一月より」の説があるが、「瀬川委員の岡部部長あて稟請の内容からみて、一九二九年一月からとするのが妥当」である（前掲『「対支文化事業」の研究――戦前期日中教育文化交流の展開と挫折』四九五頁）。

(17) 北平人文科学研究所編『東方文化事業總委員會並北平人文科學研究所の概況』（北平人文科学研究所、一九三五年）三丁裏。

(18) 橋川時雄・阿部洋・佐伯有一・三宅俊成「E．日中文化摩擦　インタヴュー記録　橋川時雄氏」（東京大学教養学部国際関係論研究室、一九八一年三月。「橋川時雄回想録〔その二〕東方文化事業総委員会・北京人文科学研究所のこと」に改題され『追憶』に収録、二八二頁）。

(19) 橋川時雄「古典文學の世界と研究のはいりかた」『人文研究』第六巻第六号、大阪市立大学文学会、一九五五年、八二頁、八四―八五頁。

(20) 同右、九一頁。

(21) 同右、九七頁。馮至（ふうし）著・橋川時雄訳『杜甫――詩と生涯』筑摩書房、一九五五年。原著は『杜甫伝』という題で一九五二年に出版され、「二年間にすでに八万部以上が印刷され、翻刻での好評を想像せしめる。（中略）訳本は読下し文のほかに口語訳をも加え、いっそう読みやすいものとなった。平明な訳文は原文の明快な文体をよく伝えていると思う。最後に附せられた「杜甫の足あと」の地図（原著にない）も便利である」（小川環樹「馮至著・橋川時雄訳『杜甫――詩と生涯』評」『日本図書新聞』一九五五年二月二十八日。『小川環樹著作集』第二巻、筑摩書房、一九九七年二月、三八二―三八三頁）と評される。

(22) 前掲「古典文學の世界と研究のはいりかた」九七―九八頁、一〇〇頁。

(23) 前掲「述懐詩二篇――敗戦後の余生」『追憶』六六頁。目加田誠「橋川さんの思い出」『追憶』四〇九頁。

(24) 平岡武夫「橋川先生と『九頭龍川河譜』」『追憶』四二二頁。

(25) 一九二〇年の南遊を『閒雲出岫記』としてまとめて刊行する予定であったが、関東大震災で原稿が焼失し、実現できなかった。しかし、その一部が本人あるいは他人に抄録され、「閒雲出岫記」として『新天地』（第五年第一〇号、大連：新天地社、一九二五年十月）に掲載され、後に『雪齋先生遺芳録』（大連：振東学社、一九三八年）にも収録されている。

（26）橋川時雄「陶淵明の品格と其環境――陶淵明遺愛の地に遊びて」（『日本及日本人』第八一八号、一九二一年九月。「陶淵明遺愛の地に遊びて」と改題され『追憶』に収録、一六―一七頁）。

（27）十一月十六日に、葉徳輝の住所で木下杢太郎は橋川と会う約束をしていたが、橋川がその日時に到着しなかったため、結局二人はすれ違ったという。「正午少しく過ぐる頃蘇州についた」、「輿にて曾家巷泰仁里葉徳輝氏寓に橋川時雄氏を訪ふ未だ来らず主人と筆談す」と日記に記されている（太田正雄〔木下杢太郎〕『木下杢太郎日記』第二巻、岩波書店、一九八〇年、二五八―二五九頁）。また、木下による紀行文にも「陶淵明の研究家橋川時雄氏に会ふ筈であつたが、氏未だ至らずして、ゆくりなくも主人と筆談することになつたのであった」（木下杢太郎『支那南北記』東京：改造社、一九二六年、二五〇頁）とある。

（28）前掲「陶淵明遺愛の地に遊びて」『追憶』二二頁。

（29）前掲「橋川時雄回想録〔その一〕学問の思い出」『追憶』二四二頁。なお、漢学者の勝屋明濱による「陶淵明序」（漢文「大正十年四月朔」付）の写本が現存する（『追憶』四九〇頁）。咸宜園の最後の塾頭であった勝屋は自ら籔水精舎を開き、一九一四年十二月に橋川はそこに入門し漢学を学んでいた。

（30）栗原廣子「橋川先生の憶い出」『追憶』四五〇頁。橋川淑「夫への追憶」『追憶』四七九頁。

（31）橋川淑「夫への追憶」『追憶』四七七―四七八頁。

（32）平岡武夫「橋川先生と『九頭龍川河譜』」『追憶』四二二頁。

（33）三宅俊成「橋川時雄先生と私」『追憶』四四五頁。印象深い王国維への最後の訪問についての回想は、書く人によって記述に食い違いが見られる。三宅（橋川の三男潮の妻圭子の父）の回想には小平総治（号は綏芳）が登場しないが、橋川の回想には小平のみ登場し、五月三十日に小平とともに訪問したという（前掲「今屈原王國維先生のことども」一三五頁）。橋川が黄節と小平とともに王の旧居を弔問に訪れたのは確かだった（黄節による弔悼の詩と関連の説明が残る）ため、橋川は前後二回の訪問の同伴者を混淆した可能性が高い。最初に中国に渡航した年や王国維の自殺の日付を含め、晩年になってからの橋川の記述には記憶違いが多く見られるため、ここではとりあえず三宅説をとる。なお、清華園西院一八号の寓居への二十回を超えた王国維詣での中で、橋川は最後の訪問時にはさすがに異常を感じ取り、今回に限って「その素ぶりを見ない、が一しお深い、しかも寂しい表情さえ見えた」（前掲「今屈原王國維先生のことども」一三五頁）とし、そのときにはすでに王が決意を固めていたのだろうと見ている。

（34）橋川時雄「王國維先生の殉死」（『日本及日本人』復刊第一三〇号、一九二七年八月）。なお、本稿「（2）屈原と『今屈原』王国維――端午の節句のたびに思い出す」の項において、特に注記がなければ、引用はすべて前掲「今屈原王國維先生のことども」（一三四―一四三頁）による。

（35）「天津大公報之『文字同盟』評語」（『文字同盟』第一〇号、『影印本』第一巻、六―七頁）。「文字同盟月刊評語――『国学月報』登載」（『文字同盟』第一一号、『影印本』第二巻、一六頁）。

（36）李大釗については、別の文章で橋川は「李大釗は伝統的なる支那の旧思想を破壊すると同時に西洋思想をも排撃して系統あって深刻なる思想の建設に努力し、つひにその主義のために民国十六年四月に同志二十余人と北平露国公使館に捕へられて絞殺された」（橋川時雄「支那學界の趨勢と北平文化の崩壊」『満蒙』第一八年第一号、大連：中日文化協会、一九三七年一月。『學術界』一一五―一一六頁）と書いている。

（37）前掲「古典文學の世界と研究のはいりかた」九二頁。

（38）橋川の学位授与の経緯については、吾妻重二「石濱純太郎散論――石濱と橋川時雄、学位論文、エリセーエフ」（玄幸子編著『内藤湖南と石濱純太郎　近代東洋学の射程――内藤・石濱両文庫収蔵資料を中心に』関西大学出版部、二〇二三年）に詳しい。吾妻の調査によると、一九五四年十二月十六日に学位請求論文として橋川による主論文『中國文史學序説　讀騒篇第一　屈原・離騒賦』と参考論文『陶集源流刊布攷』が関西大学に提出され、文学部教授会で審査委員が石濱純太郎・高橋盛孝・魚澄惣五郎の三名に決まったが、理事会から文学博士の第一号は本学教授から出したいという希望があったため、結局博士論文提出日は一九五四年十二月十六日のままで、学位請求論文審査要旨の作成は一九五六年五月、文学部教授会における学位授与の審議・決定は同年十二月十日、関西大学文学博士の授与は一九五七年四月十七日、というように理事会の意向が反映される形となった（二三一―二三五頁）。博士号授与式は五月十日に関大の千里山大学ホールで行われ、各学部長列席の下に学長より学位が授与された（『關西大學學報』第三〇三号、一九五七年五月、七頁）。なお、石濱の文学博士の学位授与はそのほぼ一か月前の三月十一日である。

（39）橋川時雄『楚辭』（東洋思想叢書九）（日本評論社、一九四三年）一頁。木山英雄「今村与志雄編『橋川時雄の詩文と追憶』を読む（上）」（『中国研究月報』第六一巻第九号、二〇〇七年九月）四〇頁。

（40）『續修四庫全書提要』の編纂事業の経過は次の四つの時期に分けられる。①創始の時期（一九二五年五月～一九三一年）：東方文化事業総委員会が成立し、東廠胡同の地址・建築および図書の購入で成果を上げたが、編纂事業には未着手であった。②改革の時期（一九三二年～一九三四年）：橋川が総委員会に庶務担当として加わり、従来の組織を改めて試験的に改革を行い、「書目編纂」から「提要編纂」へと事業を転換させた。③発展の時期（一九三四年～一九三六年中頃）：総務委員署理橋川のもと、各大学の教授ら若手研究者三十数名を嘱託として、續修提要の編纂事業を本格的に展開するに至った。④成果をまとめ補纂する時期（一九三九年四月～一九四〇年一月）：総委員会が興亜院の所管となり、提要の編纂篇数もすでに二万余篇に達したので、以後は事業成果をまとめつつ、未編纂のまま残されたものに対する補纂を行うに至った（「四庫全書提要續修の概要」『東方文化事業總委員会並北京人文科學研究所便覧――四庫全書提要續修』一九四〇年一月。『追憶』一八三―一八五頁）。編纂事業については前掲『「対支文化事業」の研究――戦前期日中教育文化交流の展開と挫折』七三六―七六〇頁、林志宏（吉井文美訳）「「対支文化事業」における人物と学術調査――橋川時雄を中心として」（『東アジア近代史』第一五号、二〇一二年三月）九四―九五頁、呉格「橋川時雄と『続修四庫提要』の編纂について」（『三島中洲研究：二松学舎大学二一世紀COEプログラム』Vol. 2、二〇〇七年三月）に詳しい。

（41）「江・胡兩先生の帝國大學訪問」（『斯文』第一三巻第六号、一九三一年六月）。

（42）『學術界』一〇頁。漢文で書かれた筆談記録は「章太炎先生謁見紀語」（『制言』三四、蘇州：章氏國學講習所、一九三七年二月）に、会見時の筆談は抄訳を一則として「雜抄二則」（『中國文學月報』二三、東京：中國文學研究會、一九三七年二月）にそれぞれ掲載されている。なお、章炳麟および雑誌『制言』について、橋川は次のように述べている。「本年〔一九三六年〕六月十三日、突如として清末から民国にかけての古文学派の泰斗章炳麟の逝世が伝へられた。その学行についてはすでに論述されてゐるので、今更、茲に贅述を要しない。その近年は家を蘇州に移されて諸生と国学講習会を創立し、雑誌『制言』を発行して老躯を提けて読経運動に獅子吼された。その講席に侍れる学徒に取っては彼の逝世は人琴倶に廃し大廈の崩るゝが如き衝動を與へられたであらうが、前述に縷述せし如き学界の実情のもとにあっては、さほど大いなる影響でもなかったかのやうにも見受けられた」（前掲「支那學界の趨勢と北平文化の崩壊」『學術界』一二五頁）。

(43) 傅増湘「序」（前掲『中國文化界人物總鑑』）。原文は漢文であるが、橋川訳が上部の余白に掲載されている。

(44) 今村与志雄は、「『計画書』では、八五人と記載している」が、それは葉徳輝の従子の葉啓勲が人名表に載っていなかったためであり、実際は「八六人とするのが正しい」と指摘している（今村与志雄「『續修四庫全書提要』と影印本『文字同盟』第三巻「解題」補遺」古典研究会編『汲古』第二三号、汲古書院、一九九三年七月、七一頁、八三頁）。前掲「橋川時雄先生の思い出」『追憶』四一五頁。

(45) 平岡武夫「中國文化界人物總鑑について」（橋川時雄『中國文化界人物總鑑』（覆刻版）、東京：株式会社名著普及会、一九八二年）四頁。

(46) 引用した部分はインタビューの際の橋川の言葉、前掲「橋川時雄回想録〔その二〕東方文化事業総委員会・北京人文科学研究所のこと」（『追憶』三一四―三一五頁）。

(47) 原文「其人為君所親接者、更居少半、其他或伝聞而知、或按籍而得」（傅増湘「序」前掲『中國文化界人物總鑑』）。『追憶』所収、一六五―一六六頁）。

(48) 原文「試披攬而尋沢之、而近世人材之消長、風気之変遷、学術之源流、政教之演進、一展巻而得其大凡」（傅増湘「序」前掲『中國文化界人物總鑑』。『追憶』所収、一六四頁）。書き下しは橋川による。

(49) 原文「其為學也勤、其治事也勇、其接人也和以摯。蓋智力強果而才識開敏之士也」（傅増湘「序」前掲『中國文化界人物總鑑』。『追憶』所収、一六三頁）。書き下しは橋川による。

(50) 「問題は、彼ら支那側の一方にのみ限らるべきでなく、彼らの歪曲の書改めを求めるとともに、我我からも新秩序型の人物を動員して同じ指標に向つて勇み、戦戦兢兢、東亜安危の瀬戸際が越えてゆかるべきである、と切望してやまない」（橋川時雄「例言」前掲『中國文化界人物總鑑』三頁）。

(51) 前掲林志宏（吉井文美訳）「「対支文化事業」における人物と学術調査――橋川時雄を中心として」九九―一〇〇頁。

(52) 橋川時雄「北京文化の再建設」（『改造』第一九巻第一三号、一九三七年十一月）一三三頁。この時期に橋川は一連の論説を発表した。例えば、前掲「支那學界の趨勢と北平文化の崩壊」、「日支文化工作の觀點」（『中央公論』第六二七号、一九三九年十一月）などである。

(53) 「東亜文化協議会ノ成立ニ就イテ」『東亜文化協議会』（小冊子の形で東京大学東洋文化研究所図書室に所蔵されており、「昭和丁丑京津文化調査記念　阿部吉雄　江上波夫　植田捷雄　服部武　四氏寄贈」とある）。阿部洋が北京近代科学図書館長を務めた山室三良にインタビューを行った際に、東亜文化協議会について、山室は「もともと文化事業ってのは目だたないところに金を投じて、それが十年後、二十年後に花咲くものなんです。その東亜文化協議会っていうのは、一種の新しい政治が発足するのに、両国の文化人が力を合わせて協力しているといったことを世界にデモンストレートするねらいがあったのでしょうね」（阿部洋「E．日中文化摩擦　インタヴュー記録　山室三良氏」東京大学教養学部国際関係論研究室、一九八〇年五月）と述べている。

(54)「新民学院」の詳細については、東亜同文会業務部『新支那現勢要覧』（東亜同文会、一九三八年、五二一頁）、島高善「国立新民学院初探」（『早稲田人文自然科學研究』第五二号、一九九七年十月）に詳しい。橋川は一九三八年一月に新民学院の教授になり、史地学を講義するようになった（『追憶』五二九頁）。この講義に関連した著作として、橋川時雄講述『迴避制度考畧』（新民学院講稿、北平：新民学院）、橋川時雄『日支文化交流史（上・下）』（私家版）、橋川時雄『日支文化交通史』（新民学院講稿、北平：新民学院）などがある。さらに新民印書館より「東方民俗叢書」として全十二種の書目（そのうち『中国歳時文学（春夏）』（第六巻）、同『中国歳時文学（秋冬）』（第一一巻）が橋川の著）の刊行を予定していたが、終戦のため実現できなかった（前掲「東方民俗研究会のことなど――橋川子雍先生回憶の一節」『追憶』四三一頁）。そして、橋川と「大興学会」とのかかわりについては、岡野康幸「近代における日中文化交流の一側面――「大興学会」と橋川時雄を中心に」（日本聞一多学会編『神話と詩：日本聞一多学会報』第七号、二〇〇八年十二月）に詳しい。また、北京地方維持会については、下記の関連の記述がある。「（前略）北京接収後は治安(ママ)〔地方〕維持会顧問として北京に於ける文化全般を統轄指導した錢桐、橋川時雄、武田熙(ひろし)氏等の活動に依つて史跡古物は克く旧状を保ち得たのであつた」（『北支那に於ける古蹟古物の概況』（興亜宗教叢書第二輯、興亜宗教協会、一九四一年、二八頁）。「〔支那事変勃発後〕八月、北京地方維持会特別顧問たる西田畊一、橋川時雄、武田照(ママ)〔熙〕氏等の主唱により本年より春秋丁祭を復活す」（『儒教の実態』興亜宗教協会、一九四一年、二六九頁）。

(55) 原宗子・小松原伴子「「共同研究　王国維論考表微」その後――橋川時雄氏の談話を中心に」（『呴沫(くまつ)集』第三号、一九八一年十二月、一〇七頁）。

(56) 前掲「日支文化工作の觀點」『學術界』一三九頁。

(57) 橋川時雄「日支文化の獨自性」（『国際観光』第七巻第一号（日支観光提携特輯）、国際観光協会、一九三九年一月、二二―二三頁、二七―二八頁）。なお、この一篇は『學術界』に収録されていない。

(58) イギリス著述家フルード（J. A. Froude）が『基督教哲学』に書いた話であるが、辜鴻銘が後に講演「日本の将来」においても引用した（山縣五十雄訳「辜鴻銘翁の「日本の将来」」『英語青年』第五二巻第九号、一九二五年二月、二六八―二六九頁）。

(59) 前掲『九頭龍川河譜――ふるさとの小文化史』三九九―四〇〇頁。

(60) 前掲「述懐詩二篇――敗戦後の余生」『追憶』六二頁。漢詩の書き下しは橋川による。なお、前掲『九頭龍川河譜――ふるさとの小文化史』では、結句は「帰矣悔緇五車書」（四〇〇頁）となっている。

(61) 前掲「橋川時雄回想録〔その一〕　学問の思い出」『追憶』

二五三頁。

(62) 橋川時雄「花にそそぐ騒客の涙――梅雨を前に咲く太平花」(『二松學舍大學新聞』第八四号、一九五九年六月一日。補訂して橋川の文章から字句を選び「幾たびの開花、そして幾首の詩句」と改題して『追憶』に収録、九八頁)。太平花を一株分けてもらった鈴木虎雄は「酔軒貽太平花賦謝二首」を作った(『追憶』九五頁)。なお、橋川時雄「太平花」(『中国菜』第二号、東京：書籍文物流通会、一九六二年)という一文もある。

(63) 「晁衡(阿倍仲麿[ママ])の帰帆、春に賤[ママ]〔餞〕るの日、太白摩詰(李白・王維)ともに涙ながらに眷る」という書き下しは橋川による(「沈兼士書」『追憶』二一二頁)。

(64) 「中国に苦労する――これは私たち日本人が自ら求めた宿命です。聖徳太子が隋に使をお遣しになつて以来、いやもつと前から、私たちの祖先は中国に苦労して来ました。というのは日本と中国では民族が違い、感覚が違うからです。(中略)昔、小野妹子や安[ママ]〔阿〕部仲麻呂は、中国の感覚をすつかり呑み込みました。けれども、しばらくして弘法大師や伝教大師の時代になると、そうでなくなりました。(中略)この感覚を、息吹を、どうしたら身につけることができるでしょうか。中国に苦労する――この宿命をどうしたら解放できるでしょうか。それは私たちの先達が示されたように、語言・文字からです」(橋川時雄「中國に苦勞する」『中國語學』第一六号、一九四八年六月、一頁)。

(65) 安藤徳器『満支雑記』東京：白揚社、一九三九年、八七頁。また、安藤は次のように述べている。「北京大学の那須浩、永井潜博士、新民学院の瀧川政治[ママ]〔次〕郎博士、第二の内藤湖南と称せられる橋川時雄氏、文教室の武田熙、大毎の石川順、村上知行氏等々文化戦線の志士は、日支両国文化の攻守同盟として「東方文化」のために活躍してゐる」(同右、一五九頁)なお、内藤湖南については安藤徳器『西園寺公と湖南先生』(東京：言海書房、一九三六年)がある。

(66) 橋川時雄試述『「漢文」「國語」教科書に取材したる　漢詩評釋篇　上』(謄写版代写)(私家版、一九四九年七月)二〇頁。

(67) 前掲「橋川時雄回想録〔その一〕　学問の思い出」『追憶』二三〇頁。

(68) 同右、『追憶』二三五頁。ほぼ同じ記述は橋川時雄「思いつくままに」(内藤乾吉・神田喜一郎編『内藤湖南全集』第八巻「月報」、筑摩書房、一九六九年。「思いつくままに――内藤湖南のこと」と改題され『追憶』に収録、一二四頁)にも見られる。

(69) 橋川時雄「また一个を弱[うしな]う・希の原理」『東光』第五号(狩野直喜先生永逝記念号)、一九四八年四月(『追憶』七四頁)。

(70) 前掲「思いつくままに――内藤湖南のこと」『追憶』一二五頁。

(71) 橋川は文化的母国としての中国に対しては「もとの敬愛の感情をとりもどすべきである。それはけつしてわが日本歴史の近代化のあゆみをよどませることにはならない、私どもの歴史的自覚をますます健康ならしめるゆえんであろう。(中略)要は文化史的には「われらの母国の中国」として私どもの自覚、それからもとめられる私どもの学問文学にたいする見識というもの、しぶ味というものをいつまでもうしなわしめたくない、ということである」(前掲『「漢文」「國語」教科書に取材したる　漢詩評釋篇　上』三〇―三一頁)と考えていた。また、日中戦争が始まってからも、例えば、「北京ばかりを文化都城として輝かせて地方の都邑田園を昔そのまゝの荒廃にうち任すことは民国々策の取らざるところであつた。むしろ北京文化の崩壊は悲しむべきも、それが地方に還元し、さらに新しく地方に甦らすことは東方文化の将来のためにも一大更新を劃するものとして祝福すべき事実とも見られた。孔雀東南に飛ぶ、漢人の句を口ずさんで見るまでもなく、北京文化の崩壊して地方文化の蘇生を見ることは、地気の動くところ如何ともしがたい動向であつた。（中略）支那山河の素有する色とは何ぞ、即ちわが東方人が誰も有する東方の文化である。東方文化の精神である、（ママ）〔。〕東方の両大民族がこの同一色に提携せむがために目ぐ（ママ）るましく（ママ）〔目まぐるしく〕火華（ママ）〔花〕を散らしてゐる今である。皇軍の期図する徹底勝利はここに在らねばならぬ」（前掲「北京文化の再建設」一二九頁、一三二頁）と論じている。

（72）橋川時雄「書後」（澤田瑞穂編『燕趙夜話――採訪華北伝説集』名古屋：采華書林、一九六五年）一六四頁。

（73）「さきに「上海三十年」を出した著者は、私にも「北京三十年」を書けとの呼びかけがあったが、いまだに書けないでいる。それは私の不精のせいでもあろうが、「上海三十年」を読んでいるうちに、それが私の「北京三十年」でもあるかのごとき錯覚がおきて、さて〃どのように書こうか〃となると、ためらつてしまつた、今では、それを書く必要をなくしてしまつた。「上海三十年」で私の気に入つたことは、上海におけるセンチメンタリズムというものが微塵もないこと、自分が命がけでやつてきた〃歴史〃の研究も、考え求めた中国文化も、いつたい何が何だか分らなくなつたかたち、いささか迷路に入つたていたらくが読めたこと」（はしかわ・ときを「小竹文夫著『中国の思想問題――胡風事件をめぐって』」『アジア研究』第三巻第三号、一九五六年三月、三〇〇―三〇一頁）。

（74）「燕都の残夢、帰載する多し、籬（菊花）は西陽に落ちて、一觴をあぐ。」（橋川時雄「月報　橋本博士の『王漁洋』に思う」橋本循訳注『王漁洋』集英社、一九六五年。『追憶』所収、一一四―一一五頁。書き下しは橋川による）。

（75）橋川時雄「語体に近い五柳物語集のよみかた」（『中國語學研究会々報』第一三号、一九五三年四月）一頁、四頁。

（76）橋川時雄「外務大臣吉田茂あて報告書――東方文化事業総委員会中国側接収の顛末報告の件」『追憶』二二〇頁。

（77）前掲「橋川時雄先生と私」『追憶』四四四頁。

（78）前掲「夫への追憶」『追憶』四七〇頁。

（79）関連の論考として、「北京の著作界」（『書香』第一号・第二号、満鉄大連図書館、一九二五年四月・五月）、「北京の出版界」（『書香』第四号、満鉄大連図書館、一九二五年七月）、「北京著述界の近況」（『書香』第八号、満鉄大連図書館、一九二五年十一月）、「北平書訊」（『書香』第三五号、満鉄大連図書館、一九三二年二月）、「北京文學界の現状」（『朝日新聞』一九四〇年二月二十五日）、「北京史蹟雜話」（『協和』第二六〇号、大連：満鉄社員会、一九四〇年三月）、「北京の學藝界」（安藤更生編『北京案内記』北京：新民印書館、一九四一年）などがある。なお、橋川の北京学については、陳言「作為〃錨定点〃的橋川時雄：他的交游与北京書写論考」（『中国現代文学研究叢刊』二〇二二年第一一号、中国現代文学館、二〇二二年十一月）に詳しい。

（80）前掲「北京史蹟雜話」『學術界』九四頁。

（81）前掲「古典文學の世界と研究のはいりかた」八二頁。前掲「また一个を弱う・希の原理」『追憶』七五頁。

（82）道端久正「七十二年前の橋川先生」『追憶』四五二頁。大原信一「橋川先生との出会い」『追憶』四三四頁。

（83）林芙美子「北京紀行」（『私の紀行』新潮社、一九三九年）二八九頁。

(84) 前掲「今村与志雄編『橋川時雄の詩文と追憶』を読む(上)」一四〇頁。

(85) 橋川によると、彼自身は五四運動の際に焼き討ちに遭った曹汝霖宅に飛び込んで、訪問しに来て殴られた章宗祥(駐日公使)を助けた。その後、けがをして白い包帯をした中江が共同通信社の近くにいる友人佐々木忠のところにやってきた(前掲「橋川時雄回想録〔その二〕学問の思い出」『追憶』二四二頁、二六九頁)。

(86) Joshua A. Fogel, *Nakae Ushikichi in China: The Mourning of Spirit*, Harvard University Press,1989.(ジョシュア・A・フォーゲル著、阪谷芳直訳『中江丑吉と中国——ヒューマニストの生と学問』岩波書店、一九九二年)。日中戦争に対する中江の態度などについて、フォーゲルは次のように指摘している。「中江は、個人的な清廉というかれ独自の考えに調和した姿勢で生活することを選択した」(一七八頁)、「私的な抵抗の行為として、中江は、例えば、日本陸軍の強制する北京での日本時間に従うことを拒否し、自分の時計を中国の現地時間に合わせつづけた。かれは、話をする相手の誰にでも、日本のアジア侵略はまさしくそう呼ばれるべきであり、「事変」、「聖戦」、「非常時」、「大東亜共栄圏」等々、政府がアジア侵略を説明するのに用いる空疎で婉曲な用語によって弱められてはならないと主張した。(中略)長年の親日的な共感で知られる曹〔汝霖〕は、華北における日本の傀儡政権に参加してくれという相当な圧力をかけられていた。数年後に曹が認めたように、このような対敵協力者政権への参加をかれがキッパリ拒絶したのは、中江の強い言葉での反対の助言のおかげであった」(一八〇頁)、「中江をかれの同時代人から区別したものは、日本の戦争協力へのいかなる参加をも、宗教的禁止のような強さで、自らに禁じるという個人的な節操を、中江が断乎として貫いたことであった」(二〇一頁)。

(87) 前掲「また一个を弱う・希の原理」『追憶』七六頁。

執筆者一覧（掲載順）

朱　琳	山室信一	小野寺史郎
黄 東 蘭	吉澤誠一郎	水野博太
久保　亨	中野目　徹	辜 承 堯
井上文則	池澤一郎	稲森雅子
戦 暁 梅	呉　孟晋	下田章平
塚本麿充	渡辺健哉	吉開将人
柴田幹夫	広中一成	森平崇文
谷 雪 妮	島田大輔	

【アジア遊学 299】

近代日本の中国学

その光と影

2024年11月29日　初版発行

編著者　朱　琳・渡辺健哉
発行者　吉田祐輔
発行所　株式会社勉誠社
〒101-0061　東京都千代田区神田三崎町 2-18-4
TEL：(03)5215-9021(代)　FAX：(03)5215-9025
〈出版詳細情報〉https://bensei.jp/

印刷・製本　㈱太平印刷社

ISBN978-4-585-32545-1　C1320

283 東アジアの後宮

伴瀬明美・稲田奈津子・榊佳子・保科季子　編

285 渾沌と革新の明治文化―文学・美術における新旧対立と連続性

井上泰至　編

284 近世日本のキリシタンと異文化交流

大橋幸泰　編

報恩と孝養　三角洋一
〈仏伝文学〉と孝養　小峯和明
孝養説話の生成—日本説話文芸における『冥報記』孝養説話　李銘敬
説草における孝養の言説　高陽
元政上人の孝養観と儒仏一致思想—『扶桑隠逸伝』における孝行言説を中心に　陸晩霞
韓国にみる〈孝の文芸〉—善友太子譚の受容と変移　金英順
平安時代における仏教と孝思想—菅原文時「為謙徳公報恩修善願文」を読む　吉原浩人

三、孝文化としての日本文学

漢語「人子」と和語「人の子」—古代日本における〈孝〉に関わる漢語の享受をめぐって　三木雅博
浦島子伝と『董永変文』の間—奈良時代の浦島子伝を中心に　項青
『蒙求和歌』における「孝」の受容　徐夢周
謡曲における「孝」　ワトソン・マイケル
『孝経和歌』に見る日本における孝文化受容の多様性　雋雪艶
和漢聯句に見える「孝」の題材　楊昆鵬
橋本関雪「木蘭」から見る「孝女」木蘭像の変容　劉妍

287 書物の時代の宗教—日本近世における神と仏の変遷

岸本覚・曽根原理　編

序文　岸本覚・曽根原理

Ⅰ　近世の書物と宗教文化

近世人の死と葬礼についての覚書　横田冬彦
森尚謙著『護法資治論』について　W. J. ボート
六如慈周と近世天台宗教団　曽根原理
【コラム】おみくじと御籤本　若尾政希

Ⅱ　『大成経』と秘伝の世界

禅僧たちの『大成経』受容　佐藤俊晃
『大成経』の灌伝書・秘伝書の構造とその背景—潮音道海から、依田貞鎮（偏無為）・平繁仲を経て、東嶺円慈への灌伝伝受の過程に　M. M. E. バウンステルス
増穂残口と『先代旧事本紀大成経』　湯浅佳子
【コラム】『大成経』研究のすゝめ　W. J. ボート

Ⅲ　カミとホトケの系譜

東照大権現の性格—「久能山東照宮御奇瑞覚書」を事例として　山澤学
修正会の乱声と鬼走り—大和と伊賀のダダをめぐって　福原敏男
人を神に祀る神社の起源—香椎宮を中心として　佐藤眞人
【コラム】東照大権現の本地　中川仁喜

Ⅳ　近世社会と宗教儀礼

「宗門檀那請合之掟」の流布と併載記事　朴澤直秀
因伯神職による神葬祭〈諸国類例書〉の作成と江戸調査　岸本覚
孝明天皇の「祈り」と尊王攘夷思想　大川真
【コラム】二つの神格化　曽根原理

286 近代アジアの文学と翻訳—西洋受容・植民地・日本

波潟剛・西槇偉・林信蔵・藤原まみ　編

はじめに　波潟剛

第Ⅰ部　日本における「翻訳」と西欧、ロシア

ロシア文学を英語で学ぶ漱石—漱石のロシア文学受容再考の試み　松枝佳奈
白雨訳 ポー「初戀」とその周辺　横尾文子
芥川龍之介のテオフィル・ゴーチエ翻訳—ラフカディオ・ハーンの英語翻訳との関係を中心に　藤原まみ
川端康成の短編翻訳—ジョン・ゴールズワージーの「街道」を中心に　彭柯然
翻訳と戦時中の荷風の文学的戦略—戦後の評価との乖離を中心にして　林信蔵
【コラム】翻訳文化の諸相—夏目漱石『文学論』を中心に　坂元昌樹

第Ⅱ部　近代中国における「翻訳」と日本

魯迅、周作人兄弟による日本文学の翻訳—『現代日本小説集』（上海商務印書館、一九二三年）に注目して　秋吉收

黄霄龍・堀川康史

第1部　海外における日本中世史研究の現在

光と闇を越えて―日本中世史の展望　トーマス・コンラン

韓国からみた日本中世史―「伝統」と「革新」の観点から　朴秀哲

中国で日本中世史を「発見」する　銭静怡

ドイツ語圏における日本の中世史学　ダニエル・シュライ

英語圏の日本中世経済史研究　イーサン・セーガル（坂井武尊：翻訳）

女性史・ジェンダー史研究とエージェンシー　河合佐知子

海外における日本中世史研究の動向―若手研究者による研究と雇用の展望　ポーラ・R・カーティス

【コラム】在外日本前近代史研究の学統は描けるのか　坂上康俊

第2部　日本側研究者の視点から

イギリス滞在経験からみた海外における日本中世史研究　川戸貴史

もう一つの十四世紀・南北朝期研究―プリンストン大学での一年から　堀川康史

歴史翻訳学ことはじめ―英語圏から自国史を意識する　菊地大樹

ケンブリッジ日本学見聞録―研究・教育体制と原本の重要性　佐藤雄基

ドイツで／における日本中世史研究　田中誠

【コラム】比較文書史料研究の現場から　高橋一樹

第3部　日本で外国史を研究すること

日本で外国史を研究すること―中世ヨーロッパ史とイタリア史の現場から　佐藤公美

交錯する視点―日本における「外国史」としてのベトナム史研究　多賀良寛

日本でモンゴル帝国史を研究すること　向正樹

自国史と外国史、知の循環―近世オランダ宗教史学史についての一考察　安平弦司

【コラム】中国における日本古代・中世史研究の「周縁化」と展望　王海燕

第4部　書評と紹介

南基鶴『가마쿠라막부 정치사의 연구』（『鎌倉幕府政治史の研究』）　高銀美

Kawai Sachiko, *Uncertain Powers: Sen'yōmon-in and Landownership by Royal Women in Early Medieval Japan*（河合佐知子『土地が生み出す「力」の複雑性―中世前期の荘園領主としての天皇家の女性たち』）　亀井ダイチ利永子

Morten Oxenboell, *Akutō and Rural Conflict in Medieval Japan*（モーテン・オクセンボール『日本中世の悪党と地域紛争』）　堀川康史

Morgan Pitelka, *Reading Medieval Ruins: Urban Life and Destruction in Sixteenth-Century Japan*（モーガン・ピテルカ『中世の遺跡を読み解く―十六世紀日本の都市生活とその破壊』）　黄霄龍

Thomas D. Conlan, *Samurai and the Warrior Culture of Japan, 471-1877: A Sourcebook*（トーマス・D・コンラン『サムライと日本の武士文化：四七一―一八七七　史料集』）　佐藤雄基

【コラム】新ケンブリッジ・ヒストリー・オブ・ジャパンについて　ヒトミ・トノムラ

288 東アジアの「孝」の文化史―前近代の人びとを支えた価値観を読み解く

雋雪艶・黒田彰　編

序　雋雪艶

序文　黒田彰

一、孝子伝と孝子伝図

中国の考古資料に見る孝子伝図の伝統　趙超

舜の物語攷―孝子伝から二十四孝へ　黒田彰

伝賀知章草書『孝経』と唐宋時代『孝経』テクストの変遷　顧永新（翻訳：陳佑真）

曹操高陵画像石の基礎的研究　孫彬

原谷故事の成立　劉新萍

二、仏教に浸透する孝文化

290 女性の力から歴史をみる―柳田国男「妹の力」論の射程

永池健二　編

289 海外の日本中世史研究―「日本史」・自国史・外国史の交差

黄霄龍・堀川康史　編

292 中国学の近代的展開と日中交渉

291 五代十国―乱世のむこうの「治」

画　李嘯非（翻訳：張天石）
十八世紀欧州にわたった「泰西の筆法に倣った」蘇州版画について　王小明（翻訳：中塚亮）
編集後記　青木隆幸

294 秀吉の天下統一—奥羽再仕置

江田郁夫　編

カラー口絵
序　豊臣秀吉の天下統一　江田郁夫
第Ⅰ部　宇都宮・会津仕置
豊臣秀吉の宇都宮仕置　江田郁夫
豊臣秀吉の会津仕置　高橋充
【コラム】奥羽仕置と白河　内野豊大
宇都宮・会津仕置における岩付　青木文彦
第Ⅱ部　陸奥の再仕置
葛西・大崎一揆と葛西晴信　泉田邦彦
【コラム】伊達政宗と奥羽再仕置　佐々木徹
【コラム】石巻市須江糠塚に残る葛西・大崎一揆の史跡・伝承—いわゆる「深谷の役」について　泉田邦彦
奥羽再仕置と葛西一族—江刺重恒と江刺「郡」の動向から　高橋和孝
【コラム】高野長英の先祖高野佐渡守—ある葛西旧臣をめぐって　高橋和孝
文禄～寛永期の葛西氏旧臣と旧領—奥羽再仕置のその後　泉田邦彦
南部家における奥羽仕置・再仕置と浅野家の縁　熊谷博史
南部一族にとっての再仕置　滝尻侑貴
【コラム】仕置後の城破却—八戸根城の事例から　船場昌子
「九戸一揆」再考　熊谷隆次
第Ⅲ部　出羽の再仕置
上杉景勝と出羽の仕置　阿部哲人
南出羽の仕置前夜—出羽国の領主層と豊臣政権　菅原義勝
奥羽仕置と色部氏伝来文書　前嶋敏
【コラム】上杉景勝書状—展示はつらいよ　大喜直彦
付録　奥羽再仕置関連年表

293 彷徨する宗教性と国民諸文化
—近代化する日独社会における神話・宗教の諸相

前田良三　編

はじめに　「彷徨する宗教性」と日独の近代　前田良三
第一部　近代日本—神話・宗教と国民文化
解題　前田良三
日本国家のための儒学的建国神話—呉泰伯説話
ダーヴィッド・ヴァイス（翻訳：前田良三）
神道とは宗教なのか？—「Ostasien-Mission（東アジアミッション）」（OAM）の報告における国家神道　クラウス・アントーニ
国民の人格としての生きる過去—昭和初期フェルキッシュ・ナショナリズムにおける『神皇正統記』とヘルマン・ボーネルによる『第三帝国』との比較
ミヒャエル・ヴァフトゥカ（翻訳：馬場大介）
戦間期における宗教的保守主義と国家主義—ルドルフ・オットーと鈴木大拙の事例を手掛かりに
チェ・ジョンファ（翻訳：小平健太）
ゲーテを日本人にする—ドイツ文学者木村謹治のゲーテ研究と宗教性　前田良三
第二部　近代ドイツ—民族主義宗教運動と教会
解題　前田良三
ナザレ派という芸術運動—十九世紀における芸術および社会の刷新理念としての「心、魂、感覚」
カーリン・モーザー=フォン=フィルゼック（翻訳：齋藤萌）
「悪魔憑き」か「精神疾患」か？——九〇〇年前後の心的生活をめぐるプロテスタントの牧会と精神病学との論争
ビルギット・ヴァイエル（翻訳：二藤拓人）
近代ドイツにおける宗教知の生産と普及—ドイツ民族主義宗教運動における「ナザレのイエス」表象を巡って　久保田浩
自然と救済をめぐる闘争—クルト・レーゼとドイツ民族主義宗教運動　深澤英隆

アジア遊学既刊紹介

298 無住道暁の拓く鎌倉時代
―無住道暁の拓く鎌倉時代

土屋有里子　編

序文　土屋有里子
第一部　修学と環境をめぐる―東国・尾張・京
常陸の宗教世界と無住　亀山純生
無住と法身房　土屋有里子
無住と鎌倉―鎌倉の仏教関係説話を中心に　追塩千尋
尾張長母寺住持無住と地域の人々　山田邦明
無住にとっての尾張
―地方在住僧の帰属意識　三好俊徳
無住と伊勢神宮―『沙石集』巻第一第一話「太神宮御事」をめぐって　伊藤聡
円爾述『逸題無住聞書』と無住　和田有希子
『沙石集』における解脱房貞慶の役割から聖一国師への道―無住が捉えた貞慶の伝承像とその文脈―円爾と交錯する中世仏教の展開　阿部泰郎
第二部　無住と文芸活動―説話集編者の周辺
ふたつの鼓動―『沙石集』と『私聚百因縁集』をつなぐもの　加美甲多
『雑談集』巻五にみえる呪願　高橋悠介
梶原伝承と尾張万歳　土屋有里子
無住と南宋代成立典籍・補遺　小林直樹
無住の和歌陀羅尼観―『沙石集』諸本から変遷をたどる　平野多恵
無住と『法華経』、法華経読誦　柴佳世乃

297 廃墟の文化史

木下華子・山本聡美・渡邊裕美子　編

カラー口絵
巻頭言　わたしたちの廃墟論へ　渡邊裕美子
第１部　廃墟論の射程
「廃墟」の創造性―歌枕・紀行文・『方丈記』　木下華子
『うつほ物語』における廃墟的な場―三条京極の俊蔭邸と蔵の意義　陣野英則
廃墟に花を咲かせる―『忍夜恋曲者』の方法　矢内賢二
西洋美術史における廃墟表象―人はなぜ廃墟に惹きつけられるのか？　平泉千枝
［コラム］前近代中国における廃墟イメージ―読碑図・看碑図・訪碑図など　板倉聖哲
言葉としての「廃墟」―戦後文学の時空　藤田佑
第２部　廃墟の時空
廃墟と霊場―闇から現れるものたち　佐藤弘夫
廃墟と詠歌―遍照寺をめぐって　渡邊裕美子
夢幻能と廃墟の表象―世阿弥作《融》における河原院描写に注目して　山中玲子
［コラム］生きた廃墟としての朽木―風景・記憶・木の精　ハルオ・シラネ（翻訳：衣笠正晃）
廃墟に棲まう女たち―朽ちてゆく建築と身体　山本聡美
廃墟になじめない旅人―永井荷風『祭の夜がたり』　多田蔵人
［コラム］韓国文学における廃墟　嚴仁卿
［コラム］西洋美術史から見た日本における廃墟とやつれの美　佐藤直樹
第３部　廃墟を生きる
［コラム］荒れたる都　三浦祐之
承久の乱後の京都と『承久三、四年日次記』　長村祥知
廃墟の中の即位礼―中世の即位図からみえるもの　久水俊和
五山文学における廃墟の表象　堀川貴司
戦争画家たち―それぞれの「敗戦」　河田明久
廃墟としての金沢文庫―特別展『廃墟とイメージ』の記録　梅沢恵